Kinder- und Jugendmedienschutz und Künstliche Intelligenz

Herausforderung für den Jugendmedienschutz-Staatsvertrag (JMStV)

Stand und Reformüberlegungen
unter besonderer Beachtung generativer KI und unter
Berücksichtigung der KI-Verordnung der EU

Eine Studie aufbauend auf einem Gutachten im Auftrag der
Kommission für Jugendmedienschutz (KJM)
erstellt von

Dr. Jörg Ukrow, LL.M.Eur.
Geschäftsführendes Vorstandsmitglied des EMR

Band 8

EMR /SCRIPT

Herausgeber
Prof. Dr. Stephan Ory
Prof. Dr. Mark D. Cole
Dr. Jörg Ukrow, LL.M.Eur.

EMR/Script ist eine Reihe des
Instituts für Europäisches Medienrechts e.V. (EMR), Saarbrücken
Band 8

Bibliografische Information der Deutschen Nationalbibliothek:
Die Deutsche Nationalbibliothek verzeichnet diese Publikation in der Deutschen Nationalbibliografie; detaillierte bibliografische Daten sind im Internet über http://dnb.dnb.de abrufbar.

Herstellung: MCP, Marki, Polen

ISBN: 978-3-910513-21-1

Alle Online-Literatur, die im Literaturverzeichnis aufgeführt ist, sind auf einer Webseite des Verlages zusammengestellt und als Link abrufbar.

dco-verlag.de/wis/bok/9783910513211.html

Vorwort des Vorsitzenden der Kommission für Jugendmedienschutz (KJM)

Sehr geehrte Leser*innen, liebe Kinder- und Jugendschützer*innen,

die Veröffentlichung des von der KJM in Auftrag gegebenen Gutachtens zu KI und Kinder- und Jugendmedienschutz erfolgt zu einem Zeitpunkt, zu dem KI sowohl auf europäischer Ebene durch die KI-Verordnung, den sog. AI Act, wie auch staatsvertraglich bemerkenswerte regulatorische Aufmerksamkeit gefunden hat.

Mit dem geplanten Reformstaatsvertrag wollen die Länder erstmalig auch KI einer staatsvertraglichen Regelung zuführen. Nach § 31m des MStV können die in der ARD zusammengeschlossenen Landesrundfunkanstalten, das ZDF und das Deutschlandradio in ihren Angeboten einem öffentlich-rechtlichen Profil entsprechend künstliche Intelligenz einsetzen. Hierzu und zur Nutzung künstlicher Intelligenz in weiteren Bereichen legen sie in einem gemeinsamen Kodex Grundsätze für die Entwicklung und den Einsatz entsprechender Systeme fest. Als Beispiele für in dem Kodex zu klärenden Aspekten werden in den Anmerkungen und Erläuterungen zum Reformstaatsvertrag u.a. Maßnahmen erwähnt, die § 26 Abs. 2 MStV auch oder gerade durch Einsatz von KI absichern. § 26 Abs. 2 MStV regelt wiederum, dass die öffentlich-rechtlichen Rundfunkanstalten bei der Erfüllung ihres Auftrags der verfassungsmäßigen Ordnung und in besonderem Maße der Einhaltung journalistischer Standards verpflichtet sind. Zu diesen Standards zählt nicht zuletzt auch eine journalistische Rücksichtnahme auf die Interessen von Kindern und Jugendlichen.

Dass der Einsatz von KI im Reformstaatsvertrag nur in Bezug auf den MStV aufgegriffen wird, bedeutet nicht, dass die Länder daran gehindert wären, in der Zukunft auch für den Bereich des Kinder- und Jugendmedienschutzes den Einsatz von KI zu regeln. Das Gutachten des EMR, das hier in einer unter Berücksichtigung der verabschiedeten KI-Verordnung überarbeiteten Fassung publiziert wird, enthält wichtige Impulse. Auch dieser Schutz bewegt sich im Zeitalter von Digitalisierung und Globalisierung in einem regulatorischen Mehrebenen-System, in dem EU, Bund und Länder je spezifische Verantwortlichkeiten und Zuständigkeiten aufweisen.

Die EU hat nun auch im Bereich von KI wirkmächtige Instrumente in den Händen, die den Druck auf die KI-Akteure zu Gunsten einer auf den Menschen ausgerichteten Entwicklung und Nutzung von KI-Systemen erhöht, wie sie durch die KI-Verordnung eingefordert wird. Dabei sollte man aber nicht vergessen, dass sie nur agieren kann, wenn sie die Unterstützung von ihren Mitgliedstaaten erhält. Die Europäische Kommission hat keinen Fall, wenn sie nicht auf eine Faktenlage zurückgreifen kann, die aus den Zivilgesellschaften der Mitgliedstaaten und durch deren Regulierungsbehörden geschaffen wird.

Die KI-Verordnung der EU entfaltet im Übrigen ebenso wenig eine Sperrwirkung für Anstrengungen der Länder und Landesmedienanstalten um einen effektiven Kinder- und Jugendmedienschutz wie der Digital Services Act der EU. Die Regelungen zum Kinder- und Jugendmedienschutz im AI Act sind hinreichend vage, um durch die Mitgliedstaaten nicht nur ausgefüllt werden zu können, sondern im Blick auf verfassungsrechtliche Schutzpflichten gegenüber Minderjährigen auch ausgefüllt werden zu müssen. Dies unter Umständen auch streitig gegenüber der EU-Kommission vorzutragen und einzufordern wird eine der spannenden Herausforderungen für die Wahrung des Leitbildes einer bürgernahen, gemeinwohlorientierten und grundwertegeprägten Regulierung in der neuen Amtszeit von Europäischem Parlament und EU-Kommission sein.

Auch für einen effektiven Kinder- und Jugendmedienschutz eröffnet KI neue Möglichkeiten – nicht zuletzt auch bei der Weiterentwicklung von Altersverifikations- zu Alterseinschätzungsansätzen als Instrumenten technischen Kinder- und Jugendmedienschutzes. Die Landesmedienanstalten nutzen KI schon heute, um mehr Inhalte im Netz ausfindig zu machen und zu verfolgen. Mit KIVI haben die LMA ein effektives Tool, um eine große Menge an Inhalten zu monitoren und an die Plattformen zu melden. Viele Inhalte werden bereits auf diesem Wege gelöscht, nicht immer ist ein Verwaltungsverfahren notwendig. Zudem wird KI im Rahmen von Age Estimation Verfahren genutzt, um das Alter einer Person datensparsam festzustellen. KI-Tools im Bereich der Altersprüfung werden in Zukunft hoffentlich dafür sorgen, dass Kinder und Jugendliche immer sicherer im Netz unterwegs sein können, da die großen Plattformen sie dann hoffentlich alle nutzen.

Der verstärkte Einsatz von KI in der medialen Praxis, der zunehmend auf sämtlichen Ebenen grundrechtlich geschützter medienbezogener Aktivitäten - von der Beschaffung von Informationen über deren journalistische Aufarbeitung und Verarbeitung bis zur Verbreitung der Nachrichten und Meinungen - zu beobachten, bringt zugleich sowohl Veränderungen in der journalistischen Arbeit als auch Wandel bei vor- und nachgelagerten Märkten mit Relevanz auch für einen effektiven Kinder- und Jugendmedienschutz mit sich. Mit wenigen Klicks können durch generative KI Bilder oder Videos erzeugt werden, die Empörung über kontroverse Themen schüren und junge Menschen verunsichern und verwirren. Auch die durch KI kinderleichte Erstellung von schwersten Missbrauchsdarstellungen macht deutlich, dass bei den rasanten technischen Entwicklungen der Schutz von Kindern und Jugendlichen nicht auf der Strecke bleiben darf. Jedes noch so harmlose Foto auf Social Media kann am Ende dazu genutzt werden, um geschmacklose Deepfakes anzufertigen. Dabei wird auch nicht vor Bildern von Kindern Halt gemacht. Deepfake-Pornografie ist leider ein zunehmendes Phänomen.

Selbst harmlose Tools, mit denen Songs generiert werden, können missbraucht werden. So werden bspw. rechtsradikale Songs mit nur wenigen Klicks generiert und durch Social Media rasant verbreitet. Der Kinder- und Jugendmedienschutz muss auf jeden Fall verstärkt mitgedacht werden – safety by design! Zudem besteht, wie gerade auch Erfahrungen im

Rahmen der jüngsten Wahlkampagnen in den USA aufzeigen, die Gefahr, dass KI-generierte Inhalte, Bilder oder Videos die Polarisierung der Gesellschaft in einer für den Anspruch von Kindern und Jugendlichen auf ein demokratisches Miteinander bedenklichen Weise befördern.

Daher ist es wichtig, dass diese Risiken rechtzeitig durch Gesetzesänderungen adressiert werden. Auch dabei sollte man früher im Erzeugungsprozess ansetzen und die KI-Anbieter*innen in die Pflicht nehmen. Die KI-Verordnung greift bei der fehlenden Einordnung solcher Phänomene als verbotene Praktiken ebenso zu kurz wie bei der bloßen Verankerung von Transparenzpflichten für deep fakes.

Um solchen Gefährdungen gegenzusteuern, benennt das Gutachten konkrete Vorschläge. Zentral sei, dass KI-Systeme explizit in den Geltungsbereich des Jugendmedienschutz-Staatsvertrags (JMStV) aufgenommen würden. Mit einem unabhängigen KI-Jugendschutzbeauftragten sollte zudem eine Ansprechperson existieren, die bei Entwicklung, Training sowie Anwendung von KI-Anwendungen einbezogen ist. Und: Der JMStV, aber auch das Jugendschutzgesetz des Bundes (JuSchG) sowie der Digital Services Act (DSA) müssen ebenso wie der AI Act yselbst dringend mit Blick auf die schnelle Entwicklung von KI regelmäßig evaluiert werden – und zwar in kürzeren Abständen als bisher.

Die besten materiell-rechtlichen Regelungen sind im Übrigen praktisch ohne Wert, wenn sie nicht effektiv durchgesetzt werden können. Ähnlich wie bei Telemedien, Games, Kinofilmen oder Rundfunk ist es aus Sicht des Gutachtens sinnvoll, Selbstkontrolleinrichtungen im Rahmen eines Systems regulierter Selbstregulierung einzubeziehen. Auch eine solche Regulierung, die Marktkräfte einbindet, setzt allerdings den Willen voraus, einen regulatorischen Rahmen nicht nur zu beachten, sondern auch konsequent einzuschreiten, wenn Grenzen ihres Beurteilungsspielraums durch die Selbstkontrolle überschritten werden.

Effektiv im Sinne von nachhaltig ist auch eine Rechtsdurchsetzung gegenüber Akteuren, die generative KI einsetzen, allerdings auch nur dann, wenn sie verfassungsrechtliche Vorgaben beachtet. Zu diesen Vorgaben zählt das Erfordernis einer staatsfernen Aufsicht über den Einsatz von KI-Systemen durch Medienakteure, die sich im Anwendungsbereich der verfassungsrechtlichen Rundfunkfreiheit des Art. 5 Abs. 1 GG bewegen. Bei der mitgliedstaatlichen Ausfüllung der Governance-Struktur, die in der KI-Verordnung angelegt ist, sollten deshalb nicht der Fehler wiederholt werden, der den Start der innerstaatlichen Debatte über ein Gesetz zum Vollzug des DSA prägte. Der Bund muss sich auch im Kontext der Gesetzgebung zur Anwendung und Durchsetzung der Vorgaben der KI-Verordnung in den durch das Grundgesetz aufgestellten kompetentiellen und grundrechtlichen Grenzen bewegen. Die nunmehr im Digitalen-Dienste-Gesetz für den Vollzug des DSA beim Kinder- und Jugendmedienschutz gefundenen Regelungen stellen insoweit einen guten Orientierungspunkt dar.

Auch beim Vollzug der KI-Verordnung kommt den Medienanstalten daher eine gewichtige Rolle zu. Die Einhaltung der Transparenzvorgaben zu Deep Fakes in der KI-Verordnung kann nur dann rechtssicher behördlich eingefordert werden, wenn diese Einforderung durch die staatsfern organisierten Landesmedienanstalten erfolgt. Aber auch bei Vollzug der KI-Verordnung sollte sich die Rolle der Medienanstalten nicht auf die hoheitliche Regulierung begrenzen – so wichtig diese auch ist. Für den Vollzug ist es auch sinnvoll, bei der durch die Verordnung eingeforderten Vermittlung von KI-Kompetenz auf die Expertise der Medienanstalten zurückzugreifen. KI-Kompetenz ist ohne Medienkompetenz nicht denkbar, und KI-Kompetenz wie Medienkompetenz sind im Zeitalter der Digitalisierung unverzichtbar für die generationenübergreifende Stärkung von Demokratiekompetenz. Dies gilt nicht zuletzt auch im Blick auf die Verteidigung einer demokratischen Zukunftsperspektive für Kinder und Jugendliche.

Dr. Marc Jan Eumann
Vorsitzender der KJM

Abkürzungsverzeichnis

a.a.O.	am angegebenen Ort
ABl.	Amtsblatt
Abs.	Absatz
ADM	Automated Decision Making
AEMR	Allgemeine Erklärung der Menschenrechte
AEUV	Vertrag über die Arbeitsweise der Europäischen Union
AfP	Zeitschrift für das gesamte Medienrecht / Archiv für Presserecht
AI	Artificial Intelligence
AIA	Artifical Intelligence Act
AMG	Arzneimittelgesetz
AöR	Archiv des öffentlichen Rechts (Zeitschrift)
API	Anwendungsprogrammierschnittstelle
APuZ	Aus Politik und Zeitgeschichte
Arcom	Autorité de régulation de la communication audiovisuelle et numérique
Art.	Artikel
Aufl.	Auflage
AVMD-Richtlinie	Richtlinie über audiovisuelle Mediendienste
AVS	Altersverifikationssystem
BB	Betriebsberater (Zeitschrift)
BDSG	Bundesdatenschutzgesetz
BGB	Bürgerliches Gesetzbuch
BGBl.	Bundesgesetzblatt
BGH	Bundesgerichtshof
bspw.	Beispielsweise
BT	Bundestag
BVerfG	Bundesverfassungsgericht
BVerfGE	Amtliche Sammlung der Entscheidungen des Bundesverfassungsgerichts
BVerfGK	Amtliche Sammlung der Kammerentscheidungen des BVerfG
bzw.	Beziehungsweise
ca.	Circa
CDR	Corporate Digital Responsibility
CNAI	Competence Network for Artificial Intelligence
COM	Communication / Mitteilung der Europäischen Kommission
CR	Computer und Recht (Zeitschrift)
CSA	Conseil supérieur de l'audiovisuel
CSR	Corporate Social Responsibility
d.h.	das heißt
DFKI	Deutsches Forschungszentrum für Künstliche Intelligenz

DGA	Data Governance Act
DMA	Digital Markets Act
Drs.	Drucksache
DSA	Digital Services Act
DS-GVO	Datenschutz-Grundverordnung
ECHR	European Convention on Human Rights
EDPL	European Data Protection Law Review (Zeitschrift)
EDSA	Europäischer Daztenschutzausschuss
EG	Europäische Gemeinschaft
EGV	Vertrag über die Europäische Gemeinschaft
EMFA	European Media Freedom Act
EP	Europäisches Parlament
ERGA	European Regulators Group for Audiovisual Media Services
Erwgr.	Erwägungsgrund / Erwägungsgründe
etc.	et cetera
ETS	European Treaty Series
EU	Europäische Union
EU ABl.	Amtsblatt der Europäischen Union
EuGH	Gerichtshof der Europäischen Union
EUV	Vertrag über die Europäische Union
EuZ	EuZ – Zeitschrift für Europarecht
EuZW	Europäische Zeitschrift für Wirtschaftsrecht
EWG	Europäische Wirtschaftsgemeinschaft
f.	Folgende
ff.	Fortfolgende
Fn.	Fußnote
GDPR	General Data Protection Regulation
GPAI	general-purpose AI
GPDP	Garante per la protezione dei dati personali
GPT	Generative Pretrained Transformer
GG	Grundgesetz
GRC	Grundrechtecharta der EU
GRUR	Gewerblicher Rechtsschutz und Urheberrecht (Zeitschrift)
Hadopi	Haute Autorité pour la diffusion des œuvres et la protection des droits sur internet
Hrsg.	Herausgeber
i.d.F.	in der Fassung
i.d.R.	in der Regel
i.S.	im Sinne
i.S.d.	im Sinne der/des

i.S.v.	im Sinne von
i.V.m.	in Verbindung mit
i.w.S.	im weiteren Sinne
IAEO	Internationale Atomenergie-Organisation
ICO	Information Commissioner's Office
IGH	Internationaler Gerichtshof
IPbpR	Internationaler Pakt über bürgerliche und politische Rechte
IPwskR	Internationaler Pakt über wirtschaftliche, soziale und kulturelle Rechte
IT	Informationstechnologie
IWZR	Zeitschrift für Internationales Wirtschaftsrecht
JA	Juristische Ausbildung (Zeitschrift)
JMStV	Jugendmedienschutzstaatsvertrag
K&R	Kommunikation & Recht (Zeitschrift)
Kap.	Kapitel
KEK	Kommission zur Ermittlung der Konzentration im Medienbereich
KG	Kammergericht
KI	Künstliche Intelligenz
KJM	Kommission für Jugendmedienschutz
KRK	Kinderrechtskonvention (UN)
LG	Landgericht
LKV	Landes- und Kommunalverwaltung (Zeitschrift)
lit.	litera / Buchstabe
MÄStV	Medienänderungsstaatsvertrag
MMR	Multimedia und Recht. Zeitschrift für IT-Recht und Recht der Digitalisierung
MStV	Medienstaatsvertrag
m.w.N.	mit weiteren Nachweisen
m.W.v.	mit Wirkung vom/von
NJOZ	Neue Juristische Online Zeitschrift
NJW	Neue Juristische Wochenschrift
no.	number
Nr(n).	Nummer(n)
OECD	Organisation for Economic Co-operation and Development / Organisation für wirtschaftliche Zusammenarbeit und Entwicklung
Ofcom	Office of Communications
OLG	Oberlandesgericht
ÖZöR	Österreichische Zeitschrift für öffentliches Recht
RBI	Remote Biometric Identification
RdJB	Recht der Jugend und des Bildungswesens (Zeitschrift)
Ref.	Reference
RL	Richtlinie

Rn.	Randnummer(n)
Rs.	Rechtssache
rsp.	Respektive
S.	Seite
s.	Siehe
sog.	sogenannte / sogenanntes / sogenannter
SVR	Straßenverkehrsrecht (Zeitschrift)
tv/TV	television / Fernsehen
u.	Und
u.a.	und andere / unter anderem
u.U.	unter Umständen
UAbs.	Unterabsatz
UN/UNO	Vereinte Nationen
UNCRC	Übereinkommen der Vereinten Nationen über die Rechte des Kindes
UNESCO	United Nations Educational Scientific and Cultural Organization
UNICEF	United Nations Children's Fund
UK	United Kingdom / Vereinigtes Königreich
USA	United States of America
UWG	Gesetz gegen den unlauteren Wettbewerb
v.	von/vom
verb. Rs.	verbundene Rechtssachen
Verf.	Verfasser
vgl.	Vergleiche
VK	Vereinigtes Königreich
Vod	Video-on-Demand
VR	Virtual Reality
VSP(s)	Video-Sharing-Plattform(en)
VVDStRL	Veröffentlichungen der Vereinigung der Deutschen Staatsrechtslehrer (Zeitschrift)
WHO	World Health Organisation / Weltgesundheitsorganisation
ZaöRV	Zeitschrift für ausländisches öffentliches Recht und Völkerrecht
z.B.	zum Beispiel
z.T.	zum Teil
ZAK	Kommission für Zulassung und Aufsicht
ZD	Zeitschrift für Datenschutz
ZEuS	Zeitschrift für Europarechtliche Studien
ZfWG	Zeitschrift für Wett- und Glücksspielrecht
Ziff.	Ziffer
ZUM	Zeitschrift für Urheber- und Medienrecht

Zusammenfassung

Einführung

1. Zwar ist in Politik und Gesellschaft das Bekenntnis zur Notwendigkeit des Schutzes von Kindern und Jugendlichen allgegenwärtig. In einer die öffentliche Debatte weltweit bestimmenden Frage wie der nach dem Umgang mit künstlicher Intelligenz (KI) haben demgegenüber bislang spezifische Herausforderungen des mit KI verbundenen Wandels für einen wirksamen Kinder- und Jugendschutz wenig Aufmerksamkeit erfahren. Bei Kinder- und Jugendmedienschutz im Zeitalter von (generativer) KI handelt es sich noch weithin um terra incognita – und zwar sowohl, was die Beachtung von KI im Kinder- und Jugendmedienschutz als auch, was die Beachtung von Kinder- und Jugendmedienschutz bei der Entwicklung und Regulierung von KI betrifft.

2. Mit ChatGPT wurde das Potenzial von generativer KI in breiten Kreisen der Bevölkerung erfahrbar – in ihren Impulsen für ökonomische Entwicklung, in ihrer disruptiven Kraft für pädagogische und wissenschaftliche Konzepte und Leitbilder, aber auch in ihrer Gefahrengeneigtheit im Blick auf den Schutz von öffentlichen Interessen und Rechtsgütern, die für ein demokratisches Miteinander unverzichtbar sind. Die Risiken von (generativer) KI umfassen dabei auch solche, die unmittelbar einen effektiven Kinder- und Jugendmedienschutz berühren.

3. Die schnelle Erzeugung von desinformierendem und nicht zuletzt auch mediale Spielregeln eines freien demokratischen Diskurses aushöhlendem Content, von Hass und Hetze im Internet befördernden Angeboten, gewaltverherrlichenden oder kriegsverharmlosenden Inhalten und pornografischer Darstellungen über den Einsatz generativer KI sind nur einige nicht nur theoretisch denkbare, sondern bereits praktisch wahrnehmbare jugendschutzrelevante Problemfelder. Es droht dabei auch eine Abstumpfung gegenüber der Veralltäglichung des Zugangs zu problematischen Inhalten als Gefährdungspotential für Minderjährige.

4. Risiken für die persönliche und finanzielle Integrität Minderjähriger und für deren Vertrauen in einen sozialverträglichen Grundton menschlicher Kommunikation, wie es z.B. durch Cybergrooming und -mobbing nachhaltig belastet wird, gewinnen durch generative KI und KI-Chatbots zusätzliche Relevanz durch die einfache Bedienbarkeit, Geschwindigkeit und zunehmende Leistungsfähigkeit solcher Systeme.

5. Die seit dem Ende des 20. Jahrhunderts fortdauernde Digitale Revolution, als deren Speerspitze KI eingestuft werden darf, bewegt sich zwar in einem systemischen Kontext, der auch durch ein gefestigtes Grundrechtssystem und eine intensiv gelebte Grundrechtspraxis geprägt ist. Allerdings bildet dieser Grundrechtekanon nur in dem Werteraum des Westens, der seinerseits keineswegs gegen Ausdifferenzierungen und endogene wie exogene Erschütterungen imprägniert ist, ordnungsarchitektonische Stützpfeiler.

Der besondere Dank des Verfassers gilt Prof. Dr. Mark D. Cole für die kritische Durchsicht des Manuskripts und dessen wertvolle inhaltliche Impulse.

6. In der grundrechtsgeprägten Werteunion des Westens stellt die private Techniknutzung, soweit sie vielfalts- wie wettbewerbsbegrenzende Netzwerkeffekte auslöst, vor grundlegende Herausforderungen. Verspätete rsp. unzureichende rechtliche Regulierung technischer, nicht zuletzt auch informationstechnischer Innovation führt im privaten Bereich zu Entwicklung und Versteinerung von Strukturen, die Grundrechtsausübung nicht nur befördern, sondern auch behindern können.

7. Mit der Bedeutung der Grundrechte als Fundamente einer objektiven Wertordnung geht einher, dass dem Staat die Pflicht zukommt, seine Bürger vor negativen Folgen des Technikeinsatzes zu schützen. Diese Pflicht ist entwicklungsoffen und bezieht sich nicht zuletzt auch auf KI-Gefährdungen für die Entwicklung Minderjähriger zu eigenverantwortlichen und gemeinschaftsfähigen Persönlichkeiten.

8. Die erkennbar wachsende globale gesellschaftliche, kulturelle, politische und technisch-ökonomische Bedeutung von KI, nicht zuletzt in ihrer generativen Variante, die auch im Blick und mit Bezug zum Medien-Ökosystem wahrnehmbar bzw. prognostizierbar ist, geht bislang weder auf Ebene des Völkerrechts noch bei rechtsvergleichender Betrachtung mit einer klaren juristischen Begriffsbestimmung einher, die Anknüpfungspunkt für eine weltweite oder zumindest die westliche Wertegemeinschaft umfassende Chancen- und Risikoregulierung dieses digitalen Phänomens sein könnte. Auf Ebene der EU ist demgegenüber ein definitorischer Durchbruch gelungen, da in der KI-Verordnung der EU in einer zwar formell für die Zwecke dieser Verordnung begrenzten Weise, realiter aber voraussichtlich mit Ausstrahlung auch auf dritte KI-bezogene Regelwerke der EU wie auch auf die KI-Regulierung von Drittstaaten, eine rechtsverbindliche Begriffsbestimmung integriert werden soll. Der Europarat steht zudem mit dem geplanten Rahmenübereinkommen über KI, Menschenrechte, Demokratie und Rechtsstaatlichkeit vor der Schaffung des ersten rechtsverbindlichen globalen Instruments zur Bewältigung der von künstlicher Intelligenz (KI) ausgehenden Risiken.

9. Die KI-gestützte digitale Transformation bedeutet eine Herausforderung für das Rechtssystem in seinen verschiedenen thematischen Teilordnungen und auf seinen verschiedenen Ebenen – einschließlich des deutschen und europäischen Kinder- und Jugendmedienschutzrechts, auch mit seinen jeweiligen verfassungsrechtlichen Bezügen. Auch dieses Regelwerk muss daher permanent daraufhin evaluiert werden, ob und wieweit es angemessen auf die durch KI bedingten Disruptionen und Transformationen reagiert und – ggf. in deutlich kürzeren Abständen als bislang – im Ergebnis dieser Evaluation angepasst werden muss.

10. Der permanente Evaluierungsbedarf folgt insbesondere auch daraus, dass es mehr als wahrscheinlich ist, dass digitalisierungsorientiertes Recht nicht zuletzt im Kontext der Regulierung von KI dem Prophylaxe-Gebot des BVerfG bezüglich Gefährdungen für eine freie, vielfalts- und auch jugendschutzorientierte Kommunikationsordnung unangemessen Rechnung trägt. KI-Regulierung fügt sich auch deshalb ein in ein Tableau regulatorischer Herausforderungen, bei der sich bislang bewährtes regulatorisches Denken der Zurückhaltung und des Abwartens sowie der Vermeidung von Fehlern als oberster regulatorischer

Maxime auf den Prüfstand gestellt sieht. „Trial and error" als bislang rechtsstaatlich kritisch hinterfragter Ansatz könnte unter den Bedingungen gravierender Unsicherheit hinsichtlich der Entwicklungsperspektiven digitaler Disruptionen zum Konzept nicht nur der KI-Regulierung werden. Fehlertoleranz statt Fehlervermeidung ist allerdings ein Ansatz, der mit Aufgeregtheiten demokratischen Diskurses im Zeitalter sozialer Netzwerke, deren Funktionslogik auf Zuspitzung statt Abwägung ausgerichtet ist, nur mühsam in Deckung zu bringen sein wird.

11. Die für die positive Ordnung des Rundfunks im verfassungsrechtlichen Sinne strukturprägende Rechtsprechung des Bundesverfassungsgerichts hat in jüngeren Entscheidungen zwar bereits wiederholt das disruptive Potential der Digitalisierung und des Auftretens neuer Mediaplayer auf der Bühne des Medienökosystems betont. Eine dogmatische Durchdringung dieses Wandels steht indessen noch aus.

12. An die Stelle ästhetischer Suggestivkraft, die in der Vergangenheit das Gebot einer positiven Ordnung des Rundfunks mitbestimmt hat, tritt bei KI-gestützten Auswahlentscheidungen in Bezug auf Medieninhalte die Suggestivkraft des aus der Sicht des jeweiligen Medienrezipienten Bekannten und Bewährten. Dieser Suggestivkraft kann nicht zuletzt auch aus der Perspektive Minderjähriger stabilisierende Wirkkraft in einem Umfeld beigemessen werden, dass aus Sicht vieler Kinder und Jugendlicher als eine Welt in Unordnung wahrgenommen wird.

13. Die wenigen Antworten auf jugendschutzbezogene Fragestellungen in der Anhörung des Digitalausschusses des Deutschen Bundestages vom 24. Mai 2023 zu „Generativer Künstlicher Intelligenz" verdeutlichen das Spannungsfeld, das zwischen dem entwickelten Datenschutzrecht zu Gunsten Minderjähriger und dem sich entwickelnden Jugendmedienschutzrecht in Bezug auf KI-Risiken entstehen kann. Wenn personenbezogene Daten Minderjähriger grundsätzlich nicht in generative KI-Systeme einfließen können, droht dies, bestehende altersgestützte Diskriminierungen in den Trainingsdaten von KI zu perpetuieren und damit den Interessen Minderjähriger beim Einsatz generativer KI zuwiderzulaufen.

An der Schwelle zu einer KI-Ära neuer regulatorischer Schutzbedürfnisse, -möglichkeiten und -schranken

14. Nicht zuletzt im Prozess der Digitalisierung erfolgende Wandlungen im Medien-Ökosystem in Bezug auf Akteure, Inhalte und Finanzierung können eine Adaption der positiven Medienordnung verfassungsrechtlich gebieten. Dieses dynamische Verständnis positiver Medienordnung ist auch mit Blick auf Entwicklung und Einsatz von KI-Systemen im Medien-Ökosystem bedeutsam. Die Medienordnung muss danach auch im Zeitalter von Digitalisierung und Globalisierung im Allgemeinen und der Entwicklung und des Einsatzes von KI im Besonderen die plurale Vielfalt der Meinungen gewährleisten und sicherstellen, dass die Hoheit über die Inhalte und deren Generierung, Selektion, Aggregation und Präsentation im digitalen Medien-Ökosystem weder einseitig dem Staat noch irgendeiner gesellschaftlichen Instanz oder einem nicht-menschlichen Phänomen wie KI-Systemen ausgeliefert ist.

15. Es kann als Lücke bei der Neujustierung der positiven Ordnung eingestuft werden, dass der besonderen Bedeutung von Anbietern, die Medieninhalte vermitteln bzw. deren Verbreitung dienen, zumindest bislang nicht auch im Hinblick auf die kinder- und jugendmedienschutzbezogenen Facetten des Ordnungsauftrages Rechnung getragen wurde. Im Übrigen stellt sich insoweit mit Blick auf die wachsende Bedeutung von KI im Medien-Ökosystem zudem zumindest rechtspolitisch, wenn nicht auch aus verfassungsrechtlichen Erwägungen die Frage, ob auch Entwickler von KI als Adressaten von rechtlichen Vorgaben in ein kinder- und jugendmedienschutzbezogenes System gemeinsamer wie ausdifferenzierter Verantwortung integriert werden sollten.

16. Die Dienstleistungsfreiheit der EU steht auch weiteren auf KI bezogenen Harmonisierungsbestrebungen der EU jenseits des AI Act grundsätzlich offen. Namentlich stellen auch KI-Systeme Dienstleistungen i.S. des Unionsrechts dar, für die eine Binnenmarkt- wie eine Wettbewerbsregulierung möglich ist, sofern dabei die Strukturprinzipien des EU-Verfassungsrechts, namentlich der Verhältnismäßigkeits- sowie der Subsidiaritätsgrundsatz und die Grundrechtsbindung der EU-Gesetzgebung, Beachtung finden. Diese regulatorische Entwicklungsoption in Bezug auf KI kann auch Kinder- und Jugendmedienschutz umfassen.

17. Der zur Einhegung von KI-Risiken seitens KI-Stakeholdern empfohlene regulatorische Ansatz auf eine Aktivierung von Selbstkontrolle und -regulierung der KI-Unternehmen zu setzen, ist ein Ansatz, der nicht zuletzt aus dem Schutzsystem des JMStV vertraut ist. Grundsätzlich lassen sich einige wichtige Vorteile von Selbst- und Ko-Regulierung auch für den Bereich der Regulierung von kinder- und jugendmedienschutzbezogenen Einflüssen von KI-Systemen nicht leugnen. Insofern könnte den §§ 19 bis 20 JMStV eine Vorreiterrolle bei der Generierung von good governance mittels regulierter Selbstregulierung auch im Bereich der Regulierung kinder- und jugendmedienschutzbezogener Aspekte von KI zukommen.

18. Die G7 gehen in ihrem im Rahmen des sog. Hiroshima-Prozesses entwickelten Internationalen Verhaltenskodex für Organisationen, die fortgeschrittene KI-Systeme entwickeln, offenkundig von einer Ausformung einer „Corporate Digital Responsibility" („CDR") aus. Zwar hat dieser Verhaltenskodex den Kinder- und Jugendschutz nicht ausdrücklich im Blick. Allerdings erscheint mit Blick auf die überragende Bedeutung des Kinder- und Jugendschutzes in Fortentwicklung solcher selbstregulativ wirkender Verantwortlichkeiten auch eine Corporate AI-related responsibility for the protection of minors naheliegend. Die „CDR" soll und eine Corporate AI-related responsibility for the protection of minors sollte ethisch-moralische Gesichtspunkte in die Diskussion einbringen, nicht jedoch bestehende rechtliche Verpflichtungen überspielen. Dies schließt allerdings nicht aus, dass berufsethische Prinzipien wie z.B. der Pressekodex auch regulatorische Relevanz als Auslegungsmittel von aktuellen wie zukünftigen gesetzgeberischen Vorgaben gewinnen. So ist z.B. der Pressekodex im Grundsatz KI-offen formuliert und steht z.B. auch einem Einsatz generativer KI entgegen, die sexistische oder rassistische Stereotypen reproduziert.

19. Weder im Text der Verordnung noch in deren Erwägungsgründen findet sich ein Hinweis auf Selbst- und/oder Ko-Regulierung. Dies steht einer Anwendung dieser Regulierungsmethodik im KI-Bereich allerdings nicht per se entgegen.

20. Das Nichteinhalten journalistischer Standards durch Desinformation und der Einsatz von Fake News sowie Verschwörungsmythen können Kinder und Jugendliche verwirren, irreführen und beeinträchtigen. Gerade die Mischung und Häufung von Desinformationen, Verschwörungserzählungen und Hasskommentaren begründet bei vielen Angeboten das Risiko einer jugendgefährdenden oder entwicklungsbeeinträchtigenden Wirkung i.S. der §§ 4 und 5 JMStV. Der zunehmende Einsatz von generativer KI wird wahrscheinlich die negativen Auswirkungen von Desinformation auf die Informationsintegrität und eine mit den Grundwerten der EU und des GG vereinbare öffentliche Debatte zusätzlich verstärken. Denn die zunehmende Qualität und Quantität der über generative KI erzeugten Inhalte dürfte die Fähigkeit von Beobachtern, Moderatoren oder Regulierungsbehörden übersteigen, Desinformation zu erkennen, zu entlarven oder zu entfernen. Selbst wenn im Einsatz generativer KI wurzelnde Desinformation schnell entlarvt wird, trägt sie zudem dennoch zu einem verfallenden Informationsraum bei, der Desorientierung bei Minderjährigen befördert. Sie kann das öffentliche Vertrauen nicht zuletzt auch Minderjähriger in demokratische Prozesse untergraben und damit der Gemeinschaftsverträglichkeit der Persönlichkeitsentwicklung von Kindern und Jugendlichen erhebliche Hindernisse bereiten.

21. Den in der Grundrechtecharta der EU verfassten Grundrechten kommt im AI Act der EU eine grundlegende Bedeutung als regulatorischer Orientierungs- und Bezugspunkt zu, auf den in einer ganzen Reihe von Bestimmungen hingewiesen wird. Der Schutz der Grundrechte ist insoweit für das Regulierungsmodell der EU für KI zumindest mitbestimmend, wenn nicht sogar prägend. Diesem grundrechtsfreundlichen Ansatz der EU-Regulierung von KI korrespondiert der menschenrechtsorientierte Regulierungsansatz der geplanten Rahmenkonvention des Europarates zu KI. An einigen Stellen leuchtet in dem AI Act der EU deutlich ein aus den betreffenden Grundrechten, namentlich den Diskriminierungsverboten und Gleichbehandlungsgeboten abgeleitetes Schutzpflichtenkonzept im Hinblick auf Gefährdungslagen auf, die beim Einsatz von KI auch und gerade von privater Seite entstehen können. Die KI-Verordnung ergänzt insoweit das bereits geltende Unionsrecht zur Nichtdiskriminierung, indem konkrete Anforderungen zur Minimierung des Risikos der Diskriminierung durch Algorithmen aufgenommen werden.

22. Während der Schutz der Menschenwürde ausdrücklich als oberste Maxime staatlichen Handelns in Art. 1 Abs. 1 GG verfassungsrechtlich und als oberstes Gebot unionalen Grundrechtsschutzes in Art. 1 der Grundrechtecharta der EU verankert ist, fehlt es an einer solchen ausdrücklichen Erwähnung des Jugendschutzes als staatliche Verhaltenspflichten auslösendem Schutzgegenstand im Grundrechtekatalog des Grundgesetzes. Allerdings haben Kinder nach Art. 24 Abs. 1 Satz 1 der Grundrechtecharta Anspruch auf den Schutz und die Fürsorge, die für ihr Wohlergehen notwendig sind. Nichts ist dafür ersichtlich, dass sich dieser Schutz- und Fürsorgeanspruch nur auf nicht-mediale Gefahren- und

Gefährdungslage bezieht. Der Jugendschutz ist im Übrigen auch im Kontext deutschen Verfassungsrechts Rechtsgut mit Verfassungsrang.

23. Eine zentrale Herausforderung im Zusammenhang mit der Regulierung von KI besteht darin, das Recht der Digitalisierung für das 21. Jahrhundert so fortzuentwickeln, dass die Menschenwürde gewahrt bleibt. Die Würde des Menschen gebietet es anzuerkennen, dass jedem Menschen unabhängig von seinen Eigenschaften und Leistungen Respekt gebührt. Der Mensch ist in der Mensch-Maschine-Interaktion verantwortlicher Akteur und darf auch im Kontext von KI nicht als fehlerhaftes Wesen betrachtet werden, das von der Maschine optimiert oder perfektioniert werden muss. Dies gilt unabhängig von Alter und Entwicklungsstand des Menschen, d.h. auch für den minderjährigen Menschen.

24. Kulturelle Vielfalt, wie sie auch in Bezug auf den Kinder- und Jugendmedienschutz besteht, findet bei generativer KI keine selbstverständliche Beachtung. Indem generative KI nicht (auch) auf die Kinder- und Jugendmedienschutzkonzeption des deutschen Jugendmedienschutzes ausgerichtet ist, droht im Zeitalter des Einsatzes generativer KI eine Minderung erreichter Standards dieses Schutzes. Dem kann entgegengesteuert werden, indem eine generative KI auch mit Datensätzen trainiert wird, in denen die Schutzkonzeption des JMStV berücksichtigt wird.

25. In Völker- und EU-Recht wie im deutschen Verfassungsrecht existieren zwar bereits eine ganze Reihe von Vorgaben zur Unterbindung einer Ungleichbehandlung aufgrund des Alters. Es zeigt sich jedoch, dass diese Vorschriften eine algorithmenbezogene Diskriminierung nicht umfassend zu regulieren vermögen. Namentlich besteht jenseits der regelmäßig ausschließlich bei diesen Verboten erfassten Ebene des Verhältnisses des Bürgers zum verpflichteten Staat kein ausreichender Schutz auf der Ebene privat-rechtlicher Rechtsverhältnisse. Zudem fehlt es bislang gänzlich an einem KI-Systeme miteinbeziehenden Anwendungsbereich der bestehenden Normen. Hieran hat sich wird sich auch durch die KI-Verordnung der EU nichts geändert und wird sich auch durch die geplante Rahmenkonvention des Europarates zu KI nichts ändern.

26. Für die Auslegung sowohl der KI-Verordnung zumindest in ihrer Anwendung in Deutschland als auch der geplanten Rahmenkonvention des Europarates in deren Zeichnerstaaten ist die UN-Kinderrechtskonvention (UN-KRK) bedeutsam, auf die in der Erläuterung der Konvention im Übrigen ausdrücklich Bezug genommen wird. Wenn die Vertragsstaaten i.S. des Art. 17 UN-KRK sicherzustellen haben, dass das Kind Zugang zu Informationen und Material aus einer Vielfalt von Quellen hat und wenn dieser Zugang namentlich auch zu solchen Quellen bestehen soll, die die Förderung seines sozialen, seelischen und sittlichen Wohlergehens sowie seiner körperlichen und geistigen Gesundheit zum Ziel haben, so gewinnt diese völkerrechtliche Pflicht nicht zuletzt auch mit Blick auf algorithmisch gesteuerte Entscheidungsprozesse Bedeutung: Namentlich steht eine Versteinerung der Nutzungsmöglichkeiten medialer Angebote durch Minderjährige im Ergebnis der Einbindung von Kindern i.S. der UN-KRK in Filterblasen im Prozess der Selektion und Aggregation von Inhalten dem Vielfaltsziel des Art. 17 Satz 1 1. Alt. UN-KRK erkennbar entgegen.

27. Das Ziel der Förderung des sozialen, seelischen und sittlichen Wohlergehens sowie der körperlichen und geistigen Gesundheit Minderjähriger, wie es Art. 17 Satz 1 2. Alt. UN-KRK fordert, kann ggf. auch eine positive Diskriminierung bei einer KI-gesteuerten Auswahl von Inhalten, die Minderjährigen zugänglich gemacht werden, gebieten. Allerdings wird die Verfügbarkeit i.S. des Art. 4 Satz 2 UN-KRK als Schranke der völkerrechtlichen Pflichten der Konventionsstaaten insoweit nicht zuletzt durch finanzielle, organisatorische und personelle, aber auch durch technische Randbedingungen bestimmt. „Black Boxes" bilden insoweit eine nicht ohne Weiteres wegen völkerrechtlicher Vorgaben zu durchbrechende Mauer für einen effektiven Kinder- und Jugendmedienschutz im KI-Zeitalter.

28. Kinder- und Jugendschutz wird in Art. 5 Abs. 2 GG ausdrücklich als ein die Beschränkung von Kommunikationsgrundrechten rechtfertigendes Gemeinwohlinteresse eingestuft. Ein entsprechender ausdrücklicher Rekurs auf den Jugendschutz fehlt zwar in den Regelungen zu den Grundfreiheiten des EU-Binnenmarktes. Der Schutz Minderjähriger stellt aber, wie bereits erwähnt, auch aus unionsrechtlicher Perspektive ein berechtigtes Interesse dar, das grundsätzlich geeignet ist, die Beschränkung einer vom AEUV gewährleisteten Grundfreiheit wie z.B. des freien Dienstleistungsverkehrs zu rechtfertigen. Da es im Bereich des Einsatzes von KI, anders als bei audiovisuellen Mediendiensten, auch nach Inkrafttreten des AI Act keine sekundärunionsrechtliche Harmonisierung von Fragen des Kinder- und Jugendmedienschutzes gibt, ist der Rückgriff auf diese Ausnahme unionsrechtlich nicht gesperrt. Weder fordert Unionsrecht ein höheres Schutzniveau in Bezug auf mitgliedstaatlichen Schutz Minderjähriger im Bereich KI noch steht es einem entsprechenden Bemühen per se entgegen.

29. Grundrechte stellen nach gefestigter verfassungsgerichtlicher Judikatur im Mehr-Ebenen-System des Kinder- und Jugendmedienschutzes nicht nur individuelle Abwehrrechte gegenüber hoheitlichen Eingriffen dar, die der Rechtfertigung durch einen Gemeinwohlbelang wie z.B. den Jugendschutz bedürfen. Aus ihnen ergeben sich vielmehr zugleich objektive Wertentscheidungen der jeweiligen Verfassungsordnung, die Anknüpfungspunkt für eine Pflicht des Staates oder der supranationalen Hoheitsgewalt sind, sich aktiv für den Schutz der in ihnen zum Ausdruck kommenden Rechtsgüter einzusetzen. Auch unpersonale Gefahren nicht-natürlicher Art wie durch KI ausgelöste Gefahren für grundrechtlich geschützte Rechtsgüter können eine solche Schutzpflicht auslösen.

30. Ein Sonderfall der vom Anwendungsbereich der Grundrechtecharta der EU erfassten und rechtfertigungsbedürftigen mittelbaren Einwirkung auf ein Grundrecht der Charta besteht, wenn die EU einen anderen Hoheitsträger wie z.B. die deutschen Länder daran hindert, Maßnahmen zum Kinder- und Jugendmedienschutz zu treffen. Dieses Problem einer Behinderung des Schutzes kann sich auch im Kontext der Entwicklung und des Einsatzes von KI stellen. Zukünftig könnte dies z.B. auch dann relevant werden, wenn die EU unter Bezugnahme auf eine vermeintlich abschließende Regelung von KI-bezogenen Verhaltenspflichten durch den AI Act die Länder daran hindern wollte, ergänzende oder strengere Regelungen für einen effektiven Schutz Minderjähriger zu erlassen. Einen solchen

Regelungsansatz könnten die Länder z.B. verfolgen, um Minderjährige vor einer KI-gestützten Einengung ihrer medialen Möglichkeiten der Informationsgewinnung zu schützen.

31. Wenn der Staat Schutzpflichten z.B. in Bezug auf Einsatz und Entwicklung von KI im Hinblick auf das allgemeine Persönlichkeitsrecht Minderjähriger nachkommt, unterliegt er, soweit dies mit Einschränkungen von Grundrechten Dritter (wie z.B. der Forschungsfreiheit von Entwicklern oder der Berufsfreiheit von Anwendern) verbunden ist, Schranken: Der Gesetzgeber muss auch im Spannungsverhältnis von grundrechtlich begründeter staatlicher Schutzpflicht gegenüber Minderjährigen einerseits sowie den Grundrechten Dritter andererseits einen Ausgleich widerstreitender Interessen herbeiführen. Im Rahmen des Interessensausgleichs ist der Gesetzgeber an das Untermaß- wie an das Übermaßverbot als Ausflüsse des Rechtsstaatsprinzips gebunden.

32. In der Bundesrepublik Deutschland kommt Bund und Ländern in ihrem jeweiligen Aufgabenbereich grundsätzlich eine jeweils eigenständige und voneinander getrennte Verantwortlichkeit für die Wahrnehmung der Schutzpflichten zu. Im Hinblick auf die verfassungsrechtlich fundierte Gesetzgebungskompetenz der Länder für den Jugendmedienschutz im Bereich von Rundfunk und Telemedien sind diese auch im Ausgangspunkt Schutzpflichtige in Bezug auf mediale Gefährdungslagen für das Rechtsgut unbeeinträchtigter Entwicklungsperspektive Minderjähriger durch den Einsatz von KI.

33. Ein Schadensereignis apokalyptischen Ausmaßes muss nach der bisherigen Judikatur des Bundesverfassungsgerichts zu sozialadäquaten Restrisiken von Forschung als mögliche Konsequenz eines wissenschaftlichen Vorhabens nach dem Stand von Wissenschaft und Technik praktisch ausgeschlossen sein. Ob dies bei Entwicklung und Einsatz von KI der Fall ist, erscheint mit Blick auf jüngste Warnungen aus dem Bereich der KI-Entwicklung selbst nicht ohne Weiteres gesichert.

34. Vor dem Hintergrund der disruptiven Kraft des digitalen Wandels erscheint fraglich, ob die deutschen und europäischen Grundrechte, die zum größten Teil seit Verabschiedung des Grundgesetzes 1949 bzw. Unterzeichnung der EMRK 1950 und der Grundrechtecharta der EU 2000 unverändert geblieben sind, den Gefährdungslagen im digitalen Zeitalter des 21. Jahrhunderts noch hinreichend gerecht werden rsp. über ein dynamisches Verständnis gerecht werden können, indem sie auch im Zeitalter von Digitalisierung und KI ein ausreichendes Schutzniveau ermöglichen. Diese Frage stellt sich auch im Kontext der besonderen Gefährdungen, denen Minderjährige durch die Digitalisierung im Allgemeinen und Entwicklung und Einsatz von KI im Besonderen ausgesetzt sein können.

35. Die Rechtsordnung muss nicht nur im Sinne eines Rechts auf Vergessen-Werden davor schützen, dass sich eine Person frühere Positionen, Äußerungen und Handlungen unbegrenzt von der Öffentlichkeit vorhalten lassen muss, sondern auch davor, dass eine Person über ihre Einbettung in Filterblasen zum „Gefangenen" früheren Kommunikationsverhaltens mit Blick auf Wahlmöglichkeiten in der Zukunft wird. Auch insoweit eröffnet erst die Ermöglichung eines Zurücktretens vergangener Sachverhalte den Einzelnen die Chance zum fortdauernden Leben in Freiheit.

36. Mit einem Grundrecht auf Sicherheit geht unter den Bedingungen des Fortschritts von KI auch einher, dass vor Auswüchsen von KI zu schützen ist, um eine freie Entfaltungsmöglichkeit und demokratische Teilhabemöglichkeit für jedermann, nicht zuletzt auch Heranwachsende und künftige Generationen zu wahren. Namentlich betrifft dies auch die Pflicht, einem KI-gestützten Zerfall des gesamtgesellschaftlichen demokratischen Diskurses vorzubeugen und gegenzusteuern, in dem kommunikative Filterblasen der Abschottung und Abgeschiedenheit von sich immer stärker zersplitternden Teilgesellschaften entstehen, mit denen im 21. Jahrhundert eine diskursive „Friedhofsruhe" droht.

37. Auch wegen des verfassungsrechtlichen Jugendschutzgebots bedarf es im Blick auf die Herausforderungen der durch das Internet geschaffenen globalen Dimension von Gefährdungsursachen eines die offene Staatlichkeit des Grundgesetzes berücksichtigenden Verständnisses. So muss der Staat eine Absicherung eines effektiven Jugendmedienschutzes entsprechend seiner Schutzpflicht auch auf europäischer wie internationaler Ebene suchen. Soweit die jugendmedienschutzbezogene Schutzpflicht aus Art. 2 Abs. 2 Satz 1 GG gegen Gefährdungslagen aus dem Internet und durch KI gerichtet ist, verlangt sie ein international ausgerichtetes Handeln zum globalen Schutz der berechtigten Interessen Minderjähriger und verpflichtet, im Rahmen internationaler Abstimmung (zum Beispiel durch Verhandlungen, in Verträgen oder in Organisationen) auf Jugendmedienschutzaktivitäten hinzuwirken, in die eingebettet dann nationale Maßnahmen ihren Beitrag zur Minimierung von Gefährdungslagen durch KI leisten. Die geplante Rahmenkonvention des Europarates zu KI trägt diesem Gebot internationaler Schutzmechanismen Rechnung.

Anknüpfungspunkte einer KI-Regulierung von Kinder- und Jugendmedienschutz im geltenden Staatsvertragsrecht und im Medienrecht der EU

38. Die Vorgaben des JMStV in Bezug auf unzulässige bzw. entwicklungsbeeinträchtigende Angebote sind ausschließlich auf den Inhalt eines Rundfunkprogramms oder eines Telemediums bzw. die Wirkung dieses Inhalts ausgerichtet. Auf die Frage, wer Anbieter dieses Inhalts ist, kommt es dabei ebenso wenig an wie auf die Frage, in welcher Weise der Inhalt entstanden ist. Insoweit sind diese Vorgaben sowohl offen für eine Schutzwirkung in Bezug auf Angebote von Anbietern, die nicht in Deutschland ansässig sind, als auch offen in Bezug auf die Frage, ob der Inhalt menschlich oder unter Einsatz von Technik hergestellt wurde und ob die Aufnahme des Inhalts in Infrastrukturen, die eine Wahrnehmung des Inhalts ermöglichen, und die Auswahl und Präsentation des Inhalts nach menschlichen oder maschinell gelernten Maßgaben erfolgt.

39. Interaktionsrisiken sind im geltenden JMStV bislang ebenso wenig als spezifische Risikokategorie für einen effektiven Kinder- und Jugendmedienschutz erfasst wie Risiken, die sich aus dem zunehmenden Einsatz von KI im Medien-Ökosystem ergeben können. Eine Verbindung von technischem Jugendmedienschutz mit Maßnahmen zur Stärkung von Medien- und Digitalkompetenz Minderjähriger verspricht auch im Kontext von durch den Einsatz von KI begründeten Risiken im Zweifel eine zusätzliche Schutzintensität.

40. Sowohl auf der Ebene der Identifizierung als auch auf der Ebene der Authentifizierung von Mediennutzenden als Instrumenten technischen Jugendmedienschutzes ist der Einsatz

von KI zur Gewährleistung des jeweiligen Schutzzweckes möglich und im Übrigen auch bereits durch die Kommission für Jugendmedienschutz (KJM) als Option anerkannt. Im Lichte der durch KI eröffneten Möglichkeiten der Gesichtserkennung erscheint fraglich, ob es einer face-to-face-Kontrolle zur Identifizierung fortdauernd bedarf. Allerdings war der Umgang mit Gesichtserkennungs-Programmen in der Gesetzgebung für ein KI-Gesetz der EU einer der zentralen Streitpunkte im Trilog-Verfahren mit Blick auf die unterschiedliche Positionierung von Europäischer Kommission und Rat der EU einerseits und von Europäischem Parlament andererseits. Die nunmehr gefundene Lösung steht dem Einsatz von KI-gestützten Alterseinschätzungssystemen seitens Unternehmen zur Sicherung eines hinreichenden Kinder- und Jugendmedienschutzes nicht entgegen.

41. Im Hinblick auf die Parallelität der Kriterien für geschlossene Benutzergruppen im Jugendmedienschutz- und Glücksspielrecht kommt auch in der Perspektive einer Unterstützung der jeweiligen Aufsicht durch den Einsatz von KI den Ausführungen zu Identifizierung und Authentifizierung in den Jugendschutzrichtlinien der Landesmedienanstalten wie im Raster der KJM zu Altersverifikationssystemen (AVS-Raster) Referenzqualität auch für die glücksspielrechtliche Aufsichtspraxis mit Bezug zum Jugendschutz zu. Über die in § 9 Abs. 3a GlüStV 2021 geregelte Pflicht zur Zusammenarbeit von Glückspielaufsicht und Landesmedienanstalten kann der Gleichlauf in den Regelwerken auch in der KI-bezogenen Perspektive im Vollzug zusätzlich effektuiert werden. Dieser Gleichlauf sollte deshalb nach Möglichkeit auch in Bezug auf die Frage entwickelt werden, unter welchen Randbedingungen welches KI-System in die jeweils adressierte Altersverifikation eingebunden werden kann.

42. Um Anbietern von technischen Mitteln und Inhalteanbietern eine gewisse Planungs- und Rechtssicherheit zu verschaffen, kann diesen auf „Antrag" durch die KJM eine Positivbewertung darüber erteilt werden, ob sie durch ihr technisches Mittel, welches sie als Zugangsschutz bei entwicklungsbeeinträchtigenden Angeboten vorschalten bzw. einsetzen, ihrer Pflicht aus § 5 Abs. 3 Satz 1 Nr. 1 JMStV entsprechen. Dies gilt auch für technische Mittel, die auf KI (teilweise) gestützt sind.

43. Zwar ist die Rundfunkregulierung in Deutschland mit Blick auf bundesweit ausgerichteten Rundfunk durch ein System grundsätzlicher Zulassungspflicht mitgeprägt. Für dritte, für die Vielfaltssicherung als bedeutsam eingestufte Akteure wie z.B. Anbieter von rundfunkähnlichen Telemedien, von Intermediären, Benutzeroberflächen und Medienplattformen sieht der MStV ein solches Zulassungserfordernis demgegenüber nicht vor. Das System der Zulassung bezieht sich zudem auf einen Rundfunkveranstalter und dessen Rundfunkprogramm als solches, nicht auf Einzelheiten der Erstellung des Programms. Vor diesem Hintergrund können KI-bezogene Zulassungserfordernisse mit Blick auf die Bewältigung von Herausforderungen für einen effektiven Kinder- und Jugendmedienschutz durch den Einsatz von KI de lege lata nicht fruchtbar gemacht werden.

44. Virtuelle Realitäten sind derzeit sowohl im MStV als auch im JMStV bereits regulatorisch adressiert. Zu solchen virtuellen Darstellungen können im Lichte der amtlichen Begründung zu § 4 Abs. 1 Satz 1 Nr. 5 JMStV, die für ein dynamisches Verständnis des

virtuellen Charakters spricht, auch solche Darstellungen gezählt werden, die unter Einsatz generativer KI hergestellt wurden. Das simulative Moment, dass die Begründung fordert, besteht hier in dem Eindruck des vermeintlichen Menschen-Geschaffenen.

45. Unzulässig sind dementsprechend, ohne dass es insoweit einer staatsvertraglichen Nachsteuerung bedürfte, de conventione lata im Rundfunk und in Telemedien mittels generativer KI geschaffene Darstellungen

- grausamer oder sonst unmenschlicher Gewalttätigkeiten gegen Menschen in einer Art, die eine Verherrlichung oder Verharmlosung solcher Gewalttätigkeiten ausdrückt oder die das Grausame oder Unmenschliche des Vorgangs in einer die Menschenwürde verletzenden Weise darstellt;
- von Kindern oder Jugendlichen in unnatürlich geschlechtsbetonter Körperhaltung;
- die kinderpornografisch oder jugendpornografisch sind oder pornografisch sind und Gewalttätigkeiten oder sexuelle Handlungen von Menschen mit Tieren zum Gegenstand haben.

46. Bedeutsam auch mit Blick auf den Kinder- und Jugendmedienschutz im Hinblick auf die Entwicklung Minderjähriger zu mündigen Mediennutzern ist zudem, dass mit dem KI-Anwendungen umfassenden Verständnis von virtuellen Darstellungen auch einhergeht, dass

- Berichterstattung und Informationssendungen nach § 6 Abs. 1 Satz 1 MStV auch beim Einsatz von (generativer) KI den anerkannten journalistischen Grundsätzen zu entsprechen haben;
- die Transparenzvorgaben des § 8 Abs. 6 Satz 1 MStV für Rundfunksendungen, die durch § 74 MStV auf rundfunkähnliche Telemedien erstreckt werden, auch für den Einsatz von (generativer) KI gelten.

47. Weder die Transparenzpflicht und das Diskriminierungsverbot für Intermediäre nach den §§ 93 und 94 MStV noch die Satzung der Landesmedienanstalten zur Regulierung von Medienintermediären konkretisieren die Verantwortung von Medienintermediären in einer nicht nur vielfalts-, sondern auch kinder- und jugendschutzorientierten Weise. Eine affirmative action-Klausel als Pflicht zu positiver Diskriminierung im Interesse eines effektiven Kinder- und Jugendmedienschutzes bei der Datengewinnung und -analyse durch KI erscheint daher de conventione ferenda als diskutabel.

48. Die auf den Einsatz von KI ausgerichtete Social-Bots-Regulierung mit spezifischen Transparenzpflichten in § 18 Abs. 3 MStV trägt den Gefahren des Einsatzes von Social Bots für die demokratische Meinungsbildung im Internet Rechnung. Der danach gebotene Hinweis, dass die Generierung und/oder Verbreitung eines Inhalts automatischen Ursprungs ist, muss so ausgestaltet sein, dass dies auch für einen durchschnittlichen minderjährigen Nutzer erkennbar ist. Denn die Kenntnis über mediale Rahmenbedingungen des demokratischen Diskurses soll nicht i.S. einer Zwei-Klassen-Gesellschaft nur einem Teil minderjähriger Teilnehmer am medialen Austausch vorbehalten bleiben. Die Kennzeichnungspflicht

dient im Übrigen, indem sie u.a. die individuelle und öffentliche Meinungsbildung vor Desinformation schützen und staatliche Ordnungsinteressen an der Gewährleistung einer funktionierenden Kommunikationsordnung sichern soll, auch dem Anspruch Minderjähriger auf Entwicklung zu einer auch unter einem demokratischem Blickwinkel gemeinschaftsfähigen Persönlichkeit.

49. Mit dem Jugendmedienschutz-Staatsvertrag wurde 2003 erstmalig der Jugendschutzbeauftragte als ein neues Instrument des Jugendmedienschutzes in das Regulierungssystem der Länder eingeführt. Neben den eigentlichen Inhalteanbietern brauchen auch Hostprovider und Access-Provider einen Jugendschutzbeauftragten, ebenso Anbieter von Suchmaschinen. Eine Verpflichtung weiterer für die Generierung, die Auswahl und die Präsentation entwicklungsbeeinträchtigenden und jugendgefährdenden Contents relevanten Akteuren zur Bestellung eines Jugendschutzbeauftragten besteht demgegenüber de conventione lata nicht. Namentlich sind die Entwicklung und der Einsatz von KI keine Tätigkeiten, an die bislang eine Pflicht zur Bestellung eines Jugendschutzbeauftragten geknüpft wäre.

50. Mit dem Zweiten Jugendschutzänderungsgesetz erfuhr das deutsche Jugendmedienschutzrecht durch seine Öffnung für nicht-inhaltebezogene Risiken eine gravierende Änderung und Erweiterung seiner Schutzwirkung. Damit sollte neuen Risiken wie z.B. Mobbing, Grooming, selbstgefährdendes Verhalten, exzessives Spielen und Kostenfallen Rechnung getragen werden, die durch die Vielfalt an Interaktionsmöglichkeiten, ihre Präsenz im Alltag und die hohe Geschwindigkeit in der Generierung von Inhalten befördert werden und die ein strukturelles Schutzdefizit für Kinder und Jugendliche hatten entstehen lassen.

51. Künstlicher Intelligenz kommt – auch in der Ausformung generativer KI – im Blick auf solche Interaktionsrisiken eine doppelte Bedeutung zu: als Risikofaktor, der in quantitativer wie qualitativer Hinsicht Gefährdungen durch Interaktionsrisiken fördert bzw. potenziert einerseits, zugleich aber auch als Instrument der Risikobewältigung. Im Übrigen kennt das Jugendmedienschutzrecht bislang noch nicht KI-Risiken als eigene Risikodimension. Dies schließt eine zukünftige Berücksichtigung solcher Risiken selbstverständlich nicht aus – namentlich dann, wenn diese ggf. sogar schutzpflichtenbezogen geboten ist.

52. Mit dem neuen § 24a JuSchG werden Anbieter von für Kinder und Jugendliche relevanten Internetdiensten in Umsetzung von Vorgaben aus der Novelle der AVMD-Richtlinie aus 2018 verpflichtet, angemessene und wirksame strukturelle Vorsorgemaßnahmen zu treffen. Die Vorsorgemaßnahmen sollen strukturelle Schutz- und Befähigungsstrukturen in für Kinder und Jugendliche relevanten sozialen Medien und Kommunikationsplattformen schaffen, die den Schutz der persönlichen Integrität von Minderjährigen, ihren Schutz vor der Konfrontation mit für sie beeinträchtigenden oder gar gefährdenden Inhalten sowie ihre Befähigung zur Selbsthilfe fördern. Zumindest in Bezug auf letztgenannte Förderdimension erscheint der Einsatz generativer KI als Chance bedeutsam, während in Bezug auf die beiden erstgenannten Förderdimensionen KI auch mit zusätzlichen Risiken verknüpft sein kann.

Anmerkungen zum Kinder- und Jugendmedienschutz in der KI-Verordnung der EU

53. Zwar enthalten weder der EUV noch der AEUV in ihrer derzeitigen Fassung eine ausdrückliche Regelung in Bezug auf Künstliche Intelligenz. Dies steht indessen einer Regelungskompetenz der EU für KI auch im Lichte des Prinzips der begrenzten Einzelermächtigung, wie es in Art. 5 Abs. 1 Satz 1 EUV verankert ist, nicht entgegen. Auch für eine binnenmarkt- und datenschutzgestützte KI-Regulierung der EU, wie sie die KI-Verordnung ((AI Act)vorsieht, gelten allerdings die im EUV selbst verankerten Schranken für die Wahrnehmung dieser Kompetenztitel. Es besteht mithin weder eine Bereichsausnahme in Bezug auf KI mit Blick auf die EU-Kompetenztitel aus Art. 16 und 114 AEUV, noch erwächst aus diesen Kompetenztiteln eine abschließende und allumfassende Regelungszuständigkeit der EU im Hinblick auf die mit (generativer) KI verbundenen Chancen und Risiken. Vielmehr steht auch der Regelungsgegenstand „(generative) KI" einem parallelen Regulierungszugriff seitens der EU im Hinblick auf Marktregulierung (namentlich Binnenmarkt- und Wettbewerbsordnung) und seitens der Mitgliedstaaten offen – letzteres insbesondere, soweit es um nicht binnenmarktbezogene Zielrichtungen wie die Sicherung des demokratischen Diskurses geht.

54. Existierende mitgliedstaatliche Regelungen für den Kinder- und Jugendmedienschutz werden deshalb nicht per se durch die KI-Verordnung der EU verdrängt – und zwar auch dann nicht, wenn sie im Zuge einer dynamischen, am Telos der jeweiligen Norm ausgerichteten Auslegung auch auf KI-Phänomene Anwendung finden. Ebenso wenig steht die KI-Verordnung aber ohne Weiteres auch dem Erlass neuer mitgliedstaatlicher Regelungen für den Kinder- und Jugendmedienschutz entgegen.

55. Im Übrigen ist auch der Ansatz einer modernen good governance unter Einbindung von Instrumente der Selbst- und Ko-Regulierung KI-offen. Primäres Unionsrecht steht einer solchen aus dem Medienrecht der EU inzwischen vertrauten Regulierungsmethode auch für den Bereich der KI-Regulierung nicht entgegen, sondern legt diese grundrechteorientiert nahe.

56. Die KI-Verordnung der EU (AI Act) stellt den ersten internationalen Versuch einer rechtverbindlichen, unmittelbar Rechte und Pflichten begründende Regulierung von KI dar – ein Versuch, dem für diesen Themenkreis vergleichbare Vorbildrolle zukommen könnte wie der DS-GVO für den Bereich des Datenschutzes. Der AI Act baut dabei konzeptionell auf einem risikobasierten Ansatz auf, bei dem zwischen vier Risikostufen unterschieden wird:

- einem inakzeptablen Risiko mit der Folge des absoluten Verbots betreffender Praktiken (Art. 5)
- einem hohen Risiko (Art. 6 ff.)
- einem geringeren Risiko (Art. 50 ff.)
- einem minimalen oder nicht vorhandenen Risiko (Art. 95).

57. Mit dem in Art. 5 Abs. 1 UnterAbs. 1 Buchst. b) u.a. vorgesehenen Verbot des Inverkehrbringens, der Inbetriebnahme oder der Verwendung eines KI-Systems, das eine Vulnerabilität oder Schutzbedürftigkeit einer natürlichen Person oder einer bestimmten Gruppe von Personen aufgrund ihres Alters mit dem Ziel oder der Wirkung ausnutzt, das Verhalten dieser Person oder einer dieser Gruppe angehörenden Person in einer Weise wesentlich zu verändern, die dieser Person oder einer anderen Person erheblichen Schaden zufügt oder mit hinreichender Wahrscheinlichkeit zufügen wird, weist die KI-Verordnung einen Verbotstatbestand auf, der (auch) an die Minderjährigkeit von Menschen anknüpft. Der aktuelle oder potentielle erhebliche psychische Schaden, den der Tatbestand neben einem aktuellen oder potentiellen erheblichen physischen Schaden in den Blick nimmt, kann auch eine Jugendgefährdung i.S. des § 4 JMStV oder eine Entwicklungsbeeinträchtigung i.S. des § 5 JMStV sein. Dieses Verständnis liegt zumindest bei einer völkerrechtskonformen Auslegung des Kriteriums des erheblichen mit hinreichender Wahrscheinlichkeit zu erwartenden Schadens im Lichte der UN-Kinderrechtskonvention nahe.

58. Mit dem in Art. 5 Abs. 1 Buchst. ba) der Position des Europäischen Parlaments zum AI Act enthaltenen grundsätzlichen Verbot biometrischer Kategorisierungen drohte ein zeitgemäßer, auch KI-Einsatz integrierender technischer Kinder- und Jugendmedienschutz beeinträchtigt zu werden, wie ihn jüngst die KJM durch eine positive Bewertung von AVS-Konzepten unter Einsatz biometrischer Mittel befördert hat.

59. Die nunmehr in Kraft getretene KI-Verordnung bestätigt diese Sorge indessen nicht: Denn weder handelt es sich beim Einsatz biometrischer Mittel, wie ihn die KJM im Blick hat, um das Inverkehrbringen, die Inbetriebnahme für diesen spezifischen Zweck oder die Verwendung von Systemen zur biometrischen Kategorisierung im Sinne des Art. 5 Abs. 1 UnterAbs. 1 Buchst. g) der KI-Verordnung, mit denen natürliche Personen individuell auf der Grundlage ihrer biometrischen Daten kategorisiert werden, um ihre Rasse, ihre politischen Einstellungen, ihre Gewerkschaftszugehörigkeit, ihre religiösen oder weltanschaulichen Überzeugungen, ihr Sexualleben oder ihre sexuelle Ausrichtung zu erschließen oder abzuleiten, noch handelt es sich bei dem vorbezeichneten Einsatz biometrischer Mittel um die Verwendung biometrischer Echtzeit-Fernidentifizierungssysteme in öffentlich zugänglichen Räumen zu Straf- verfolgungszwecken im Sinne des Art. 5 Abs. 1 UnterAbs. 1 Buchst. h) der KI-Verordnung.

60. Mit dem in Art. 5 Abs. 1 UnterAbs. 1 Buchst. c) vorgesehenen Verbot des Inverkehrbringens, der Inbetriebnahme oder der Verwendung von KI-Systemen zur Bewertung oder Einstufung von natürlichen Personen oder Gruppen von Personen über einen bestimmten Zeitraum auf der Grundlage ihres sozialen Verhaltens oder bekannter, abgeleiteter oder vorhergesagter persönlicher Eigenschaften oder Persönlichkeitsmerkmale, sofern die soziale Bewertung zu einer Schlechterstellung oder Benachteiligung bestimmter natürlicher Personen oder Gruppen von Personen (a) in sozialen Zusammenhängen, die in keinem Zusammenhang zu den Umständen stehen, unter denen die Daten ursprünglich erzeugt oder erhoben wurden und/oder (b) in einer Weise, die im Hinblick auf ihr soziales Verhalten oder dessen Tragweite ungerechtfertigt oder unverhältnismäßig ist, führt, wird auch der

persönlichen Entwicklungsfähigkeit Minderjähriger Rechnung getragen. Das Recht auf Vergessen, wie es in der DS-GVO verankert ist, findet hier eine KI-systembezogene Ergänzung; es erscheint namentlich ungerechtfertigt wie unverhältnismäßig, Personen mit Blick auf ihr Verhalten als Minderjährige zu benachteiligen.

61. Ziffer 8 Buchst. b) des Anhangs III der KI-Verordnung verdeutlicht die Relevanz des Einsatzes von KI im Hinblick auf einen freien demokratischen Prozess und damit verbunden die von der EU zu respektierende Befugnis der Mitgliedstaaten zur Regulierung demokratiebezogener Aspekte des Einsatzes von KI einschließlich (a) der Regulierung demokratischer Gestaltungs- und Teilhabemöglichkeit Minderjähriger sowie (b) regulatorischer Abwehr von inneren und äußeren Bedrohungen für die freiheitliche Demokratie, die von auch an Kinder und Jugendliche adressierten Angeboten mit aggressiv-kämpferischer anti-demokratischer Tendenz und/oder nachhaltig desinformierender Tendenz ausgehen.

62. Wenn nach Ziffer 8 Buchst. ab) des Anhangs III i.d.F. des Standpunktes des Europäischen Parlaments KI-Systeme als Hochrisiko-KI-Systeme eingestuft werden sollten, die bestimmungsgemäß von Social-Media-Plattformen, die im Sinne des Art. 33 des Gesetzes über digitale Dienste (Digital Services Act – DSA) als sehr große Online-Plattformen gelten, in ihren Empfehlungssystemen verwendet werden sollen, um dem Empfänger der Dienstleistung auf der Plattform verfügbare nutzergenerierte Inhalte zu empfehlen, so war dies nicht zuletzt mit Blick auf einen Kinder- und Jugendmedienschutzansatz, der auf die Empfehlung von Inhalten setzt, die für die Entwicklung Minderjähriger hilfreich sein kann, nicht unbedenklich und unter dem Blickwinkel des Schutzes Minderjähriger überschießend. Die in Kraft getretene KI-Verordnung greift diese Überlegung des Europäischen Parlaments dementsprechend nicht auf.

63. Im operativen Teil des Vorschlags der Europäischen Kommission für eine KI-Verordnung fanden Minderjährige noch an zwei Stellen ausdrückliche Erwähnung, wobei dabei zum einen mit Bezug auf die Strafverfolgung die Chancen von KI, zum anderen mit Blick auf Hochrisiko-KI-Systeme deren Risiken verdeutlicht wurden. Diese ausdrückliche Bezugnahme auf Kinder fehlt in der verabschiedeten KI-Verordnung im Kontext der Fragen der Strafverfolgung mit Blick darauf, dass das Schutzkonzept über Kinder hinaus ausgedehnt wurde. Im Übrigen findet der Kinder- und Jugendschutz in den Erwägungsgründen der Verordnung zu grundlegenden Verbotsnormen besondere Beachtung.

64. Zusätzlich zu

a) den Transparenzvorgaben in Bezug auf interaktiv ausgerichtete KI-Systeme nach Art. 52 Abs. 1 der vorgeschlagenen Verordnung (nunmehr Art. 50 Abs. 1 der KI-Verordnung)

b) den Transparenzvorgaben für Emotionserkennungssysteme sowie Systeme zur biometrischen Kategorisierung nach Art. 52 Abs. 2 der vorgeschlagenen Verordnung (nunmehr Art. 50 Abs. 3 der KI-Verordnung) sowie

c) den Transparenzvorgaben für sog. Deepfakes in Art. 52 Abs. 3 der vorgeschlagenen Verordnung (nunmehr Art. 50 Abs. 4 der KI-Verordnung), bei denen auch ein spezifisches Medien-Privileg verankert werden sollte, das wenig überzeugend war,

sollten aus Sicht des EP in einem neuen Art. 52 Abs. 3b spezifische Transparenzpflichten gegenüber Kindern sowie Melde- und Kennzeichnungsmöglichkeiten für problematische, mittels generativer KI erzeugte Inhalte aufgenommen werden. Die KI-Verordnung greift diesen spezifischen Schutzgedanken im Interesse von Kindern nicht auf. Stattdessen sieht Art. 50 Abs. 2 der Verordnung nunmehr ohne besondere Bezugnahme auf Minderjährige vor, dass Anbieter von KI-Systemen, einschließlich KI-Systemen mit allgemeinem Verwendungszweck, die synthetische Audio-, Bild-, Video- oder Textinhalte erzeugen, sicherstellen müssen, dass die Ausgaben des KI-Systems in einem maschinenlesbaren Format gekennzeichnet und als künstlich erzeugt oder manipuliert erkennbar sind. Die Anbieter haben dabei für zu sorgen, dass - soweit technisch möglich - ihre technischen Lösungen wirksam, interoperabel, belastbar und zuverlässig sind und berücksichtigen dabei die Besonderheiten und Beschränkungen der verschiedenen Arten von Inhalten, die Umsetzungskosten und den allgemein anerkannten Stand der Technik, wie er in den einschlägigen technischen Normen zum Ausdruck kommen kann.

Überlegungen zu einer (Fort-) Entwicklung der KI-Regulierung im Interesse von Kinder- und Jugendmedienschutz im Recht der Länder

65. Künstliche Intelligenz findet in den der Gesetzgebung gewidmeten Art. 70 ff. des Grundgesetzes ebenso wenig eine Erwähnung wie Kinder- und Jugend(medien)schutz. Dies bedeutet, dass für beide Themen-Komplexe nach der Grundregel des Art. 70 Abs. 1 GG den Ländern grundsätzlich die Gesetzgebungskompetenz zusteht. Es ist nicht ersichtlich, dass über ausschließliche oder konkurrierende Kompetenztitel des Bundes ein umfassendes gesetzgeberisches Risikomanagement in Bezug auf die Entwicklung und den Einsatz von (generativer) KI ins Werk gesetzt werden kann. Dies gilt namentlich auch mit Blick auf von KI ausgehende Gefährdungen eines wirksamen Kinder- und Jugendmedienschutzes. Die dynamisch zu verstehende Regelungskompetenz der Länder in Bezug auf das Rundfunkwesen erfasst kraft Sachzusammenhangs auch die Regelung von KI-bezogenen Facetten von Kinder- und Jugendschutz in elektronischen Medien.

66. Der Einsatz von KI im audiovisuellen Medienbereich ist durch die Rundfunkfreiheit des Art. 5 Abs. 1 Satz 2 GG erfasst. Auch wenn unter den Schutzbereich dieser Freiheit verfassungs- wie europa- und völkerrechtlich nur die tatsächliche Ausübung dieses Grundrechts durch Menschen bzw. von Menschen getragene juristische Personen, nicht dessen virtuelle Ausübung durch KI fällt, bedeutet dies allerdings nicht, dass ein KI-gestütztes audiovisuelles Angebot von den inhaltebezogenen Pflichten befreit wäre, die durch den JMStV zum Schutz von Kindern und Jugendlichen begründet werden.

67. Es ist zu erwägen, bei der Zweckbestimmung des § 1 JMStV auch eine Bezugnahme auf die UN-Kinderrechtskonvention aufzunehmen, um die Völkerrechtsfreundlichkeit des deutschen Jugendschutzes zu unterstreichen und zugleich die Impulskraft deutscher

Reformüberlegungen für internationale Debatten zur Stärkung des Kinder- und Jugendmedienschutzes zu stärken.

68. Es ist im Hinblick auf die voraussichtlich weiter wachsende Bedeutung von KI-Systemen wie von Medienintermediären und Anbietern von Benutzeroberflächen für einen effektiven Kinder- und Jugendmedienschutz ferner zu erwägen, bei der Regelung des Geltungsbereichs in § 2 JMStV zukünftig auch eine Bezugnahme auf KI-Systeme aufzunehmen und im Übrigen auch Medienintermediäre und Anbieter von Benutzeroberflächen zu adressieren.

69. Eine regelmäßige Evaluierung, ob es einer Anreicherung der regulatorisch bislang erfassten Risikodimensionen bedarf, sichert vor der grundrechtsdogmatischen Gefährdung ab, dass die Kinder- und Jugendmedienschutzordnung perspektivisch als inkohärent und die ergriffenen Maßnahmen damit als unverhältnismäßig eingestuft werden könnten. Zu solchen Risikodimensionen können neben Inhalts- und Interaktionsrisiken im Zuge des Durchbruchs generativer KI zunehmend auch IT-gestützte Risiken zählen.

70. In Anlehnung an § 7 JMStV könnte in den Jugendmedienschutz-Staatsvertrag zur Bewältigung der mit dem Einsatz von KI verbundenen Risiken eine Regelung aufgenommen werden, wonach derjenige, der in Deutschland ein KI-System in Verkehr bringt oder in Betrieb nimmt, einen Jugendschutzbeauftragten zu bestellen hat. Dieser KI-Jugendschutzbeauftragte sollte bei der Entwicklung, dem Training sowie der Anwendung von KI-Anwendungen einbezogen werden, an der Entwicklung eines auf den Kinder- und Jugendschutz bezogenen Monitoring-Programm beteiligt werden und im Übrigen das gleiche Maß an Unabhängigkeit genießen, wie es auch aus der Rechtsstellung von Datenschutz- und Gleichstellungsbeauftragten vertraut ist.

71. In Bezug auf eine effektive Bewältigung der mit dem Einsatz von (generativer) KI verbundenen Risiken liegt es nahe, der grundrechtlichen Schutzpflicht zu Gunsten Minderjähriger auch durch verfahrensrechtliche Vorkehrungen Rechnung zu tragen. Hierzu könnten

a) an den medienanstaltsinternen Schnittstellen zwischen ZAK, KJM und KEK in Bezug auf die Regulierung von KI,

b) an den Schnittstellen zwischen KJM und Bundeszentrale für Kinder- und Jugendmedienschutz (BzKJ) beim kinder- und jugendschutzaktivierenden Einsatz und der jugendschutzsichernden Kontrolle von KI und

c) an den Schnittstellen zwischen Datenschutz-, Glücksspiel- und Medienregulierung von KI im Interesse von Kinder- und Jugendmedienschutz

bestehende Netzwerke behördlicher Kooperation ergänzt und bei Bedarf neue organisatorische Netzwerke geschaffen werden.

72. Es erscheint empfehlenswert, die KJM auch als Marktüberwachungsbehörde i.S. des Art. 74 der KI-Verordnung der EU einzuordnen. Eine solche Benennung liegt nicht zuletzt auch wegen der im Vergleich zu klassischen staatlichen Behörden deutlich höheren

Staatsferne der KJM zum organisationsrechtlichen Ausgleich von jeweils grundrechtlich fundierten Schutzinteressen nahe.

Ausblick

73. Ein wirksamer Kinder- und Jugendmedienschutz kann in digitalen Kontexten einschließlich der Herausforderungen durch KI nur gewährleistet werden, wenn man die Gefährdungslage für die Entwicklung Minderjähriger erkennt und richtig einordnet. Dafür bedarf es genauerer Kenntnisse von den Auswirkungen des Einsatzes digitaler Technologien auf die verschiedenen Dimensionen des verfassungs-, europa- und völkerrechtlich gebotenen Schutzes. Dabei ist zu berücksichtigen, dass ein wirksamer Schutz oft nicht durch normative Versprechen, sondern eher durch technische Maßnahmen wie Kinder- und Jugendmedienschutz by design erzielt werden kann. Es geht mithin über die Erwägungen praktischer Konkordanz kollidierender Grundrechte hinaus interdisziplinär nicht zuletzt um die Steuerungswirkungen von Technologien in digitalen, vernetzten und automatisierten Umgebungen, ebenso wie um die Interaktion zwischen Ordnungsrecht und soft law, zwischen repressiver rechtlicher Reaktion auf Fehlentwicklungen und präventiver sozial-, geistes- und erziehungswissenschaftlicher Sensibilisierung für KI-bezogene Chancen und Risiken.

74. Wenn nicht erforderlich, so doch empfehlenswert erscheint auch eine Intensivierung des internationalen Austausches bei der Entwicklung von KI-Systemen, ihrem Training und ihrer Überprüfung. Über einen solchen Austausch ließe sich sowohl ein regulatorisches als auch ein ethisches Fundament einer kinder- und jugendmedienschutzverträglichen Entwicklung von KI und eines entsprechenden KI-Einsatzes befördern. Denn Ethik wie Nomos für KI-Anwendungen bedürfen eines multiperspektivischen, kulturelle Vielfalt wahrenden und diversitätsbewussten Aushandlungsprozesses.

75. Letztlich müssen regulatorische Vorgaben, technische Schutzvorkehrungen und medien-, digital- und KI-kompetenzbezogene Begleitmaßnahmen wie die Befähigung Betroffener zu einem sachgerechten Umgang mit maschinellem Lernen in ein interdisziplinär abgestimmtes, grundrechtebezogen kohärentes und grundwertebezogen konsistentes Konzept digitalisierungsbezogener Chancenmaximierung und Risikominimierung einbezogen werden.

76. Schließlich erscheint eine stärkere Synchronisierung der Regelungen zum digitalen Binnenmarkt unter besonderer Beachtung der Schutzinteressen Minderjähriger sinnvoll und geboten. Dieses Bemühen um mehr Kohärenz, das auch aus grundrechtlicher Perspektive wenn nicht zwingend, so doch zumindest zweckmäßig erscheint, könnte ein Schwerpunkt einer "Digitalen Agenda 2.0" der nach den Wahlen zum Europäischen Parlament im Juni 2024 zu bildenden neuen Europäischen Kommission werden.

Executive Summary

Introduction

1. It is true that the need to protect children and young persons is omnipresent in politics and society. In contrast, the specific challenges of the changes associated with AI for the effective protection of minors have so far received little attention in an issue that is dominating public debate worldwide, namely how to deal with artificial intelligence (AI). The protection of minors in the media ecosystem in the age of (generative) AI is still largely terra incognita – both in terms of the consideration of AI in matters of protection of minors and in terms of the consideration of the protection of minors in the development and regulation of AI.

2. With ChatGPT, the potential of generative AI became tangible in large parts of the population – in its potential for economic development, in its disruptive power for educational and scientific concepts and models, but also concerning its risks with regard to the protection of public interests and rights positions, which are indispensable for a democratic coexistence. The risks of (generative) AI include those that directly affect the effective protection of children and young persons in the media.

3. The rapid generation of disinforming content that undermines the playbook rules for rules about a free democratic discourse, of content that promotes hatred and inciting speech on the internet and of content that glorifies violence or trivialises war and pornographic images through the use of generative AI are just some of the problem areas that are not only theoretically conceivable, but already perceptible in practice and relevant to the protection of minors. There is also a danger that the risks associated with access to problematic content for minors will be perceived as less relevant, as this access is seen as an increasingly common phenomenon and reality.

4. Risks to the personal and financial integrity of minors and to their trust in a socially acceptable tone of human communication, e.g. risks caused by cybergrooming and cyberbullying, gain additional relevance through generative AI and AI chatbots due to the ease of use, speed and increasing performance of such systems.

5. The digital revolution with AI as its spearhead that has been ongoing since the end of the 20th century, indeed takes place in a systemic context that is also characterised by a consolidated system of fundamental rights. However, this canon of fundamental rights only forms an architectural pillar of order in the value space of the West, which in turn is by no means impregnated against differentiation and endogenous and exogenous shocks.

6. In the Western union of values characterised by fundamental rights, the private use of technology poses fundamental challenges insofar as it triggers network effects that limit diversity and competition. Delayed or inadequate legal regulation of technical, and not least information technology innovation, leads to the development and solidification of structures in the private sector that cannot only promote but also hinder the exercise of fundamental rights.

7. The importance of fundamental rights as the foundations of an objective value system means that the state has a duty to protect its citizens from the negative consequences of the use of technology. This duty is open to development and relates not least to AI hazards for the development of minors to responsible and socially competent individuals.

8. The recognisably growing global social, cultural, political and techno-economic significance of AI, not least in the variation of generative AI, which can also be perceived and predicted in relation to the media ecosystem, has not yet been accompanied by a clear legal definition of the term – either at the level of international law or when taking a comparative look at laws, which could be the starting point for a global or at least Western community of values-based regulation of the opportunities and risks of this digital phenomenon. However, a definitional breakthrough has been achieved at EU level in the new AI Act. Although this definition will be formally limited for the purposes of that Regulation, in reality it will probably also have an impact on other EU AI-related regulations as well as on the AI regulation of third countries. With the planned Framework Convention on AI, human rights, democracy and the rule of law, the Council of Europe is on the verge of creating the first legally binding global instrument to address the risks posed by artificial intelligence (AI).

9. The AI-supported digital transformation represents a challenge for the legal system in its various thematic sub-regulations and at its various levels – including German and European law on the protection of minors in the media. This body of law must therefore also be permanently evaluated to determine whether and to what extent it reacts appropriately to the disruptions and transformations caused by AI and, if necessary, adapted at much shorter intervals than previously as a result of this evaluation.

10. The permanent need for evaluation results in particular from the fact that it is more than likely that digitisation-oriented law, not least in the context of the regulation of AI, takes inadequate account of the approach of the German Federal Constitutional Court that requires threats to a free, diversity- and youth protection-oriented communication order to be addressed by a prophylactic regulatory approach in anticipation of these threats. AI regulation therefore also fits into the tableau of regulatory challenges in which the regulatory thinking of restraint and wait-and-see as well as the avoidance of errors as the highest regulatory maxim is being put to the test. Trial and error, an approach that has so far been critically scrutinised by the rule of law, could become a concept not only for AI regulation under conditions of serious uncertainty regarding the development prospects of digital disruptions. However, error tolerance instead of error avoidance is an approach that will be difficult to reconcile with the increasing excitement in the tone of democratic discourse in the age of social networks, the functional logic of which are geared towards escalation instead of deliberation.

11. In recent decisions, the German Federal Constitutional Court's case law, which is structurally formative for the positive order of broadcasting in the constitutional sense in Germany, has already repeatedly emphasised the disruptive potential of digitalisation and

the emergence of new media players on the stage of the media ecosystem. However, this change has yet to be analysed in its dogmatic dimension.

12. In place of aesthetic suggestive power, which in the past helped to determine the need for a positive order in broadcasting, AI-supported selection decisions in relation to media content are replaced by the suggestive power of what is familiar and proven from the perspective of the respective media recipient. Not least from the perspective of minors, this suggestive power can be seen as having a stabilising effect in an environment that many children and young persons perceive as a world in disarray.

13. The (few) answers to youth protection-related questions in the hearing of the Digital Committee of the German Bundestag on 24 May 2023 on "Generative Artificial Intelligence" illustrate the tension that can arise between the developed data protection law in favour of minors and the developing law on the protection of minors in the media with regard to AI risks. If personal data of minors cannot be incorporated into generative AI systems, this threatens to perpetuate existing age-based discrimination in the training data of AI and thus can run counter to the interests of minors when using generative AI.

On the threshold of an AI era of new needs, opportunities and barriers for regulatory protection

14. Last but not least, changes in the media ecosystem in terms of players, content and financing that occur in the process of digitalisation may require an adaptation of the positive media order under constitutional law. This dynamic understanding of positive media regulation is also important with regard to the development and use of AI systems in the media ecosystem. In the age of digitalisation and globalisation in general and the development and use of AI in particular, the media order must guarantee the plural diversity of opinions and ensure that the sovereignty over content and its generation, selection, aggregation and presentation in the digital media ecosystem is not unilaterally at the disposal of the state, any social entity or a non-human phenomenon such as an AI system.

15. It can be considered a gap in the readjustment of the German regulatory positive order that the special importance of intermediaries and media platforms has not been taken into account, at least so far, with regard to facets of the media regulation that are related to protection of minors. Moreover, in view of the growing importance of AI in the media ecosystem, the question arises at least from a legal policy perspective, if not also from constitutional considerations, as to whether developers of AI should be integrated into a system of joint and differentiated responsibility for this protection of minors as addressees of legal requirements, too.

16. The EU's freedom to provide services is open to further EU harmonisation efforts relating to AI beyond the AI Act. In particular, AI systems also constitute services within the meaning of EU law, for which internal market and competition regulation is possible, provided that the structural principles of EU constitutional law, namely the principles of proportionality and subsidiarity and the commitment of EU legislation to fundamental

rights, are observed. This regulatory development option in relation to AI can also include the protection of minors in the media ecosystem.

17. The regulatory approach recommended by AI stakeholders to contain the risks of AI by activating self-regulation is an approach that is familiar not least from the protection system of the German Interstate Treaty on the Protection of Minors in the Media (JMStV). In principle, some important advantages of self- and co-regulation cannot be denied for the regulation of influences of AI systems that relate to the protection of minors in the media. In this respect, Sections 19 to 20 JMStV could also play a pioneering role in the generation of good governance by means of regulated self-regulation in the area of addressing these protection-related aspects of AI.

18. In their International Code of Conduct for Organizations Developing Advanced AI Systems, developed as part of the so-called Hiroshima Process, the G7 clearly assume the development of a "Corporate Digital Responsibility" ("CDR"). This code of conduct does not explicitly focus on the protection of minors. However, in view of the paramount importance of the protection of children and young persons, a corporate AI-related responsibility for the protection of minors would also appear to be an obvious development of such self-regulatory responsibilities. The "CDR" shall, and a corporate AI-related responsibility for the protection of minors should introduce ethical-moral aspects into the discussion but not override existing legal obligations. However, this does not rule out the possibility that professional ethical principles such as the Press Code also gain regulatory relevance as a means of interpreting current and future legislative requirements. For example, the German Press Code is formulated in principle in a way that is open to AI and is also opposed, again for example, to the use of generative AI that reproduces sexist or racist stereotypes.

19. There is no reference to self- and/or co-regulation either in the operative text of the AI Act or in its recitals. However, this does not per se preclude the application of this regulatory methodology in the AI sector.

20. Non-compliance with journalistic standards through disinformation and the use of fake news and conspiracy myths can confuse, mislead and harm children and young persons. It is precisely the mixture and accumulation of disinformation, conspiracy narratives and hate comments that give rise to the risk that many offerings are harmful to minors. The dynamic use of generative AI is likely to further increase the negative effects of disinformation on the integrity of information and on a public debate that is compatible with the fundamental values of the EU and the German Basic Law. The increasing quality and quantity of content generated by generative AI is likely to exceed the ability of observers, moderators or regulators to recognise, expose or remove disinformation. Even if disinformation rooted in the use of generative AI is quickly exposed, it still contributes to a decaying information space that fosters disorientation among minors. It can further undermine public trust in democratic processes, not least among minors, and thus pose considerable obstacles to the compatibility with community integration of the personal development of minors.

21. The fundamental rights set out in the EU Charter of Fundamental Rights are of fundamental importance in the AI Act of the EU as a regulatory point of reference and orientation, to which a whole series of provisions refer to. In this respect, the protection of fundamental rights is at least co-determining, if not characterising, the EU's regulatory model for AI. This fundamental rights-friendly approach of the EU regulation of AI corresponds to the human rights-oriented regulatory approach of the planned Council of Europe Framework Convention on AI. In some places, the AI Act clearly highlights a concept of a duty to protect derived from the relevant fundamental rights, namely the prohibition of discrimination and the principle of equal treatment, with regard to the risks that can arise from the use of AI, especially from the private sector. In this respect, the AI Act supplements existing Union law on non-discrimination by including specific requirements to minimise the risk of discrimination through algorithms.

22. While the protection of human dignity is expressly enshrined in constitutional law as the supreme maxim of state action in Art. 1 para. 1 of the Basic Law and as the supreme principle of Union protection of fundamental rights in Art. 1 of the EU Charter of Fundamental Rights, there is no such express mention in the catalogue of fundamental rights of the protection of minors as an object of protection triggering state duties to act. However, according to Art. 24 para. 1 sentence 1 of the Charter of Fundamental Rights, children are entitled to the protection and care necessary for their well-being. There is nothing to suggest that this right to protection and care only applies to non-media-related situations of danger and risk. Moreover, the protection of minors is also a legal right with constitutional status in the context of German constitutional law.

23. A central challenge in connection with the regulation of AI is to further develop the law of digitalisation for the 21st century in such a way that human dignity is preserved. Human dignity demands recognition that every human being deserves respect irrespective of character traits and achievements. Humans are responsible actors in human-machine interaction and, even in the context of AI, must not be regarded as flawed beings who must be optimised or perfected by the machine. This applies regardless of the age and level of development of the human being, i.e. also for minors.

24. Cultural diversity, as it also exists in relation to the protection of children and young persons in the media, is not taken for granted in generative AI. Since generative AI is not (also) aligned with the media protection of minors concept of German youth media protection, there is a risk that the standards of this protection will be lowered in the age of generative AI. This can be countered by training generative AI with data sets that take into account the protection concept of the JMStV.

25. International and EU law, as well as German constitutional law, already contain a whole series of provisions to prevent unequal treatment on the basis of age. However, it is clear that these provisions are not able to comprehensively regulate algorithm-related discrimination. In particular, beyond the level of the relationship between the citizen and the obligated state, which is regularly covered exclusively by prohibition norms concerning discrimination, there is no sufficient protection at the level of private-law relationships. In

addition, the existing standards have so far completely lacked a scope of application that includes AI systems. The AI Act of the EU has not changed this and nothing will change with the Council of Europe's planned framework convention on AI.

26. For the interpretation of both the AI Act, at least in its application in Germany, and the planned Framework Convention of the Council of Europe in its signatory states, the UN Convention on the Rights of the Child (UNCRC) is important, to which explicit reference is made in the Explanatory Report to the Framework Convention. If the states parties within the meaning of Art. 17 of the UNCRC must ensure that the child has access to information and material from a variety of sources and if this access should also exist in particular to sources that aim to promote their social, emotional and moral well-being as well as their physical and mental health, then this obligation under international law also gains significance not least with regard to algorithmically controlled decision-making processes: In particular, a solidification of the possibilities of use of media offers by minors as a result of the involvement of children within the meaning of the UNCRC in filter bubbles in the process of selection and aggregation of content is contrary to the objective of Art. 17 sentence 1, 1st alt. of the UNCRC.

27. The goal of promoting the social, emotional and moral well-being as well as the physical and mental health of minors, as set out in Art. 17 sentence 1 2nd alt. UNCRC, may also require positive discrimination in the AI-controlled selection of content that is made available to minors. However, availability within the meaning of Art. 4 sentence 2 UNCRC as a limit to the obligations of the Convention states under international law, is determined not least by financial, organisational and personal, but also by technical constraints. In this respect, "black boxes" form a wall for effective media protection of minors in the age of AI that cannot be easily overcome due to international law requirements.

28. The protection of minors is expressly categorised in Article 5 para. 2 of the Basic Law as a public interest justifying the restriction of fundamental rights in the field of mass communication. In contrast, there is no explicit reference to the protection of minors in the regulations on the fundamental freedoms of the EU internal market. However, as already mentioned, the protection of minors also represents a legitimate interest from the perspective of EU law, which is generally suitable to justify the restriction of a fundamental freedom guaranteed by the TFEU, such as the freedom to provide services. Since the protection of minors in the use of AI has not been harmonised under secondary Union law even under the AI Act, recourse to this exception is not barred under Union law. Union law neither requires a higher level of protection in relation to the protection of minors in the area of AI in the Member States, nor does it preclude such an endeavour per se.

29. According to established constitutional court case law in the multi-level system of protection of minors in the media system, fundamental rights are not only individual rights of defence against interference that require justification by a public interest such as the protection of minors. Rather, they also result in objective value judgements of the respective constitutional order, which are the starting point for a duty of the state or supranational sovereign power to actively advocate the protection of the legal interests expressed in

them. Non-personal dangers of a non-natural nature, such as dangers triggered by AI for legal interests protected by fundamental rights, can also trigger such a duty to protect.

30. A special case of indirect interference with a fundamental right under the EU Charter of Fundamental Rights that requires justification exists if the EU prevents another sovereign authority, such as the German Länder, from taking measures to protect children and young persons in the media. This problem of an obstruction of protection can also arise in the context of the development and use of AI. In the future, this could also become relevant, e.g. if the EU, with reference to a supposedly conclusive regulation of AI-related behavioural obligations through the AI Act, wanted to prevent the German Länder from enacting supplementary or stricter regulations for the effective protection of minors. The German Länder could adopt such a regulatory approach, e.g. to protect minors from an AI-supported restriction of their media-based options for obtaining information.

31. If the state fulfils duties of protection, e.g. in relation to the use and development of AI with regard to the general right of personality of minors, it is subject to limits insofar as this is associated with restrictions on the fundamental rights of third parties (such as the freedom of research of developers or the professional freedom of users): The legislator must also strike a balance between conflicting interests in the tension between the state's duty to protect minors based on fundamental rights on the one hand and the fundamental rights of third parties on the other. In the context of balancing interests, the legislator is bound by the prohibition of both excessive and inadequate measures as an expression of the principle of the rule of law.

32. In the Federal Republic of Germany, the German federal and state governments each have an independent and separate responsibility for the fulfilment of the duty to protect in their respective areas of responsibility. In view of the constitutionally based legislative competence of the federal states for the protection of minors in the area of broadcasting and telemedia, they are also, in principle, obliged to protect minors with regard to media-related risks to the legal interests of minors through the use of AI.

33. According to the previous case law of the German Federal Constitutional Court on socially adequate residual risks of research as a possible consequence of a scientific endeavour, a damaging event of apocalyptic dimension must be practically ruled out according to the state of the art in science and technology. Whether this is the case with the development and use of AI does not appear to be certain in view of recent warnings from the field of AI development itself.

34. In light of the disruptive force of digital change, it is questionable whether German and European fundamental rights, which have remained largely unchanged since the adoption of the German Basic Law in 1949 and the signing of the ECHR in 1950 and the EU Charter of Fundamental Rights in 2000, can still adequately address the threats posed by the digital age of the 21st century, or rather, whether they can do so through a dynamic understanding by providing a sufficient level of protection in the age of digitalisation and AI. This question also arises in the context of the particular risks to which minors may be

exposed as a result of digitalisation in general and the development and use of AI in particular.

35. The legal system must not only protect a person, in the sense of a right to be forgotten, against having to be confronted with past positions, statements and actions indefinitely before the public, but also against becoming a "prisoner" of past communication behaviour by being embedded in filter bubbles with a view to future choices. In this respect, too, it is only by making it possible to step back from past circumstances that individuals have the chance to continue to live in freedom.

36. Under the conditions of the progress of AI, a fundamental right to security also goes hand in hand with the need to protect against the excesses of AI in order to preserve free development and democratic participation opportunities for everyone, not least minors and future generations. In particular, this also concerns the duty to prevent and counteract an AI-supported disintegration of democratic discourse, in which communicative filter bubbles of isolation and seclusion of increasingly fragmented sub-societies emerge, threatening a discursive "graveyard" in the 21st century.

37. With regard to the constitutional requirement to protect minors, the challenges posed by the global dimension of threats created by the Internet and AI also require an understanding that takes into account the openness of the state organisation as laid down in the Basic Law. Thus, the state must also seek to ensure effective protection of minors in the media at European and international level in accordance with its duty to protect. Insofar as the duty to protect minors from risks posed by the internet and AI under Article 2(2) sentence 1 of the Basic Law is directed against risks posed by the internet and AI, it requires internationally oriented action for the global protection of the legitimate interests of minors and obliges the state to work towards media protection activities within the framework of international coordination (for example through negotiations, in treaties or in organisations), in which national measures then make their contribution to minimising risks posed by AI. The Council of Europe's planned Framework Convention on AI takes this requirement for international protection mechanisms into account.

Points of reference for AI regulation of protection of minors in the media ecosystem in current interstate treaty law and EU media law

38. The provisions of the JMStV with regard to unlawful or harmful content are focused exclusively on the content of a broadcasting programme or telemedia or the effect of this content. The question of who is the provider of this content is as irrelevant as the question of how the content was created. In this respect, these requirements are both open to a protective effect in relation to content from providers who are not based in Germany and open in relation to the question of whether the content was produced by humans or using technology and whether the recording of the content in infrastructures that enable the content to be perceived and the selection and presentation of the content is based on human or machine-determined criteria.

39. The current JMStV does not yet recognise interaction risks as a specific risk category for effective protection of minors in the media, nor does it recognise risks that may arise from the increasing use of AI in the media ecosystem. A combination of technical measures for protection of minors in the media with measures to strengthen the media and digital literacy of minors also promises an additional level of protection in the context of risks arising from the use of AI.

40. The use of AI to ensure the respective protective purpose is possible both at the level of identification and at the level of authentication of media users as instruments of technical measures for protection of minors in the media and, incidentally, is already recognised as an option by the Commission for the Protection of Minors in the Media (KJM). In light of the possibilities of facial recognition enabled by AI, it seems questionable whether face-to-face control for identification is still necessary. However, the handling of facial recognition programmes in the EU AI Act was one of the central points of contention in the trilogue process in view of the differing positions of the European Commission and the Council of the EU on the one hand and the European Parliament on the other. The final text of the AI Act does not prevent companies from using AI-supported age estimation systems to ensure adequate media protection for minors.

41. With regard to the parallelism of the criteria for closed user groups in law on protection of minors and on gambling, the statements on identification and authentication in the youth protection guidelines of the state media authorities and in the grid on age verification systems of the KJM are also of reference quality for gambling law supervisory practice with regard to the protection of minors from the perspective of supporting the respective supervision through the use of AI. The obligation to cooperate between the gambling supervisory authorities and the state media authorities, as set out in Section 9 (3a) Glücksspiel-Staatsvertrag 2021 (GlüStV, interstate treaty on gambling), can also be used to ensure that the regulations are in line with each other in terms of AI-related enforcement. This synchronisation should therefore also be developed, if possible, with regard to the question of the conditions under which an AI system can be integrated into the age verification addressed in each case.

42. In order to give providers of technical means and content providers a certain degree of planning and legal certainty, they can be awarded a positive assessment by the KJM upon "application" as to whether they comply with their obligation under Section 5 (3) sentence 1 no. 1 JMStV through their technical means, which they install or use as access protection for development-impairing offers. This also applies to technical means that are (partially) based on AI.

43. It is true that broadcasting regulation in Germany is characterised by a system of fundamental licensing requirements with regard to nationwide broadcasting. In contrast, the MStV does not provide for such a licence requirement for third parties classified as important for ensuring diversity, such as providers of broadcasting-like telemedia, intermediaries, user interfaces and media platforms. The licensing system also relates to a broadcaster and its broadcasting programme as such, not to details of the production of the

programme. Against this background, AI-related authorisation requirements cannot be used de lege lata to meet the challenges of effective protection of minors in the media through the use of AI.

44. Virtual realities are currently already addressed by regulation in both the MStV and the JMStV. In the light of the official explanatory memorandum to Section 4 (1) sentence 1 no. 5 JMStV, which speaks in favour of a dynamic understanding of what constitutes a virtual character, such virtual representations can also include representations that were produced using generative AI. The simulative moment that the explanatory memorandum demands, consists here in the impression of being supposedly man-made.

45. Accordingly, content in broadcasting and telemedia that is created by means of generative AI and that

- presents cruel or otherwise inhuman acts of violence against a person in a manner that glorifies or trivialises such acts of violence or presents the cruel or inhuman nature of the act in a manner which violates human dignity;
- presents children or adolescents in unnaturally explicit sexual poses;
- contains pornography involving children or adolescents or is pornographic and has as its subject acts of violence or sexual acts of persons involving animals

are inadmissible de conventione lata, without the need for any subsequent regulation in this respect under the Interstate Treaty.

46. It is also significant with regard to the protection of children and young persons in the media in view of the development of minors to responsible media users that the understanding of virtual representations as encompassing AI applications also means that

- reporting and information programmes pursuant to Section 6 para. 1 sentence 1 MStV must also comply with recognised journalistic principles when using (generative) AI;
- the transparency requirements of Section 8 para. 6 sentence 1 MStV for broadcasting programmes, which are extended to broadcasting-like telemedia by Section 74 MStV, also apply to the use of (generative) AI.

47. Neither the transparency obligation and the prohibition of discrimination for intermediaries under Sections 93 and 94 MStV nor the statutes of the state media authorities on the regulation of media intermediaries concretise the responsibility of media intermediaries in a way that is not only diversity-oriented but also child and youth protection-oriented. An affirmative action clause as a duty of positive discrimination in data collection and analysis by AI in the interest of effective protection of minors therefore appears to be debatable de conventione ferenda.

48. The social bots regulation, which is geared towards the use of AI and includes specific transparency obligations in Section 18 (3) MStV, takes into account the dangers of the use of social bots for democratic opinion-forming on the internet. The required information that the generation and/or dissemination of content is of automatic origin must be designed in such a way that this is also recognisable for an average underage user. This is because

knowledge of the media framework conditions of democratic discourse should not be reserved for only some underage participants in the media exchange in the sense of a two-class society. The labelling requirement also serves to protect individual and public opinion-forming from disinformation and to safeguard the state's regulatory interests in ensuring a functioning communication system, as well as the right of minors to develop into a social personality also from a democratic perspective.

49. In 2003, the Interstate Treaty on the Protection of Minors in the Media introduced the function of an appointee for the protection of minors as a new instrument for the protection of minors in the regulatory system. In addition to the actual content providers, host providers and access providers also need a such an appointee in their organization, as do search engine providers. In contrast, there is no obligation de conventione lata to appoint an appointee for the protection of minors for other parties relevant to the generation, selection and presentation of content that is harmful to minors. In particular, the development and use of AI are not activities that oblige to appoint a appointee for the protection of minors.

50. With the Second Youth Protection Amendment Act, German youth media protection law underwent a serious change and expansion of its protective effect by opening it up to non-content-related risks. This was intended to take account of new risks such as bullying, grooming, self-harming behaviour, excessive gaming and cost traps, which are promoted by the variety of interaction options, their presence in everyday life and the high speed at which content is generated and which had led to a structural protection deficit for children and young persons.

51. Artificial intelligence – also in the form of generative AI – has a dual significance with regard to such interaction risks: as a risk factor that quantitatively and qualitatively promotes or increases the dangers posed by interaction risks on the one hand, but also as an instrument of risk management on the other. Incidentally, neither the youth protection law nor the JMStV hitherto recognise AI risks as a separate risk dimension. Of course, this does not rule out the possibility of such risks being taken into account in the future – especially if this is even necessary in terms of the duty to protect.

52. With the new Section 24a JuSchG, providers of internet services relevant to children and young persons are obliged to take appropriate and effective structural precautionary measures in implementation of the requirements of the 2018 amendment to the AVMS Directive. The precautionary measures are intended to create structural protection and empowerment structures in social media and communication platforms relevant to children and young persons that promote the protection of the personal integrity of minors, their protection from confrontation with content that is harmful or even dangerous to them and their ability to help themselves. At least with regard to the latter support dimension, the use of generative AI appears to be a significant opportunity, while AI can also be associated with additional risks with regard to the first two support dimensions.

Comments on child and youth media protection in the EU AI Act

53. It is true that neither the TEU nor the TFEU in their current version contain an explicit provision on artificial intelligence. However, this does not prevent the EU from having regulatory competence for AI, even in light of the principle of conferral, as enshrined in Art. 5 b(1) sentence 1 TEU. However, the limits on the exercise of these competences set out in the TEU itself also apply to EU AI regulation based on the internal market and data protection, as provided for in the EU AI Act. There is therefore neither an area exception in relation to AI with regard to the EU competences under Art. 16 and 114 TFEU, nor do these competences give rise to a conclusive and all-encompassing regulatory competence of the EU with regard to the opportunities and risks associated with (generative) AI. Rather, the regulatory subject matter of (generative) AI is also open to parallel regulatory access on the part of the EU with regard to market regulation (namely the internal market and competition rules) and on the part of the Member States – the latter in particular insofar as non internal market-related objectives such as safeguarding democratic discourse are concerned.

54. Existing national regulations for the protection of children and minors in the media are therefore not per se superseded by the EU AI Act – not even if they are also applied to AI phenomena in the course of a dynamic interpretation based on the telos of the respective norm. Equally, the AI Act does not automatically preclude the adoption of new national rules for the protection of children and minors in the media.

55. Moreover, the approach of modern good governance involving instruments of self- and co-regulation is also open to AI. Primary EU law does not preclude such a regulatory method, which is now familiar from EU media law, for the area of AI regulation either, but rather suggests it in terms of fundamental rights.

56. The EU's Artificial Intelligence Act (AI Act) represents the first international attempt of a legally binding AI regulation that directly establishes rights and obligations – an attempt that could serve as a role model for this topic in a similar way as the GDPR in the area of data protection. The AI Act is conceptually founded on a risk-based approach that distinguishes between four risk levels:

- an unacceptable risk resulting in an absolute ban on the practices in question (Art. 5)
- a high risk (Art. 6 et seq.)
- a lower risk (Art. 50 et seq.)
- a minimal or non-existent risk (Art. 95).

57. With the prohibition of the placing on the market, the putting into service or the use of an AI system that exploits any of the vulnerabilities of a natural person or a specific group of persons due to their age, disability or a specific social or economic situation, with the objective, or the effect, of materially distorting the behaviour of that person or a person belonging to that group in a manner that causes or is reasonably likely to cause that person or another person significant harm, provided for in Art. 5 para. 1 subpara. 1 point b), the regulation provides a prohibition that can be linked to the underage status of persons. The actual or potential significant psychological harm, which the offence focuses on in addition

to actual or potential significant physical harm, can also be a danger to minors within the meaning of Section 4 JMStV or a developmental impairment within the meaning of Section 5 JMStV. At least when interpreting this criterion in accordance with international law in the light of the UNCRC, such an understanding is obvious.

58. The fundamental ban on biometric categorisation contained in Art. 5(1)(ba) of the European Parliament's position on the AI Act threatened to impair modern technical protection of minors in the media that also integrates the use of AI, as recently promoted by the KJM through its positive assessment of age verification systems using biometric means.

59. However, the AI Regulation that has now entered into force does not confirm this concern: The use of biometric means, as envisaged by the KJM, does not involve the placing on the market, the putting into service for this specific purpose, or the use of biometric categorisation systems within the meaning of Art. 5 para. 1 subpara. 1 point g) of the AI Regulation, that categorise individually natural persons based on their biometric data to deduce or infer their race, political opinions, trade union membership, religious or philosophical beliefs, sex life or sexual orientation nor is the aforementioned use of biometric means the use of 'real-time' remote biometric identification systems in publicly accessible spaces for the purposes of law enforcement within the meaning of Art. 5 para. 1 subpara. 1 point h) of the AI Regulation.

60. Article 5 para. 1 subpara. 1 point c) of the AI Act prohibits the placing on the market, the putting into service or the use of AI systems for the evaluation or classification of natural persons or groups of persons over a certain period of time based on their social behaviour or known, inferred or predicted personal or personality characteristics, with the social score leading to (i) detrimental or unfavourable treatment of certain natural persons or groups of persons in social contexts that are unrelated to the contexts in which the data was originally generated or collected; (ii) detrimental or unfavourable treatment of certain natural persons or groups of persons that is unjustified or disproportionate to their social behaviour or its gravity. With regard to this prohibition, the personal development capacity of minors shall also be taken into account. The right to be forgotten, as enshrined in the GDPR, is supplemented here by an AI system-related addition; in particular, it appears unjustified and disproportionate to disadvantage people with regard to their behaviour as minors.

61. Point 8 (b) of Annex III of the AI Act clarifies the relevance of the use of AI with regard to a free democratic process and the associated authority of the Member States to regulate democracy-related aspects of the use of AI, including (a) the regulation of minors' ability to shape and participate in democracy and (b) regulatory defence against internal and external threats to liberal democracy, which emanate from offerings addressed to children and young persons with an aggressive, combatant, anti-democratic tendency and/or a sustained disinformation tendency.

62. When point 8(ab) of Annex III in the version of the European Parliament's position categorised an AI system as a high-risk AI system that is intended to be used by a social media platform, which is a very large online platform within the meaning of Art. 33 of the

DSA, in its recommendation system in order to recommend user-generated content available on the platform to the recipient of the service, this was not unobjectionable and excessive from a protection perspective, not least with regard to an approach to the protection of minors in the media, which focuses on the recommendation of content that can be helpful for the development of minors. Accordingly, the AI Regulation that has come into force does not take this consideration of the European Parliament into account.

63. In the operative part of the European Commission's proposal for an AI Regulation, minors were explicitly mentioned in two places, whereby the opportunities of AI were emphasised with regard to law enforcement on the one hand, and the risks of high-risk AI systems on the other. This explicit reference to children is missing in the adopted AI Regulation in the context of law enforcement issues in view of the fact that the protection concept has been extended beyond children. Furthermore, the protection of minors is given special consideration in the recitals of the Regulation on basic prohibition standards.

64. In addition to

a) the transparency requirements in relation to interactive AI systems under Art. 52 (1) of the proposed Regulation (now Art. 50 (1) of the AI Act)

b) the transparency requirements for emotion recognition systems and systems for biometric categorisation under Art. 52 (2) (now Art. 50 (3) of the AI Act)of the proposed Regulation and

c) the transparency requirements for so-called deepfakes in Art. 52 (3) of the proposed Regulation (now Art. 50 (4) of the AI Act), which also included a specific media privilege that was not very convincing,

the EP believed that specific transparency obligations towards children as well as reporting and labelling options for problematic content created by using generative AI should be included in a new Art. 52 (3b). The AI Regulation does not take up this specific idea of protection in the interests of children. Instead, Art. 50(2) of the Regulation now provides, without specific reference to minors, that providers of AI systems, including general purpose AI systems, generating synthetic audio, image, video or text content, shall ensure that the outputs of the AI system are marked in a machine-readable format and detectable as artificially generated or manipulated. Providers shall ensure their technical solutions are effective, interoperable, robust and reliable as far as this is technically feasible, taking into account the specificities and limitations of various types of content, the costs of implementation and the generally acknowledged state of the art, as may be reflected in relevant technical standards.

Considerations on the (further) development of AI regulation in the interest of protection of minors in the media in the law of the German Länder

65. The legislation-related provisions of the German Basic Law do not mention artificial intelligence or the protection of children and young persons (in the media). This means that, according to the basic rule of Art. 70 Para. 1 of the Basic Law (GG), the German Länder are generally authorised to legislate on both topics. It is not evident that a

comprehensive legislative risk management in relation to the development and use of (generative) AI can be implemented via exclusive or concurrent federal competences. This also applies in particular with regard to the risks posed by AI to the effective protection of minors in the media. The dynamic regulatory competence of the federal states in relation to broadcasting also covers the regulation of AI-related facets of protection of minors in electronic media by virtue of the factual context.

66. The use of AI in the audiovisual media sector is covered by the freedom of broadcasting under Art. 5 para. 1 sentence 2 GG. Even if the scope of protection of this freedom under constitutional, European and international law only covers the actual exercise of this fundamental right by humans or legal persons, not its virtual exercise by AI, this does not mean, however, that an AI-supported audiovisual offering would be exempt from the content-related obligations established by the JMStV for the protection of children and adolescents.

67. It should be considered to include a reference to the UNCRC in section 1 of the JMStV with respect to the purpose of the interstate treaty in order to emphasise the international law-friendliness of German youth protection and at the same time to strengthen the impetus of German reform considerations for international debates on strengthening the protection of minors in the media.

68. In view of the expected growing importance of AI systems, media intermediaries and providers of user interfaces for the effective protection of minors in the media, consideration should also be given to including a reference to AI systems in the scope of application according to Section 2 JMStV in the future and also addressing media intermediaries and providers of user interfaces in this scope of application.

69. A regular evaluation of whether there is a need to enrich the risk dimensions previously covered by regulation protects against the threat that the law on the protection of minors in the media could be categorised as incoherent and the measures could be perceived as disproportionate in the future. In addition to content and interaction risks, such risk dimensions may increasingly include IT-supported risks in the course of the breakthrough of generative AI.

70. Based on Section 7 JMStV, a provision could be included in the Interstate Treaty on the Protection of Minors in the Media to address the risks associated with the use of AI, according to which anyone who places an AI system on the market or puts it into operation in Germany must designate an appointee for the protection of minors. This appointee should be involved in the development, training and use of AI applications, be involved in the development of a monitoring programme related to the protection of children and young persons and otherwise enjoy the same degree of independence as is familiar from the legal status of data protection and equal opportunities officers.

71. With regard to the effective management of the risks associated with the use of (generative) AI, it is obvious that the duty to protect minors under fundamental rights should also be taken into account through procedural precautions. This could be achieved

a) at the interfaces within the media authorities between ZAK, KJM and KEK with regard to the regulation of AI,

b) at the interfaces between KJM and the Federal Centre for the Protection of Children and Young Persons in the Media (BzKJ) with regard to the use of AI to activate child and youth protection and the monitoring of AI to ensure the protection of minors and

c) at the interfaces between data protection, gambling and media regulation of AI in the interests of minors,

by supplementing existing networks of official cooperation and, if necessary, by creating new organisational networks.

72. It seems advisable to categorise the KJM as a market surveillance authority within the meaning of Art. 74 of the AI Act of the EU. Such a designation makes sense, not least because the KJM is much more independent of the state than traditional state authorities, in order to balance the protection interests based on fundamental rights under organisational law.

Outlook

73. Effective protection of minors in the media with respect to challenges posed by AI can only be guaranteed if the risks to the development of minors are recognised and correctly classified. This requires more precise knowledge of the effects of the use of digital technologies on the various dimensions of protection required under constitutional, European and international law. It must be taken into account that effective protection can often not be achieved through normative promises, but rather through technical measures such as protection by design. Beyond the considerations of practical concordance of conflicting fundamental rights, it is therefore not least about the interdisciplinary control effects of technologies in digital, networked and automated environments, as well as the interaction between regulatory law and soft law, between repressive legal reaction to undesirable developments and preventive social science, humanities and educational science awareness to AI-related opportunities and risks.

74. If not necessary, it would also seem advisable to intensify international exchange in the development of AI systems, their training and their review. Such an exchange could be used to promote both a regulatory and an ethical foundation for the development of AI that is compatible with the protection of children and young persons in the media and the corresponding use of AI. After all, ethics and nomos for AI applications require a multi-perspective, culturally diverse and diversity-conscious negotiation process.

75. Regulatory requirements, technical safeguards and accompanying measures relating to media, digital and AI skills should be incorporated into an interdisciplinary, coordinated concept that is coherent in terms of fundamental rights and consistent in terms of fundamental values in order to maximise opportunities and minimise risks associated with digitalisation.

76. Finally, greater synchronisation of the rules on the digital single market with particular attention to the protection interests of minors would appear to be sensible and necessary. This endeavour to achieve greater coherence, which also appears, if not mandatory, then at least expedient from a fundamental rights perspective, could become a focus of a "Digital Agenda 2.0" of the new European Commission to be formed after the European Parliament elections in June 2024.

A. Einführung

I. Der Chat-Bot GPT als Katalysator einer gesellschaftlichen Debatte zum enigmatischen Charakter von KI

In Politik und Gesellschaft ist das Bekenntnis zu Rechten von Kindern und Jugendlichen und zur Notwendigkeit ihres Schutzes allgegenwärtig.[1] Eine zunehmende Zahl von Kinderschutzgesetzen in den deutschen Ländern,[2] die die Vorgaben des Bundeskinderschutzgesetzes[3] als Mantelgesetz wie des Jugendschutzgesetzes[4] und des Jugendarbeitsschutzgesetzes[5] des Bundes und des Jugendmedienschutz-Staatsvertrages der Länder[6] ergänzen, ist Ausdruck wachsender Sensibilität, die durch immer neue Enthüllungen von sexuellem Missbrauch an Minderjährigen im schulischen wie im kirchlichen Bereich zusätzlich befördert wird. Auf der Ebene der juristischen Reaktion auf die berechtigten Interessen nachwachsender Generationen kommt dem Klimaschutz-Beschluss des BVerfG[7] herausragende Bedeutung in der Rechtsprechung und der fortdauernden Debatte um die Verankerung von

---

1 Vgl. *Janda/Wagner*, Diskriminierung von und wegen Kindern, 2022, S. 15.

2 Vgl. neben den landesrechtlichen Regelungen zur Ausführung des Kinder- und Jugendhilfegesetzes des Bundes sowie zu Kindergärten, Kindertageseinrichtungen, Tagespflege und zum Vollzug der Jugendstrafe

- für Baden-Württemberg: Gesetz zum präventiven Schutz der Gesundheit von Kindern und Jugendlichen in Baden-Württemberg (Kinderschutzgesetz Baden-Württemberg) vom 3. März 2009 (GBl. 2009, S. 82), zuletzt geändert durch Artikel 3 des Gesetzes vom 14. April 2015 (GBl. 2015, S. 181);
- für Nordrhein-Westfalen: Gesetz zum Schutz des Kindeswohls und zur Weiterentwicklung und Verbesserung des Schutzes von Kindern und Jugendlichen in Nordrhein-Westfalen (Landeskinderschutzgesetz NRW) vom 13. April 2022 (GV. NRW. 2022, S. 503)
- für Rheinland-Pfalz: Landesgesetz zum Schutz von Kindeswohl und Kindergesundheit (LKindSchuG) vom 7. März 2008 (GVBl. 2008, S. 52), zuletzt geändert durch Gesetz vom 18.11.2020 (GVBl. 2020, S. 609)
- für das Saarland: Gesetz zur Stärkung des Schutzes von Kindern und Jugendlichen im Saarland (Saarländisches Kinderschutzgesetz - SKG) vom 15. November 2023 (Amtsblatt I 2023, S. 1112)
- für Schleswig-Holstein: Gesetz zur Weiterentwicklung und Verbesserung des Schutzes von Kindern und Jugendlichen in Schleswig-Holstein (Kinderschutzgesetz) vom 29. Mai 2008 (GVOBl. 2008, S. 270), zuletzt geändert durch Artikel 2 des Gesetzes vom 29. April 2022 (GVOBl. 2022, S. 616).

3 Gesetz zur Stärkung eines aktiven Schutzes von Kindern und Jugendlichen (Bundeskinderschutzgesetz) vom 22. Dezember 2011, BGBl. I S. 2975.

4 Vom 23. Juli 2002 (BGBl. I S. 2730), zuletzt geändert durch Artikel 12 des Gesetzes vom 6. Mai 2024 (BGBl. I 2024 Nr. 149).

5 Vom 12. April 1976 (BGBl. I S. 965), zuletzt geändert durch Artikel 9 des Gesetzes vom 27. März 2024 (BGBl. 2024 I Nr. 109).

6 Vgl. z.B. für Bayern Jugendmedienschutz-Staatsvertrag (JMStV) vom 13. September 2002 (GVBl. 2003 S. 147, BayRS 02-21-S), der zuletzt durch Art. 2 des Vertrages vom 14. Dezember 2021 (GVBl. 2022 S. 313, 396) geändert worden ist.

7 BVerfG, Beschluss des Ersten Senats vom 24. März 2021 - 1 BvR 2656/18 -, BVerfGE 157, 30.

Kindergrundrechten im Grundgesetz[8] zentrale rechtspolitische Aufmerksamkeit zu. Der Streit um den Schutz der Entwicklungschancen von Kindern und Jugendlichen bei der Corona-Bekämpfung[9] gewinnt zugleich in der juristischen Aufbereitung der Pandemie-Politik rechtszeitgeschichtliche Relevanz.

Vor diesem Hintergrund ist überraschend, dass in einer die öffentliche Debatte weltweit bestimmenden Frage wie der nach dem Umgang mit künstlicher Intelligenz (KI) rsp. Artificial Intelligence (AI)[10] bislang spezifische Herausforderungen des mit KI verbundenen Wandels für einen wirksamen Kinder- und Jugendschutz, namentlich in seiner medienbezogenen Dimension, kaum Aufmerksamkeit erfahren haben. Auch im sog. Hiroshima-KI-Prozess der G7 findet sich diese gemeinwohlbezogene Lücke. Fragen des Kinder- und Jugendschutzes werden regelmäßig allenfalls mittelbar über die Vorgaben, Ethik rsp. Regulierung von KI werteorientiert mit dem Menschen im Mittelpunkt auszurichten, adressiert.[11]

---

8 Vgl. z.B. *Cremer/Bär,* Kinderrechte ins Grundgesetz, 2016. Vgl. demgegenüber zur Reichweite der Sicherung des Kindeswohls auf der Grundlage des bestehenden Verfassungskorpus *Hepp,* Kindergrundrechte, 2021, S. 60 ff; *Wapler,* Kinderrechte und Kindeswohl, 2015, S. 89 ff.

9 Vgl. BVerfG, Beschluss des Ersten Senats vom 19. November 2021 - 1 BvR 971/21 - BVerfGE 159, 355 (Bundesnotbremse II, Schulschließungen).

10 Vgl. hierzu jüngst auch im Rahmen des sog. Hiroshima-Prozesses die Stellungnahme der G7-Staats- und Regierungschefs zum Hiroshima-KI-Prozess (*G7 Leaders' Statement on the Hiroshima AI Process, October 30, 2023*), die Internationalen Leitlinien für Organisationen, die fortgeschrittene KI-Systeme entwickeln (*Hiroshima Process International Guiding Principles for Organizations Developing Advanced AI system*) und den Internationalen Verhaltenskodex für Organisationen, die fortgeschrittene KI-Systeme entwickeln (*Hiroshima Process International Code of Conduct for Organizations Developing Advanced AI Systems*) sowie die „Bletchley Declaration" der EU und von 28 Staaten anlässlich des KI-Gipfels in London am 1./2. November 2023.

Schon zuvor im Bereich staatlicher Regulierungsdebatten z.B.

- für die USA *White House*, Blueprint for an AI Bill of Rights. Making Automated Systems Work for the American People (October 2022); *dass.*, Executive Order on the Safe, Secure, and Trustworthy Development and Use of Artificial Intelligence (October 30, 2023)
- für die VR China *State Council*, Next Generation Artificial Intelligence Development Plan (2017)
- für Japan *Government*, Social Principles of Human-Centric AI (2019)
- für Spanien Real Decreto 729/2023, de 22 de agosto, por el que se aprueba el Estatuto de la Agencia Española de Supervisión de Inteligencia Artificial, BOE núm. 210, 2. September 2023, S. 122289. Hierzu *Ukrow*, Spanien: Einrichtung einer Behörde zur Überwachung von KI, MMR-Aktuell 2023, 01121

sowie im Bereich internationaler Organisationen

- *OECD*, Recommendation of the Council on Artificial Intelligence, 2019
- *UNESCO*, Recommendation on the Ethics of Artificial Intelligence, 2021.

Vgl. zum Ganzen auch Cole, AIRe 2024, 126 (127 ff.).

11 Vgl. z.B. Ziffer 1.2 Buchst. a) der Empfehlung des OECD-Rates zu Künstlicher Intelligenz („Auf den Menschen ausgerichtete Werte und Fairness. Die KI-Akteure sollten während des gesamten Lebenszyklus des KI-Systems die Rechtsstaatlichkeit, die Menschenrechte und die demokratischen Werte achten. Dazu gehören Freiheit, Würde und Autonomie, Privatsphäre und Datenschutz, Nichtdiskriminierung und Gleichheit, Vielfalt, Fairness, soziale Gerechtigkeit und international anerkannte Arbeitnehmerrechte.").

Eine auf Rechtsverbindlichkeit ausgerichtete Ausnahme stellt insoweit das Rahmenübereinkommen des Europarats über künstliche Intelligenz und Menschenrechte, Demokratie und Rechtsstaatlichkeit[12] dar, das am 17. Mai 2024 vom Ministerkomitee des Europarats auf seiner 133. Tagung in Straßburg angenommen wurde und anlässlich der Justizministerkonferenz in Vilnius (Litauen) am 5. September 2024 zur Unterzeichnung aufgelegt wird. Art. 18 dieses Rahmenübereinkommens, das auch für Nicht-Mitgliedstaaten des Europarates zur Zeichnung offensteht, regelt „Rechte von Menschen mit Behinderungen und von Kindern":

> *„Jede Vertragspartei berücksichtigt in Übereinstimmung mit ihrem innerstaatlichen Recht und den geltenden internationalen Verpflichtungen gebührend alle besonderen Bedürfnisse und Schwachstellen in Bezug auf die Achtung der Rechte von Menschen mit Behinderungen und von Kindern."*

Im Erläuternden Bericht zu diesem Rahmenübereinkommen[13] wird betont, dass die kinderbezogenen Vorgaben in direktem Zusammenhang mit den Bestimmungen der UN-Kinderrechtskonvention (UN-KRK)[14] stehen. Der ausdrückliche Verweis auf das geltende innerstaatliche Recht über die Rechte des Kindes sei insbesondere deshalb eingefügt worden, um die Situation von Vertragsparteien des Rahmenübereinkommens zu berücksichtigen, die die UN-KRK nicht ratifiziert haben, aber dennoch über innerstaatliche Rechtsvorschriften verfügen, die den Genuss dieser Rechte gewährleisten. Der Verweis auf innerstaatliches Recht in dieser Bestimmung solle lediglich auf Bestimmungen des innerstaatlichen Rechts hinweisen, die im jeweiligen Kontext ein ähnliches oder ergänzendes Schutzniveau wie die UN-KRK bieten, und ein solcher Verweis könne von einer Vertragspartei nicht als Rechtfertigung für die Nichterfüllung dieser vertraglichen Verpflichtung geltend gemacht werden. Das Ziel bestehe also darin, das höchstmögliche Maß an Berücksichtigung aller spezifischen Bedürfnisse und Schwachstellen in Bezug auf die Achtung der Rechte von Kindern zu gewährleisten, einschließlich der Schulung in digitaler Kompetenz, wie in Bezug auf Artikel 20 im Erläuternden Bericht erläutert. In Anbetracht des ernsten Risikos, dass Technologien der künstlichen Intelligenz zur Erleichterung der sexuellen Ausbeutung und des sexuellen Missbrauchs von Kindern eingesetzt werden könnten, und der besonderen Risiken, die dies für Kinder mit sich bringt, haben die Verfasser im Zusammenhang mit der Umsetzung dieser Bestimmung nach dem Erläuternden Bericht die Verpflichtungen aus dem Übereinkommen von Lanzarote, dem Fakultativprotokoll zum Übereinkommen der Vereinten Nationen

---

Vgl. auch *Deutscher Ethikrat*, Mensch und Maschine – Herausforderungen durch Künstliche Intelligenz, 2023, S. 268, 314.

12 Council of Europe Framework Convention on Artificial Intelligence and Human Rights, Democracy and the Rule of Law, Council of Europe Treaty Series - No. [225], abrufbar unter https://rm.coe.int/1680afae3c.

13 Explanatory Report to the Council of Europe Framework Convention on Artificial Intelligence and Human Rights, Democracy and the Rule of Law, Tz. 116 f. (abrufbar unter https://rm.coe.int/1680afae67).

14 Übereinkommen über die Rechte des Kindes vom 20. November 1989 (BGBl. 1992 II S. 121), zuletzt geändert durch Änderungsübereinkommen vom 12. Dezember 1995 (BGBl. 2017 II S. 1554).

über die Rechte des Kindes betreffend den Verkauf von Kindern, die Kinderprostitution und die Kinderpornografie sowie die Allgemeine Bemerkung Nr. 25 zur UN-Kinderrechtskonvention über die Rechte des Kindes in Bezug auf das digitale Umfeld berücksichtigt.[15]

Der Schutz Minderjähriger findet zudem auch in der allerdings rechtlich unverbindlichen Empfehlung für eine Ethik künstlicher Intelligenz der UNESCO Beachtung.[16]

Künstliche Intelligenz (KI) erfährt zwar seit langem zunehmende (auch rechts-) wissenschaftliche Resonanz. 35 Jahre nach der Gründung des *Deutschen Forschungszentrums für Künstliche Intelligenz (DFKI)* und fünf Jahre nach Einsetzung der Enquete-Kommission *„Künstliche Intelligenz – Gesellschaftliche Verantwortung und wirtschaftliche, soziale und ökologische Aspekte"* des Deutschen Bundestages[17] zählt KI zu den Phänomenen, in denen sich sämtliche Ebenen des europäischen Integrationsverbundes wie der föderalen Verantwortungsgemeinschaft um eine strategische Ausrichtung bemühen.[18] Bei Kinder- und Jugendmedienschutz handelt es sich hierbei aber noch weithin um *terra incognita* – und zwar sowohl, was die Beachtung von KI im Kinder- und Jugendmedienschutz als auch, was die Beachtung von Kinder- und Jugendmedienschutz bei der Entwicklung und Regulierung von KI betrifft.

Auch für ihren Einsatz im Bereich kinder- und jugendmedienschutzsensibler Situationen gilt, dass, sofern Algorithmen bei der Bewältigung von Problemlagen unterstützen sollen, die nicht im Voraus definiert werden (können), ein „lernender" Charakter des betreffenden Algorithmus unverzichtbar ist. Ein solcher als künstliche Intelligenz qualifizierbarer Algorithmus bedient sich zur Analyse regelmäßig umfangreicher Datensätze, die mittels statistischer Methoden ausge- und bewertet werden, und ist in der Lage, statistisch-probabilistische Vorhersagen anhand der aus den ausgewerteten Daten gewonnenen Einsichten durch die Identifikation von Korrelationen immer weiter zu verfeinern. Solche Algorithmen können durch die fortdauernde Eingabe immer neuer Daten und durch die Bestätigung bzw. Korrektur des Outputs maschinell lernen, also „trainiert" werden.[19]

Die für ein breites Publikum im November 2022 eröffnete Möglichkeit, den Chatbot ChatGPT[20] des kalifornischen KI- Forschungslabors OpenAI zu nutzen, wurde nicht nur in der

---

15 Explanatory Report, a.a.O., Tz. 118.

16 Vgl. hierzu Abschnitt A. III. 4.

17 Der Abschlussbericht dieser Kommission wurde im Herbst 2020 verabschiedet; vgl. BT-Drs. 19/23700.

18 Vgl. zur KI-Strategie der EU namentlich die Mitteilung der Kommission an das Europäische Parlament, den Rat, den Europäischen Wirtschafts- und Sozialausschuss und den Ausschuss der Regionen „Förderung eines europäischen Konzepts für künstliche Intelligenz" (COM/2021/205 final vom 21.4.2021); zur KI-Strategie des Bundes „Strategie Künstliche Intelligenz der Bundesregierung - Stand: November 2018" sowie „Strategie Künstliche Intelligenz der Bundesregierung - Fortschreibung 2020 - Stand: Dezember 2020" (jeweils abrufbar über https://www.bmbf.de/bmbf/de/forschung/digitale-wirtschaft-und-gesellschaft/kuenstliche-intelligenz/kuenstliche-intelligenz_node.html); die KI-Strategien der deutschen Länder sind abrufbar über https://www.ki-strategie-deutschland.de/home.html.

19 Vgl. *Spiecker gen. Döhmann/Towfigh*, Automatisch benachteiligt, 2023, S. 14 f.

20 Bei ChatGPT (Generative Pre-trained Transformer) handelt es sich um einen sprach- und textbasierten Chatbot, der in einer Basisversion frei zugänglich ist. Hersteller ist die Firma OpenAI, die sich mit der Erforschung und Entwicklung künstlicher Intelligenz beschäftigt und unter anderem auch den

Fachwelt, sondern auch in der Publizistik wie auch in einer breiten Öffentlichkeit als Durchbruch im Bereich (sprachbasierter) generativer Künstlicher Intelligenz wahrgenommen. Innerhalb von fünf Tagen hatte ChatGPT eine Million Nutzer und erreichte zwei Monate nach seiner Veröffentlichung im November 2022 100 Millionen Nutzer, was den Rekord für die am schnellsten wachsende Verbraucheranwendung bedeutete.[21] DALL-E ist ein weiteres Beispiel für generative KI, das von OpenAI entwickelt wurde und in ähnlicher Weise wie ChatGPT arbeitet, allerdings mit digitalen Bildern als Output. Google hat rasch reagiert und eine eigene, noch nicht frei zugängliche generative KI, Bard, entwickelt, die auf Sprach- und Konversationsfähigkeiten der nächsten Generation wie dem Sprachmodell für Dialoganwendungen (LaMDA) basiert.[22]

Die Debatte über Chancen und Risiken von KI bestimmt seit diesen öffentlichkeitswirksamen Zeugnissen der wachsenden Leistungsfähigkeit dieser Technologie eine Vielzahl von Titelgeschichten, Dossiers und Kommentaren in Leitmedien – auch in Deutschland.[23] Die journalistisch-redaktionelle Befassung mit KI kann inzwischen als nachhaltig in Periodizität, Umfang, Qualität und Folgenabschätzung eingestuft werden. Parallel hierzu hat auch die Diskussion über Regulierungserfordernisse, -möglichkeiten und -grenzen in Bezug auf KI im Allgemeinen und generative KI im Besonderen an Fahrt aufgenommen. Dabei könnte ein jüngstes Bonmot von Google-Chef *Sundar Pichai* als *basso continuo* der KI-Regulierung wirken:[24]

Bildgenerator DALL-E entwickelte. Der Chatbot setzt künstliche Intelligenz ein, um mit Nutzern über textbasierte Nachrichten zu kommunizieren. Er nutzt moderne maschinelle Lerntechnologie, um Antworten zu generieren, die natürlich klingen und für das Gespräch relevant sein sollen. Die KI wurde mit einer großen Menge an Textdaten aus unterschiedlichen Internet-Quellen, beispielweise Wikipedia, Nachrichtenseiten, Online-Foren oder Sozialen Netzwerken über einen langen Zeitraum trainiert. Aus diesen Daten wird die Wahrscheinlichkeit einer Abfolge von Wörtern vorhergesagt. Hieraus ergeben sich die Antworten. Es handelt sich um ein wachsendes System, das durch die Benutzung lernt. Bei ChatGPT wird das Sprachmodell GPT-3 eingesetzt. Durch eine Kooperation von Microsoft und OpenAI wurde eine beschränkt zugängliche Version der Suchmaschine Bing geschaffen, die auf ChatGPT (Version GPT4) basiert. Zu ChatGPT vgl. z.B. *Johannisbauer,* ChatGPT im Rechtsbereich, MMR-Aktuell 2023, 455537; *Möller-Klapperich*, ChatGPT und Co. – aus der Perspektive der Rechtswissenschaft, NJ 2023, 144 (145 f.); *Wilmer,* Rechtsfragen bei ChatGPT & Co., K&R 2023, 233 (233 f.).

21 TikTok brauchte etwa neun Monate, während Instagram rund zweieinhalb Jahre brauchte, um 100 Millionen Nutzer zu erreichen; vgl. *Hu,* ChatGPT sets record for fastest-growing user base (2023); abrufbar unter https://www.reuters.com/technology/chatgpt-sets-record-fastest-growing-user-base-analyst-note-2023-02-01/.

22 Vgl. *Pichai,* An important next step on our AI journey, 6. Februar 2023 (abrufbar unter https://blog.google/technology/ai/bard-google-ai-search-updates.

23 Vgl. z.B. „Künstliche Intelligenz. Die neue Weltmacht. Wie ChatGPT und Co. Unsere Leben verändern" (DER SPIEGEL Nr. 10, 4.3.2023, S. 8 ff.); „Künstliche Intelligenz. Was schaffen wir da gerade? Arbeiten einkaufen, heilen – wie denkende Maschinen das ganze Leben und uns verändern" (stern Nr. 12, 16.3.2013, S. 5, 46 ff.); „Künstliche Intelligenz. Was kann der Mensch besser?" (DIE ZEIT Nr. 16, 13.4.2013, S. 31 ff.).

24 „Künstliche Intelligenz ist zu wichtig, um sie nicht zu regulieren", FAZ v. 31.05.2023 (abrufbar unter https://www.faz.net/aktuell/wirtschaft/digitec/google-chef-pichai-im-interview-ki-zu-wichtig-um-sie-nicht-zu-regulieren-18929018.html).

„KI ist zu wichtig, um sie nicht zu regulieren – und zu wichtig, um sie nicht gut zu regulieren."

Es ist dabei nicht nur eine rechtspolitische, sondern auch eine völker-, europa-, verfassungs- und grundrechtliche Frage, ob die demokratischen Staaten der EU es allein als ethische Frage oder als Frage des guten Willens von US-amerikanischen und chinesischen Internet-Giganten verstehen dürfen, ob und wie KI reguliert wird. Denn der Einsatz von KI-Systemen berührt zukünftig unmittelbar Schutzpflichten, die es dynamisch und technologieoffen in einer Vielzahl von Feldern des staatlichen, gesellschaftlichen, ökonomischen, ökologischen, kulturellen und medialen Miteinanders zu wahren gilt.[25]

Die KI-bezogene Regulierungsdebatte fokussiert sich bislang (zumindest im deutschen rechtswissenschaftlichen Diskurs) auf die Disziplinen des Datenschutz-,[26] Haftungs-,[27] Straßenverkehrs-,[28] Urheber-, Leistungsschutz- und Patent-,[29] Zivil-,[30] allgemeinen Verwaltungs-[31] und Wettbewerbsrechts[32] sowie des Völker- und Europarechts.[33] Fragen des Medienrechts haben demgegenüber bislang deutlich weniger Beachtung gefunden.[34] Eine

---

25 Vgl. hierzu auch *Nemitz,* MMR 2024, 603 (603).

26 Vgl. z.B. *Busche,* Einführung in die Rechtsfragen der künstlichen Intelligenz, JA 2023, 441 (445 f.); *Conraths,* Künstliche Intelligenz in der Medienproduktion, MMR 2021, 457 (458 f.); *Vogel,* Künstliche Intelligenz und Datenschutz, 2022; *Wilmer,* Rechtsfragen bei ChatGPT & Co., K&R 2023, 233 (235 f.); *Woerlein,* ChatGPT – „Fortschritt" durch Künstliche Intelligenz auf Kosten des Datenschutz- und Urheberrechts, ZD-Aktuell 2023, 01205.

27 Vgl. z.B. *Dötsch,* Außervertragliche Haftung für Künstliche Intelligenz am Beispiel von autonomen Systemen, 2023; *Staudenmayer,* Haftung für Künstliche Intelligenz, NJW 2023, 894; *Wilmer,* Rechtsfragen bei ChatGPT & Co., K&R 2023, 233 (237 f.); *Zech,* Haftung für Trainingsdaten Künstlicher Intelligenz, NJW 2022, 502.

28 Vgl. z.B. *Steege,* Haftung für Künstliche Intelligenz im Straßenverkehr, SVR 2023, 9.

29 Vgl. z.B. *Conraths,* Künstliche Intelligenz in der Medienproduktion, MMR 2021, 457 (459 f.); *de la Durantaye,* „Garbage in, garbage out" – Die Regulierung generativer KI durch Urheberrecht, ZUM 2023, 645; *Emmerich,* Die Auswirkungen künstlicher Intelligenz auf die erfinderische Tätigkeit und das Erfinderprinzip, 2021; *Engel,* Erfinderische Tätigkeit und Künstliche Intelligenz, GRUR 2022, 864; *Graetz,* Künstliche Intelligenz im Urheberrecht, 2021; *Jakl,* Das Recht der Künstlichen Intelligenz, MMR 2019, 711 (714); *Linke,* "Künstliche Intelligenz" und Urheberrecht - Quo vadis?, 2021; *Maamar,* Urheberrechtliche Fragen beim Einsatz von generativen KI-Systemen, ZUM 2023, 481; *Ory/Sorge,* Schöpfung durch Künstliche Intelligenz?, NJW 2019, 710; *Thum,* in: Wandtke/Bullinger, Urheberrecht, 6. Aufl. 2022, § 7 UrhG Rn. 16 ff.; *Wilmer,* Rechtsfragen bei ChatGPT & Co., K&R 2023, 233 (234 f.); *Woerlein,* ChatGPT – „Fortschritt" durch Künstliche Intelligenz auf Kosten des Datenschutz- und Urheberrechts, ZD-Aktuell 2023, 01205.

30 Vgl. *Conraths,* Künstliche Intelligenz in der Medienproduktion, MMR 2021, 457 (460 f.); *Jakl,* Das Recht der Künstlichen Intelligenz, MMR 2019, 711 (713 f.).

31 Vgl. *Hornung,* in: Schoch/Schneider (Hrsg.), Verwaltungsrecht - VwVfG, München 2022, § 35a VwVfG Rn. 1 ff.; *Lorse,* Entscheidungsfindung durch künstliche Intelligenz. Zukunft der öffentlichen Verwaltung?, NVwZ 2021, 1657.

32 Vgl. *Jakl,* Das Recht der Künstlichen Intelligenz, MMR 2019, 711 (714 f.); *Veith,* Künstliche Intelligenz, Haftung und Kartellrecht, 2021.

33 Vgl. z.B. *Ress,* Künstliche Intelligenz (KI) als Herausforderung für das Europarecht und Völkerrecht, 2023.

34 Vgl. z.B. *Lossau,* Wie Künstliche Intelligenz die Medien verändert, in: Arnold/Wangermann (Hrsg.), Digitalisierung und Künstliche Intelligenz: Orientierungspunkte, 2018, S. 66 ff.; *Ukrow,* Künstliche Intelligenz (KI) als Herausforderung für die positive Medienordnung, 2022 sowie das Symposium der

vertiefte Befassung mit KI-bezogenen Fragen des Jugendmedienschutzrechts ist bislang nicht erfolgt.

Sowohl ChatGPT und DALL-E von OpenAI als auch Bard von Google sind Produkte des sog. *Deep Learning*, einer Teilmenge des maschinellen Lernens, die das menschliche Gehirn beim Lernen und Reagieren auf Daten, Informationen und Aufforderungen widerspiegelt.[35] Schon heute vertrauen Millionen von Nutzern in Deutschland, der EU und weltweit auf die kreative Leistungskraft von generativer KI, um Texte (z. B. mittels GPT-4, ChatGPT, Luminous, Bard, Bing), Bilder (z. B. via Stable Diffusion, DALL-E 2), Audio- oder Video-Content (z. B. über MusicLM, Synthesia) zu generieren. Weitere Anwendungen von KI, seien es in Bezug auf die Zugriffsmöglichkeiten free- oder pay-Varianten, sind bereits in Vorbereitung.[36] Dabei besteht weder ein Zulassungsverfahren noch ein Protokoll, um mögliche Schäden während der Entwicklung zu limitieren – die Leitplanken des KI-Fortschritts sind bislang weniger regulatorisch, als über ein Geschäftsmodell bestimmt, dass durch das Motto

> *„be fast and break things"*

bestimmt zu sein scheint.[37]

Große generative KI-Modelle (*Large generative AI models - LGAIMs*) verändern die Art und Weise, wie in einer wachsenden Bandbreite von Lebensbereichen gearbeitet, Wertschöpfung ideeller und kommerzieller Art geschaffen und miteinander kommuniziert wird. Ihre Folgen werden alle Bereiche von Politik, Staat, Kultur, Wirtschaft und Gesellschaft erfassen und dabei auch das Medienökosystem in seiner ökonomischen wie massenkommunikativen Dimension nicht unberührt lassen. Solche multimodalen Entscheidungsmaschinen können zu einer effizienteren und gerechteren Verteilung der Ressourcen auch im Bereich von medialer Content-Gestaltung wie bedarfs- und funktionsadäquater Medienregulierung und -aufsicht beitragen, da sie Medienschaffenden (über die gesamte mediale Wertschöpfungskette) wie Medienregulierern mehr Zeit verschaffen können, sich in ihrer jeweiligen Sphäre z.B. auf Innovation und Qualitätssteigerung im Interesse des Kindeswohls einerseits, Adaption von Aufsichts- und Regulierungstätigkeit auf neue Herausforderungen für den Kinder- und Jugendmedienschutz andererseits zu fokussieren. Fehler sind

---

Bayerischen Landeszentrale für neue Medien (BLM) und des Instituts für Urheber- und Medienrecht (IUM) „Künstliche Intelligenz: Herausforderungen für das Medienrecht" vom 27. und 28.04.2023 (https://www.urheberrecht.org/events/20230428.php). Die Präsentationen sind abrufbar unter https://www.blm.de/blm-events/events-2023/blm-rechtssymposium.cfm.

35 Vgl. z.B. *Lim/Gunasekara/Pallant/Pallant/Pechenkina*, Generative AI and the future of education: Ragnarök or reformation?, The International Journal of Management Education 21 (2023) 100790 (abrufbar unter https://www.sciencedirect.com/science/article/pii/S1472811723000289); *Sahoo/Kumar/Abedin/Wenig*, Deep learning applications in manufacturing operations, Journal of Enterprise Information Management, 36 (1) (2023), S. 221 ff.

36 Vgl. *Facciorusso/Woldemichael*, Künstliche „Intelligenz" – Einführung in eine Schlüsseltechnologie, BzKJAKTUELL 4/2023, 4 (7); *Hacker/Engel/Maurer*, Regulating ChatGPT and other Large Generative AI Models, Working Paper (12.Mai 2023 – abrufbar unter https://arxiv.org/pdf/2302.02337.pdf).

37 Vgl. *Nowotny*, Die KI sei mit Euch, 2023, S. 10.

jedoch kostspielig, und Risiken, die von Diskriminierung und Datenschutz bis hin zu respektlosen Inhalten reichen, müssen angemessen berücksichtigt werden.[38] Schon jetzt können die durch exponentielles Wachstum geprägten Kapazitäten von LGAIMs nicht nur dazu genutzt werden, auch im Hinblick auf für die Entwicklung von Minderjährigen anregenden Themenfeldern den medialen Beitrag zu einer positiven Entwicklungsperspektive zu befördern, und dies von Recherche bis zu Distribution. Die Kapazitäten von LGAIMs können zudem indessen auch genutzt werden, statt public-value-Inhalten schädliche oder gar rechtswidrige Inhalte zu generieren. Manipulation, Fake News und nicht zuletzt auch die Menschenwürde verletzende, jugendgefährdende und die Entwicklung von Minderjährigen beeinträchtigende schädliche Äußerungen können dabei auf ein völlig neues Niveau gehoben werden.[39] Das zentrale Instrument der EU für die Bekämpfung derartiger Phänomene ist aktuell der Digital Services Act (DSA).[40] Bei dessen Erstellen hatten die EU-Gesetzgeber allerdings v.a. problematische Inhalte in sozialen Netzwerken im Blick. Diese Ausrichtung des DSA auf Plattformen hat zur Folge, dass das EU-Gesetz über digitale Dienste auf LGAIMs gar keine Anwendung findet, da diese keine Inhalte hosten, sondern selbst erstellen. Erst wenn diese Inhalte auf Plattformen gelangen, greift der DSA (außer bei geschlossenen Gruppen auf Telegram etc.). Eine konsequente Bekämpfung der medialen Fehlentwicklungen schon von der inhaltlichen Wurzel her ist damit nicht möglich.[41]

Mit ChatGPT wurde nicht nur in der Fachöffentlichkeit, sondern auch auf der Ebene eines gesellschaftlichen und demokratischen Diskurses das Potenzial von generativer KI erfahrbar – in seinem Potential für ökonomische Entwicklung, in seiner disruptiven Kraft für pädagogische und wissenschaftliche Konzepte und Leitbilder, aber auch in seiner Gefahrengeneigtheit im Blick auf den Schutz von öffentlichen Interessen und Rechtsgütern, die für ein demokratisches Miteinander, aber auch die Entwicklungsfähigkeit Minderjähriger unverzichtbar sind. So wurde z.B. rasch deutlich, dass der Textgenerator auch Inhalte erzeugt, die dem Wahrheitsgebot widersprechen, wie es aus den allgemein anerkannten journalistischen Sorgfaltspflichten vertraut ist, und die mit Grundwerten des europäischen Verfassungsverbundes kollidieren. ChatGPT im Besonderen wie generative KI im

---

38 Vgl. *ibidem* sowie *Zuiderveen Borgesius,* Strengthening legal protection against discrimination by algorithms and artificial intelligence. The International Journal of Human Rights, 24, 10 (2020), 1572 ff.

39 Vgl. *Hacker/ Engel/Maurer*, Regulating ChatGPT and other Large Generative AI Models, Working Paper - 12.Mai 2023 unter Bezugnahme auf *Bergman/Abercrombie/Spruit/Hovy/Dinan/Boureau/Rieser,* Guiding the release of safer E2E conversational AI through value sensitive design. Association for Computational Linguistics, City, 2022; *Mirsky/Demontis/Kotak/Shankar/Gelei/Yang/Zhang/Pintor/Lee/Elovici*, The threat of offensive ai to organizations. Computers & Security (2022); *Satariano/Mozur*, The People Onscreen Are Fake. The Disinformation Is Real, 2023; *Lossau,* Wie Künstliche Intelligenz die Medien verändert, in: Arnold/Wangermann (Hrsg.), Digitalisierung und Künstliche Intelligenz: Orientierungspunkte, 2018, S. 66 (68 f.); *Möller-Klapperich*, ChatGPT und Co. – aus der Perspektive der Rechtswissenschaft, NJ 2023, 144 (146).

40 Verordnung (EU) 2022/2065 des Europäischen Parlaments und des Rates vom 19. Oktober 2022 über einen Binnenmarkt für digitale Dienste und zur Änderung der Richtlinie 2000/31/EG (Gesetz über digitale Dienste), ABl. EU 2022 Nr. L 277/1.

41 Vgl. *Hacker*, Die Regulierung von ChatGPT et al. – ein europäisches Trauerspiel GRUR 2023, 289 (290).

Allgemeinen scheinen beim derzeitigen Stand ihrer Entwicklung nicht gegen eine Verletzung von Diskriminierungsverboten und eine Unterhöhlung von Grundpfeilern des demokratischen Miteinanders durch die Offenheit für extremistische Einstellungen und Perspektiven imprägniert.

Dies wird z.B. bei der Anmeldung zu ChatGPT durch die KI selbst offengelegt: Um ChatGPT zu nutzen, ist aktuell nur eine E-Mail-Adresse erforderlich. Nach dem Login wird sodann folgende Warnung angezeigt:

> *„While we have safeguards in place, the system may occasionally generate incorrect or misleading information and produce offensive or biased content. It is not intended to give advice."*[42]

Die kreativen wie destruktiven Potenziale Künstlicher Intelligenz scheinen nahezu grenzenlos zu sein. *Stephen Hawking* warnte schon im Oktober 2016:[43]

> *„Der Erfolg bei der Entwicklung von KI könnte das größte Ereignis in der Geschichte unserer Zivilisation sein. Aber es könnte auch das letzte sein - wenn wir nicht lernen, die Risiken zu vermeiden. Neben den Vorteilen wird die KI auch Gefahren mit sich bringen, wie z. B. mächtige autonome Waffen oder neue Möglichkeiten für die Wenigen, die Vielen zu unterdrücken."*

Es erinnert an den Zauberlehrling von *Goethe*, wenn selbst die bis vor kurzem amtierende Führungsriege von OpenAI eine klare Regulierung „superintelligenter" KI-Systeme einfordert.[44]

> *„Superintelligenz wird mächtiger sein als andere Technologien, mit denen die Menschheit in der Vergangenheit zu kämpfen hatte",*

wird von dieser betont. Angesichts der mit dieser Superintelligenz verbundenen

> *„Möglichkeit eines existenziellen Risikos können wir nicht einfach nur reagieren. ... Wir müssen auch die Risiken der heutigen KI-Technologie abmildern, aber die Superintelligenz wird eine besondere Behandlung und Koordination erfordern."*

Die Führung von OpenAI empfiehlt vor diesem Hintergrund zumindest drei Schritte:

> *„Erstens brauchen wir ein gewisses Maß an Koordinierung zwischen den führenden Entwicklungsanstrengungen, um sicherzustellen, dass die Entwicklung von Superintelligenz in einer Weise erfolgt, die es uns ermöglicht, sowohl die Sicherheit*

---

42 Zitiert bei *Johannisbauer*, ChatGPT im Rechtsbereich – erste Erfahrungen und rechtliche Herausforderungen bei der Verwendung künstlich generierter Texte, MMR-Aktuell 2023, 455537 („Obwohl wir Schutzmaßnahmen getroffen haben, kann das System gelegentlich falsche oder irreführende Informationen liefern und beleidigende oder parteiische Inhalte produzieren. Es ist nicht dazu gedacht, Ratschläge zu erteilen."; Übersetzung d. Verf.)

43 https://www.cam.ac.uk/research/news/the-best-or-worst-thing-to-happen-to-humanity-stephen-hawking-launches-centre-for-the-future-of (nachfolgend Übersetzung d. Verf.).

44 *Altman*/Brockman/*Sutskever*, Governance of superintelligence, 22. Mai 2023 (nachfolgend Übersetzung d. Verf.).

aufrechtzuerhalten als auch eine reibungslose Integration dieser Systeme in die Gesellschaft zu fördern. ...

Zweitens werden wir wahrscheinlich irgendwann so etwas wie eine IAEO für die Bemühungen um Superintelligenz brauchen. Alle Bemühungen, die eine bestimmte Fähigkeits- (oder Ressourcen-, z. B. Rechen-) Schwelle überschreiten, müssen einer internationalen Behörde unterstellt werden, die Systeme inspizieren, Audits verlangen, die Einhaltung von Sicherheitsstandards prüfen, Beschränkungen für den Einsatzgrad und das Sicherheitsniveau auferlegen kann usw. ... In einem ersten Schritt könnten sich die Unternehmen freiwillig verpflichten, mit der Umsetzung von Elementen dessen zu beginnen, was eine solche Agentur eines Tages verlangen könnte, und in einem zweiten Schritt könnten die einzelnen Länder dies umsetzen. Es wäre wichtig, dass sich eine solche Agentur auf die Verringerung existenzieller Risiken konzentriert und nicht auf Fragen, die den einzelnen Ländern überlassen werden sollten, wie z. B. die Definition dessen, was eine KI sagen dürfen sollte.

Drittens brauchen wir die technischen Möglichkeiten, um eine Superintelligenz sicher zu machen."

Die Risiken von KI-Technologie, die *Altman*, *Brockman* und *Sutskever* in ihrem Beitrag adressieren, umfassen, wie im Folgenden aufgezeigt wird, auch solche, die unmittelbar einen effektiven Kinder- und Jugendmedienschutz berühren oder gar betreffen. Der regulatorische Ansatz auf eine Aktivierung von Selbstkontrolle und –regulierung der KI-Unternehmen zu setzen, ist wiederum ein Ansatz, der nicht zuletzt aus dem Schutzsystem des JMStV vertraut ist.

II. KI-Regulierung als Ausdruck und im Zeichen von Krisen und Zeitenwenden

Die „digitale und globalisierte Gesellschaft",[45] auf die sich das gesellschaftliche und kulturelle Miteinander im Zuge der zunehmenden Bedeutung informations- und kommunikationstechnischer Systeme im privaten sowie öffentlichen Bereich zubewegt, ist nicht zuletzt durch die Dynamik technischer Entwicklung, eine kumulierende Vernetzung, Datafizierung und die Assimilation von Diensten, Endgeräten und Infrastrukturen bestimmt. Für das Verständnis dieses Wandels ist eine gemeinsame Betrachtung soziologischer wie technischer Aspekte der Digitalisierung ebenso unverzichtbar wie ein intensivierter interdisziplinärer Austausch zwischen Informationstechnik und Recht.[46]

---

45 *Papier,* Rechtsstaatlichkeit und Grundrechtsschutz in der digitalen Gesellschaft, NJW 2017, 3025 (3025 f.).

46 Vgl. *Heckmann/Paschke,* Digitalisierung und Grundrechte, in: Stern/Sodan/Möstl (Hrsg.), Das Staatsrecht der Bundesrepublik Deutschland im europäischen Staatenverbund, 2. Auflage 2022, § 121 Rn. 1; *Kienle/Kunau,* Informatik und Gesellschaft. Eine sozio-technische Perspektive, 2014, S. 92, 97; *Peuker,* Verfassungswandel durch Digitalisierung, 2020, S. 17 ff.

Für letztgenannten Dialog gibt es zwar jahrhundertealte Anknüpfungspunkte, ist doch binäres Denken ebenso wie das Vertrauen in eine humane Dimension datengestützter Technik rechtlichem Ordnungsdenken spätestens seit *Gottfried Wilhelm Leibniz* vertraut:

> *„Denn es ist ausgezeichneter Menschen unwürdig, gleich Sklaven Stunden zu verlieren mit Berechnungen."*[47]

Während allerdings in dem vielbemühten, *Leibniz* zugeschriebenen Zitat noch die Grenze zwischen Mensch und Maschine als selbstverständlich vorausgesetzt wird, an der sich spezifisch menschlicher Erfindergeist im Zeichen von Freiheit sowie Spontaneität einerseits und das Mechanische der technisch-natürlichen Kausalität gegenübergestehen,[48] gerät diese Dichotomie von Befähigungen im Zeitalter des digitalen Wandels unter disruptiven Druck: Im Zeichen von KI scheint sich eine digitale Ära am Horizont abzuzeichnen, in der nicht nur kein Lebensbereich von Auswirkungen des exponentiellen maschinellen Lernfortschritts ausgenommen bleibt, sondern in einem zunehmenden Kreis kognitiver Aufgabenstellungen KI zur Alternative traditionell humaner intellektueller Impulse wird.[49] Kinder- und jugendbezogen stellt diese Entwicklung nicht nur pädagogische Konzepte vor noch vor kurzem ungeahnte Problemlagen, bei denen sich Bildungsbürokratie als adaptionsfähiger Tanker beweisen muss. Gerade eine immer wieder ungeachtet medienkompetentiellen Gegensteuerns beobachtbare Technikbegeisterung Minderjähriger wirft in ihren Konsequenzen Fragen nach dem Verhältnis von KI und Entwicklungsperspektive Minderjähriger in Richtung auf das Leitbild eigenverantwortlicher und gemeinschaftsfähiger Persönlichkeiten auf, wie es die Jugendschutzregulierung von Bund und Ländern prägt.

> *KI – als Entwicklungsstufe, Stimulus und potentielle Büchse der Pandora der Digitalisierung – ist in ihren Anwendungsbereichen und Erscheinungsformen zunehmend unüberschaubar, erscheint mit Blick auf Chancen und Risiken entwicklungsoffen und wird mit zahlreichen Befürchtungen und Hoffnungen verbunden.*[50] *Chancen und Risiken von KI scheinen dabei miteinander verwoben. Dabei dürfte die allgemeine digitalisierungsbezogene Prognose von von Danwitz,*[51] *dass*

> *„eine konsequente Ausnutzung der ungeahnten Möglichkeiten, welche unsere neue digitale Welt bereithält, ... von der Leitvorstellung des Grundgesetzes von Wert, Würde und Selbstbestimmung des Menschen in der Tat wenig über (ließe)"*

für den Bereich der KI erst recht gelten. Einer technischen Innovation, die mit erheblichen Risiken für die Grundrechte, die Demokratie und die Balance zwischen individueller

---

47 Zitiert z.B. in *Bauer/Goos,* Informatik. Eine einführende Übersicht. Zweiter Teil, 2. Aufl., Berlin u.a. 1971; S. 194; *Geminn,* Deus ex machina?, 2023, S. 1.

48 Vgl. *Kreissig*, Leibniz – Interdisziplinarität und wissenschaftliche Neugier, https://kreissig.net/schwerpunkte/kunst-ki-vr-va-robotik/leibniz-interdisziplinaritaet-und-wissenschaftliche-neugier.

49 Vgl. zur Einordnung von KI in die Entwicklungsphasen von Intelligenz z.B. jüngst *Otte,* Intelligenz und Bewusstsein, APuZ 42/2023, 9 (10 ff.).

50 Vgl. zu dieser Ambiguität in Bezug auf digitalisierungsbedingte Veränderungen auch *Geminn,* Deus ex machina?, 2023, S. 6 f.

51 *von Danwitz,* Zukunft des Grundgesetzes, JöR (67) 2019, 249 (259).

Entfaltung und staatlicher Daseinsvorsorge im Allgemeinen und das Kindeswohl im Besonderen verbunden ist, droht ohne das Setzen von Leitplanken durch demokratische, innovative, verbindliche und die Interessen und Rechte von Kindern hinreichend wahrende Regulierung der Verlust der gesellschaftlichen Akzeptanz.[52]

Anders als die Industrielle Revolution in der zweiten Hälfte des 19. Jahrhunderts bewegt sich die seit dem Ende des 20. Jahrhunderts fortdauernde Digitale Revolution, als deren Speerspitze KI eingestuft werden darf, zwar in einem systemischen Kontext, der nicht zuletzt auch durch ein gefestigtes Grundrechtssystem und eine intensiv gelebte Grundrechtspraxis geprägt ist.[53] Dieser Grundrechtekanon bilden indessen mit Blick auf die Digitalisierung als globales Phänomen nur in einem Werteraum des Westens, der seinerseits keineswegs gegen Ausdifferenzierungen und endogene wie exogene Erschütterungen imprägniert ist, ordnungsarchitektonische Stützpfeiler.

In der europäischen grundrechtsgeprägten Werteunion stellt die private Techniknutzung, soweit sie vielfalts- wie wettbewerbsbegrenzende Netzwerkeffekte auslöst, vor grundlegende Herausforderungen. Verspätete rsp. unzureichende rechtliche Regulierung technischer, nicht zuletzt auch informationstechnischer Innovation führt im privaten Bereich zu Entwicklung und Versteinerung von Strukturen, die Grundrechtsausübung nicht nur befördern, sondern auch behindern können.[54] Mit der Bedeutung der Grundrechte als Fundamente einer objektiven Wertordnung geht einher, dass dem Staat die Pflicht zukommt, seine Bürger vor negativen Folgen des Technikeinsatzes zu schützen. Diese Pflicht ist entwicklungsoffen und bezieht sich nicht zuletzt auch auf KI-Gefährdungen für die Entwicklung Minderjähriger zu eigenverantwortlichen und gemeinschaftsfähigen Persönlichkeiten.

Die Spezifika von KI, die in tendenziell sämtlichen Feldern ökonomischen und sozialen Lebens und zudem global zum Einsatz kommt, ohne dass ihre Programmierer über Fortschritte dieser digitalen Technik eine fortdauernde Kontrolle behaupten können und wollen, bedeuten jedoch eine immense Steigerung der Herausforderungen einer effektiven und verhältnismäßigen Regulierung der Digitalisierung. Da die KI-gestützte digitale Transformation fast alle gesellschaftlichen und wirtschaftlichen Bereiche erfasst hat,[55] bedeutet sie eine Herausforderung für das Rechtssystem in seinen verschiedenen thematischen Teilordnungen und auf seinen verschiedenen Ebenen – einschließlich des deutschen und europäischen Kinder- und Jugendmedienschutzrechts, auch mit seinen jeweiligen verfassungsrechtlichen Bezügen. Auch dieses Regelwerk muss daher permanent daraufhin evaluiert werden, ob und wieweit es angemessen auf die durch KI bedingten Disruptionen und Transformationen reagiert und ggf. in deutlich kürzeren Abständen als bislang im Ergebnis

---

52 Vgl. hierzu auch *Nemitz*, MMR 2024, 603 (603).

53 Vgl. *Geminn,* Deus ex machina?, 2023, S. 2.

54 Vgl. auch *Geminn,* Deus ex machina?, 2023, S. 4.

55 Zu der mit der technologischen Entwicklung einhergehenden digitalen Transformation vgl. z.B. *Paschke,* Digitale Gerichtsöffentlichkeit, 2018, S. 218 ff.

dieser Evaluation angepasst werden.[56] Denn die Digitalisierung im Allgemeinen und KI im Besonderen fordern auch das (Verfassungs-) Recht heraus, selbst wenn man nicht der Einschätzung folgt, dass es bei der digitalen Transformation um „die größten Umwälzungen der Menschheitsgeschichte" gehe, „berechnet man dies mit den Disruptionsfaktoren Eindringlichkeit, Sprengkraft, Geschwindigkeit und Unmerklichkeit".[57]

Der permanente Evaluierungsbedarf folgt insbesondere auch daraus, dass es mehr als wahrscheinlich ist, dass digitalisierungsorientiertes Recht nicht zuletzt im Kontext der Regulierung von KI dem Prophylaxe-Gebot des BVerfG[58] bezüglich Gefährdungen für eine freie, vielfalts- und auch jugendschutzorientierte Kommunikationsordnung unangemessen Rechnung trägt. Diese Prognose gilt unbeschadet des Bemühens der KI-Verordnung um eine vorausschauende Technologieregulierung in Anerkennung auch grundrechtlich wie grundfreiheitlich gebotener Innovationsoffenheit.[59]

KI-Regulierung fügt sich auch deshalb ein in Tableau regulatorischer Herausforderungen, bei der Krisen[60] und Zeitenwenden[61] bislang bewährtes regulatorisches Denken der Zurückhaltung und des Abwartens sowie der Vermeidung von Fehlern als oberster regulatorischer Maxime auf den Prüfstand stellt. Die digitalen Disruptionen können sich dabei zu einer Krise des Rechts verdichten[62] – wobei auch Kinder- und Jugendmedienschutzrecht von dieser Krise erfasst werden kann. *„Trial and error"* als bislang rechtsstaatlich kritisch hinterfragter Ansatz[63] könnte unter den Bedingungen gravierender Unsicherheit hinsichtlich der Entwicklungsperspektiven digitaler Disruptionen zum Konzept nicht nur der KI-Regulierung werden.[64] Fehlertoleranz statt Fehlervermeidung ist allerdings ein Ansatz, der mit Aufgeregtheiten demokratischen Diskurses im Zeitalter sozialer Netzwerke, deren Funktionslogik auf Zuspitzung statt Abwägung ausgerichtet ist,[65] nur schwer in Deckung zu bringen sein wird.

---

56 Vgl. auch *Hoffmann-Riem,* Digitale Disruption und Transformation, in: Eifert (Hrsg.), Digitale Disruption und Recht, 2020, S. 143 (174).

57 So die Einordnung von *Heckmann/Paschke,* Digitalisierung und Grundrechte, in: Stern/Sodan/Möstl (Hrsg.), Das Staatsrecht der Bundesrepublik Deutschland im europäischen Staatenverbund, 2. Auflage 2022, § 121 Rn. 2 unter Bezugnahme auf *Heckmann,* Persönlichkeitsschutz im Internet, NJW 2012, 2631 (2633).

58 Vgl. BVerfGE 57, 295 (320 ff.), 73, 118 (157 ff.) sowie z.B. *Ukrow,* Algorithmen, APIs und Aufsicht, 2019, Tz. 36, 40.

59 Vgl. hierzu *Möller-Klapperich*, NJ 2024, 337 (338).

60 Vgl. *Finke,* Krisen, 2020, insbesondere S. 139 ff.

61 Vgl. *Hamilton/Kirchhof/Rödder* (Hrsg.), Zeitenwende?, 2022; *Herdegen,* Heile Welt in der Zeitenwende, 2023, S. 43 ff.; *Ukrow,* Durchsetzung von Medienrecht vor neuen Herausforderungen, 2022.

62 Vgl. *Geminn,* Deus ex machina?, 2023, S. 7.

63 Vgl. z.B. *Calliess,* Rechtsstaat und Vorsorgestaat, Jahrbuch für Recht und Ethik / Annual Review of Law and Ethics 21 (2013), S. 3 ff.

64 Vgl. zu Steuerungsimpulsen durch von Versuch und Irrtum geprägten Verfahren vgl. *Wischmeyer,* Informationssicherheit, 2023, S. 6.

65 Vgl. zu den Gefährdungen sozialer Netzwerkkommunikation für eine positive Medienordnung BVerfGE 149, 222 (262 Rn. 80); 158, 389 (419 f. Rn. 81).

Dieser Diskurs erfolgt auch in Bezug auf KI zunehmend transnational, wie die Aufmerksamkeit für die ersten einschneidenden datenschutzaufsichtlichen Maßnahmen gegen generative KI in Italien belegt. Dort hatte die Datenschutzaufsichtsbehörde, die *Garante per la protezione dei dati personali*, als erste Behörde innerhalb der EU mit Bescheid vom 30.3.2023 der Fa. OpenAI L. L. C. als Entwickler und Betreiber von ChatGPT mit sofortiger Wirkung gemäß Art. 58 Abs. 1 DS-GVO die Verarbeitung personenbezogener Daten von Personen im italienischen Hoheitsgebiet untersagt und für den Fall eines Verstoßes dagegen gemäß Art. 83 Abs. 5 DS-GVO eine Geldbuße in Höhe von 20 Mio. EUR oder 4 % des gesamten weltweit erzielten Jahresumsatzes des vorangegangenen Geschäftsjahres, je nachdem, welcher Betrag höher ist, angedroht.[66] Zur Begründung verwies die Behörde u.a. darauf, dass

- eine angemessene Rechtsgrundlage für die Erhebung personenbezogener Daten und deren Verarbeitung zum Zwecke des Trainings der Algorithmen, die dem Betrieb von ChatGPT zu Grunde liegen, fehle
- jegliche Überprüfung des Alters der Nutzer des ChatGPT-Dienstes fehle, der nach den von OpenAI L. L. C. veröffentlichten Bedingungen Personen vorbehalten ist, die mind. 13 Jahre alt sind,
- das Fehlen von Filtern für Kinder unter 13 Jahren diese Minderjährigen Antworten aussetze, die in Bezug auf ihren Entwicklungsstand und ihr Selbstbewusstsein absolut ungeeignet seien.[67]

Nach dieser vorläufigen Beschränkungsanordnung haben die europäischen Datenschutzbehörden, die im Europäischen Datenschutzausschuss (EDSA) zusammenkommen, beschlossen, eine Task Force zu ChatGPT einzusetzen. Ziel der Task Force ist es, die Zusammenarbeit und den Informationsaustausch über mögliche Durchsetzungsinitiativen der Datenschutzbehörden zu fördern. Nach einer Reihe von Gesprächen mit Vertretern von OpenAI hat die italienische Garante am 12. April 2023 einige Anforderungen an die Transparenz, die Rechte der betroffenen Personen und die Rechtsgrundlage der von ChatGPT durchgeführten Verarbeitung genannt, die bis zum 30. April 2023 zu erfüllen sind.[68] Nachdem das Unternehmen gegenüber der Behörde eine Reihe von Zusicherungen abgegeben hatte, zu denen u.a. zählte,

> *„7. dass bei jeder Reaktivierung des Dienstes von Italien aus eine Aufforderung an alle Nutzer, die sich von Italien aus einloggen, einschließlich der bereits*

---

66 Zu Hintergründen und dem Inhalt der Entscheidungen vgl. auch die Analyse bei *Chiara*, Italy · Italian DPA v. OpenAI's ChatGPT: The Reasons Behind the Investigation and the Temporary Limitation to Processing, EDPL 9 (2023), 68.

67 Vgl. https://www.garanteprivacy.it/web/guest/home/docweb/-/docweb- display/docweb/9870847; ZD-Aktuell 2023, 01147.

Bereits zuvor hatte die italienische Datenschutzaufsicht den Chatbot „Replika" in Italien aus Gründen des Daten- und Jugendschutzes verboten; vgl. https://www.garanteprivacy.it/web/guest/home/docweb/-/docweb- display/docweb/9852506.

68 Vgl. https://www.garanteprivacy.it/web/guest/home/docweb/-/docweb-display/docweb/9875657.

registrierten, ergeht, eine Alterskontrolle zu durchlaufen, die minderjährige Nutzer aufgrund ihres angegebenen Alters ausschließt;

8. Garante bis spätestens 31. Mai 2023 einen Plan für die Einführung von Instrumenten zur Altersüberprüfung vorzulegen, die geeignet sind, den Zugang zu dem Dienst für Nutzer unter 13 Jahren und für Minderjährige auszuschließen, wenn keine ausdrückliche Willensbekundung derjenigen vorliegt, die die elterliche Verantwortung für sie ausüben. Die Umsetzung dieses Plans muss spätestens am 30. September 2023 beginnen;

9. bis spätestens 15. Mai 2023 eine Informationskampagne ohne Werbecharakter in allen wichtigen italienischen Massenmedien (Radio, Fernsehen, Zeitungen und Internet) zu fördern, deren Inhalt mit Garante abzustimmen ist, um die Personen darüber zu informieren, dass ihre personenbezogenen Daten für die Zwecke der Algorithmenausbildung gesammelt werden können, dass ein spezieller ausführlicher Informationshinweis auf der Website der Gesellschaft veröffentlicht wurde und dass ein Instrument, ebenfalls auf der Website der Gesellschaft, zur Verfügung gestellt wurde, mit dem alle Interessenten die Löschung ihrer personenbezogenen Daten beantragen und erhalten können"

und die Behörde diese Zusicherungen bescheidmäßig dem Unternehmen aufgegeben hatte, setzte die Garante die vorläufige Beschränkungsmaßnahme vom 30. März 2023 ab dem Zeitpunkt aus, zu dem die vorgenannten Anforderungen erfüllt sind.[69]

Der Vorgang verdeutlicht die Leistungskraft einer regulierungswilligen Aufsicht innerhalb der EU auch gegenüber transnational agierenden Unternehmen ebenso wie das Regulierungserfordernis zur Vermeidung von Fehlentwicklungen, wie es KI-Entwickler inzwischen selbst betonen. Auch jugendschutzbezogene KI-Regulierung muss dabei nicht zuletzt sich schnell wandelnde Sachverhalte erfassen, dabei der Komplexität der Regelungsmaterie gerecht werden und in einer Prognose hinreichende Gewähr bieten, dass der Schutz von Gemeinwohlinteressen angemessen abgesichert wird und zugleich ungewollte und nicht erforderliche Nebeneffekte vermieden werden. Archimedischer Punkt auch einer solchen KI-Regulierung auf Ebene der Länder wie der EU muss dabei die Grundwerteordnung, insbesondere die Grundrechte, des europäischen Verfassungsverbundes sein.[70]

---

69 Vgl. https://www.garanteprivacy.it/web/guest/home/docweb/-/docweb-display/docweb/9874702.

70 Vgl. auch *Geminn,* Deus ex machina?, 2023, S. 4.

III. Definitorische Annäherungen an generative KI – Begriffsklärung im Spannungsfeld von Entwicklungsdynamik, Globalisierung und Governance

1. Einleitung

Die erkennbar wachsende globale gesellschaftliche, kulturelle, politische und technisch-ökonomische Bedeutung von KI, nicht zuletzt in ihrer generativen Variante, die auch im Blick und mit Bezug zum Medien-Ökosystem wahrnehmbar bzw. prognostizierbar ist, geht bislang weder auf Ebene des Völkerrechts (dort allerdings mit der Ausnahme der über den Kreis seiner Mitglieder hinausreichenden Ambitionen des Europarates in dem Rahmenübereinkommen zu KI) noch bei rechtsvergleichender Betrachtung mit einer klaren juristischen Begriffsbestimmung einher, die Anknüpfungspunkt für eine weltweite oder zumindest die westliche Wertegemeinschaft umfassende Chancen- und Risikoregulierung dieses digitalen Phänomens sein könnte. Es existierte bis zum Inkrafttreten der KI-Verordnung der EU[71] sowie der Verabschiedung des Rahmenübereinkommens des Europarates keine allgemein gültige und akzeptierte Definition von »künstlicher Intelligenz« – weder im nationalen Rahmen Deutschlands noch auf EU oder gar völkerrechtlicher Ebene.[72] Hier zeigten und zeigen sich fortdauernd definitorische Defizite im Hinblick auf diskutierte KI-bezogene Verhaltenspflichten, wie sie auch im Kontext der Diskussion über Desinformation und Fake News bekannt sind.[73]

Dritte Staaten sind definitorisch teilweise bereits weiter. Dies gilt nicht zwingend für Frankreich, wo die Urheberrechts-Regulierungsbehörde *Haute Autorité pour la diffusion des oeuvres et la protection des droits sur l'Interne (Hadopi)*, die inzwischen zusammen mit dem *Conseil supérieur de l'audiovisuel (CSA)* in der *Autorité de régulation de la communication audiovisuelle et numérique (Arcom)* aufgegangen ist, den Begriff in ihrer Arbeit voraussetzt, ohne sich um Klärung des Begriffsinhalts zu bemühen.[74] Auch der Ansatz in einer Studie für die britische *OFCOM*, KI in Anlehnung an eine lexikalische Definition[75]

---

71 Verordnung (EU) 2024/1689 des Europäischen Parlaments und des Rates vom 13. Juni 2024 zur Festlegung harmonisierter Vorschriften für künstliche Intelligenz und zur Änderung der Verordnungen (EG) Nr. 300/2008, (EU) Nr. 167/2013, (EU) Nr. 168/2013, (EU) 2018/858, (EU) 2018/1139 und (EU) 2019/2144 sowie der Richtlinien 2014/90/EU, (EU) 2016/797 und (EU) 2020/1828 (Verordnung über künstliche Intelligenz), ABl. EU L 2024/1689 vom 12.7.2024. Vgl. hierzu z.B. *Chibangza/Steege*, NJW 2024, 1769 (1769 ff.); *Honer/Schöbel*, JuS 2024, 648 (650 ff.); *Krönke*, NVwZ 2024, 529 (529 ff.); *Möller-Klapperich*, NJ 2024, 337 (337 ff.)

72 Vgl. *Facciorusso/Woldemichael*, Künstliche „Intelligenz" – Einführung in eine Schlüsseltechnologie, BzK-JAKTUELL 4/2023, 4 (5 f.); *Geminn*, Die Regulierung Künstlicher Intelligenz, ZD 2021, 354 (354 f.); *Martini*, Blackbox Algorithmus, 2019, S. 20; *Monnett* u.a., On Defining Artificial Intelligence, Journal of Artificial General Intelligence 11:2 (2020), 1 ff.; *Spiecker gen. Döhmann/Towfigh*, Automatisch benachteiligt, 2023, S. 14.

73 Vgl. *Ukrow/Etteldorf*, « Fake News» als Rechtsproblem, 2018, S. 71 ff.

74 Vgl. *Hadopi*, L'intelligence artificielle: les premières applications dans le secteur culturel et les enjeux, 2019; *dies.*, Le recours à l'intelligence artificielle pour la protection du droit d'auteur, 2021, S. 2 f.

75 www.merriam-webster.com/dictionary/artificial%20intelligence.

begrifflich als »die Fähigkeit einer Maschine, intelligentes menschliches Verhalten zu imitieren« zu verstehen,[76] kann als unterkomplex eingestuft werden. Bemerkenswert ist demgegenüber insbesondere die Regelung in der Schweiz.[77]

2. Das Vorbild der Schweiz

Definitorische Annäherungen an den „KI"-Begriff wurden bereits im Bericht der interdepartementalen Arbeitsgruppe »Künstliche Intelligenz« an den Schweizer Bundesrat vom Dezember 2019 unternommen.[78] Die Geschäftsstelle Kompetenznetzwerk für künstliche Intelligenz des Bundes (*Competence Network for Artificial Intelligence – CNAI*) hat am 15.12.2021 ein Dokument veröffentlicht, das eine einheitliche Terminologie innerhalb der Schweizer Bundesverwaltung einführen soll.[79] Danach wird definiert

- „Künstliche Intelligenz (KI – »*Artificial Intelligence – AI*«), heute manchmal als »maschinelle Intelligenz« (»Machine Intelligence«) bezeichnet, ... als »einen Computer so bauen oder programmieren, um Dinge zu tun, die normalerweise menschliche oder biologische Fähigkeiten (»Intelligenz«) erfordern«, z. B. visuelle Wahrnehmung (Bilderkennung), Spracherkennung, Sprachübersetzung, visuelle Übersetzung und Spiele spielen (mit konkreten Regeln). Bei KI geht es um »intelligente« Maschinen (»*smart machines*«), die Aufgaben ausführen können, die normalerweise von Menschen ausgeführt werden (»lernende Maschinen«; »*learning machines*«), d.h. Maschinen »intelligent« machen." [80]
- ein »KI-System« (»AI System«) als „ein maschinenbasiertes System, welches für vom Menschen klar definierte Problemstellungen, Vorhersagen, Empfehlungen oder Entscheidungen machen kann, welche reale oder virtuelle Umgebungen beeinflussen. KI-Systeme können mit unterschiedlichem Ausmass an Autonomie ausgestattet werden." [81]
- »maschinelles Lernen« (ML – »Machine Learning«) als ein Teilgebiet der KI, welches „den Computern die Lernfähigkeit verleiht". „ML untersucht die Konstruktion von Algorithmen, die durch den Einsatz von Computern Daten analysieren und dabei automatisch lernen, sich anpassen und verbessern (anhand von konkreten vom Menschen vorgegebenen Regeln). Das resultierende statistische Modell ermöglicht bspw.

---

[76] Vgl. *Cambridge Consultants*, Use of AI in Online Content Moderation, 2019, S. 14.
Zur Abgrenzung von menschlichem Denken und künstlicher Intelligenz vgl. jüngst auch *Lenzen*, Der elektronische Spiegel, 2023, S. 14 ff, 25 ff.

[77] Vgl. *Ukrow*, Künstliche Intelligenz und positive Medienordnung, 2022, S. 19 ff.

[78] Vgl. Eidgenössisches Departement für Wirtschaft, Bildung und Forschung WBF/Staatssekretariat für Bildung, Forschung und Innovation SBFI, Herausforderungen der künstlichen Intelligenz, Bericht der interdepartementalen Arbeitsgruppe «Künstliche Intelligenz» an den Bundesrat, Bern 2019, S. 18 ff.

[79] Vgl. Eidgenössisches Departement des Innern EDI. Bundesamt für Statistik BFS. Geschäftsstelle Kompetenznetzwerk für künstliche Intelligenz (CNAI), Terminologie, Neuchâtel 2021.

[80] Ibidem, S. 5 f.

[81] Ibidem, S. 6.

Vorhersagen und Klassifizierungen von (noch nicht gesichteten) Daten, welche entscheidungsunterstützend eingesetzt werden können." [82]

Diese Definitionen für KI und KI-Systeme weisen zwar deutliche Überschneidungen zu den international verwendeten Begriffen auf. Manche Definitionen von KI-Systemen beschränken sich in internationalen Prozessen allerdings auf Anwendungen von maschinellem Lernen (ML). Andere Definitionen sind hingegen sehr weit gefasst und schließen auch computerbasierte Prozessautomation („Automated Decision Making – ADM") ein, die nicht auf Methoden der Datenwissenschaft basieren.[83] Diese Unterschiede sind relevant und in europäischen und internationalen Regulierungs- und Standardisierungsprozessen ist immer zu klären, welche Definition oder Definitionen für KI (rsp. AI) verwendet werden.

3. Definitorische Annäherungen im OECD-Kontext

In der vom Rat der OECD am 22. Mai 2019 angenommenen Empfehlung zu Künstlicher Intelligenz (*Recommendation of the Council on Artificial Intelligence*)[84] finden sich u.a. folgende Begriffsbestimmungen:

- KI-System: Ein KI-System ist ein maschinengestütztes System, das in der Lage ist, für bestimmte, vom Menschen definierte Ziele Vorhersagen, Empfehlungen oder Entscheidungen zu treffen, die reale oder virtuelle Umgebungen beeinflussen. KI-Systeme sind so konzipiert, dass sie mit unterschiedlichem Grad an Autonomie arbeiten.
- Lebenszyklus von KI-Systemen: Der Lebenszyklus von KI-Systemen umfasst folgende Phasen: i) "Entwurf, Daten und Modelle", eine kontextabhängige Sequenz, die Planung und Entwurf, Datenerfassung und -verarbeitung sowie Modellerstellung umfasst; ii) "Verifizierung und Validierung"; iii) "Einsatz"; und iv) "Betrieb und Überwachung". Diese Phasen laufen oft iterativ ab und sind nicht unbedingt aufeinanderfolgend. Die Entscheidung, ein KI-System aus dem Betrieb zu nehmen, kann zu jedem Zeitpunkt der Betriebs- und Überwachungsphase getroffen werden.
- KI-Wissen: KI-Wissen bezieht sich auf die Fähigkeiten und Ressourcen wie Daten, Code, Algorithmen, Modelle, Forschung, Know-how, Schulungsprogramme, Governance, Prozesse und bewährte Verfahren, die für das Verständnis und die Teilnahme am Lebenszyklus von KI-Systemen erforderlich sind."

4. Definitorische und weitere Ansätze einer kinder- und jugendschutzbezogenen Regulierung im Kontext der UNESCO

Ziel der Empfehlung der UNESCO zu einer Ethik für Künstliche Intelligenz aus 2021 ist es nicht, eine einzige Definition von KI bereitzustellen, da sich eine solche Definition im

---

[82] Ibidem, S. 6 f.

[83] Ibidem, S. 6 f.

[84] Abrufbar unter legalinstruments.oecd.org/en/instruments/OECD-LEGAL-0449#translations; vgl. zum Ganzen auch Cole, AIRe 2024, 126 (127 ff.).

Laufe der Zeit entsprechend der technologischen Entwicklung ändern müsste. Vielmehr geht es darum, diejenigen Merkmale von KI-Systemen zu adressieren, die von zentraler ethischer Relevanz sind. Daher betrachtet diese Empfehlung KI-Systeme als

> *„Systeme, die in der Lage sind, Daten und Informationen auf eine Weise zu verarbeiten, die intelligentem Verhalten ähnelt und typischerweise Aspekte des Denkens, Lernens, der Wahrnehmung, Vorhersage, Planung oder Kontrolle umfasst."*[85]

KI-Systeme können dabei mehrere Methoden umfassen, wie z.B., aber nicht beschränkt auf:

(i) maschinelles Lernen, einschließlich Deep Learning und Reinforcement Learning;

(ii) maschinelles Denken, einschließlich Planung, Zeitplanung, Wissensdarstellung und -schlussfolgerung, Suche und Optimierung.

KI-Systeme werfen nach der Empfehlung der UNESCO neuartige ethische Fragen auf, zu denen u.a. auch ihre Auswirkungen auf Medien, Zugang zu Informationen, digitale Kluft, personenbezogene Daten, Demokratie, Rechtsstaatlichkeit sowie Menschenrechte und Grundfreiheiten, einschließlich Meinungsfreiheit, Privatsphäre und Nichtdiskriminierung gehören. Darüber hinaus entstehen aus Sicht der UNESCO neue ethische Herausforderungen durch das Potenzial von KI-Algorithmen, bestehende Vorurteile zu reproduzieren und zu verstärken und so bereits bestehende Formen von Diskriminierung, Vorurteilen und Stereotypisierung zu verschärfen. Einige dieser Probleme hängen mit der Fähigkeit von KI-Systemen zusammen, Aufgaben auszuführen, die bisher nur Lebewesen ausführen konnten und die in einigen Fällen sogar nur Menschen vorbehalten waren.

> *„Diese Eigenschaften verleihen KI-Systemen eine tiefgreifende, neue Rolle in menschlichen Praktiken und in der Gesellschaft sowie in ihrer Beziehung zur Umwelt und zu Ökosystemen und schaffen einen neuen Kontext, in dem Kinder und Jugendliche aufwachsen und ein Verständnis für die Welt und sich selbst entwickeln können. Sie lernen Medien und Informationen kritisch zu verstehen und Entscheidungen zu treffen."*[86]

Langfristig könnten KI-Systeme den besonderen Erfahrungs- und Entscheidungssinn des Menschen in Frage stellen und zusätzliche Bedenken unter anderem hinsichtlich des menschlichen Selbstverständnisses, der sozialen, kulturellen und umweltbezogenen Interaktion, der Autonomie, der Entscheidungsfreiheit, des Wertes und der Würde aufwerfen.

Menschen können aus Sicht der UNESCO-Empfehlung während ihres gesamten Lebenszyklus mit KI-Systemen interagieren und von ihnen Unterstützung erhalten,

> *„beispielsweise bei der Betreuung gefährdeter Menschen oder von Menschen in gefährdeten Situationen, einschließlich, aber nicht beschränkt auf Kinder ... Im Rahmen solcher Interaktionen dürfen Personen niemals objektiviert werden, noch*

---

85 *UNESCO,* Recommendation on the Ethics of Artificial Intelligence, 2021, S. 10 Rn. 2.

86 Ibidem, S. 10.

dürfen ihre Würde auf andere Weise untergraben oder Menschenrechte und Grundfreiheiten verletzt oder missbraucht werden".[87]

Für integrative Ansätze zur KI-Governance ist nach der Empfehlung die Beteiligung verschiedener Interessengruppen während des gesamten Lebenszyklus des KI-Systems erforderlich, damit alle von den Vorteilen profitieren und zu einer nachhaltigen Entwicklung beitragen können.

„Zu den Interessengruppen zählen unter anderem Regierungen, zwischenstaatliche Organisationen, die technische Gemeinschaft, die Zivilgesellschaft, Forscher und Hochschulen, Medien, Bildung, politische Entscheidungsträger, Unternehmen des Privatsektors, Menschenrechtsinstitutionen und Gleichstellungsstellen, Antidiskriminierungsüberwachungsstellen und ***Gruppen für Jugendliche und Kinder****."*[88]

Auch im Kontext medienkompetenzbezogener,[89] gesundheitspolitischer[90] und sozialpolitischer Erwägungen[91] zu Entwicklung und Einsatz von KI trägt die Empfehlung der UNESCO der besonderen Interessen- und Gefährdungslage von Kindern und Jugendlichen Rechnung.

5. Definitorische Ansätze des Europarates

Das geplante Rahmenübereinkommen des Europarates über künstliche Intelligenz, Menschenrechte, Demokratie und Rechtsstaatlichkeit soll nach seinem Art. 1 Abs. 1 sicherstellen,

„dass die Tätigkeiten im Lebenszyklus von Systemen der künstlichen Intelligenz in vollem Umfang mit den Menschenrechten, der Demokratie und der Rechtsstaatlichkeit vereinbar sind".

Hierzu erlässt jede Vertragspartei nach Art. 1 Abs. 2 Satz 1 des Übereinkommens geeignete Gesetzgebungs-, Verwaltungs- oder sonstige Maßnahmen oder behält diese bei, um den Bestimmungen dieses Übereinkommens Wirkung zu verleihen. Diese Maßnahmen sind nach Art. 1 Abs. 2 Satz 2 des Übereinkommens

„so abgestuft und differenziert, wie es angesichts der Schwere und der Wahrscheinlichkeit des Auftretens nachteiliger Auswirkungen auf die Menschenrechte, die Demokratie und die Rechtsstaatlichkeit während des gesamten Lebenszyklus von Systemen der künstlichen Intelligenz erforderlich ist. Dies kann spezifische oder horizontale Maßnahmen umfassen, die unabhängig von der Art der verwendeten Technologie gelten."

---

87 Ibidem, S. 18 (Ziffer III.1., Nr. 15).

88 Ibidem, S. 23 (Ziffer III.2., Nr. 47); fette Hervorhebung d. Verf.). Vgl. zu dieser Partizipation Minderjähriger auch ibidem, S. 38 Rn. 130.

89 Ibidem, S. 34 (Nr. 103).

90 Ibidem, S. 37 (Nr. 122, 125).

91 Ibidem, S. 38 (Nr. 128 f.).

Für den sachlichen Anwendungsbereich der sich aus dem Rahmenübereinkommen ergebenden Verpflichtungen ist wiederum dessen Art. 2 bedeutsam. Dieser bestimmt, dass der Begriff „System mit künstlicher Intelligenz" i.S. dieses Übereinkommens

> *„ein maschinelles System (bezeichnet), das für explizite oder implizite Ziele aus den empfangenen Eingaben ableitet, wie es Ergebnisse wie Vorhersagen, Inhalte, Empfehlungen oder Entscheidungen erzeugen kann, die die physische oder virtuelle Umgebung beeinflussen können. Die verschiedenen Systeme künstlicher Intelligenz unterscheiden sich in ihrem Grad an Autonomie und Anpassungsfähigkeit nach dem Einsatz."*

bezeichnet.

Der Erläuternde Bericht zum Rahmenübereinkommen betont in diesem Zusammenhang, dass die Definition des Begriffs „System der künstlichen Intelligenz" in diesem Artikel auf der letzten überarbeiteten Definition beruhe, die von der OECD am 8. November 2023 angenommen wurde. Die Entscheidung der Verfasser, diesen speziellen Text zu verwenden, sei nicht nur wegen der hohen Qualität der von der OECD und ihren Sachverständigen geleisteten Arbeit von Bedeutung, sondern auch im Hinblick auf die Notwendigkeit, die internationale Zusammenarbeit im Bereich der künstlichen Intelligenz zu verbessern und die Bemühungen um eine Harmonisierung der Governance im Bereich der künstlichen Intelligenz auf globaler Ebene zu erleichtern, u.a. durch die Harmonisierung der einschlägigen Terminologie, die auch eine kohärente Umsetzung der verschiedenen Instrumente im Bereich der künstlichen Intelligenz in den innerstaatlichen Rechtssystemen der Vertragsparteien ermögliche.[92]

Die Definition spiegele ein weites Verständnis dessen wider, was Systeme mit künstlicher Intelligenz sind, insbesondere im Gegensatz zu anderen Arten von einfacheren traditionellen Softwaresystemen, die auf Regeln beruhen, die ausschließlich von natürlichen Personen zur automatischen Ausführung von Vorgängen festgelegt werden. Die Begriffsbestimmung solle rechtliche Präzision und Sicherheit gewährleisten und gleichzeitig ausreichend abstrakt und flexibel sein, um trotz künftiger technologischer Entwicklungen gültig zu bleiben. Die Verfasser hätten die Erläuterungen zur aktualisierten Definition des Begriffs „System der künstlichen Intelligenz" in der OECD-Empfehlung zur künstlichen Intelligenz zur Kenntnis genommen, in der die verschiedenen Elemente der Definition ausführlicher erläutert werden. Diese Definition biete den Vertragsparteien zwar ein gemeinsames Verständnis dessen, was Systeme der künstlichen Intelligenz sind, doch könnten die Vertragsparteien diese Definition in ihren innerstaatlichen Rechtssystemen weiter spezifizieren, um mehr Rechtssicherheit und Präzision zu erreichen, ohne den Anwendungsbereich einzuschränken.[93]

---

92 Explanatory Report, a.a.O., Tz. 23.

93 Ibidem, Tz. 24.
Die Definition muss im Übrigen nach Tz. 25 des Erläuternden Berichts im Lichte anderer einschlägiger Bestimmungen des Rahmenübereinkommens gelesen werden, die sich auf (1.) Systeme, die das

6. Definitorische Ansätze im Rahmen der EU

a) Einleitung

Vor dem Hintergrund der auf den KI-Begriff feststellbaren definitorischen Zurückhaltung im Kreis der EU-Mitgliedstaaten ist auf Ebene der EU im Ergebnis des Trilog-Verfahrens für eine Verordnung zur Festlegung harmonisierter Vorschriften für künstliche Intelligenz[94] ein definitorischer Durchbruch gelingen, da in dieser KI-Verordnung, die auch als AI Act adressiert wird, in einer zwar formell für die Zwecke dieser Verordnung begrenzten Weise, realiter aber voraussichtlich mit Ausstrahlung auch auf dritte KI-bezogene Regelwerke der EU wie auch auf die KI-Regulierung von Drittstaaten eine rechtsverbindliche Begriffsbestimmung integriert wurde. Auch jenseits definitorischer Aspekte könnte es der EU mit dieser Verordnung gelingen, sich als Vorreiter und Vorbild für die weltweite KI-Entwicklung zu positionieren, um die Entwicklung von vertrauenswürdiger und menschenzentrierter KI auch auf globaler Ebene zu fördern.[95] Die prominente Platzierung der menschenzentrierten Ausrichtung der KI-Regulierung der EU bereits im 1. Erwägungsgrund der KI-Verordnung könnte hierbei hilfreich sein:

> *„Zweck dieser Verordnung ist es, das Funktionieren des Binnenmarkts zu verbessern, indem ein einheitlicher Rechtsrahmen ... im Einklang mit den Werten der Union festgelegt wird, um die Einführung von menschenzentrierter und vertrauenswürdiger künstlicher Intelligenz (KI) zu fördern".*

Im 2. Erwägungsgrund der KI-Verordnung wird dabei der Modell-Charakter des AI Act in globaler Perspektive deutlich hervorgehoben:

> *„Diese Verordnung sollte im Einklang mit den in der Charta verankerten Werten der Union angewandt werden ... und der Union eine Führungsrolle bei der Einführung vertrauenswürdiger KI verschaffen.*

Der Vorbild- und Vorreiter-Charakter des AI Act wurde auch anlässlich der politischen Verständigung im Trilog-Verfahren am 8. Dezember 2023 betont. So unterstrich der EU-Kommissar für Binnenmarkt *Thierry Breton*:

> *„Historisch!*
>
> *Mit der heute Abend besiegelten politischen Einigung über das KI-Gesetz wird die EU der erste Kontinent, der klare Regeln für den Einsatz von KI aufstellt...*

Potenzial haben, die Menschenrechte, die Demokratie oder die Rechtsstaatlichkeit zu beeinträchtigen, und (2.) den abgestuften und differenzierten Ansatz in Art. 1 des Rahmenübereinkommens und kontextbezogene Elemente in den einzelnen Bestimmungen des Rahmenübereinkommens (Artikel 4 und 5) beziehen.

[94] Am 8. Dezember 2023 erreichten die Unterhändler von Rat der EU und Europäischem Parlament im Trilog-Verfahren zum AI Act ein vorläufiges Übereinkommen; vgl. https://www.europarl.europa.eu/news/de/press-room/20231206IPR15699/artificial-intelligence-act-deal-on-comprehensive-rules-for-trustworthy-ai.

[95] Vgl. auch *Möller-Klapperich*, NJ 2024, 337 (337).

Das KI-Gesetz ist viel mehr als nur ein Regelwerk - es ist eine Startrampe für EU-Start-ups und Forscher, um das globale Rennen um vertrauenswürdige KI anzuführen ...

"Zu kompliziert, wird zu viel Zeit in Anspruch nehmen, ist innovationsfeindlich, sollen die Entwickler sich doch selbst regulieren..." Eine Reihe von Unternehmen, die von Nicht-EU-Ländern unterstützt werden, versuchten, uns zu entmutigen. Sie wussten, dass derjenige, der als erster Regeln aufstellt, einen Vorsprung hat, wenn es darum geht, einen globalen Standard zu setzen."[96]

Auch der Ko-Berichterstatter des Europäischen Parlaments *Brando Benifei* hob hervor:

„Dank der Hartnäckigkeit des Europäischen Parlaments wird die weltweit erste horizontale Gesetzgebung zur künstlichen Intelligenz das europäische Versprechen einlösen und sicherstellen, dass die Rechte und Freiheiten im Mittelpunkt der Entwicklung dieser bahnbrechenden Technologie stehen."[97]

In die gleiche Richtung ging die Einordnung des Ko-Berichterstatters des Europäischen Parlaments *Dragos Tudorache*, der betonte:

„Die EU ist weltweit die erste, die eine solide Regulierung der KI eingeführt hat, um deren Entwicklung und Weiterentwicklung in eine auf den Menschen ausgerichtete Richtung zu lenken."[98]

Die KI-Verordnung ist Teil des im April 2021 veröffentlichten *AI-package* und verfolgt das Ziel KI-Regulierung zu harmonisieren und einen sicheren Rechtsrahmen zu schaffen. Sie ist horizontal angelegt und soll demnach auf KI-Anwendungen in den verschiedensten Sektoren anwendbar sein. Sie umfasst auch generative KI. Grundgedanke ist ein risikobasierter Ansatz:[99]

- KI-Systeme mit unannehmbarem Risiko sollen gänzlich verboten sein.
- Die strengsten Vorgaben sollen für KI-Systeme mit hohem Risiko gelten.
- Für KI-Systeme mit geringem Risiko sind Transparenzpflichten vorgesehen.
- Systeme mit minimalem Risiko unterliegen keinen Vorschriften.

Auf den Markteintritt von ChatGPT wurde im Gesetzgebungsprozess reagiert, indem für generative KI spezifisch adressiert wurde.

---

96 https://ec.europa.eu/commission/presscorner/detail/en/STATEMENT_23_6471 (Übersetzung d. Verf.).

97 https://www.europarl.europa.eu/news/de/press-room/20231206IPR15699/artificial-intelligence-act-deal-on-comprehensive-rules-for-trustworthy-ai (Übersetzung d. Verf.).

98 Ibidem (Übersetzung d. Verf.).

99 Vgl. hierzu auch Abschnitt D. III. 1.

b) Definitionsansätze der EU im Vorfeld des KI-Gesetzes

In ihrer Mitteilung »Künstliche Intelligenz für Europa« vom 25. April 2018 hatte die Kommission folgende Definition von KI entwickelt:[100]

> *„Künstliche Intelligenz (KI) bezeichnet Systeme mit einem »intelligenten« Verhalten, die ihre Umgebung analysieren und mit einem gewissen Grad an Autonomie handeln, um bestimmte Ziele zu erreichen. KI-basierte Systeme können rein softwaregestützt in einer virtuellen Umgebung arbeiten (z. B. Sprachassistenten, Bildanalysesoftware, Suchmaschinen, Sprach- und Gesichtserkennungssysteme), aber auch in Hardware-Systeme eingebettet sein (z. B. moderne Roboter, autonome Pkw, Drohnen oder Anwendungen des ‚Internet der Dinge'')."*

In den „Ethik-Leitlinien für eine vertrauenswürdige KI"[101] vom 8. April 2019 hatte die Unabhängige hochrangige Expertengruppe für künstliche Intelligenz, die von der Europäischen Kommission im Juni 2018 eingesetzt worden war, folgende Definition entwickelt: [102]

> *„Künstliche-Intelligenz-(KI)-Systeme sind vom Menschen entwickelte Software- (und möglicherweise auch Hardware-) Systeme, die in Bezug auf ein komplexes Ziel auf physischer oder digitaler Ebene agieren, indem sie ihre Umgebung durch Datenerfassung wahrnehmen, die gesammelten strukturierten oder unstrukturierten Daten interpretieren, Schlussfolgerungen daraus ziehen oder die aus diesen Daten abgeleiteten Informationen verarbeiten und über die geeignete(n) Maßnahme(n) zur Erreichung des vorgegebenen Ziels entscheiden. KI-Systeme können entweder symbolische Regeln verwenden oder ein numerisches Modell erlernen, und sind auch in der Lage, die Auswirkungen ihrer früheren Handlungen auf die Umgebung zu analysieren und ihr Verhalten entsprechend anzupassen. Als wissenschaftliche Disziplin umfasst die KI mehrere Ansätze und Techniken wie z.B. maschinelles Lernen [...], maschinelles Denken [...] und die Robotik [...]."*

In ihrem Weißbuch „Zur Künstlichen Intelligenz – ein europäisches Konzept für Exzellenz und Vertrauen" vom 19. Februar 2020[103] hatte die Europäische Kommission betont:[104]

> *„In jedem neuen Rechtsinstrument muss die KI-Definition einerseits flexibel genug sein, damit dem technischen Fortschrift Rechnung getragen werden kann, und andererseits präzise, um die erforderliche Rechtssicherheit zu gewährleisten. ... Bei Techniken des Maschinellen Lernens, einer Untergruppe der KI, werden Algorithmen so trainiert, dass sie auf der Grundlage eines Datensatzes bestimmte Muster ableiten können, um zu ermitteln, welche Handlungsschritte zur Erreichung eines*

---

[100] COM(2018) 237 final, S. 1.

[101] Abrufbar über digital-strategy.ec.europa.eu/en/library/ethics-guidelines-trustworthy-ai.

[102] *Unabhängige hochrangige Expertengruppe für künstliche Intelligenz*, Ethik-Leitlinien für eine vertrauenswürdige KI, 2019, S. 47.

[103] COM(2020) 65 final (abrufbar unter: ec.europa.eu/info/sites/default/files/commission-white-paper-artificial-intelligence-feb2020_de.pdf).

[104] Ibidem, S. 19.

bestimmten Ziels erforderlich sind. Algorithmen können auch weiterlernen, während sie im Einsatz sind."

Spezifische ausdrückliche Definitionen generativer KI wurden bislang im Rahmen der EU noch nicht entwickelt. Auch generative KI sollte allerdings nicht zu eng verstanden werden. Erfasst sein sollten auch bei generativer KI nicht nur Systeme, die von menschlichem Handeln unabhängig entscheiden können, sondern auch solche, die noch von Menschen unterstützt werden müssen oder noch menschliche Zwischenschritte bis zu einer endgültigen Entscheidung erfordern.[105] Das Entscheidende bei generativer KI ist die eigenständige kreative Gestaltungsfähigkeit, nicht die völlige Loslösung von menschlicher Einwirkung. Insoweit ist für generative KI prägend, dass mit ihr neue Texte, Bilder, Audio- oder Videoinhalte, Codes oder synthetische Daten erstellt werden können.[106] Die Qualität der Daten, mit denen entsprechende Modelle trainiert werden, ist von zentraler Bedeutung für die Qualität des KI-Outputs. In der Informatik wird dies in der Phrase zusammengefasst „garbage in, garbage out": Ist das Datenmaterial von schlechter, z.B. fehlerhafter oder einseitiger Qualität, so ist auch der Output regelmäßig fehlerhaft und/oder verzerrt.[107]

c) Die definitorischen Überlegungen im Gesetzgebungsprozess für ein KI-Gesetz der EU

Im Vorfeld des Trilog-Verfahrens für ein KI-Gesetz der EU hatten die Europäische Kommission in ihrem Vorschlag für diese Verordnung,[108] der Rat der EU in seiner allgemeinen Ausrichtung[109] und das Europäische Parlament in seiner Gemeinsamen Stellungnahme[110] Regelungsvorschläge für eine Begriffsbestimmung von „System künstlicher Intelligenz (KI-System)" in Art. 3 Nr. 1 des geplanten Regelwerks entwickelt. Diese Definitionen für ein KI-System, das nach Maßgabe seiner Art. 1 und 2 den sachlichen Anwendungsbereich des KI-Gesetzes bestimmen würde, weichen in Details nicht unerheblich voneinander ab:

Europäische Kommission	Rat der EU	Europäisches Parlament
„System der künstlichen Intelligenz" (KI-System) (ist) eine Software, die mit	„System der künstlichen Intelligenz" (KI-System) (ist) ein System, das so	„System der künstlichen Intelligenz" (KI-System) (ist) ein

105 Vgl. hierzu *Gössl*, KI-Systeme und Diskriminierung, 2023, S. 3 (5).

106 Vgl. z.B. *de la Durantaye*, „Garbage in, garbage out" – Die Regulierung generativer KI durch Urheberrecht, ZUM 2023, 645 (646) sowie *Freedom House*, Freedom on the Net 2023, 2023, S. 8, wo „generative AI" definiert wird als „Deep learning models that specialize in generating content, including images, text, video, and audio, in response to a specific query or prompt".

107 Vgl. *de la Durantaye*, „Garbage in, garbage out" – Die Regulierung generativer KI durch Urheberrecht, ZUM 2023, 645 (647).

108 Vorschlag für eine Verordnung des Europäischen Parlaments und des Rates zur Festlegung harmonisierter Vorschriften für künstliche Intelligenz (Gesetz über künstliche Intelligenz) und zur Änderung bestimmter Rechtsakte der Union, COM/2021/206 final v. 21.4.2021.

109 Rats-Dokument 14954/22 v. 25.11.2022 (abrufbar unter https://data.consilium.europa.eu/doc/document/ST-14954-2022-INIT/de/pdf)

110 https://www.europarl.europa.eu/doceo/document/TA-9-2023-0236_DE.html

einer oder mehreren der in Anhang I aufgeführten Techniken und Konzepte entwickelt worden ist und im Hinblick auf eine Reihe von Zielen, die vom Menschen festgelegt werden, Ergebnisse wie Inhalte, Vorhersagen, Empfehlungen oder Entscheidungen hervorbringen kann, die das Umfeld beeinflussen, mit dem sie interagieren".	konzipiert ist, dass es mit Elementen der Autonomie arbeitet, und das auf der Grundlage maschineller und/oder vom Menschen erzeugter Daten und Eingaben durch maschinelles Lernen und/oder logik- und wissensgestützte Konzepte ableitet, wie eine Reihe von Zielen erreicht wird, und systemgenerierte Ergebnisse wie Inhalte (generative KI-Systeme), Vorhersagen, Empfehlungen oder Entscheidungen hervorbringt, die das Umfeld beeinflussen, mit dem die KI-Systeme interagieren".	maschinengestütztes System, das so konzipiert ist, dass es mit unterschiedlichem Grad an Autonomie operieren kann und das für explizite oder implizite Ziele Ergebnisse wie Vorhersagen, Empfehlungen oder Entscheidungen hervorbringen kann, die das physische oder virtuelle Umfeld beeinflussen;".

Anhang I des Kommissions-Vorschlags führte wiederum folgende Techniken und Konzepte der künstlichen Intelligenz auf:

> *„a) Konzepte des maschinellen Lernens, mit beaufsichtigtem, unbeaufsichtigtem und bestärkendem Lernen unter Verwendung einer breiten Palette von Methoden, einschließlich des tiefen Lernens (Deep Learning);*
>
> *b) Logik- und wissensgestützte Konzepte, einschließlich Wissensrepräsentation, induktiver (logischer) Programmierung, Wissensgrundlagen, Inferenz- und Deduktionsmaschinen, (symbolischer) Schlussfolgerungs- und Expertensysteme;*
>
> *c) Statistische Ansätze, Bayessche Schätz-, Such- und Optimierungsmethoden."*

Anhang I stärkte die notwendige Rechtssicherheit, wobei die im Anhang aufgegriffenen Konzepte und Techniken für die KI-Entwicklung nach Art. 4 des Vorschlags von der Kommission durch delegierte Rechtsakte in dem Umfang angepasst werden können sollten, wie sich neue Markt- und technologische Entwicklungen ergeben.[111] Die Liste und damit die Definition war dabei allerdings schon im Vorschlag der Kommission sehr breit gefasst,[112] was mit Blick auf die Einbeziehung von Softwareanwendungen ohne Befähigung zum

---

111 Vgl. *Kullas/Harta,* Europäisches Gesetz über Künstliche Intelligenz, cepAnalyse 27/2021, S. 2.

112 Vgl. *Müller,* Der Artificial Intelligence Act der EU, EuZ 2022, A 1 (A 5).

maschinellen Lernen problematisch war.[113] Demgegenüber ging der Rat von einem deutlich engeren, auf maschinelles Lernen fokussierten KI-Begriffsverständnis aus.

Bemerkenswert ist, dass das Europäische Parlament in seiner Gemeinsamen Stellungnahme nicht nur KI als solche, sondern auch generative KI definierte. Art. 28 b Abs. 4 i.d.F. dieser Stellungnahme sah vor:

> *„(4) Anbieter von Basismodellen,[114] die in KI-Systemen verwendet werden, die speziell dazu bestimmt sind, mit unterschiedlichem Grad an Autonomie Inhalte wie komplexe Texte, Bilder, Audio- oder Videodateien zu generieren („generative KI"), sowie Anbieter, die ein Basismodell in ein generatives KI-System integrieren, müssen zusätzlich*
>
> *a) den in Artikel 52 Absatz 1 genannten Transparenzpflichten nachkommen;[115]*
>
> *b) das Basismodell so gestalten und gegebenenfalls weiterentwickeln, dass ein angemessener Schutz gegen die Erzeugung von Inhalten, die gegen das Unionsrecht verstoßen, nach dem allgemein anerkannten Stand der Technik und unbeschadet der Grundrechte, einschließlich des Rechts auf freie Meinungsäußerung, sichergestellt ist;[116]*
>
> *c) unbeschadet der Rechtsvorschriften der Union oder der Mitgliedstaaten oder der Union zum Urheberrecht eine hinreichend detaillierte Zusammenfassung der*

---

113 Vgl. *Kullas/Harta*, Europäisches Gesetz über Künstliche Intelligenz, cepAnalyse 27/2021, S. 6; *Kalbhenn,* Designvorgaben für Chatbots, Deepfakes und Emotionserkennungssysteme, ZUM 65 (2021), 663 (665).

114 Ein „Basismodell" war nach der Begriffsbestimmung in Art. 3 Abs. 1 Nr. 1c der KI-Verordnung i.d.F. der gemeinsamen Stellungnahme des Europäischen Parlaments „ein KI-Systemmodell, das auf einer breiten Datenbasis trainiert wurde, auf eine allgemeine Ausgabe ausgelegt ist und an eine breite Palette unterschiedlicher Aufgaben angepasst werden kann".

115 Nach Art. 52 Abs. 1 der KI-Verordnung i.d.F. Gemeinsamen Stellungnahme des Europäischen Parlaments waren die Anbieter des KI-Systems verpflichtet sicherzustellen, dass KI-Systeme, die für die Interaktion mit natürlichen Personen bestimmt sind, so konzipiert und entwickelt werden, dass das KI-System, der Anbieter selbst oder der Nutzer die natürliche Person, die einem KI-System ausgesetzt ist, rechtzeitig, klar und verständlich darüber informiert, dass sie es mit einem KI-System zu tun hat, es sei denn, dies ist aufgrund der Umstände und des Kontexts der Nutzung offensichtlich.

Soweit angemessen und sachdienlich, umfassten diese Informationen nach Unterabsatz 2 Satz 1 dieser Norm auch, welche Funktionen KI-gestützt sind, ob es eine menschliche Aufsicht gibt und wer für den Entscheidungsprozess verantwortlich ist, sowie die bestehenden Rechte und Verfahren, die es natürlichen Personen oder ihren Vertretern nach dem Unionsrecht und dem nationalen Recht ermöglichen, gegen die Anwendung solcher Systeme auf sie Einspruch zu erheben und gerichtlichen Rechtsbehelf gegen Entscheidungen, die von KI-Systemen getroffen wurden, oder gegen Schäden, die durch sie verursacht wurden, einzulegen, einschließlich ihres Rechts, eine Erklärung zu verlangen.

116 Vgl. hierzu z.B. *de la Durantaye*, „Garbage in, garbage out" – Die Regulierung generativer KI durch Urheberrecht, ZUM 2023, 645 (655).

Verwendung von urheberrechtlich geschützten Ausbildungsdaten dokumentieren und öffentlich zugänglich machen."[117]

Während die Gesetzgebungsorgane gemeinsam dem Ansatz folgten, dass die Entwicklung und Anwendung von KI u.a. zu militärischen Zwecken vom Anwendungsbereich des AI Act nicht erfasst sein sollen,[118] sahen zugleich weder Kommission noch Rat oder Parlament eine kultur- oder medienbezogene Bereichsausnahme für die Anwendung dieser Verordnung vor. Dieser Verzicht auf eine *exception culturelle* oder eine *exception mediale* fügte sich ein in die Regulierung des (digitalen) Binnenmarktes der EU im Übrigen, in der die Binnenmarktrelevanz von Kulturgütern und -dienstleistungen wie von audiovisuellen Medien durchgehend vorausgesetzt wird.[119] Sowohl die militär-, sicherheits- und verteidigungspolitische Bereichsausnahme (vgl. Art. 2 Abs. 3 der KI-Verordnung) als auch der Verzicht auf eine kultur- oder medienpolitische Bereichsausnahme haben Eingang in den AI Act gefunden.[120]

Für das Verständnis der jeweiligen Begriffsbestimmung sind im Übrigen insbesondere auch die jeweiligen Erwägungsgründe zum Vorschlag bedeutsam:

Europäische Kommission	Rat der EU	Europäisches Parlament
„(6) Der Begriff „KI-System" sollte klar definiert werden, um Rechtssicherheit zu gewährleisten und gleichzeitig genügend Flexibilität zu bieten, um künftigen technologischen Entwicklungen	„(6) Der Begriff „KI-System" sollte klar definiert werden, um Rechtssicherheit zu gewährleisten und gleichzeitig genügend Flexibilität zu bieten, um künftigen technologischen Entwicklungen	„(6) Der Begriff "KI-System" sollte in dieser Verordnung klar definiert und eng an die Arbeiten internationaler Organisationen angelehnt werden, die sich mit künstlicher Intelligenz befassen,

117 Vgl. hierzu z.B. *de la Durantaye*, „Garbage in, garbage out" – Die Regulierung generativer KI durch Urheberrecht, ZUM 2023, 645 (656).

118 Zu sachlichen Einschränkungen des Anwendungsbereichs der KI-Verordnung vgl. *Möller-Klapperich*, NJ 2024, 337 (339).

119 Vgl. hierzu auch *Ukrow*, Primärrechtlicher Rahmen zur Kompetenzabgrenzung, in: *Cole/Ukrow/Etteldorf*, On the Allocation of Competences between the European Union and its Member States in the Media Sector, 2021, S. 447 (456).

120 Der personelle Anwendungsbereich der KI-Verordnung ist im Übrigen, orientiert am Marktortprinzip, weit gefasst und erstreckt sich nach Art. 2 Abs. 1 der Verordnung auf: (a) alle Anbieter (i.S. des Art. 3 Nr. 2), die in der Union KI-Systeme in Verkehr bringen oder in Betrieb nehmen oder KI-Modelle mit allgemeinem Verwendungszweck in Verkehr bringen, unabhängig davon, ob diese Anbieter in der Union oder in einem Drittland niedergelassen sind; (b) alle in der EU niedergelassenen oder ansässigen Betreiber i.S. des Art. 3 Nr. 4, (c) alle Anbieter und Betreiber von KI-Systemen, die ihren Sitz in einem Drittland haben oder sich in einem Drittland befinden, wenn die vom KI-System hervorgebrachte Ausgabe in der EU verwendet wird; (d) Einführer i.S. des Art. 3 Nr. 6 und Händler i.S. des Art. 3 Nr. 7 von KI-Systemen; (e) Produkthersteller, die KI-Systeme zusammen mit ihrem Produkt unter ihrem eigenen Namen oder ihrer Handelsmarke in Verkehr bringen oder in Betrieb nehmen; (f) Bevollmächtigte von Anbietern, die nicht in der Union niedergelassen sind; (g) betroffene Personen, die sich in der Union befinden. Vgl. hierzu *Chibangza/Steege*, NJW 2024, 1769 (1770); *Möller-Klapperich*, NJ 2024, 337 (339). Zu Abweichungen im Anwendungsbereich der KI-Verordnung von DSA und DMA vgl. *Honer/Schöbel*, JuS 2024, 648 (649).

Rechnung zu tragen. Die Begriffsbestimmung sollte auf den wesentlichen funktionalen Merkmalen der Software beruhen, insbesondere darauf, dass sie im Hinblick auf eine Reihe von Zielen, die vom Menschen festgelegt werden, Ergebnisse wie Inhalte, Vorhersagen, Empfehlungen oder Entscheidungen hervorbringen kann, die das Umfeld beeinflussen, mit dem sie interagieren, sei es physisch oder digital. KI-Systeme können so konzipiert sein, dass sie mit verschiedenen Graden der Autonomie arbeiten und eigenständig oder als Bestandteil eines Produkts verwendet werden können, unabhängig davon, ob das System physisch in das Produkt integriert ist (eingebettet) oder der Funktion des Produkts dient, ohne darin integriert zu sein (nicht eingebettet). Die Bestimmung des Begriffs „KI-System" sollte durch eine Liste spezifischer Techniken und Konzepte für seine Entwicklung ergänzt werden, die im Lichte der Marktentwicklungen und der technischen Entwicklungen auf dem neuesten Stand gehalten werden sollte, indem die Kommission delegierte	Rechnung zu tragen. Die Begriffsbestimmung sollte auf den wesentlichen funktionalen Merkmalen der künstlichen Intelligenz wie ihre Lern-, Schlussfolgerungs- oder Modellierungsfähigkeiten beruhen und diese von einfacheren Softwaresystemen und Programmierungsansätzen abgrenzen. Insbesondere für die Zwecke dieser Verordnung sollten KI-Systeme in der Lage sein, auf der Grund-lage maschineller und/oder vom Menschen erzeugter Daten und Eingaben durch maschinelles Lernen und/oder logik- und wissensgestützte Konzepte abzuleiten, wie eine Reihe von Endzielen, die vom Menschen festgelegt wurden, erreicht wird, und Ergebnisse wie Inhalte für generative KI-Systeme (z. B. Text, Video oder Bilder), Vorhersagen, Empfehlungen oder Entscheidungen hervorzubringen, die das Umfeld beeinflussen, mit dem sie interagieren, sei es physisch oder digital. Ein System, das ausschließlich von natürlichen Personen definierte Regeln anwendet, um automatisch Operationen aus-zuführen, sollte nicht als KI-System gelten. KI-Systeme können so konzipiert sein, dass sie mit	um Rechtssicherheit, Harmonisierung und breite Akzeptanz zu gewährleisten und gleichzeitig die nötige Flexibilität zu bieten, um den raschen technologischen Entwicklungen in diesem Bereich Rechnung zu tragen. Darüber hinaus sollte sie auf den Hauptmerkmalen der künstlichen Intelligenz beruhen, wie z. B. ihren Lern-, Denk- oder Modellierungsfähigkeiten, um sie von einfacheren Softwaresystemen oder Programmieransätzen zu unterscheiden. KI-Systeme sind so konzipiert, dass sie in unterschiedlichem Maße autonom arbeiten, d. h., dass sie zumindest bis zu einem gewissen Grad unabhängig von menschlicher Steuerung agieren und in der Lage sind, ohne menschliches Eingreifen zu arbeiten. Der Begriff "maschinenbasiert" bezieht sich auf die Tatsache, dass KI-Systeme auf Maschinen laufen. Der Hinweis auf explizite oder implizite Ziele unterstreicht, dass KI-Systeme nach expliziten, vom Menschen definierten Zielen oder nach impliziten Zielen arbeiten können. Die Ziele des KI-Systems können sich von dem beabsichtigten Zweck des KI-Systems in einem bestimmten Kontext unterscheiden. Der

Rechtsakte zur Änderung dieser Liste erlässt."	verschiedenen Graden der Autonomie arbeiten und eigenständig oder als Bestandteil eines Produkts verwendet werden können, unabhängig davon, ob das System physisch in das Produkt integriert ist (eingebettet) oder der Funktion des Produkts dient, ohne darin integriert zu sein (nicht eingebettet). Das Konzept der Autonomie eines KI-Systems steht im Zusammenhang mit dem Grad, mit dem ein solches System ohne menschliches Zutun funktioniert. (6a) Bei Konzepten des maschinellen Lernens liegt der Schwerpunkt auf der Entwicklung von Systemen, die lernen und anhand von Daten ableiten können, wie ein Anwendungsproblem gelöst wird, ohne dass sie ausdrücklich mit einer Anleitung der einzelnen Schritte von der Eingabe bis zu den Ergebnissen dafür programmiert wurden. Der Begriff „Lernen" bezeichnet den Rechen-vorgang, bei dem anhand von Daten die Parameter eines Modells optimiert werden, das als mathematische Konstruktion auf der Grundlage von Eingabedaten Ergebnisse hervorbringt. Zu den Problemen, die durch maschinelles Lernen bewältigt werden,	Verweis auf Vorhersagen schließt Inhalte ein, die in dieser Verordnung als eine Form der Vorhersage als einer der möglichen Outputs eines KI-Systems betrachtet werden. Für die Zwecke dieser Verordnung sollten Umgebungen als die Kontexte verstanden werden, in denen KI-Systeme arbeiten, während die von dem KI-System erzeugten Ergebnisse, d. h. Vorhersagen, Empfehlungen oder Entscheidungen, den Zielen des Systems auf der Grundlage von Eingaben aus dieser Umgebung entsprechen. Ein solcher Output beeinflusst die genannte Umgebung weiter, auch wenn er lediglich neue Informationen in sie einbringt. (6a) KI-Systeme verfügen häufig über maschinelle Lernfähigkeiten, die es ihnen ermöglichen, sich anzupassen und neue Aufgaben selbstständig auszuführen. Maschinelles Lernen bezieht sich auf den rechnerischen Prozess der Optimierung der Parameter eines Modells aus Daten, d. h. ein mathematisches Konstrukt, das auf der Grundlage von Eingabedaten eine Ausgabe erzeugt. Zu den Ansätzen des maschinellen Lernens gehören beispielsweise das überwachte, das

	gehören in der Regel Aufgaben, für die andere Ansätze erfolglos waren, entweder aufgrund einer unangemessenen Formalisierung des Problems oder aufgrund der Tatsache, dass die Lösung des Problems mithilfe von Konzepten, die kein maschinelles Lernen umfassen, nicht möglich ist. Die Konzepte des maschinellen Lernens umfassen etwa überwachtes, unüberwachtes und bestärkendes Lernen, wobei verschiedene Methoden eingesetzt werden, einschließlich Deep Learning mit neuronalen Netzwerken, statistische Lernverfahren und statistische Inferenz (etwa auch logistische Regressionen oder Bayes'sche Schätzungen) sowie Such- und Optimierungsmethoden.	unüberwachte und das verstärkende Lernen, wobei eine Vielzahl von Methoden verwendet wird, darunter das Deep Learning mit neuronalen Netzen. Diese Verordnung zielt darauf ab, neue potenzielle Risiken anzugehen, die durch die Übertragung der Kontrolle an KI-Systeme entstehen können, insbesondere an KI-Systeme, die sich nach ihrer Einführung weiterentwickeln können. Die Funktion und die Ergebnisse vieler dieser KI-Systeme beruhen auf abstrakten mathematischen Beziehungen, die für den Menschen schwer zu verstehen, zu überwachen und auf bestimmte Eingaben zurückzuführen sind. Diese komplexen und undurchsichtigen Merkmale (Black-Box-Element) beeinträchtigen die Nachvollziehbarkeit und Erklärbarkeit. Vergleichsweise einfachere Techniken wie wissensbasierte Ansätze, Bayes'sche Schätzungen oder Entscheidungsbäume können ebenfalls zu Rechtslücken führen, die in dieser Verordnung behandelt werden müssen, insbesondere wenn sie in Kombination mit Ansätzen des maschinellen Lernens in hybriden Systemen eingesetzt werden.

		(6b) KI-Systeme können als eigenständiges Softwaresystem verwendet werden, in ein physisches Produkt integriert werden (eingebettet) oder die Funktionalität eines physischen Produkts erfüllen, ohne darin integriert zu sein (nicht eingebettet) oder als KI-Komponente eines größeren Systems verwendet werden. Wenn dieses größere System ohne die betreffende KI-Komponente nicht funktionieren würde, sollte das gesamte größere System als ein einziges KI-System im Sinne dieser Verordnung betrachtet werden.".

Die Haltung des Europäischen Parlaments im Gesetzgebungsverfahren für eine KI-Verordnung zur Frage der Definition unterstreicht im Übrigen die Volatilität der Einordnung regulatorischer Erfordernisse im Blick auf KI. Denn in seiner Entschließung zum Thema »Künstliche Intelligenz: Fragen der Auslegung und Anwendung von für die EU geltenden internationalen Rechtsvorschriften in Bezug auf die zivile und militärische Nutzung und der Zuständigkeit des Staates außerhalb des Anwendungsbereichs der Strafgerichtsbarkeit« vom 20. Januar 2021[121] hatte das Europäische Parlament die Kommission noch aufgefordert, folgende Begriffsbestimmungen festzulegen:

»KI-System« ein softwaregestütztes oder in Hardware-Geräte eingebettetes System, das ein Intelligenz simulierendes Verhalten zeigt, indem es unter anderem Daten sammelt und verarbeitet, seine Umgebung analysiert und interpretiert und mit einem gewissen Maß an Autonomie Maßnahmen ergreift, um bestimmte Ziele zu erreichen;

»autonom« ein KI-System, das durch Interpretation bestimmter Eingaben und durch Verwendung einer Reihe vorab festgelegter Befehle funktioniert, ohne auf solche Befehle beschränkt zu sein, wenngleich das Verhalten des Systems durch das ihm vorgegebene Ziel und andere relevante Vorgaben seines Entwicklers eingeschränkt wird bzw. auf die Verwirklichung des Ziels ausgerichtet ist.

---

121 Entschließung 2020/2013(INI), abrufbar unter www.europarl.europa.eu/doceo/document/TA-9-2021-0009_DE.

Der Kommissionsvorschlag enthielt im Übrigen keine besondere Regelung von sog. "general purpose" KI-Tools, d.h. KI-Systemen, die – wie z.B. auch ChatGPT – einen allgemeinen, nicht näher spezifizierten Verwendungszweck aufweisen und deshalb in einer Vielzahl von Kontexten eingesetzt und in eine Vielzahl anderer KI-Systeme integriert werden können. In der allgemeinen Ausrichtung des Rates wurde diese Lücke, die auch im Europäischen Parlament als solche empfunden wurde, geschlossen. Dabei wird als „KI-System mit allgemeinem Verwendungszweck" ein KI-System definiert, das – unabhängig davon, wie es in Verkehr gebracht oder in Betrieb genommen wird, auch in Form quelloffener Software – vom Anbieter dazu vorgesehen ist, allgemein anwendbare Funktionen wie Bild- oder Spracherkennung, Audio- und Videogenerierung, Mustererkennung, Beantwortung von Fragen, Übersetzung und Sonstiges auszuführen. Der seitens des Rates vorgeschlagene neue Art. 4b sah vor, dass einige der Anforderungen für Hochrisiko-KI-Systeme auch für KI-Anwendungen mit allgemeinem Verwendungszweck gelten; weitere Präzisierungen durch einen Durchführungsrechtsakt waren nach der allgemeinen Ausrichtung möglich.[122]

d) Die Begriffsbestimmung in der verabschiedeten KI-Verordnung

Der Begriff „KI-System" in der Verordnung sollte nach der Zielsetzung der Gesetzgeber klar definiert und eng mit der Tätigkeit internationaler Organisationen abgestimmt werden, die sich mit KI befassen, um Rechtssicherheit, mehr internationale Konvergenz und hohe Akzeptanz sicherzustellen und gleichzeitig Flexibilität zu bieten, um den raschen technologischen Entwicklungen in diesem Bereich Rechnung zu tragen.[123] Art. 3 Nr. 1 der KI-Verordnung bestimmt vor diesem Hintergrund nunmehr, dass für die Zwecke dieser Verordnung der Ausdruck

> *„„KI-System" ein maschinengestütztes System, das für einen in unterschiedlichem Grade autonomen Betrieb ausgelegt ist und das nach seiner Betriebsaufnahme anpassungsfähig sein kann und das aus den erhaltenen Eingaben für explizite oder implizite Ziele ableitet, wie Ausgaben wie etwa Vorhersagen, Inhalte, Empfehlungen oder Entscheidungen erstellt werden, die physische oder virtuelle Umgebungen beeinflussen können",*

bezeichnet. Damit beruht die Begriffsbestimmung auf den wesentlichen Merkmalen der KI beruhen, die sie von einfacheren herkömmlichen Softwaresystemen und Programmierungsansätzen abgrenzen; die Definition des KI-Systems bezieht sich dabei nicht auf Systeme, die auf ausschließlich von natürlichen Personen definierten Regeln für das automatische Ausführen von Operationen beruhen.[124] KI-Systeme können nach dem 12. Erwägungsgrund der KI-Verordnung eigenständig oder als Bestandteil eines Produkts verwendet werden, unabhängig davon, ob das System physisch in das Produkt integriert (eingebettet) ist oder der Funktion des Produkts dient, ohne darin integriert zu sein (nicht eingebettet).

---

[122] Vgl. auch *Wilmer,* Rechtsfragen bei ChatGPT & Co., K&R 2023, 233 (239).

[123] Vgl. den 12. Erwägungsgrund der KI-Verordnung. Hierzu auch *Möller-Klapperich*, NJ 2024, 337 (338 f.); kritisch demgegenüber zu dieser Abschichtung *Krönke*, NVwZ 2024, 529 (529 f.).

[124] Vgl. den 12. Erwägungsgrund der KI-Verordnung.

In redaktioneller Übereinstimmung mit den ursprünglichen Überlegungen des Europäischen Parlaments geht diese Begriffsbestimmung mithin zunächst von einem Verständnis eines KI-Systems als maschinengestütztem System aus. Auch die Begriffsbestimmung des Rahmenübereinkommens des Europarates geht von diesem Verständnis mit der Bezugnahme auf ein „maschinelle(s) System" aus. Dies weicht nicht unerheblich von der ursprünglichen definitorischen Konzeption der Europäischen Kommission aus, die auf eine Software als Ausgangspunkt abstellt. Die Bezeichnung „maschinengestützt" bezieht sich auf die Tatsache, dass KI-Systeme von Maschinen betrieben werden.[125]

In inhaltlicher Übereinstimmung mit den ursprünglichen Überlegungen des Rates und des Europäischen Parlaments sowie mit dem Ansatz in der OECD- Empfehlung zu Künstlicher Intelligenz und der Begriffsbestimmung im Rahmenübereinkommen des Europarates geht die Begriffsbestimmung in Art. 3 Nr. 1 der KI-Verordnung davon aus, dass sich dieses System durch die Befähigung zu autonomem Handeln, die einen unterschiedlichen Grad aufweisen kann, sowie die Befähigung zur Anpassung nach seiner Betriebsausnahme auszeichnet. Dabei bedeutet die Befähigung zu autonomen Handeln nach dem 12. Erwägungsgrund der KI-Verordnung, dass sie bis zu einem gewissen Grad unabhängig von menschlichem Zutun agieren und in der Lage sind, ohne menschliches Eingreifen zu arbeiten. Die Anpassungsfähigkeit, die ein KI-System nach Inbetriebnahme aufweisen kann, bezieht sich nach diesem Erwägungsgrund auf seine Lernfähigkeit, durch die es sich während seiner Verwendung verändern kann.

Abschließend ist für die Begriffsbestimmung in der KI-Verordnung als weiteres Element prägend, dass das System aus den erhaltenen Eingaben für explizite oder implizite Ziele ableitet, wie Ausgaben wie etwa Vorhersagen, Inhalte, Empfehlungen oder Entscheidungen erstellt werden, die physische oder virtuelle Umgebungen beeinflussen können. Auch dieses definitorische Element ist eng an die Vorüberlegungen des Europäischen Parlaments angelehnt und weist deutliche Parallelen zur Definition im Rahmenübereinkommen des Europarates auf. Ein wesentliches definitionsbezogenes Merkmal von KI-Systemen ist mithin ihre Fähigkeit, abzuleiten. Nach dem 12. Erwägungsgrund der KI-Verordnung bezieht sich diese Fähigkeit nicht nur auf den Prozess der Erzeugung von Ausgaben, wie Vorhersagen, Inhalte, Empfehlungen oder Entscheidungen, die physische und digitale Umgebungen beeinflussen können, sondern auch – was sich in der Begriffsbestimmung des Art. 3 Nr. 1 der KI-Verordnung redaktionell nicht widerspiegelt –

> *„auf die Fähigkeit von KI-Systemen, Modelle oder Algorithmen oder beides aus Eingaben oder Daten abzuleiten".*

Allerdings ist dieses Verständnis über den Charakter der in Art. 3 Nr. 1 der KI-Verordnung angesprochenen Ergebnisse eröffnet. Denn die Ergebnisse rsp. Ausgaben, die am Ende eines je individuellen Bearbeitungsakts des Systems stehen, werden in der Begriffsbestimmung – in Übereinstimmung mit den Vorüberlegungen der drei EU-Rechtsetzungsorgane und parallel zum Begriffsverständnis des Rahmenübereinkommens des Europarates

---

[125] Vgl. den 12. Erwägungsgrund der KI-Verordnung.

– nicht abschließend bestimmt. Dies ergibt sich aus dem Wort „wie", das – in einer Gesamtschau der Begriffsbestimmung, deren einzelne Elemente einer dynamischen, für technologischen Fortschritt offenen Auslegungsmöglichkeit offenstehen – auf einen für die Einbeziehung weiterer Ergebnisse sprechenden Ansatz hinweist. „Vorhersagen" als mögliches Ableitungsergebnis sind im Übrigen in besonderer Weise für ein minderjähriges Publikum bedeutsam, dessen Lebensspanne, innerhalb derer eine Vorhersage bedeutsam werden kann, weiter reicht als bei dritten individuellen Personen oder Personengruppen.

Zu den Techniken, die während der Gestaltung eines KI-Systems das Ableiten ermöglichen, gehören Ansätze für maschinelles Lernen, wobei aus Daten gelernt wird, wie bestimmte Ziele erreicht werden können, sowie logik- und wissensgestützte Konzepte, wobei aus kodierten Informationen oder symbolischen Darstellungen der zu lösenden Aufgabe abgeleitet wird. Die Fähigkeit eines KI-Systems, abzuleiten, geht über die einfache Datenverarbeitung hinaus, indem Lern-, Schlussfolgerungs- und Modellierungsprozesse ermöglicht werden.[126]

Durch die Bezugnahme auf explizite oder implizite Ziele in Art. 3 Nr. 1 der KI-Verordnung wird betont, dass KI-Systeme gemäß explizit festgelegten Zielen oder gemäß impliziten Zielen arbeiten können. Die Ziele des KI-Systems können sich — unter bestimmten Umständen — von der Zweckbestimmung des KI-Systems unterscheiden.[127]

Besonders bemerkenswert ist im Hinblick auf den Einklang zwischen den Definitionselementen in der KI-Verordnung wie im Rahmenübereinkommen des Europarates abschließend auch, dass nicht nur die Beeinflussbarkeit realer physischer, sondern auch die von virtuellen Umgebungen im Resultat der Ergebnisse rsp. Ausgaben in den Blick genommen wird. Umgebungen sollen nach dem 12. Erwägungsgrund der KI-Verordnung dabei als Kontexte verstanden werden, in denen KI-Systeme betrieben werden. Dass es insoweit nicht nur auf die tatsächliche Beeinflussung ankommen soll, was noch in den Regelungsüberlegungen der drei Rechtsetzungsorgane der EU Vorgabe war, sondern eine potentielle Beeinflussung genügt, erweitert den Anwendungsbereich der Regulierung von KI-Systemen nicht unerheblich.[128]

IV. Besondere Verletzlichkeit von Kindern und Jugendlichen in Innovationsprozessen

Weder Chatbots noch generative KI als neue technologisch fundierte Herausforderungen für einen effektiven Kinder- und Jugendmedienschutz sind als solche Formen technischen Fortschritts an sich völlig neue Phänomene. Durch die Markteintritte immer leistungsstärkerer Systeme – insbesondere ChatGPT – und die Implementierung in vorhandene Angebote wie z.B. dem auf ChatGPT basierenden Chatbot My AI bei Snapchat sowie die leichte

126 Vgl. den 12. Erwägungsgrund der KI-Verordnung.

127 Vgl. den 12. Erwägungsgrund der KI-Verordnung.

128 Kritisch zur weiten Ausdehnung der Definition des KI-Systems in der KI-Verordnung u.a. *Möller-Klapperich*, NJ 2024, 337 (339).

Bedienbarkeit ist allerdings die Bedeutung für die breite Gesellschaft deutlich gestiegen. Damit entstehen auch für Kinder und Jugendliche neue Chancen und Risiken.[129]

Beispielsweise lassen sich über Text-to-Picture/Video-Anwendungen entwicklungsbeeinträchtigende und jugendgefährdende Inhalte mit geringem Aufwand generieren.[130] Die schnelle Erzeugung von täuschend echten Deepfakes[131] und sonstigem desinformierendem und nicht zuletzt auch mediale Spielregeln eines freien demokratischen Diskurses aushöhlendem Content, von Hass und Hetze im Internet befördernden Angeboten, gewaltverherrlichenden oder kriegsverharmlosenden Inhalten und pornografischer Darstellungen sind hier nur einige nicht nur theoretisch denkbare, sondern bereits praktisch wahrnehmbare jugendschutzrelevante Problemfelder, die geeignet sind, die Entwicklung von Kindern oder Jugendlichen oder ihre Erziehung zu einer eigenverantwortlichen und gemeinschaftsfähigen Persönlichkeit zu beeinträchtigen oder gar zu gefährden.[132] Der gesellschaftliche und kulturelle Wandel, der mit der digitalen Transformation einhergeht,[133] birgt im Sinne einer Abstumpfung gegenüber der Veralltäglichung des Zugangs zu problematischen Inhalten und der speziellen Konfigurierung der Ausspielung problematischer Inhalte auf je individuelle Nutzer von Inhalten auch unmittelbares Gefährdungspotential für Minderjährige.

Auch KI-Chatbots im Speziellen haben potenzielle Risiken, u.a.

- können sie in sozialen Netzwerken wie ein digitaler Freund genutzt werden,[134] da sie in der Lage sind, soziale Beziehungen zu simulieren. Das Risiko der exzessiven Nutzung steigt und kann einhergehen mit der Vernachlässigung realer Freundschaften.
- können sie in solchen Netzwerken Ausgangspunkt von Cybergrooming, Cybermobbing, Sexting und anderen Formen unangemessener oder sogar pönalisierter Kommunikation mit Kindern und Jugendlichen sein.[135] Hierfür gibt es bereits erste reale Beispiele.[136]

---

129 Vgl. zu diesen Risiken auch *Stefan,* Artificial Intelligence and its Impact on Young People, 2020, S. 12 ff.

130 Vgl. z.B. https://pornpen.ai/make.

131 Zur im geplanten AI Act der EU vorgesehenen Transparenz-Regulierung in Bezug auf Deepfake vgl. die Hinweise in Abschnitt D. III. 4.

132 Vgl. hierzu auch *Facciorusso/Woldemichael*, Künstliche „Intelligenz" – Einführung in eine Schlüsseltechnologie, BzKJAKTUELL 4/2023, 4 (7 f.).

Im Zusammenhang mit der Aktion der Gruppe "Zentrum für politische Schönheit", bei der diese ein Deepfake-Video von Bundeskanzler Scholz im Blick auf ein vermeintlich von diese eingeleitetes AfD-Verbotsverfahrem einsetzte, stellen sich im Übrigen auch Fragen nach der Bedeutung des Einsatzes von KI im Kontext der Zuordnung von Kommunikationsfreiheiten, Persönlichkeitsrecht und Satirefreiheit im demokratischen Diskurs. Vgl. hierzu z.B. https://www.tagesschau.de/inland/satireaktion-kanzleramt-ki-video-100.html; https://www.br.de/nachrichten/netzwelt/scholz-deepfake-sind-ki-faelschungen-verboten,TwzZ6nE.

133 Vgl. hierzu z.B. auch *Peuker,* Verfassungswandel durch Digitalisierung, 2020, S. 17.

134 Vgl. z.B. My AI bei Snapchat.

135 Vgl. z.B. *Vogel/Steinebach*, Technik für den digitalen Jugendschutz: Automatische Erkennung von Sexting und Cybergrooming, 2021, S. 3 ff., 8 ff.

136 Vgl. hierzu z.B. auch https://www.washingtonpost.com/technology/2023/03/14/snapchat-myai/ sowie https://twitter.com/tristanharris/status/1634299911872348160?s=46&t=dKA6 bnISNJikb2vECGEsKw.

- besteht die Gefahr, dass Kinder persönliche Daten, Fotos, usw. an Chatbots herausgeben, ohne zu wissen, wer sie bekommt und was damit geschehen kann.
- machen sie wie klassische Suchmaschinen als Intermediär entwicklungsbeeinträchtigende und -gefährdende Inhalte bzw. Links, z.B. auch im Bereich der körperlichen oder seelischen Selbstgefährdung, zugänglich.

Risiken für die persönliche und finanzielle Integrität Minderjähriger und deren Vertrauen in einen sozialverträglichen Grundton menschlicher Kommunikation, wie es z.B. durch Cybergrooming und –mobbing nachhaltig belastet wird, gewinnen durch generative KI und KI-Chatbots zusätzliche Relevanz über die einfache Bedienbarkeit, Geschwindigkeit und zunehmende Leistungsfähigkeit solcher Systeme. ChatGPT und einige Konkurrenzsysteme verfügen zwar nach Unternehmensangaben mittlerweile über Sicherheits- bzw. Schutzmechanismen.[137] So antwortet ChatGPT z.B. nicht (mehr) auf die Frage, wie sich aus Küchenutensilien Sprengstoff herstellen lässt. Ebenso wurde unternehmensseitig die Absicht geäußert, durch entsprechende Maßnahmen darauf hinzuwirken, dass die Verbreitung rassistischer Witze unterbunden wird.[138] Diese schutzaffine Ausgestaltung greift allerdings nicht ohne Weiteres für alle KI-Anwendungen. Der Wettbewerbsdruck bei den Entwicklern von Systemen und Anwendungen setzt derzeit auf Geschwindigkeit, so dass die Implementierung eines Schutzkonzeptes für junge Nutzer keine hohe Priorität hat bzw. überhaupt nicht „mitgedacht" wird.[139]

V. Effektiver Kinder- und Jugendmedienschutz als regulatorischer Adaptionsauftrag – Regulierung und Aufsicht vor neuen Herausforderungen

Juristen werden zwar gelegentlich als „Nachhut des Fortschritts" bezeichnet, die stets bemüht sind, überkommene und bewährte Regelungskonzepte auf neue Phänomene und Entwicklungen zu übertragen.[140] Dem deutschen Medienrecht kann indessen, mag in ihm auch ein dem deutschen Zivil- und Strafrecht, aber auch dem EU-Primärrecht vertrauter allgemeiner Teil mit phänomen-, politik- und sektorenübergreifenden allgemeinen Strukturprinzipien wenig entwickelt sein, eine progressive Grundtendenz nicht abgesprochen werden. Die Anzahl der Änderungsstaatsverträge, die sowohl den Staatsvertrag über den Rundfunk im vereinten Deutschland aus 1991 an neue Herausforderungen adaptiert haben, als auch der Umstand, dass der Staatsvertrag zur Modernisierung der Medienordnung in Deutschland seit seinem Inkrafttreten im November 2021 bereits Bezugspunkt von sechs Medienänderungsstaatsverträgen (Stand: Juni 2024)[141] war und ist, verdeutlicht den Willen

---

137 Vgl. https://openai.com/policies/usage-policies.

138 Vgl. https://community.openai.com/faq.

139 Vgl. z.B. https://www.cryptopolitan.com/de/intensiver-wettbewerb-in-der-ki/.

140 Vgl. *von Lewinski,* Immersiver Journalismus – Virtual Reality als Herausforderung für das Medienrecht, 9.4.2018 (CR-online.de Blog).

141 Vgl. zuletzt den Beschluss der Rundfunkkommission vom 15. Mai 2024 zum Sechsten Medienänderungsstaatsvertrag, abrufbar unter https://rundfunkkommission.rlp.de/fileadmin/rundfunkkommission/Dokumente/Beschluesse/2024-05-15_RFK_Beschluss_TOP_1_6._MAEStV.pdf. Der Entwurf dieses

der Länder, ihrer positiven Ordnungsaufgabe in föderaler Verantwortung in einer Weise nachzukommen, dass im Ansatz dem Prophylaxe-Gebot des Bundesverfassungsgerichts in Bezug auf Vielfaltssicherung[142] genügt. Dabei konnten die Länder-Regelungen immer wieder auch die Binnenmarkt-Regulierung der EU für audiovisuelle Medien beeinflussen.

Mit dem exponentiellen Wachstum von KI steht auch das deutsche Medienrecht im Allgemeinen und der deutsche Kinder- und Jugendmedienschutz im Besonderen vor neuen Herausforderungen rechtspraktischer wie verfassungsdogmatischer Art. Die für die positive Ordnung des Rundfunks im verfassungsrechtlichen Sinne strukturprägende Rechtsprechung des Bundesverfassungsgerichts hat in jüngeren Entscheidungen zwar bereits wiederholt das disruptive Potential der Digitalisierung und des Auftretens neuer Mediaplayer auf der Bühne des Medienökosystems betont.[143] Eine dogmatische Durchdringung dieses Wandels steht indessen noch aus.

Am Verständnis des Grundrechts des Art. 5 Abs. 1 Satz 2 GG als „dienende Rundfunkfreiheit" kann zwar auch unter den Bedingungen des Einsatzes von KI-Technologien festgehalten werden.[144] Schon vor dem Vordringen von KI auch ins Medienökosystem erschien indessen fraglich, ob für dieses Verständnis als Topos und Argument weiterhin im Wesentlichen auf die „besondere Suggestivkraft" des Bewegtbildes zurückgegriffen werden kann. Im Zeitalter von 3D und virtueller Realitäten im Entertainment-Bereich, aber auch darüber hinaus könnte die Suggestivkraft linearer zweidimensionaler Bilder und erst recht des Hörfunks als solche zunehmend anachronistisch erscheinen.[145]

An die Stelle ästhetischer Suggestivkraft tritt bei KI-gestützten Auswahlentscheidungen in Bezug auf Medieninhalte die Suggestivkraft des aus der Sicht des jeweiligen Medienrezipienten Bekannten und Bewährten. Dieser Suggestivkraft kann nicht zuletzt auch aus der Perspektive Minderjähriger stabilisierende Wirkkraft in einem Umfeld, dass aus Sicht vieler Kinder und Jugendlicher als eine Welt in Unordnung wahrgenommen wird, beigemessen werden.

VI. Jugendmedienschutzbezogene Ergebnisse der Anhörung des Digitalausschusses des Deutschen Bundestages vom 24. Mai 2023 zu Generativer KI

Im Zentrum der Debatte zu medienbezogenen Auswirkungen von generativer KI stehen zwar bislang Fragen der Auswirkungen auf Demokratie- und Vielfaltssicherung. Und als

---

Staatsvertrages (Stand: November 2023) ist abrufbar unter https://rundfunkkommission.rlp.de/fileadmin/rundfunkkommission/Dokumente/6._MAEStV_Synopsen/2023-11-09_6._MAEStV-E_November_2023_Anhoerung.pdf).

142 Vgl. zu diesem Gebot *Ukrow*, Algorithmen, APIs und Aufsicht, EMR, 2019, Tz. 36, 40.

143 Vgl. BVerfGE 136, 9 (28 Rn. 29); 149, 222 (261 f. Rn. 79), 158, 389 (419 f. Rn. 80 f.).

144 Kritisch zum Verständnis dienender Rundfunkfreiheit demgegenüber *Davies*, Die „dienende" Rundfunkfreiheit im Zeitalter der sozialen Vernetzung, 2019, S. 39 ff.

145 Vgl. auch *von Lewinski*, Immersiver Journalismus – Virtual Reality als Herausforderung für das Medienrecht, 9.4.2018 (CR-online.de Blog).

Instrument wird nicht zuletzt auf Transparenzpflichten gesetzt. Dementsprechend richtete der Digitalausschuss des Deutschen Bundestages in Vorbereitung seiner öffentlichen Anhörung zu Generativer Künstlicher Intelligenz[146] an die eingeladenen Sachverständigen[147] u.a. folgende Fragen:

> *„6) Sind neue Phänomene und Fragestellungen im Hinblick auf einen negativen Einfluss von Anwendungen generativer KI auf den demokratischen Meinungsbildungsprozess zu erwarten und wie lassen sich Medienfreiheit und Meinungsvielfalt im Zeitalter generativer KI rechtlich und politisch stärken, auch – aber nicht ausschließlich – im Hinblick auf die angemessene Vergütung von Journalist:innen, Künstler:innen und Kreativen und wo sehen Sie möglichen Anpassungsbedarf etwa im Urheberrecht?*
>
> *7) Welche rechtlichen Ansatzpunkte gibt es im EU-Recht (z.B. KI-VO-E, Wettbewerbsrecht, Urheber-RL) und im nationalen Recht (etwa UWG, Medienstaatsvertrag), um eine Kennzeichnungspflicht für KI-generierte Inhalte (etwa Videos, Bilder oder Texte) und Entscheidungen möglichst ohne Umgehungsmöglichkeiten zu implementieren – und welche technischen Ansatzpunkte sind denkbar, um solche Pflichten effektiv in digitalen Diensten um- und durch- zusetzen?"*

In der Anhörung fand allerdings auch der Jugendschutz mit folgender Frage an die eingebundenen Sachverständigen Beachtung:

> *„8) Welche technisch-organisatorischen Maßnahmen halten Sie zum Schutz Minderjähriger für geeignet – sowohl im Hinblick auf das Einfließen ihrer personenbezogenen Daten in die Trainings- und Lernumgebung generativer KI als auch bezüglich der eigentlichen Nutzung von Anwendungen, die KI-basiert Texte, Videos oder Bilder generieren?"*[148]

Auf diese Frage 8 im Rahmen der Anhörung des Digitalausschusses des Deutschen Bundestages zu Generativer KI am 24. Mai 2023 antworteten nur zwei der Sachverständigen schriftlich und dies wie folgt:

Philipp Hacker[149] schlug folgende Architektur vor:

---

146 *Deutscher Bundestag – Ausschuss für Digitales*, Fragenkatalog - Öffentliche Anhörung „Generative Künstliche Intelligenz" am Mittwoch, 24. Mai 2023, 14:30 – 16:30 Uhr, Ausschuss-Drs. SB 20(23)18 (abrufbar unter https://www.bundestag.de/resource/blob/946516/46d046fa10739f16e5be5f120b7fcda7/Fragenkatalog-data.pdf).

147 *Deutscher Bundestag – Ausschuss für Digitales*, Liste der Sachverständigen - Öffentliche Anhörung „Generative Künstliche Intelligenz" am Mittwoch, 24. Mai 2023, 14:30 – 16:30 Uhr, Ausschuss-Drs. SB 20(23)17 NEU-2 (abrufbar unter https://www.bundestag.de/resource/blob/946514/a4a197a5aafc0b78358c3af3d13463a9/Sachverstaendigenliste-data.pdf).

148 Die Stellungnahmen der Sachverständigen sind abrufbar über https://www.bundestag.de/ausschuesse/a23_digitales/Anhoerungen/946512-946512.

149 Die Stellungnahme ist abrufbar unter

„- Tools zur Altersüberprüfung, wie sie von OpenAI offenbar als Reaktion auf die Anforderungen der italienischen Datenschutzbehörde[150] eingeführt wurden.

obligatorische und minderjährigenspezifische Tools zur Moderation von Inhalten, abgestimmt auf die BIK+ Strategie,[151] ausgelöst durch bestimmte Altersgrenzen

o Drei Kernpunkte von BIK+:

"- Sichere digitale Erfahrungen, Schutz von Kindern vor schädlichen und illegalen Online-Inhalten, -Verhalten und -Risiken und Verbesserung ihres Wohlbefindens durch ein sicheres, altersgerechtes digitales Umfeld.

Digitale Befähigung, damit Kinder die notwendigen Fähigkeiten und Kompetenzen erwerben, um sachkundige Entscheidungen zu treffen und sich in der Online-Umgebung sicher und verantwortungsvoll auszudrücken.

- Aktive Beteiligung, Achtung der Kinder, indem man ihnen ein Mitspracherecht in der digitalen Umgebung einräumt, mit mehr von Kindern geleiteten Aktivitäten, um innovative und kreative, sichere digitale Erfahrungen zu fördern".

- Die personenbezogenen Daten von Kindern und Jugendlichen sind bereits durch die DSGVO geschützt.[152]

- Darüber hinaus muss Artikel 28b der Richtlinie über audiovisuelle Mediendienste konsequent durchgesetzt werden".[153]

Der Bundesbeauftragte für den Datenschutz und die Informationsfreiheit[154] betonte zunächst die besondere Schutzwürdigkeit Minderjähriger. Hinsichtlich der Verarbeitung ihrer personenbezogenen Daten seien sie sich in vielen Fällen der Risiken und Folgen nicht bewusst und könnten ihre Betroffenenrechte oft nicht selbst effektiv wahrnehmen. In der DS-GVO finde diese besondere Schutzwürdigkeit beispielsweise auch darin Ausdruck, dass Minderjährige nur begrenzt in die Verarbeitung ihrer personenbezogenen Daten einwilligen können. Vor diesem Hintergrund führte der Bundesbeauftragte weiter aus:

„Die personenbezogenen Daten Minderjähriger sollten daher grundsätzlich nicht in generative KI-Systeme einfließen. Dies umzusetzen, obliegt den Entwicklern solcher KI-Systeme. Technisch könnte das beispielsweise durch das entsprechende Filtern von Trainingsdaten passieren."

---

https://www.bundestag.de/resource/blob/949660/79fabb02c65591b37db191d9eb31f2ad/Stellungnahme-Hacker-DE-data.pdf (hier: S. 14).

150 Vgl. hierzu Abschnitt A. II.

151 https://digital-strategy.ec.europa.eu/en/policies/strategy-better-internet-kids.

152 Vgl. hierzu auch Abschnitt C. VI.

153 Vgl. hierzu auch Abschnitt C. VII.

154 Die Stellungnahme ist abrufbar unter https://www.bundestag.de/resource/blob/949744/0134799c66cf8c19ef84a95d4b8710bb/Stellungnahme-BfDI-data.pdf (hier: S. 6).

Zum Schutz minderjähriger Nutzender generativer KI-Anwendungen sehe er ein gewisses Potential darin, geeignete Grenzen in den Kontext der KI einzubeziehen, wie es bereits heute bei „anstößigen" Inhalten in Form von Safe Search oder ähnlichem passiere. Harte Grenzen zum (vermeintlichen) Jugendschutz wie eine Identifizierungspflicht bei der Nutzung lehne er ab. Dies mache eine anonyme Nutzung faktisch unmöglich.

Mit Blick darauf, dass eine zunehmende Anzahl von Diensten die Integration generativer KI- Komponenten zumindest offen diskutiere (z.B. Code-Copilot, KI-Suche, Integration in Officeanwendungen, etc.), zeichne sich eine Situation ab, in der die Nutzung generativer KI schlicht die Normalität darstellen werde. Aufklärung und Sensibilisierung von Minderjährigen über Risiken, aber auch über Chancen und Potentiale sollte hier an vorderster Stelle stehen. In den Prozess müssten insbesondere die Erziehungsberechtigten, aber auch die Lehrkräfte aktiv einbezogen werden. Das Thema könne beispielsweise im Schulunterricht behandelt werden, um den kritischen und verantwortungsvollen Umgang mit generativen KI-Systemen zu vermitteln.

Diese wenigen Antworten auf jugendschutzbezogene Fragestellungen in der Anhörung des Digitalausschusses des Deutschen Bundestages vom 24. Mai 2023 zu Generativer KI verdeutlichen das Spannungsfeld, das zwischen dem entwickelten Datenschutzrecht zu Gunsten Minderjähriger und dem sich entwickelnden Jugendmedienschutzrecht in Bezug auf KI-Risiken entstehen kann. Wenn personenbezogene Daten Minderjähriger grundsätzlich nicht in generative KI-Systeme einfließen können, droht dies, bestehende altersgestützte Diskriminierungen in den Trainingsdaten von KI zu perpetuieren und damit den Interessen Minderjähriger beim Einsatz generativer KI zuwiderzulaufen.

VII. Ziele und Fragen der Studie

Mit Blick auf die Tatsache, dass sich die Anwendungen in schnellem Tempo und kontinuierlich verändern, ist es empfehlenswert Kinder- und Jugendmedienschutzfragen möglichst früh zu formulieren und zu transportieren. In späteren Phasen werden die sonstigen Mehrwerte solcher Systeme die berechtigten Anliegen des Kinder- und Jugendmedienschutzes zunehmend in den Hintergrund rücken. Ohne frühzeitige Beteiligung wird das Erwirken von Anpassungen bei Schutzmaßnahmen später schwer durchsetzbar.

Vor diesem Hintergrund ergibt sich als übergeordnete Frage, ob das aufsichtliche System zum Kinder- und Jugendmedienschutz in Deutschland so aufgestellt ist, dass es adäquat auf die Risiken der neuen Systeme und Anwendungen reagieren kann.

Die Studie soll herausarbeiten, ob und inwiefern die Risiken von generativer künstlicher Intelligenz für Kinder- und Jugendliche durch die bestehenden gesetzlichen Vorschriften bereits abgedeckt sind.

Zur Frage der Beurteilung von künstlich generierten Inhalten können möglicherweise im JMStV bereits verankerte Regelungen zu virtuellen Darstellungen erste Hinweise auf den Umgang geben. Ob der Begriff „virtuelle Darstellungen" auch „Darstellungen beinhaltet, die durch generative KI entstanden", wird etwa im Folgenden beleuchtet.

Ebenso untersucht die Studie die Frage, ob der Anbieterbegriff des JMStV anwendbar bleibt. Sofern künstlich generierte Inhalte Teil von Angeboten werden, dürfte die Verantwortlichkeit weiterhin gegeben sein, da der JMStV selbst nicht in den Produktionsprozess eingreift. Hier ist zu klären, ob und inwieweit die Regelungen des JMStV betroffen sind.

Die Studie soll darüber hinaus ggf. Lücken und Anschlussoptionen benennen und Vorschläge zur Heilung von Defiziten unterbreiten.

Es wird ebenso geprüft, ob es Schnittstellen zu den aktuell diskutierten Maßnahmen auf EU-Ebene gibt.

Im Ergebnis soll die Studie insbesondere einen Überblick bieten, an welchen Stellen die Arbeit der Kommission für Jugendmedienschutz (KJM) sowie der Landesmedienanstalten betroffen ist und ob ggf. Anpassungen im Aufgabenkatalog sowie den Aufsichtsinstrumenten erforderlich sind.

Im Hinblick auf die grundlegende Bedeutung grundrechtlicher Fragen für eine KI-Regulierung im Interesse von Kinder- und Jugendmedienschutz auf innerstaatlicher wie Ebene der EU sowie die besonderen Chancen und Risiken moderner Regulierungstypen auch in diesem Kontext fügt die Studie die o.g. Untersuchungsergebnisse in einen sich mit Blick auf Digitalisierung im Allgemeinen und KI im Besonderen entwicklungsfähigen und -bedürftigen grundrechtsdogmatischen Rahmen ein.

B. An der Schwelle zu einer KI-Ära neuer regulatorischer Schutzbedürfnisse, -möglichkeiten und -schranken

I. Exponentielles Wachstum, disruptives Potential und regulatorischer Dauerstress

„Exponentielles Wachstum" ist ein Begriff, der spätestens seit dem Corona-Virus auch jenseits des Kreises von Mathematikern vertraut klingt – und zugleich mit Besorgnis verknüpft wird. Die explosionsartige Zunahme von Neuinfektionen, die das Gesundheitssystem binnen kürzester Zeit zu überfordern schien, ließen einen globalen Zusammenbruch von Infrastruktursystemen, Versorgungs- und Wertschöpfungsketten, unterschwellig aber auch des solidarischen empathischen Miteinanders als Menetekel erscheinen, das nicht mehr nur dem Bereich des Hypothetischen zugeordnet werden konnte, sondern die Sphäre realer Hypotheken erreichte. Nicht nur besonders grundrechtssensible Menschen sorgten sich um die Auswirkungen, die die im Ergebnis dieses exponentiellen Wachstumsprozesses verhängten Grundrechtsbeschränkungen auf die individuelle Lebensperspektive wie den gesellschaftlichen Zusammenhalt hatten und haben konnten. Die mit dem Abflachen des Wachstums durch eine Kombination von hygienischen Maßnahmen, Impferfolgen und Kontaktreduzierungen verbundene Veralltäglichung des Infektionsrisikos ließen auch grundrechts- und verfassungsdogmatische Grundsatzfragen[155] an praktischer Bedeutung verlieren. In der Rückschau wurde nicht zuletzt auch eine unzureichende Beachtung der Rechte von Kindern bei der Bewältigung der Krise konstatiert.[156]

Indessen ist die Corona-Pandemie nicht das einzige global wirkende Phänomen, dessen grundrechts- und staatszweckbezogene Brisanz in exponentiellem Wachstum wurzelt. Die Digitalisierung als Megatrend des 21. Jahrhunderts wäre nicht möglich gewesen ohne das exponentielle Wachstum der digitalen Leistungsfähigkeit: „Moore's law" beschreibt das Phänomen, dass sich die Anzahl der Transistoren auf einem Computerchip seit 1970 etwa alle zwei Jahre verdoppelt hat. Die gewaltige Rechenkraft, die heute zur Verfügung steht – viele Millionenfach größer als 1970 –, hat Anwendungen wie Big Data und Künstliche Intelligenz im großen Maßstab erst möglich gemacht.[157]

Die digitale Dauertransformation führt zu Dauerstress. Sie lässt Geborgenheitsräume schwinden, denen nicht zuletzt auch Kindern und Jugendlichen für ihre emotionale Stabilität hohe Bedeutung zukommt.

---

155 Vgl. hierzu z.B. *Kersten/Rixen*, Der Verfassungsstaat in der Corona-Krise, 2020; *van Ooyen/Wassermann* (Hrsg.), Corona und Grundgesetz, 2021; *Walter* (Hrsg.), Staat und Gesellschaft in der Pandemie, VVDStRL 80 (2021).

156 Vgl. jüngst *Schickhardt*, Nicht systemrelevant. Eine Aufarbeitung der Corona-Politik aus kinderethischer Sicht, 2024, S. 41 ff.

157 *Wambach, Achim*, Nicht nur bei Corona verändert exponentielles Wachstum unser Leben, 15.03.2021, https://www.zew.de/das-zew/aktuelles/nicht-nur-bei-corona-veraendert-exponentielles-wachstum-unser-leben

„Permanente Veränderung bewirkt wahlweise Aggression, Regression oder Depression. Das große Ganze zersplittert in Mikrokosmen, Identitätscommunitys, ideologisierte Bewegungen, sektiererische Gruppen und isolierte Ichlinge."[158]

Das Ziel einer gemeinschaftsverträglichen Entwicklungsmöglichkeit für Kinder und Jugendliche, das für die Jugendmedienschutzregulierung von Bund und Ländern bestimmend ist, ist im Ergebnis dieser Konsequenzen von digitalem Dauerstress nur schwer erreichbar.

Exponentielle Wachstumsprozesse, die sich auf einen effektiven Kinder- und Jugendmedienschutz auswirken, sind aber nicht nur im Bereich technologischer Entwicklungsprozesse, sondern auch beim Mediennutzungsverhalten Minderjähriger bedeutsam: Mit der exponentiell steigenden durchschnittlichen täglichen Nutzungsdauer des Internets in Deutschland seit der Jahrtausendwende[159] nimmt auch das disruptive Potential des Internets und seiner Angebote immer stärker zu.[160] Gerade das Zusammenspiel der Dynamiken in den Bereichen Innovation und Nutzung stärkt das Erfordernis einer Evaluation des Transformationsprozesses im Hinblick auf die Leitbilder einer sozialverträglichen und nicht zuletzt kindgerechten Ordnung der Digitalisierung.

Vom Menschen in Gang gebracht, geht die digitale Transformation zunehmend über emotionale und psychische Bedürfnisse selbst von *digital natives* hinweg.

„Das wuchernde Wachstum von Daten, permanente Mobilität und die rasante Beschleunigung aller Vorgänge haben in relativ kürzester Zeit Gewissheiten gestürzt, Verbindlichkeiten zerstäubt und Sinnzusammenhänge aufgelöst".[161]

Das exponentielle Wachstum digitaler Transformation, wie es derzeit in den Entwicklungssprüngen von KI kulminiert, erschwert ethische Reflexion des Wandels. Technikfolgenabschätzung wird zum Anachronismus: Das digitale Neue nimmt bereits Gestalt an und gewinnt Wirkkraft in einer wachsenden Reihe von Feldern des politischen, ökonomischen, gesellschaftlichen, kulturellen und medialen Lebens, bevor überhaupt erst begonnen werden kann, Gefahren und Risiken zu antizipieren und in einen Prozess des Abwägens von Interessen einzubinden.

Während das Zeitalter der Digitalisierung von exponentiellen Entwicklungen geprägt ist, denken Menschen von Natur aus linear. Lineares Wachstum ist nicht zuletzt Anknüpfungspunkt bisheriger Fortschrittskonzeptionen sozialer Marktwirtschaft. In regulatorische Diskurse ist auch vor diesem Hintergrund bislang kaum durchgedrungen, dass die dynamische

---

158 *Schüle, Christian*, Digitalisierung und Gesellschaft, 21.09.2021 (abrufbar unter https://www.deutschlandfunkkultur.de/digitalisierung-und-gesellschaft-dauertransformation-fuehrt-100.html).

159 Vgl. zum exponentiellen Anstieg der täglichen Nutzungsdauer von 2000 bis 2018 https://de.statista.com/statistik/daten/studie/1388/umfrage/taegliche-nutzung-des-internets-in-minuten/.

160 Vgl. *Heckmann/Paschke*, Digitalisierung und Grundrechte, in: Stern/Sodan/Möstl (Hrsg.), Das Staatsrecht der Bundesrepublik Deutschland im europäischen Staatenverbund, Band IV - Die einzelnen Grundrechte, 2. Auflage 2022, § 121 Rn. 6.

161 *Schüle*, Digitalisierung und Gesellschaft, 21.09.2021 (abrufbar unter https://www.deutschlandfunkkultur.de/digitalisierung-und-gesellschaft-dauertransformation-fuehrt-100.html).

Beschleunigung digitaler Möglichkeiten[162] mit dem aktuell vorhandenen Ordnungsrahmen für regulatorische Reaktionen auf neue Herausforderungen zu kollidieren droht. Institutionen, Abläufe, Verfahren, wie sie sich im Prozess der Etablierung einer auf die Bedürfnisse einer Industriegesellschaft abgestimmten Verfassungsordnung herausgebildet haben, stehen im digitalen Informationszeitalter vor bislang ungeahnten Herausforderungen. Denn das staatliche Ordnungsmodell, das sich im Westen in der zweiten Hälfte des 20. Jahrhunderts mit globalem Vorbildanspruch etablierte, war und ist auf langsame und stetige Veränderungen ausgerichtet, nicht auf solche mit exponentieller Geschwindigkeit. Welche Auswirkungen es auf regulatorische Ordnungssysteme hat, wenn nicht nur die menschliche Wahrnehmung linear ausgerichtet ist, sondern auch die Reaktionsfähigkeit des parlamentarisch-demokratischen Rechtsstaats auf die mit dem Wachstum verbundenen Chancen und Risiken, ist bislang nicht erforscht und entzieht sich zudem im Hinblick auf die prognostische Prägung der Fragestellung einer validen juristischen Analyse. Unter den Bedingungen der derzeitigen Verfassungsordnung ist zwar evident, dass der Wesensgehalt der Grundrechte ebenso wie das Fundament der freiheitlich-demokratischen Grundordnung resistent gegenüber Herausforderungen durch exponentielle Wachstumsprozesse sein soll und muss. Die normative Prägekraft dieses wachstumsfesten Kerns der verfassungsrechtlichen Ordnung ist indessen vor dem revolutionären Potential digitaler Disruptionsprozesse nicht per se gefeit.

II. KI-bedingter Wandel im Medienökosystem unter besonderer Beachtung des Kinder- und Jugendschutzes

1. Aktuelle und potentielle Einsatzbereiche von KI in den verschiedenen Produktions- und Verwertungsketten im Medien-Ökosystem

Die Entwicklungstrends in der fortschreitenden Algorithmisierung des Wirtschaftslebens betreffen auch den Mediensektor bis ins Mark traditioneller Medienwertschöpfung wie Medienvielfalt. Es zeichnet sich immer stärker ab, dass zunehmend mehr und größere Werk- und Wirkbereiche im Medienökosystem, die früher ausschließlich durch menschliche Arbeitsleistung, professionelle Gestaltungskompetenz und Kreativität geprägt waren, durch unterschiedliche Formen automatisierter und zunehmend „intelligenter" Prozesse übernommen werden. Die diesen Prozessen inhärenten Rationalisierungspotenziale wie auch die Einhegung von in ökonomischer Perspektive als Streuverlusten, in demokratischer Perspektive als Vielfaltsoptionen verstehbaren medialen Ansprachen jenseits spezieller individueller oder gruppenspezifischer Interessenlagen treiben den Prozess der Ersetzung menschlicher Arbeit durch Kapital in der Wertschöpfungskette der Medieninhalte ebenso schnell und tiefgreifend voran wie den Prozess hin zu einer Gesellschaft der Singularitäten,[163] in der ein

---

162 Vgl. hierzu auch *Kurzweil,* The Law of Accelerating Returns, 7. März 2001 (abrufbar unter https://www.kurzweilai.net/the-law-of-accelerating-returns).

163 Vgl. *Reckwitz,* Die Gesellschaft der Singularitäten. Zum Strukturwandel der Moderne, 2017, insbesondere S. 217 ff.

Nebeneinander von Filterblasen den gesamtgesellschaftlichen demokratischen Diskurs zu den Fragen „Was nun" und „Was tun" abzulösen droht.[164]

KI kann in einer Vielzahl von Feldern der Medien-Arbeitswelt schon heute traditionell menschliche kreative Wertschöpfung ersetzen. Sie kann z.B. mithilfe bestimmter Kamerasysteme audiovisuelles Material nach bestimmten Vorgaben produzieren, die Bildregie übernehmen, künstliche Fotos und Grafiken erzeugen, Texte verfassen oder völlig autonom ganze Videobeiträge in unterschiedlichen Variationen erstellen.[165] KI aber auch in der Medienproduktion vor- und nachgelagerten Bereichen wie bei der Medienrecherche,[166] Verifikation[167] und Medienfinanzierung[168] einerseits, der Mediendistribution und –archivierung sowie der Steuerung der Mediennutzung namentlich über algorithmisch aufgebaute Empfehlungssysteme andererseits zum Einsatz kommen.

2. Einsatz von KI in Relation zu Kinder- und Jugendschutz als Bestandteil positiver Medienordnung

Das Bundesverfassungsgericht stellte in seinem dritten „Rundfunkurteil" erstmals ausdrücklich fest, dass die Rundfunkfreiheit des Art. 5 Abs. 1 Satz 2 GG der Gewährleistung freier individueller und öffentlicher Meinungsbildung dient und es sich insoweit bei ihr – in Abweichung von sonstigen Grundrechten des GG – um eine „dienende Freiheit" handelt. Der verfassungsrechtliche Gehalt der Rundfunkfreiheit ist dementsprechend nicht auf einen subjektiv-rechtlichen Abwehranspruch des Einzelnen gegenüber dem Staat begrenzt. Vielmehr folgt aus diesem Grundrecht aus Sicht des BVerfG auch eine Pflicht des Gesetzgebers zur gesetzlichen Ausgestaltung des Grundrechtes und damit zur Schaffung einer positiven Ordnung. Diese muss nach Auffassung des BVerfG sicherstellen, dass die Vielfalt der bestehenden Meinungen im Rundfunk in größtmöglicher Breite und Vollständigkeit zum Ausdruck kommt und dadurch dem Rezipienten eine umfassende Versorgung mit Information geboten wird. Darüber hinaus hat der Gesetzgeber Leitgrundsätze verbindlich zu machen,

---

164 Vgl. *Kühling*, Die Verantwortung der Medienintermediäre für den Schutz öffentlicher Kommunikationsräume – Algorithmen als Treiber von Hate speech, Fake News und Filter bubbles?, in: Zimmer (Hrsg.), Regulierung für Algorithmen und Künstliche Intelligenz, 2021, S. 89 (91 ff.); *Lüdemann*, Echokammern und Filterblasen versus Meinungsvielfalt – Algorithmen als Gefahr für die Demokratie?, in: Zimmer (Hrsg.), Regulierung für Algorithmen und Künstliche Intelligenz, 2021, S. 69 (70 ff.); *Zydorek,* Algorithmisierung des Medienmanagements revisited, in: ders. (Hrsg.), KI in der digitalisierten Medienwirtschaft. Fallbeispiele und Anwendungen von Algorithmen, 2022, S. 1 (1 ff.).

165 Vgl. *Conraths,* Künstliche Intelligenz in der Medienproduktion, MMR 2021, 457 (457 f. m.w.N.).

166 KI kann insoweit namentlich bei Datenanalyse, Bild-, Video- und Audioanalyse, Sprachanalyse, Trendanalyse, bei Übersetzungsprogrammen und Transkription zum Einsatz kommen; vgl. *Kühne, Steffen*, Medieninhalte mit KI erzeugen, 27.4.2023 (abrufbar unter https://www.blm.de/files/pdf2/2023-04-26-medieninhalte-mit-ki-erzeugen-blm.pdf).

167 Mit KI können nicht zuletzt (Deep) Fakes entdeckt und kann zugespieltes Material verifiziert werden; vgl. ibidem.

168 KI kann z.B. zur Vermeidung von Streuverlusten bei der Analyse von Zielgruppen, der Analyse von Reichweite und beim Einsatz regionalisierter Information wie personalisierter Werbung zum Einsatz gelangen; vgl. ibidem.

die ein Mindestmaß an inhaltlicher Ausgewogenheit, Sachlichkeit und gegenseitiger Achtung gewährleisten und den Jugendschutz sichern.

Die im dritten Rundfunkurteil entwickelten Grundsätze gelten nicht nur für den damals präsenten traditionellen Rundfunk, sondern für Rundfunk im verfassungsrechtlichen Sinne. Insofern kann unter den Bedingungen der Digitalisierung und der Kohärenz der Medien von einer Pflicht nicht nur zur positiven Rundfunkordnung, sondern zur positiven Medienordnung ausgegangen werden. Dabei ist das Programm zur Gewährleistung einer der freien, individuellen und öffentlichen Meinungsbildung dienenden Funktionsweise des Rundfunks im verfassungsrechtlichen Sinne nicht statisch, sondern dynamisch zu verstehen.

So ist z.B. eine auf KI in Form von Algorithmen aufbauende Funktionsweise von Medienintermediären im Hinblick auf die Wahrung der Meinungsvielfalt risikobehaftet, weil der KI-gesteuerte Prozess der Selektion, Aggregation und Präsentation von Inhalten ohne regulatorische Leitplanken nicht an Zielsetzungen der Vielfaltsförderung oder zumindest – sicherung, sondern an den Gesetzen größtmöglicher Attraktivität aus Sicht des Rezipienten der Information und mithin nicht an Demokratie-, sondern an Marktlogiken ausgerichtet ist. Ausgewogenheit, Neutralität und Tendenzfreiheit als verfassungsgerichtliche Vorgaben für den Rundfunk spielen für Medienintermediäre ohne Einhegung von technologischen und ökonomischen Eigengesetzlichkeiten keine Rolle. Diese Gefahr für die Ausgewogenheit einer vielfaltsorientierten Meinungsbildung wird durch die Manipulationsmöglichkeiten der Intermediäre noch verstärkt.

Die Medienordnung muss danach auch im Zeitalter von Digitalisierung und Globalisierung im Allgemeinen und der Entwicklung und des Einsatzes von KI im Besonderen die plurale Vielfalt der Meinungen, einschließlich chancengleicher und diskriminierungsfreier Zugangsmöglichkeit zu dieser Vielfalt gewährleisten und sicherstellen, dass die Hoheit über die Inhalte und deren Generierung, Selektion, Aggregation und Präsentation im digitalen Medien-Ökosystem weder einseitig dem Staat noch einem sonstigen Hoheitsträger wie Drittstaaten oder der EU noch irgendeiner gesellschaftlichen Instanz oder einem nichtmenschlichen Phänomen wie KI-Systemen ausgeliefert ist.

3. Erweiterung des Kreises durch das Medienrecht Regulierter

a) Zur Rechtslage in Deutschland

Zwar nicht kinder- und jugendschutz-, aber medienvielfaltsbezogen hat im Übergang vom Rundfunk- zum Medienstaatsvertrag eine Erweiterung des Kreises regulierter Akteure des Medien-Ökosystems stattgefunden. Mit Blick auf die Aufgabe der Länder als Rundfunk- und Mediengesetzgeber, eine „positive Ordnung" auszugestalten, die publizistische Vielfalt schützt und fördert, betonen die Länder als Staatsvertragsgeber, dass die Notwendigkeit einer solchen Ordnung mit der fortschreitenden Digitalisierung und den damit verbundenen Möglichkeiten keineswegs entfallen sei – das Gegenteil sei der Fall. Zur Begründung der

Neujustierung ihrer positiven Ordnung verweisen die Staatsvertragsgeber auf jüngere Judikatur des Bundesverfassungsgerichts:[169]

> *„Die Digitalisierung der Medien und insbesondere die Netz- und Plattformökonomie des Internet einschließlich der sozialen Netzwerke begünstigen [...] Konzentrations- und Monopolisierungstendenzen bei Anbietern, Verbreitern und Vermittlern von Inhalten. Sind Angebote zum größten Teil werbefinanziert, fördern sie den publizistischen Wettbewerb nicht unbedingt; auch im Internet können die für die Werbewirtschaft interessanten größeren Reichweiten nur mit den massenattraktiven Programmen erreicht werden. Hinzu kommt die Gefahr, dass – auch mit Hilfe von Algorithmen – Inhalte gezielt auf Interessen und Neigungen der Nutzerinnen und Nutzer zugeschnitten werden, was wiederum zur Verstärkung gleichgerichteter Meinungen führt. Solche Angebote sind nicht auf Meinungsvielfalt gerichtet, sondern werden durch einseitige Interessen oder die wirtschaftliche Rationalität eines Geschäftsmodells bestimmt, nämlich die Verweildauer der Nutzer auf den Seiten möglichst zu maximieren und dadurch den Werbewert der Plattform für die Kunden zu erhöhen. Insoweit sind auch Ergebnisse in Suchmaschinen vorgefiltert und teils werbefinanziert, teils von ‚Klickzahlen' abhängig. Zudem treten verstärkt nicht-publizistische Anbieter ohne journalistische Zwischenaufbereitung auf".*[170]

Auch im Kontext der Wahlen zum Europäischen Parlament im Jahr 2019 hat das Bundesverfassungsgericht die besondere Bedeutung vor allem großer sozialer Medien für die öffentliche Meinungsbildung noch einmal ausdrücklich betont.[171]

Vor diesem Hintergrund führt der Medienstaatsvertrag zur Sicherung des Pluralismus erstmals umfassende medienspezifische Vorgaben für solche Anbieter ein, die Medieninhalte vermitteln bzw. deren Verbreitung dienen – sog. Gatekeeper (z.B. Suchmaschinen, Smart-TVs, Sprachassistenten, App-Stores, soziale Medien). Diese Dienste werden als Medienplattformen, Benutzeroberflächen oder Medienintermediäre erfasst.[172]

Es kann als Lücke bei der Neujustierung der positiven Ordnung eingestuft werden, dass der besonderen Bedeutung von Anbietern, die Medieninhalte vermitteln bzw. deren Verbreitung dienen, zumindest bislang nicht auch im Hinblick auf die kinder- und jugendmedienschutzbezogenen Facetten des Ordnungsauftrages Rechnung getragen wurde. Im Übrigen stellt sich insoweit mit Blick auf die Bedeutung von KI im Medien-Ökosystem zudem zumindest rechtspolitisch, wenn nicht auch aus verfassungsrechtlichen Erwägungen die Frage, ob nicht auch Entwickler in ein kinder- und jugendmedienschutzbezogenes System gemeinsamer wie ausdifferenzierter Verantwortung integriert werden sollten.

---

169 Begründung zum Staatsvertrag zur Modernisierung der Medienordnung in Deutschland, S. 2 (abrufbar unter https://rundfunkkommission.rlp.de/fileadmin/rundfunkkommission/Dokumente/Medienstaatsvertrag/ModStV_Begru__ndung.pdf).

170 BVerfG, Urteil des Ersten Senats vom 18. Juli 2018 - 1 BvR 1675/16 -, Rn. 79.

171 BVerfG, Beschluss der 2. Kammer des Ersten Senats vom 22. Mai 2019 - 1 BvQ 42/19 -, Rn. 19.

172 Begründung zum Staatsvertrag zur Modernisierung der Medienordnung in Deutschland, S. 3.

b) Zur Rechtslage in der EU

Auch innerhalb der EU haben Dienstleister, die Medieninhalte vermitteln bzw. deren Verbreitung dienen, im Prozess der Schaffung eines digitalen Binnenmarktes im letzten Jahrzehnt zunehmende Aufmerksamkeit erfahren, ohne dass dies allerdings in eine positive Medienordnung der EU gemündet wäre, für die es der EU ohnedies an einer Kompetenzgrundlage fehlen würde. Allerdings hat die EU, nicht zuletzt gestützt auf ihre Kompetenz zur sekundärunionsrechtlichen Ausformung der Dienstleistungsfreiheit in der EU, über die Novelle der AVMD-Richtlinie[173] Video-Sharing-Plattformen und über die Schaffung des Digital Services Act (DSA), d.h. eines Gesetzes über digitale Dienste[174] Online-Plattformen und Suchmaschinen in die Adressaten von EU-Regulierung aufgenommen. Über den European Media Freedom Act (EMFA), das Europäische Medienfreiheitsgesetz[175] wurde zudem der Kreis der durch EU-Sekundärrecht unmittelbar adressierten Medien auf Hörfunk und (grundfreiheitlich durch die Warenverkehrsfreiheit erfasste) Presse erweitert. Die Dienstleistungsfreiheit der EU steht auch weiteren Harmonisierungsbestrebungen der EU grundsätzlich offen. Namentlich stellen auch KI-Systeme Dienstleistungen i.S. des Unionsrechts dar, für die eine Binnenmarkt- wie eine Wettbewerbsregulierung möglich ist, sofern dabei die Strukturprinzipien des EU-Verfassungsrechts, namentlich der Verhältnismäßigkeits- sowie der Subsidiaritätsgrundsatz und die Grundrechtsbindung der EU-Gesetzgebung, Beachtung finden.

III. KI, Selbst- und Ko-Regulierung

1. Einführung

Die Regulierungstheorie der letzten Jahrzehnte ist nicht zuletzt auch durch den rechtswissenschaftlichen, aber auch rechtspolitischen Diskurs über Chancen, Risiken, Methoden, Grenzen und Herausforderungen einer Alternative bzw. Ergänzung zur Fremdsteuerung durch hoheitliches Handeln mittels Selbstkontrolle und -regulierung als Regulierungstechnik geprägt: Im Kern geht es in dieser Debatte darum, ob, wie und wann Private als Regelungs- und Kontrollinstanzen aktiv werden dürfen und können, die anstelle eines Hoheitsträgers bzw. neben ihm bereichsspezifische materielle Verhaltensmaßstäbe gestalten und bestimmen bzw. deren Einhaltung durch die Regelungsadressaten beaufsichtigen.[176] Dabei

---

173 Richtlinie (EU) 2018/1808 des Europäischen Parlaments und des Rates vom 14. November 2018 zur Änderung der Richtlinie 2010/13/EU zur Koordinierung bestimmter Rechts- und Verwaltungsvorschriften der Mitgliedstaaten über die Bereitstellung audiovisueller Mediendienste (Richtlinie über audiovisuelle Mediendienste) im Hinblick auf sich verändernde Marktgegebenheiten, ABl. 2018 L 303/69.

174 Verordnung (EU) 2022/2065 des Europäischen Parlaments und des Rates vom 19. Oktober 2022 über einen Binnenmarkt für digitale Dienste und zur Änderung der Richtlinie 2000/31/EG (Gesetz über digitale Dienste), ABl. 2022, L 277/1.

175 Verordnung (EU) 2024/1083 des Europäischen Parlaments und des Rates vom 11. April 2024 zur Schaffung eines gemeinsamen Rahmens für Mediendienste im Binnenmarkt und zur Änderung der Richtlinie 2010/13/EU (Europäisches Medienfreiheitsgesetz), ABl. L, 2024/1083 v. 17.4.2024.

176 Vgl. auch *Stürmer,* Regulierte Selbstregulierung im europäischen Datenschutzrecht, S. 6, 42 ff.

reicht die Bandbreite möglicher Abweichung von einseitig-imperativer Regulierung von „reiner" Selbstkontrolle und Selbstregulierung bis hin zu Formen der „Ko-Regulierung" (oder „regulierter Selbstregulierung"[177] sowie „gesetzlicher Selbstregulierung"[178]).[179] Zum Teil wird dabei zwischen „echter" Selbstkontrolle im engeren Sinne als Überwachung staatlich determinierter Verhaltensmaßstäbe und Selbstkontrolle im weiteren Sinne unterschieden, wobei allerdings letztere eher als Selbstregulierung zu verstehen ist, da es hier um die Überwachung privat determinierter Verhaltensmaßstäbe zur Erfüllung staatlicher Zwecke geht.[180]

---

177 Den Begriff führte *Hoffmann-Riem* (Multimedia-Politik vor neuen Herausforderungen, RuF 1995, 125 (125 f.)), in die deutsche rechtswissenschaftliche Diskussion ein. Vgl. zum Konzept im Übrigen z.B. *Bosch,* Die „Regulierte Selbstregulierung" im Jugendmedienschutz-Staatsvertrag, 2007, S. 68 ff.; *Cole,* Der Dualismus von Selbstkontrolle und Aufsicht im Jugendmedienschutz ZUM 2005, 462 (462 f.); *ders.*, Das Zusammenwirken von Selbstkontrolle und hoheitlicher Kontrolle im Jugendmedienschutz, RdJB 2006, 299 (299 ff.); *Di Fabio,* Verwaltung und Verwaltungsrecht zwischen gesellschaftlicher Selbstregulierung und staatlicher Steuerung VVDStRL 56 (1997), 235 (242 ff.); *Faber,* Jugendschutz im Internet, 2005, S. 251 ff.; *Frank,* Selbstkontrolle im Internet, in: KJM (Hrsg.), Positionen zum Jugendmedienschutz in Deutschland, 2009, S. 71 ff.; *Franzius,* Regieren durch „besseren" Instrumenteneinsatz, in: Bruha/Nowak (Hrsg.), Die Europäische Union nach Nizza, 2003, S. 155 (155 ff.); *ders.,* Regulierte Selbstregulierung als Koordinationsstrategie, in: Darnucelleta Gardella u.a. (Hrsg.), Strategien des Rechts im Angesicht von Ungewissheit und Globalisierung, 2015, S. 248 (249 ff.); *Groß,* Selbstregulierung im medienrechtlichen Jugendschutz am Beispiel der Freiwilligen Selbstkontrolle Fernsehen, NVwZ 2004, 1393 (1393 ff.); *Hoffmann-Riem,* Selbstregelung, Selbstregulierung und regulierte Selbstregulierung im digitalen Kontext, in: Fehling/Schliesky (Hrsg.), Neue Macht- und Verantwortungsstrukturen in der digitalen Welt, 2016, S. 27 ff.; *ders./Schulz/Held,* Konvergenz und Regulierung, 2000, S. 50 ff.; *Holznagel/Jungfleisch,* Co-Regulierung als hybrides System im Mediennutzerschutz, in: Grob/vom Brocke (Hrsg.), Internetökonomie, 2006, S. 203 (203 ff.); *Holznagel/Kussel,* Jugendmedienschutz und Selbstregulierung im Internet, Recht der Jugend und des Bildungswesens (RdJB) 2002, 295 (295 ff.); *Latzer* u.a., Selbst- und Ko-Regulierung im Mediamatiksektor, 2002, S. 9 ff.; *Pöschl,* Die Gewährleistung von Jugendschutz durch das Rundfunkrecht - Möglichkeiten und Grenzen, in: Berka u.a. (Hrsg), Medienfreiheit versus Inhaltsregulierung, 2006, S. 111 (126 ff.); *Pooth,* Jugendschutz im Internet, 2005, S. 12 ff.; *Price/Verhulst,* Selbstregulierung und Verhaltenskodizes als Grundlage von Internet-Politik, in: Waltermann/Machill (Hrsg.), Verantwortung im Internet, 2000, S. 141 (182 ff., 189); *Ring,* Jugendschutz im Spannungsfeld zwischen Selbstregulierung der Medien und staatlicher Medienkontrolle, AfP 2004, 9 (9 ff.); *Schmidt-Aßmann,* Regulierte Selbstregulierung als Element verwaltungsrechtlicher Systembildung, Die Verwaltung, Beiheft 4 (2001), 253 (263 ff.); *Schmidt-Preuß,* Verwaltung und Verwaltungsrecht zwischen gesellschaftlicher Selbstregulierung und staatlicher Steuerung, VVDStRL 56 (1997) 160 (162 ff.), *Schulz,* Regulierte Selbstregulierung im Telekommunikationsrecht, Die Verwaltung, Beiheft 4/2001, S. 101 ff.; *ders./Held,* Regulierte Selbstregulierung als Form modernen Regierens, 2002, S. A-1, A-4 f.; *Wagner,* Regulierte Selbstregulierung" als Steuerungsmodell im Jugendmedienschutz-Staatsvertrag, RdJB 2017, 251 (258 ff.); *Witt,* Regulierte Selbstregulierung am Beispiel des Jugendmedienschutz-Staatsvertrages, 2008, S. 77 ff.

178 Vgl. z.B. *Erdemir,* Jugendschutz, in: Spindler/Wiebe (Hrsg.), Internet-Auktionen und Elektronische Marktplätze, 2. Aufl. 2005, Kap. 14 Rn. 97; *Hulin,* Statutory media self-regulation: beneficial or detrimental for media freedom?, 2014, S. 1, 6.

179 Vgl. *Ukrow,* Der Rechtsrahmen für Selbst- und Ko-Regulierung im internationalen und europäischen Recht, in: Cappello (ed.), Selbst- und Ko-Regulierung in der neuen AVMD-Richtlinie, IRIS Spezial 2019-2, S. 7 (7).

180 Vgl. *Groß,* Selbstregulierung im medienrechtlichen Jugendschutz am Beispiel der Freiwilligen Selbstkontrolle Fernsehen, NVwZ 2004, 1393 (1393); *Roßnagel,* Konzepte der Selbstregulierung, in: ders. (Hrsg.), Handbuch Datenschutzrecht, München 2003, Kap. 3.6, Rn. 2; *Ukrow,* Selbstkontrollen im

Selbst- und Ko-Regulierung als Regulierungstechniken einerseits und Digitalisierung, Europäisierung und Globalisierung als Herausforderungen für klassische Regulierungsmethoden andererseits weisen einen engen zeitlichen Kontext auf. Systeme freiwilliger privater Regelsetzung mit begrenztem konzeptionellem Verbindlichkeitsanspruch, aber grenzüberschreitendem Steuerungspotential innerhalb von binnenmarkt- wie weltmarktoffenen Subsystemen schienen zunehmend eine Alternative zum traditionellen staatsgebiets- und -hoheitsorientierten Regulierungsansatz mit Allgemeinverbindlichkeitsanspruch für das gesellschaftliche und ökonomische Miteinander zu werden. Wo der Nationalstaat bei der Wahrnehmung von verfassungsrechtlichen Schutzpflichten einschließlich der Pflicht zum Kinder- und Jugendmedienschutz im Zeitalter transnationaler Schutzgefährdungen an die Grenzen seiner Gestaltungs- und Vollzugsfähigkeiten zu stoßen schien und fortdauernde Kompetenz- und Kompetenzausübungsschranken für die EU eine effektive Ablösung nationaler durch supranationale Schutzmacht zweifelhaft erschienen ließen, erschien freiwillige Selbstkontrolle als dritter Weg der Wahrung verfassungsrechtlicher Schutzgüter – nicht zuletzt auch in Bezug auf wirksamen Kinder- und Jugendschutz in einer technisch entfesselten und Grundwerte gesellschaftlichen Miteinanders ignorierenden oder sogar negierenden Medienwelt.[181]

Grundsätzlich lassen sich einige wichtige Vorteile von Selbst- und Ko-Regulierung nicht leugnen – und dies auch für den Bereich der Regulierung von kinder- und jugendmedienschutzbezogenen Einflüssen von KI-Systemen. Hierzu zählen (aktuell oder potentiell) insbesondere:[182]

- die Vermeidung hoheitlicher Eingriffe in grundrechtssensible Bereiche. Das Erfordernis staatlicher Eingriffe in die Freiheit zum KI-Einsatz im Medienökosystem zum Zwecke des

Medienbereich und Europäisches Gemeinschaftsrecht. Eine europarechtliche Untersuchung, in: ders. (Hrsg.), Die Selbstkontrolle im Medienbereich in Europa, 2000, S. 1 (22).

181 Vgl. *Cafaggi/Renda,* Public and Private Regulation: mapping the labyrinth, 2012, S. 1 f., 7; *Di Fabio,* Verwaltung und Verwaltungsrecht zwischen gesellschaftlicher Selbstregulierung und staatlicher Steuerung, VVDStRL 56 (1997), 235 (238); *Rossen,* Selbststeuerung im Rundfunk - Modell »FSK« für kommerzielles Fernsehen?, ZUM 1994, 224 (225 ff.); *Ukrow,* Der Rechtsrahmen für Selbst- und Ko-Regulierung im internationalen und europäischen Recht, in: Cappello (ed.), Selbst- und Ko-Regulierung in der neuen AVMD-Richtlinie, IRIS Spezial 2019-2, S. 7 (7).

182 Vgl. zu entsprechenden Vorzügen der Einbindung von Selbstregulierung und –kontrolle in die Verwirklichung von Staatszwecken und staatlichen Schutzzielen *Ukrow,* Selbstkontrollen im Medienbereich und Europäisches Gemeinschaftsrecht. Eine europarechtliche Untersuchung, in: ders. (Hrsg.), Die Selbstkontrolle im Medienbereich in Europa, 2000, S. 1 (12 ff. m.w.N.) sowie z.B. auch *Baudenbacher,* Verfahren als Alternative zur Verrechtlichung im Wirtschaftsrecht?, ZRP 1986, 301 (303 f.); *Bauer,* Informelles Verwaltungshandeln im öffentlichen Wirtschaftsrecht, Verwaltungsarchiv 1987, 241 (250 ff.); *Bosch,* Die „Regulierte Selbstregulierung" im Jugendmedienschutz-Staatsvertrag, S. 78 ff.; *Cole,* Einleitung, in: Cappello (ed.), Selbst- und Ko-Regulierung in der neuen AVMD-Richtlinie, IRIS Spezial 2019-2, 3 (4 f.); *Schuppert,* Das Konzept der regulierten Selbstregulierung als Bestandteil einer als Regelungswissenschaft verstandenen Rechtswissenschaft, Die Verwaltung, Beiheft 4, 2001, 201 (201 ff.); *Stürmer,* Regulierte Selbstregulierung im europäischen Datenschutzrecht, 2022, S. 1 f.; *Wessel/Wouters,* The Phenomenon of Multilevel Regulation: Interactions between Global, EU, and National Regulatory Spheres, International Organizations Law Review 2 (2007), 257 (271).

Kinder- und Jugendschutzes kann entfallen, wenn die KI-Branche selbst für eine gemeinwohlorientierte Ordnung in den eigenen Reihen sorgt.[183]

- eine im Vergleich zur traditionellen staatlichen Regulierung schnellere und flexiblere Reaktionsmöglichkeit auf tatsächliche Veränderungen, namentlich auch den durch das exponentielle Wachstum des maschinellen Lernens beförderten technischen Fortschritt mit seinen Herausforderungen für einen effektiven Kinder- und Jugendmedienschutz.[184]
- die Orientierung auf den Prozess der Globalisierung: Wo der Nationalstaat mit der begrenzten territorialen Reichweite seines Regelungsanspruchs bei der Regulierung des globalen Digitalisierungsphänomens KI ohnmächtig ist, liegt die freiwillige Selbstregulierung und -kontrolle als Alternative nahe.[185] Dieser Vorzug der Selbstregulierung und -kontrolle gilt im Hinblick auf die globale Ausrichtung der KI-verbundenen Wertschöpfung *mutatis mutandis* auch für die Europäische Union. Denn der Aufbau einer den Gefährdungen entsprechenden Kontrollbürokratie im Mehrebenen-System der EU dürfte angesichts der zunehmenden Ubiquität der Informationsvorgänge Ausmaße annehmen, die ihrerseits freiheitsgefährdend wären.[186] Zudem dürfte eine rein hoheitliche Kontrolle vor der Überfülle von KI-Anwendungen zwangsläufig kapitulieren müssen.[187]
- die Mobilisierung, die Akzeptanz und der zusätzliche Gewinn von „funktionaler" Legitimität:[188] Regeln, die im Rahmen der regulierten Selbstregulierung determiniert und

---

183 „Selbstkontrolle verhindert Staatskontrolle" – *Löffler,* Das Standesrecht der Massenmedien in weltweiter Sicht, AfP 1971, 16 (17); vgl. auch *Price/Verhulst,* Selbstregulierung und Verhaltenskodizes als Grundlage von Internet-Politik, in: Waltermann/Machill (Hrsg.), Verantwortung im Internet, 2000, S. 141 (160).

184 Vgl. *Rossen-Stadtfeld,* Die Konzeption Regulierter Selbstregulation und ihre Ausprägung im Jugendmedienschutz, AfP 2004, 1 (2); *Spindler/Thorun,* Die Rolle der Ko-Regulierung in der Informationsgesellschaft, MMR-Beilage 6/2016, 1 (1, 4); *Stürmer,* Regulierte Selbstregulierung im europäischen Datenschutzrecht, 2022, S. 4 f.; *Talidou,* Regulierte Selbstregulierung im Bereich des Datenschutzes, 2005, S. 126; *Thoma,* Regulierte Selbstregulierung im Ordnungsverwaltungsrecht, 2008, S. 71; *Voßkuhle,* Gesetzgeberische Regelungsstrategien der Verantwortungsteilung zwischen öffentlichem und privatem Sektor, in: Schuppert u.a. (Hrsg.), Jenseits von Privatisierung und "schlankem" Staat, 1999, S. 47 (50).

185 Vgl. auch *Di Fabio,* Verwaltung und Verwaltungsrecht zwischen gesellschaftlicher Selbstregulierung und staatlicher Steuerung, VVDStRL 56 (1997), 235 (238); *Magaziner,* Über die Rolle des Staates in der Internet-Politik, in: Machill (Hrsg.), Verantwortung im Internet – Selbstregulierung und Jugendschutz, 2000, S. 65 (76 ff.); *Price/Verhulst,* Selbstregulierung und Verhaltenskodizes als Grundlage von Internet-Politik, in: Waltermann/Machill (Hrsg.), Verantwortung im Internet, 2000, S. 141 (160 f.); *Thaenert,* Global Networks, AfP 2002, 136 (138); *Thoma,* Regulierte Selbstregulierung im Ordnungsverwaltungsrecht, S. 73; *Ukrow,* Jugendschutzrecht, 2004, Rn. 659; *Weingärtner,* Globale Netze und lokale Werte, AfP 2002, 134 (135 f.).

186 Vgl. hierzu *Trute,* Öffentlich-rechtliche Rahmenbedingungen einer Informationsordnung, VVDStRL 57 (1998), 216 (262).

187 Vgl. auch *Langenfeld,* Die Neuordnung des Jugendschutzes im Internet, MMR 2003, 303 (309).

188 Vgl. hierzu auch *Ritter,* Der kooperative Staat, AöR 104 (1979), 389 (411); *Ritter,* Staatliche Steuerung bei vermindertem Rationalitätsanspruch?, Jahrbuch zur Staats- und Verwaltungswissenschaft 1 (1987), 321 (343).

durchgesetzt werden, dürften nach diesem Ansatz in größerem Maße akzeptiert und daher eher befolgt werden.[189]

- die Mobilisierung von Sachverstand und Gewinnung von Informationen, die nur von den Beteiligten selbst eingebracht und eingearbeitet werden können, und damit eine Erhöhung der Qualität der Regulierung.[190]

Mit einer Selbstregulierung und -kontrolle als Mechanismus zur Verwirklichung von Gemeinwohlinteressen sind andererseits eine Reihe von Gefahren, Problemen und Risiken verbunden, die teilweise die Kehrseite der Vorteile der Selbstregulierung und -kontrolle darstellen:[191]

- die Selektivität der Interessenberücksichtigung, da Sonderinteressen schlagkräftiger zu organisieren sind als Allgemeininteressen, Gegenwartsinteressen wirksamer als Zukunftsinteressen, wirtschaftliche Interessen leichter als ideelle Interessen;[192]
- das Unterlaufen oder Relativieren normativer Vorgaben mit der Folge eines Autoritätsverlustes des staatlich bzw. supranational gesetzten Rechts - ein Autoritätsverlust, der vielfach mit dem Vorwurf der „Kungelei hinter verschlossenen Türen" der ihre Regelungsaktivität zurücknehmenden Hoheitsgewalt mit wirtschaftlich Mächtigen verknüpft wird;[193]
- die Einigung auf den jeweils kleinsten gemeinsamen Nenner und damit die Gefahr eines Immobilismus in Situationen, in denen an sich weitreichende und belastende Entscheidungen im Hinblick auf die neuartigen Schutzbedürfnisse der Risikogesellschaft notwendig wären;[194]

---

189 Vgl. *Calliess,* Inhalt, Dogmatik und Grenzen der Selbstregulierung im Medienrecht, AfP 2002, 465 (466); *Rossen-Stadtfeld,* Die Konzeption Regulierter Selbstregulation und ihre Ausprägung im Jugendmedienschutz, AfP 2004, 1 (2); *Spindler/Hupka,* Bindungswirkung von Standards im Kapitalmarktrecht, in: Möllers (Hrsg.), Geltung und Faktizität von Standards, 2009, S. 117 (127); *Talidou,* Regulierte Selbstregulierung im Bereich des Datenschutzes, S. 126; *Thoma,* Regulierte Selbstregulierung im Ordnungsverwaltungsrecht, S. 72; *Voßkuhle,* Gesetzgeberische Regelungsstrategien der Verantwortungsteilung zwischen öffentlichem und privatem Sektor, 47 (51).

190 Vgl. *Spindler/Thorun,* Die Rolle der Ko-Regulierung in der Informationsgesellschaft, MMR-Beilage 6/2016, 1 (12); *Stürmer,* Regulierte Selbstregulierung im europäischen Datenschutzrecht, S. 4 f.

191 Vgl. zu entsprechenden Nachteilen der Einbindung von Selbstregulierung und –kontrolle in die Verwirklichung von Staatszwecken und staatlichen Schutzzielen auch *Ukrow,* Selbstkontrollen im Medienbereich und Europäisches Gemeinschaftsrecht. Eine europarechtliche Untersuchung, in: ders. (Hrsg.), Die Selbstkontrolle im Medienbereich in Europa, 2000, S. 1 (16 f.) sowie z.B. *Baudenbacher,* Verfahren als Alternative zur Verrechtlichung im Wirtschaftsrecht?, ZRP 1986, 301 (304); *Bauer,* Informelles Verwaltungshandeln im öffentlichen Wirtschaftsrecht, Verwaltungsarchiv 1987, 241 (254 ff.); *Hoffmann-Riem,* Selbstbindungen der Verwaltung, VVDStRL 40 (1982), 187 (203 ff.).

192 Vgl. hierzu auch *von Arnim,* Steuerung durch Recht, in: ders./Klages (Hrsg.), Probleme der staatlichen Steuerung und Fehlsteuerung in der Bundesrepublik Deutschland, 1986, S. 51 (51 ff.); *Pöschl,* Die Gewährleistung von Jugendschutz durch das Rundfunkrecht, 2006, 111 (127).

193 Vgl. *Di Fabio,* Selbstverpflichtungen der Wirtschaft – Grenzgänger zwischen Freiheit und Zwang, JZ 1997, 969 (970).

194 Vgl. *Barton,* Multimedia-Strafrecht. Ein Handbuch für die Praxis, 1999, S. 19 ff.; zur Risikogesellschaft allgemein *Beck,* Risikogesellschaft. Auf dem Weg in eine andere Moderne, 1986, S. 254 ff.; *Preuß,*

- ein „demokratisches Defizit" der Selbstregulierung und -kontrolle gegenüber staatlicher bzw. gemeinschaftlicher Regulierungs- und Kontrolltätigkeit. Hier stellt sich dann stets die alte Frage, wer kontrolliert die Kontrolleure.[195]
- damit in engem Zusammenhang stehend eine vielfach feststellbare mangelnde Transparenz der Selbstregulierung aufgrund der fehlenden oder nur unter erschwerten Bedingungen feststellbaren Publikation der Grundlagen der Selbstregulierung und -kontrolle.[196]

Für die staatliche Gewalt ist ungeachtet ihrer Verantwortung für die Achtung des Menschenrechts auf freie Information und Kommunikation sowohl auf nationaler Ebene als auch in Bezug auf die Bemühungen um internationale Zusammenarbeit und Koordination eine „bessere" Regulierung und Aufsicht nicht zuletzt auch von kinder- und jugendschutzbezogenen Facetten der audiovisuellen und der Medienmärkte für Telemedien einschließlich des technologischen *backbone* des Medienökosystems insgesamt erforderlich. Modifizierte und/oder neue Regulierungs- und Aufsichtsmodelle sind ein zentrales Element, um in der Zukunft demokratische, pluralistische und kinder- und jugendschutzaffine nationale, europäische und internationale Medienmärkte zu sichern.[197] Für die Evaluierung und Fortentwicklung bestehender Regulierungssysteme kommt dabei, auch mit Blick auf die Einbeziehung von Elementen der Selbst- und Ko-Regulierung, der Rechtsvergleichung besondere Bedeutung zu.[198]

In seinem IV. Abschnitt „Verfahren für Anbieter mit Ausnahme des öffentlich-rechtlichen Rundfunks" hat der JMStV unter den §§ 19 bis 20 freiwillige Selbstkontrolle als mögliche Methode zeitgemäßer Regulierungsmethode bestätigt und zugleich die gesetzlichen Voraussetzungen für eine Anerkennung einer Einrichtung der Freiwilligen Selbstkontrolle im Kontext eines effektiven Kinder- und Jugendmedienschutzes für Angebote privaten Rundfunk und privater Telemedien geschaffen. Die seit Inkrafttreten des JMStV vorgesehene Zusammenarbeit zwischen staatlichen und privaten Instanzen i.S. eines Systems regulierter Selbstregulierung wurde dabei seither – wie das Aufgreifen dieses Regulierungsansatzes in dritten Rechtsgebieten unterstreicht – als nachahmungswürdiger Testfall auch für andere

---

Risikovorsorge als Staatsaufgabe. Die epistemologischen Voraussetzungen von Sicherheit, in: Grimm, Staatsaufgaben, 1994, S. 523 (531 ff.).

195 Vgl. *Price/Verhulst*, Selbstregulierung und Verhaltenskodizes als Grundlage von Internet-Politik, in: Waltermann/Machill (Hrsg.), Verantwortung im Internet, 2000, S. 141 (161); *Schulz*, Demokratie und Selbstregulation, tv diskurs 1/2002, 42 (44 f.).

196 Vgl. zum Spannungsfeld von Selbstregulierung und Transparenz z.B. *Paal*, Medienvielfalt und Wettbewerbsrecht, 2010, S. 330 ff.

197 Vgl. *Ukrow*, Der Rechtsrahmen für Selbst- und Ko-Regulierung im internationalen und europäischen Recht, in: Cappello (ed.), Selbst- und Ko-Regulierung in der neuen AVMD-Richtlinie, IRIS Spezial 2019-2, 7 (9). Zu parallelen Problemen in der Finanzmarktregulierung und -aufsicht vgl. *Tietje/Lehmann*, The Role and Prospects of International Law in Financial Regulation and Supervision, Journal of International Economic Law 13 (2010), 663 (663).

198 Vgl. *Ukrow/Cole/Etteldorf*, Stand und Entwicklung des internationalen Kinder- und Jugendmedienschutzes, 2023, S. 182 ff.

Wirtschaftsbereiche empfunden.[199] Insofern könnte den §§ 19 bis 20 JMStV eine Vorreiterrolle bei der Generierung von *good governance* mittels regulierter Selbstregulierung auch im Bereich der Regulierung kinder- und jugendmedienschutzbezogener Aspekte von KI zukommen.[200]

2. Auf dem Weg zu einer Corporate Youth Protection AI Responsibility?

Unternehmen sind der zentrale Treiber der Digitalisierung und des digitalen Fortschritts – auch im Bereich der KI. Die mit ihren jeweiligen Geschäftsmodellen verfolgten Unternehmensinteressen sind dabei nicht per se deckungsgleich mit einem Gemeinwohlinteresse wie dem Interesse an einem effektiven Kinder- und Jugendmedienschutz im KI-Zeitalter. Insoweit stellt sich die Frage, ob von Unternehmen verlangt werden kann, Verantwortung für die Folgen der Entwicklung und des Einsatzes von KI zu übernehmen, ganz im Sinne eines moralischen, die Interessen Minderjähriger wahrenden Standards. Ob der Einsatz digitaler Technologien im Allgemeinen und von KI-Technologie im Besonderen zur Erfüllung von Unternehmenszielen zugleich zum Wohle der Gemeinschaft und ihrer schwächsten Glieder erfolgen muss, ist umstritten.[201] Die G7 gehen in ihrem im Rahmen des sog. Hiroshima-Prozesses entwickelten Internationalen Verhaltenskodex für Organisationen, die fortgeschrittene KI-Systeme entwickeln,[202] offenkundig von einer solchen Ausformung einer *„Corporate Digital Responsibility"* (*„CDR"*)[203] aus, die an die schon früher diskutierte Forderung nach *„Corporate Social Responsibility"* (*„CSR"*) erinnert.[204] Zwar hat dieser Verhaltenskodex den Kinder- und Jugendschutz nicht ausdrücklich im Blick. Allerdings erscheint mit Blick auf die überragende Bedeutung des Kinder- und Jugendschutzes in Fortentwicklung solcher selbstregulativ wirkenden Verantwortlichkeiten auch eine *Corporate AI-related responsibility for the protection of minors* naheliegend.

Im Zentrum der Diskussion um CDR steht der Umgang mit digitalen, datengetriebenen Geschäftsmodellen. Dabei geht es um eine Reihe von – nicht im rechtlichen Sinne zu verstehenden – Verantwortungsfeldern. Einen Schwerpunkt setzt die (globale)

---

199 Vgl. *Schulz*, Demokratie und Selbstregulation, tv diskurs 1/2002, 42 (45).

200 Vgl. auch *Braml*, in: *Bornemann/Erdemir* (Hrsg.), Jugendmedienschutz-Staatsvertrag. Kommentar, 2. Aufl. 2021, § 19 JMStV Rn. 4.

201 Vgl. z.B. *Ebers/Hoch/Rosenkranz/Ruschemeier/Steinrötter*, Der Entwurf für eine EU-KI-Verordnung: Richtige Richtung mit Optimierungsbedarf, RDi 2021, 528; *Heckmann/Paschke*, Digitalisierung und Grundrechte, in: Stern/Sodan/Möstl, Das Staatsrecht der Bundesrepublik Deutschland im europäischen Staatenverbund, 2. Auflage 2022, § 121 Rn. 61.

202 G7, Hiroshima Process International Code of Conduct for Organizations Developing Advanced AI Systems, 2023.

203 Vgl. *Heckmann/Paschke*, Digitalisierung und Grundrechte, in: Stern/Sodan/Möstl, Das Staatsrecht der Bundesrepublik Deutschland im europäischen Staatenverbund, 2. Auflage 2022, § 121 Rn. 61.

204 Hierunter wird die gesellschaftliche Verantwortung von Unternehmen verstanden, bei ihrer wirtschaftlichen Tätigkeit nachhaltige, soziale und ökologische Aspekte zu berücksichtigen, ja die Tätigkeit sogar daran auszurichten, vgl. hierzu z.B. *Spießhofer*, Wirtschaft und Menschenrechte – rechtliche Aspekte der Corporate Social Responsibility, NJW 2014, 2473; *Walden*, Corporate Social Responsibility: Rechte, Pflichten und Haftung von Vorstand und Aufsichtsrat, NZG 2020, 50.

rechtswissenschaftliche Diskussion dabei auf den Umgang mit Daten („Big Data") und den diese Daten verarbeitenden Systemen („*Machine Learning*", „*Artificial Intelligence*"). Dabei geht es nicht zuletzt auch um Strategien zur Vermeidung von Diskriminierung im Rahmen von Datenanalysen und -verarbeitung („Bias"), „Profiling" sowie digitale verantwortlicher Technikgestaltung.[205]

Allerdings dürfen dabei im Zentrum stehende ethische Fragestellungen[206] nicht den Blick auf das rechtlich Gebotene verstellen. Die „CDR" soll ethisch-moralische Gesichtspunkte in die Diskussion einbringen, nicht jedoch bestehende rechtliche Verpflichtungen überspielen[207] – Pflichten, die nicht zuletzt auch aus Schutzpflichten in Bezug auf Kinder und Jugendliche erwachsen können.

Dies schließt im Übrigen nicht aus, dass berufsethische Prinzipien wie der Pressekodex[208] auch regulatorische Relevanz als Auslegungsmittel von gesetzgeberischen Vorgaben wie dem der Achtung anerkannter journalistischer Sorgfaltspflichten gewinnen. So verlangt der Pressekodex u.a. in seiner Ziffer 1 Wahrhaftigkeit, in seiner Ziffer 2 Sorgfalt, in seiner Ziffer 3 Richtigstellung und in seiner Ziffer 12 Nichtdiskriminierung – all dieses ethische Normen, die im Grundsatz KI-offen formuliert sind und z.B. auch einer verzerrten Berichterstattung über den Einsatz generativer KI im Wege der „Reproduktion sexistischer, rassistischer und kulturalistischer Stereotypen" entgegenzuwirken geeignet sind.[209]

3. Selbst- und Ko-Regulierungsansätze in der KI-Verordnung der EU

Weder im Text der KI-Verordnung noch in deren Erwägungsgründen findet sich ein ausdrücklicher Hinweis auf Selbst- und/oder Ko-Regulierung als Regulierungsmethodik im Bereich der KI-Regulierung. Dies unterscheidet die KI-Verordnung z.B. von der AVMD-Richtlinie. Dies steht einer Anwendung von Selbst- und/oder Ko-Regulierung als Regulierungsmethodik allerdings nicht *per se* entgegen. Denn für die generelle Bereitschaft der EU, eine solche Regulierungsmethodik i.S. von *good governance* zu unterstützen, gibt es in der KI-Verordnung auch keine ausdrückliche Ausnahme.

Die Offenheit für Selbst- und Ko-Regulierung erschließt sich im Übrigen aus Art. 95 der KI-Verordnung. Nach dessen Absatz 1

> *„fördern und erleichtern (das in Art. 64 der Verordnung geregelte Europäische Büro für Künstliche Intelligenz und die Mitgliedstaaten) die Aufstellung von*

---

205 Vgl. *Heckmann/Paschke*, Digitalisierung und Grundrechte, in: Stern/Sodan/Möstl, Das Staatsrecht der Bundesrepublik Deutschland im europäischen Staatenverbund, 2. Auflage 2022, § 121 Rn. 62 m.w.N.

206 Vgl. zu solchen Fragestellungen auch *Unabhängige hochrangige Expertengruppe für künstliche Intelligenz*, Ethik-Leitlinien für eine vertrauenswürdige KI, 2019 sowie z.B. *Stahl*, Grauzonen zwischen Null und Eins. KI und Ethik, APuZ 42/2023, 17 (18 ff.).

207 Vgl. *Heckmann/Paschke*, Digitalisierung und Grundrechte, in: Stern/Sodan/Möstl, Das Staatsrecht der Bundesrepublik Deutschland im europäischen Staatenverbund, 2. Auflage 2022, § 121 Rn. 63.

208 Abrufbar unter https://www.presserat.de/pressekodex.html.

209 *Julia Meisner*, zitiert bei *Röben,* Ethische Abwägungen, M – Menschen machen Medien 3.2023, 14.

Verhaltenskodizes, einschließlich damit zusammenhängender Governance-Mechanismen, mit denen die freiwillige Anwendung einiger oder aller der in Kapitel III Abschnitt 2 genannten Anforderungen auf KI-Systeme, die kein hohes Risiko bergen, gefördert werden soll,"

wobei den verfügbaren technischen Lösungen und bewährten Verfahren der Branche, die die Anwendung dieser Anforderungen ermöglichen, Rechnung zu tragen ist.

Das Europäische Büro für Künstliche Intelligenz und die Mitgliedstaaten erleichtern nach Art. 95 Abs. 2 der KI-Verordnung zudem

„die Aufstellung von Verhaltenskodizes in Bezug auf die freiwillige Anwendung spezifischer Anforderungen auf alle KI-Systeme, einschließlich durch Betreiber, auf der Grundlage klarer Zielsetzungen sowie wesentlicher Leistungsindikatoren zur Messung der Erfüllung dieser Zielsetzungen,"

einschließlich u.a. folgender Elemente:

„a) in den Ethik-Leitlinien der Union für eine vertrauenswürdige KI enthaltene anwendbare Elemente;[210]

...

[210] In den Ethikleitlinien für vertrauenswürdige KI von 2019 der von der Kommission eingesetzten unabhängigen hochrangigen Expertengruppe für künstliche Intelligenz hat die hochrangige Expertengruppe sieben (unverbindliche) ethische Grundsätze für KI entwickelt, die dazu beitragen sollten, dass KI vertrauenswürdig und ethisch vertretbar ist. Zu den sieben Grundsätzen gehören: menschliches Handeln und menschliche Aufsicht, technische Robustheit und Sicherheit, Privatsphäre und Daten-Governance, Transparenz, Vielfalt, Nichtdiskriminierung und Fairness, soziales und ökologisches Wohlergehen sowie Rechenschaftspflicht.

Nach den Leitlinien der hochrangigen Expertengruppe bedeutet „menschliches Handeln und menschliche Aufsicht", dass ein KI-System entwickelt und als Instrument verwendet wird, das den Menschen dient, die Menschenwürde und die persönliche Autonomie achtet und so funktioniert, dass es von Menschen angemessen kontrolliert und überwacht werden kann. „Technische Robustheit und Sicherheit" bedeutet, dass KI-Systeme so entwickelt und verwendet werden, dass sie im Fall von Schwierigkeiten robust sind und widerstandsfähig gegen Versuche, die Verwendung oder Leistung des KI-Systems so zu verändern, dass dadurch die unrechtmäßige Verwendung durch Dritte ermöglicht wird, und dass ferner unbeabsichtigte Schäden minimiert werden. „Privatsphäre und Daten-Governance" bedeutet, dass KI-Systeme im Einklang mit den geltenden Vorschriften zum Schutz der Privatsphäre und zum Datenschutz entwickelt und verwendet werden und dabei Daten verarbeiten, die hohen Qualitäts- und Integritätsstandards genügen. „Transparenz" bedeutet, dass KI-Systeme so entwickelt und verwendet werden, dass sie angemessen nachvollziehbar und erklärbar sind, wobei den Menschen bewusst gemacht werden muss, dass sie mit einem KI-System kommunizieren oder interagieren, und dass die Betreiber ordnungsgemäß über die Fähigkeiten und Grenzen des KI-Systems informieren und die betroffenen Personen über ihre Rechte in Kenntnis setzen müssen. „Vielfalt, Nichtdiskriminierung und Fairness" bedeutet, dass KI-Systeme in einer Weise entwickelt und verwendet werden, die unterschiedliche Akteure einbezieht und den gleichberechtigten Zugang, die Geschlechtergleichstellung und die kulturelle Vielfalt fördert, wobei diskriminierende Auswirkungen und unfaire Verzerrungen, die nach Unionsrecht oder nationalem Recht verboten sind, verhindert werden. „Soziales und ökologisches Wohlergehen" bedeutet, dass KI-Systeme in nachhaltiger und umweltfreundlicher Weise und zum Nutzen aller Menschen entwickelt und verwendet werden, wobei die langfristigen Auswirkungen auf den Einzelnen, die Gesellschaft und die Demokratie überwacht und bewertet werden. Die Anwendung dieser Grundsätze sollte, soweit möglich, in die Gestaltung und Verwendung von KI-Modellen einfließen. Sie sollten in jedem Fall als Grundlage für die Ausarbeitung von Verhaltenskodizes im Rahmen dieser Verordnung dienen. Alle

c) Förderung der KI-Kompetenz, insbesondere der von Personen, die mit der Entwicklung, dem Betrieb und der Nutzung von KI befasst sind;

d) Erleichterung einer inklusiven und vielfältigen Gestaltung von KI-Systemen, unter anderem durch die Einsetzung inklusiver und vielfältiger Entwicklungsteams und die Förderung der Beteiligung der Interessenträger an diesem Prozess;

e) Bewertung und Verhinderung der negativen Auswirkungen von KI-Systemen auf schutzbedürftige Personen oder Gruppen schutzbedürftiger Personen, einschließlich im Hinblick auf die Barrierefreiheit für Personen mit Behinderungen, sowie auf die Gleichstellung der Geschlechter."

Die Verhaltenskodizes sollen nach dem 117. Erwägungsgrund der KI-Verordnung ein zentrales Instrument für die ordnungsgemäße Einhaltung der in dieser Verordnung für Anbieter von KI-Modellen mit allgemeinem Verwendungszweck vorgesehenen Pflichten darstellen. Die Anbieter sollten sich danach auf Verhaltenskodizes stützen können, um die Einhaltung der Pflichten nachzuweisen.

Die nach Art. 95 Abs. 2 der KI-Verordnung dabei zu beachtenden Randbedingungen für Verhaltenskodizes weisen eine ganze Reihe von Bezügen zu Interessen von Kindern und Jugendlichen auf:

- Nach Art. 3 Nr. 56 der KI-Verordnung sind unter „KI-Kompetenz"

  „die Fähigkeiten, die Kenntnisse und das Verständnis (zu verstehen), die es Anbietern, Betreibern und Betroffenen unter Berücksichtigung ihrer jeweiligen Rechte und Pflichten im Rahmen dieser Verordnung ermöglichen, KI-Systeme sachkundig einzusetzen sowie sich der Chancen und Risiken von KI und möglicher Schäden, die sie verursachen kann, bewusst zu werden".

  Die Förderung der KI-Kompetenz ist zwar nach Art. 95 Abs. 2 der KI-Verordnung „insbesondere" mit Blick auf Personen angesprochen, die mit der Entwicklung, dem Betrieb und der Nutzung von KI befasst sind. Die Adressierung dieses Personenkreises ist allerdings erkennbar nicht abschließend zu verstehen. Dies verdeutlicht auch der 20. Erwägungsgrund der KI-Verordnung: Um den größtmöglichen Nutzen aus KI-Systemen zu ziehen und gleichzeitig die Grundrechte, Gesundheit und Sicherheit zu wahren und eine demokratische Kontrolle zu ermöglichen, soll die KI-Kompetenz

---

Interessenträger, einschließlich der Industrie, der Wissenschaft, der Zivilgesellschaft und der Normungsorganisationen, werden aufgefordert, die ethischen Grundsätze bei der Entwicklung freiwilliger bewährter Verfahren und Normen, soweit angebracht, zu berücksichtigen.

Vgl. den 27. Erwägungsgrund der KI-Verordnung.

„Anbieter,[211] *Betreiber*[212] *und betroffene Personen"*

mit den notwendigen Konzepten ausstatten, um fundierte Entscheidungen über KI-Systeme zu treffen. Solche Konzepte können sowohl inhalte- wie auch technikbezogene Komponenten enthalten. Diese Konzepte können nach dem Erwägungsgrund in Bezug auf den jeweiligen Kontext unterschiedlich sein und im Falle betroffener Personen das nötige Wissen umfassen, um zu verstehen, wie sich mithilfe von KI getroffene Entscheidungen auf sie auswirken werden. Solche betroffenen Personen können nicht zuletzt auch Kinder und Jugendliche sein, wobei notwendige Konzepte in Bezug auf diesen Personenkreis nicht zuletzt auch unter Unterstützung von Anbietern und Betreibern von KI-Systemen, die in Art. 4 der KI-Verordnung[213] besonders adressiert sind, in schulische Lehrpläne integriert werden können.

- Bei der Bewertung und Verhinderung der negativen Auswirkungen von KI-Systemen auf schutzbedürftige Personen sind nicht zuletzt auch minderjährige Personen, auch im Lichte der UN-Kinderrechtskonvention, in den Blick zu nehmen.

IV. Insbesondere: Generative KI, Desinformation und schwere Jugendgefährdung

Das Nichteinhalten journalistischer Standards durch Desinformation und der Einsatz von Fake News sowie Verschwörungsmythen kann Kinder und Jugendliche verwirren, irreführen und beeinträchtigen. Fehlen sowohl Orientierung bietende Eltern als auch verlässliche Medien droht bei Minderjährigen „Desorientierung", die den Zielvorgaben des § 1 JMStV widerspricht.[214] Gerade die Mischung und Häufung von Desinformationen, Verschwörungserzählung und Hasskommentaren begründet bei vielen Angeboten das Risiko einer jugendgefährdenden oder entwicklungsbeeinträchtigenden Wirkung i.S. der §§ 4 und 5 JMStV.[215]

---

211 „Anbieter" ist nach der Begriffsbestimmung in Art. 3 Nr. 3 der KI-Verordnung eine natürliche oder juristische Person, Behörde, Einrichtung oder sonstige Stelle, die ein KI-System oder ein KI-Modell mit allgemeinem Verwendungszweck entwickelt oder entwickeln lässt und es unter ihrem eigenen Namen oder ihrer Handelsmarke in Verkehr bringt oder das KI-System unter ihrem eigenen Namen oder ihrer Handelsmarke in Betrieb nimmt, sei es entgeltlich oder unentgeltlich.

212 „Betreiber" ist nach der Begriffsbestimmung in Art. 3 Nr. 4 der KI-Verordnung eine natürliche oder juristische Person, Behörde, Einrichtung oder sonstige Stelle, die ein KI-System in eigener Verantwortung verwendet, es sei denn, das KI-System wird im Rahmen einer persönlichen und nicht beruflichen Tätigkeit verwendet.

213 Nach dem „KI-Kompetenz" betitelten Art. 4 der KI-Verordnung ergreifen die Anbieter und Betreiber von KI-Systemen „Maßnahmen, um nach besten Kräften sicherzustellen, dass ihr Personal und andere Personen, die in ihrem Auftrag mit dem Betrieb und der Nutzung von KI-Systemen befasst sind, über ein ausreichendes Maß an KI-Kompetenz verfügen, wobei ihre technischen Kenntnisse, ihre Erfahrung, ihre Ausbildung und Schulung und der Kontext, in dem die KI-Systeme eingesetzt werden sollen, sowie die Personen oder Personengruppen, bei denen die KI-Systeme eingesetzt werden sollen, zu berücksichtigen sind."

214 Vgl. hierzu *Monninger/Voß,* Desorientierung durch Desinformation, 2022, S 66 (67).

215 Diese Regelungen des Jugendmedienschutz-Staatsvertrages und die Vorgaben des § 19 Abs. 1 und 2 MStV greifen hier vielfach parallel. Zum Ganzen vgl. *Possing/Heyen,* Alternative Medien und Influencer als Multiplikatoren von Hass, Desinformation und Verschwörungstheorien, 2022, S. 54 (64).

§ 4 Abs. 2 Satz 1 Nr. 3 JMStV nennt die „Gemeinschaftsfähigkeit" von Minderjährigen als Ziel, dessen Erreichen nicht durch die Rezeption eines Angebots seitens Minderjähriger schwer gefährdet werden soll. Was unter diesem Ziel zu verstehen ist, ist in einer Auslegung zu entwickeln, die sich insbesondere an den Grundrechten und Grundwerten der Verfassungsordnung des Grundgesetzes und der europäischen Integrationsordnung ausrichten muss. § 4 Abs. 2 Satz 1 Nr. 3 JMStV ist insoweit „geronnenes Verfassungsrecht" der europäischen und nationalen Verfassungsebene des europäischen Integrationsverbundes. Die „Werte, auf die sich die EU gründet," sind gemäß Art. 2 EUV

> *„die Achtung der Menschenwürde, Freiheit, Demokratie, Gleichheit, Rechtsstaatlichkeit und die Wahrung der Menschenrechte einschließlich der Rechte der Personen, die Minderheiten angehören. Diese Werte sind allen Mitgliedstaaten in einer Gesellschaft gemeinsam, die sich durch Pluralismus, Nichtdiskriminierung, Toleranz, Gerechtigkeit, Solidarität und die Gleichheit von Frauen und Männern auszeichnet".*

Angebote, die sich aktiv gegen diese Grundwerte einschließlich der in der EU-Grundrechtecharta der EU verankerten Freiheits- und Gleichheitsrechte wenden und wertebezogen auf deren Aushöhlung, grundrechtebezogen auf deren Verletzung ausgerichtet sind, beeinträchtigen damit nicht nur die in der Präambel wie in Art. 23 GG verankerte Integrationsoffenheit des Grundgesetzes und damit ein Staatsziel der deutschen Verfassungsordnung.[216] Mit dieser Beeinträchtigung, die vielfach durch Desinformation ausgelöst wird, geht zugleich eine Einbuße an Gestaltungsmöglichkeiten von Kindern und Jugendlichen bezüglich des europäischen Integrationsprozesses wie der demokratischen Teilhabemöglichkeit einher.[217] Der verfassungs- und unionsrechtlich geschützte und zu schützende Raum des demokratischen Diskurses, in dem Rundfunk- und Telemedienangebote als Medien und Faktor der individuellen und öffentlichen Meinungs- und Willensbildung wirken,[218] wird dort verlassen, wo die Grundlagen dieses Diskurses durch Desinformation erodiert werden sollen.[219]

Der zunehmende Einsatz von generativer KI wird wahrscheinlich die negativen Auswirkungen von Desinformation auf die Informationsintegrität und eine mit den Grundwerten der EU und des GG vereinbare öffentliche Debatte zusätzlich verstärken. Nach einem Bericht des Freedom House aus 2023 wurden KI-basierte Tools, die Bilder, Text oder Audio generieren können, schon in mindestens 16 Staaten eingesetzt, um Informationen zu politischen oder sozialen Themen zu verzerren. Es braucht zwar für staatliche wie zivilgesellschaftliche Akteure Zeit, um neue Technologien für die Manipulation von Inhalten einzusetzen, und die frühe Dominanz von englischsprachigen Tools kann die Übernahme der

---

216 Vgl. BVerfGE 89, 155 (183).

217 Zur intergenerationellen Schutzverpflichtung vgl. im Ansatz (in Bezug auf Klimaschutz entwickelt) BVerfG, Beschluss des Ersten Senats vom 24. März 2021 – 1 BvR 2656/18 –, Rn. 145.

218 Vgl. grundlegend BVerfGE 12, 205 (260).

219 Vgl. zum Ganzen *Ukrow,* Offensichtliche schwere Jugendgefährdung bei Angriffen auf Grundwerte und Grundrechte, 2022, S. 74 (74 f.).

generativen KI-Technologie auf der ganzen Welt einschließlich des deutschsprachigen Raums von Demokratie und Grundrechtsbindung verlangsamen. Aber die Staatenliste des *Freedom House* dürfte auch nach deren eigener Einschätzung zu knapp bemessen sein, weil es regelmäßig noch an Transparenzvorgaben in Bezug auf den Einsatz generativer KI fehlt und dessen Erkennen erhebliche Schwierigkeiten bereitet.[220]

Selbst wenn Desinformation wie Deepfakes schnell entlarvt werden, tragen sie dennoch zu einem verfallenden Informationsraum bei, der Desorientierung bei Minderjährigen befördert. Sie können das öffentliche Vertrauen nicht zuletzt auch Minderjähriger in demokratische Prozesse untergraben; KI-generierte Bilder, die die Empörung über kontroverse Themen schüren, können auch die Polarisierung und andere bestehende Spannungen innerhalb der Gesellschaft verstärken[221] und damit der Gemeinschaftsverträglichkeit der Persönlichkeitsentwicklung von Kindern und Jugendlichen erhebliche Hindernisse bereiten. In extremen Fällen könnten sie auch bei diesen Gewalt gegen Einzelpersonen oder ganze Gemeinschaften wie z.B. Juden anstacheln. Die Auswirkungen von KI-generierten Desinformationen werden sich voraussichtlich verstärken, da die Qualität und Quantität der über generative KI erzeugten Inhalte die Fähigkeit von Beobachtern, Moderatoren oder Regulierungsbehörden übersteigen dürfte, Desinformation zu erkennen, zu entlarven oder zu entfernen.[222]

V. Insbesondere: Menschliche Letztentscheidungsmöglichkeit bei Einsatz von KI-Systemen in der Regulierung

Der sich im Zuge der Digitalisierung von Verwaltungsverhalten zu beobachtende Wandel des Vollzugs von Gesetzen durch menschliche Überprüfung des Einzelfalls hin zu vollständig automatisiert erlassenen Verwaltungsakten[223] ist ein Trend, der auch für den Bereich des Kinder- und Jugendmedienschutzes nicht per se verschlossen ist. Nicht zuletzt im Kontext von technischem Jugendmedienschutz gewinnt (generative) KI an Relevanz. Die Mechanismen des technischen Jugendschutzes lassen sich dabei im Wesentlichen unterteilen in Filtersysteme, Klassifizierungssysteme, Systeme der Zugangskontrolle (namentlich über das Instrument geschlossener Benutzergruppen) sowie Jugendschutzoptionen in Endgeräten, Anwendungen und Diensten. Bei jedem dieser Mechanismen kann (generative) KI dessen Effektivität in quantitativer oder qualitativer Hinsicht stärken.[224] Eine Grenze findet dieses Effektivitätsargument indessen in der verfassungsrechtlichen Vorgabe menschlicher Letztentscheidungsmöglichkeit.

---

220 Vgl. *Freedom House*, Freedom on the Net 2023, 2023, S. 10.

221 Vgl. *Freedom House*, Freedom on the Net 2023, 2023, S. 12.

222 Vgl. *Freedom House*, Freedom on the Net 2023, 2023, S. 12.

223 Vgl. hierzu *Mund,* Das Recht auf menschliche Entscheidung - zu den verfassungsrechtlichen Vorgaben der technischen Erzeugung von Verwaltungsentscheidungen, 2022, S. 6.

224 Vgl. hierzu z.B. auch *Diederichsen*, Upload-Filter und Löschsysteme in sozialen Netzwerken, in: Chibanguza/Kuß/Steege (Hrsg.), Künstliche Intelligenz, 2022, § 11 Teil C, Rn. 30 ff.

Bei automatisierten Verfahren der Content-Kontrolle von Inhalten mit einem Risiko der Verletzung kinder- und jugendmedienschutzbezogener Vorgaben werden auditive oder audiovisuelle Inhalte durch Programme eingestuft, wodurch neben der Befüllung von Black- und Whitelists auch eine Filterung in Echtzeit ermöglicht werden kann. Fortschrittlichere Methoden der content-Kontrolle basieren dabei auf „intelligenten" Algorithmen der Bild-, Video- und Textanalyse und können auch den Kontext berücksichtigen. Mechanismen der KI erscheinen im Grundsatz bei entsprechender Ausformung der Trainingsdaten zunehmend besser für die Erkennung kinder- und jugendschutzrelevanter Inhalte geeignet. Die Entwicklung entsprechender KI-gestützter Funktionen kann vergleichsweise kostengünstig auf bereits vorhandene Systeme aufbauen.[225]

Auch bei Altersklassifizierungen als maschinenlesbaren Markierungen der Alterseignung von Angeboten durch deren Anbieter ist eine Unterstützung des Klassifizierungsprozesses durch (generative) KI möglich. Die Klassifizierung ermöglicht Filtersystemen eine altersdifferenzierte Entscheidung, ob sie das Angebot blockieren oder zulassen. Um Anbietern die Klassifizierung zu erleichtern und die Qualität der Einstufungen zu sichern, werden in der Regel Fragebögen angeboten, die wichtige Kriterien des Jugendschutzes abfragen. Schutzwirkung entfalten Altersklassifizierungen, wenn viele Angebote von ihren Anbietern zutreffend gelabelt werden und Eltern einen Jugendschutzfilter einsetzen, der diese Informationen ausliest.[226] Das zutreffende Labeln in einer kritischen quantitativen Größe kann dabei durch (generative) KI befördert werden.

KI kann zudem auch als Tool für eine (Vor-) Konfiguration von Diensten oder Betriebssystemen zum Einsatz gelangen, die Kinder und Jugendliche dienst- bzw. geräteweit vor Risiken unterschiedlicher Art schützt, die mit Entwicklungsbeeinträchtigungen oder Jugendgefährdungen verbunden sein können. So kann z.B. ein Video-Sharing-Plattform-Anbieter für Minderjährige ungeeignete Inhalte für diesen gefährdeten Personenkreis blockieren, indem er in seine Plattform ein System integriert, das auf Wirkprinzipien von Jugendschutzfiltern zurückgreift. Die Methode der Einstufung und Filterung kann sich dabei an den Besonderheiten des jeweiligen Dienstes ausrichten, um eine möglichst wirksame und effiziente Filterung zu erreichen.[227]

Schon die in diesem Rechtsbereich staatsvertraglich vorgesehenen abschließenden Kollegialentscheidungen durch die KJM stehen allerdings aktuell oder zumindest potentiell im Wege der Kontrollkompetenz der KJM aufsichtlichen Entscheidungen gänzlich ohne die Beteiligung eines menschlichen Amtswalters entgegen. Dieses Bemühen um Einbindung wertender Aspekte in die Aufsichtspraxis mittels kollegialer Entscheidungsfindung ist auch im Prozess der fortschreitenden Befähigung von KI zur Komplexitätserfassung weiterhin bedeutsam: Da auch im Zeitalter von KI die Freiheit des Einzelnen zu schützen ist, trägt das Grundgesetz auch unter den Bedingungen immer weiterer Einsatzmöglichkeiten von KI im

---

225 Vgl. hierzu *Mund*, Das Recht auf menschliche Entscheidung - zu den verfassungsrechtlichen Vorgaben der technischen Erzeugung von Verwaltungsentscheidungen, 2022, S. 10.

226 Vgl. ibidem, S. 11.

227 Vgl. ibidem, S. 12.

Bereich der Wahrnehmung von Staatsgewalten mit dem Recht auf menschliche Entscheidung[228] diesem liberalen Schutzbedürfnis Rechnung.

> *„Gleichzeitig wird ein Ursprungsanliegen moderner Staatlichkeit gewährleistet: die Menschlichkeit."*[229]

Auf das Erfordernis einer Menschlichkeit der Ausübung von Hoheitsgewalt in ihrer Genese wie ihrer Kontrollmöglichkeit hat jüngst auch der EuGH in seinem Urteil des EuGH vom 21. Juni 2022 in der Rechtssache C-817/19, *Ligue des droits humains*, aufmerksam gemacht: Dort betonte der EuGH in Bezug auf Maßnahmen der Überwachung der Daten von Fluggästen im Rahmen von Maßnahmen der Terrorismusbekämpfung und schwerer Kriminalität auf der Grundlage der sog. PNR-Richtlinie[230] nicht nur, dass die Achtung der Grundrechte der EU eine Beschränkung der in der PNR-Richtlinie über die Verwendung von Fluggastdatensätzen vorgesehenen Befugnisse auf das absolut Notwendige erfordere. Für die Zwecke der Vorabüberprüfung der PNR-Daten, die dazu diene, diejenigen Personen zu ermitteln, die vor ihrer Ankunft oder ihrem Abflug genauer überprüft werden müssten, und deren erster Schritt in automatisierten Verarbeitungen bestehe, dürfe die auf der Grundlage der PNR-Richtlinie für die Übermittlung und Verarbeitung von PNR-Daten zuständige mitgliedstaatliche Behörde, die sog. PNR-Zentralstelle, diese Daten zum einen nur mit Datenbanken betreffend Personen oder Gegenstände, nach denen gefahndet wird oder die Gegenstand einer Ausschreibung sind, abgleichen. Diese Datenbanken müssten frei von Diskriminierung sein und von den zuständigen Behörden im Zusammenhang mit der Bekämpfung terroristischer Straftaten und schwerer Kriminalität mit einem – zumindest mittelbaren – objektiven Zusammenhang mit der Beförderung von Fluggästen betrieben werden.

Sodann führt der EuGH in der Entscheidung, die durch die Große Kammer erging, was ihre grundlegende Bedeutung unterstreicht, aus:

> *„Zu den Kriterien, die die PNR-Zentralstelle dabei heranziehen kann, ist zunächst festzustellen, dass sie nach dem Wortlaut von Art. 6 Abs. 3 Buchst. b der PNR-Richtlinie »im Voraus festgelegt« worden sein müssen. Wie der Generalanwalt in Nr. 228 seiner Schlussanträge ausgeführt hat, steht dieses Erfordernis der Heranziehung von Technologien der künstlichen Intelligenz im Rahmen selbstlernender Systeme (»machine learning«) entgegen, die – ohne menschliche Einwirkung und Kontrolle – den Bewertungsprozess und insbesondere die Bewertungskriterien, auf denen das Ergebnis der Anwendung dieses Prozesses beruht, sowie die Gewichtung der Kriterien ändern können.*
>
> *Darüber hinaus brächte der Rückgriff auf solche Technologien die Gefahr mit sich, dass der nach den Bestimmungen der PNR-Richtlinie erforderlichen individuellen*

---

228 Vgl. hierzu *Mund,* Das Recht auf menschliche Entscheidung - zu den verfassungsrechtlichen Vorgaben der technischen Erzeugung von Verwaltungsentscheidungen, 2022, S. 164 ff.

229 Ibidem, S. 1.

230 Richtlinie (EU) 2016/681 des Europäischen Parlaments und des Rates vom 27. April 2016 über die Verwendung von Fluggastdatensätzen (PNR) zur Verhütung, Aufdeckung, Ermittlung und Verfolgung von terroristischen Straftaten und schwerer Kriminalität, ABl. 2016, L 119/132.

Überprüfung der Treffer und der Rechtmäßigkeitsprüfung die praktische Wirksamkeit genommen wird. Wie der Generalanwalt in Nr. 228 seiner Schlussanträge im Wesentlichen ausgeführt hat, kann es sich nämlich angesichts der für die Funktionsweise von Technologien der künstlichen Intelligenz kennzeichnenden mangelnden Nachvollziehbarkeit als unmöglich erweisen, den Grund zu erkennen, aus dem ein bestimmtes Programm einen Treffer erzielt hat. Unter diesen Umständen könnte die Nutzung solcher Technologien den Betroffenen auch ihr in Art. 47 der Charta verankertes Recht auf einen wirksamen gerichtlichen Rechtsbehelf nehmen, das nach dem 28. Erwägungsgrund der PNR-Richtlinie auf hohem Schutzniveau gewährleistet werden soll, damit insbesondere gerügt werden kann, dass die erzielten Ergebnisse nicht frei von Diskriminierung seien".[231]

Diese rechtsstaatlichen Schranken für den Einsatz von KI gilt es fortdauernd auch beim Einsatz von Modellen der Ko- und Selbstregulierung im Bereich des Kinder- und Jugendmedienschutzes zu beachten.[232]

VI. KI und Grundrechtsdogmatik

1. Einleitung

Die rechtswissenschaftliche Reaktion auf das Spannungsfeld zwischen Digitalisierung und Grundrechten, die auch als Bestandteil verfassungsrechtsdogmatischer Zeitenwenden verstanden werden kann,[233] mag zwar bis in die jüngste Vergangenheit hinein „eher durch punktuelle Suchbewegungen als durch ein theoretisch oder dogmatisch kohärentes Konzept gekennzeichnet"[234] sein.[235] Indessen erweist sich nicht zuletzt auch die grundrechtsdogmatische Auseinandersetzung mit der Digitalisierung auf dem Gebiet der Medien-Grundrechte als Nährboden für die Entwicklung eines solchen Konzeptes.[236] Allerdings ist

---

231 EuGH, Urteil v. 21. Juni 2022, Rs. C-817/19, *Ligue des droits humains/Conseil des ministres*, ECLI:EU:C:2022:491, Rn. 194 f.

232 Zur Ableitung der Schranken des Einsatzes von KI in den Schlussanträgen des Generalanwalts vgl. Schlussanträge des Generalanwalts *Giovanni Pitruzzella* vom 27. Januar 2022 in der Rechtssache C-817/19, *Ligue des droits humains/Ministerrat*, ECLI:EU:C:2022:65, Rn. 223 ff sowie *Ukrow,* Künstliche Intelligenz und positive Medienordnung, 2022, S. 30 ff.

233 Vgl. hierzu *Roßnagel,* Neue Technologien – Alte Verfassung?, in: von Vietinghoff/May (Hrsg.), Zeitenwende – Wendezeiten, 1998, S. 35 (35).

234 *Peuker,* Verfassungswandel durch Digitalisierung, 2020, S. 7.

235 Vgl. *Geminn,* Deus ex machina?, 2023, S. 5; *Luch/Schulz,* Die digitale Dimension der Grundrechte - Die Bedeutung der speziellen Grundrechte im Internet, MMR 2013, 88 (88). Vgl. aber z.B. inzwischen auch *Heckmann/Paschke,* Digitalisierung und Grundrechte, in: Stern/Sodan/Möstl (Hrsg.), Das Staatsrecht der Bundesrepublik Deutschland im europäischen Staatenverbund, Band IV - Die einzelnen Grundrechte, 2. Auflage 2022, § 121; *Hofmann/Luch/Schulz/Borchers*, Die digitale Dimension der Grundrechte, 2015, S. 19 ff. (speziell zur Rundfunkfreiheit S. 144 ff.); *Peuker,* Verfassungswandel durch Digitalisierung, 2020, S. 295 ff.; sowie für die Schweiz *Ghielmini* u.a., Grund- und Menschenrechte in einer digitalen Welt, 2021, S. 31 ff.

236 Vgl. z.B. *Franzius,* Das Internet und die Grundrechte, JZ 2016, 650 (650 ff.).

es auch in dieser kleinen Studie ohnehin ausgeschlossen, die Auswirkungen der Digitalisierung im Allgemeinen und von KI im Besonderen auf die Grundrechte im Allgemeinen und die Rundfunkfreiheit im Besonderen in allen Bereichen und allen Details des Medien-Ökosystems umfassend zu erfassen und – soweit sie sich noch nicht realisiert haben – als Entwicklung im Werden zu antizipieren.[237]

Dabei spricht Erhebliches dafür, dass die digitale Dimension der Grundrechte zwar sowohl für die abwehr- und freiheitsrechtliche Zielrichtung von Grundrechten im Verhältnis Bürger-Staat wie auch deren leistungs- und teilhaberechtliche Facetten in diesem Verhältnis sowie die aus den Grundrechten als objektiver Wertordnung fließenden Schutzpflichten bedeutsam ist. Indessen dürfte diese digitale Dimension allerdings zumindest aktuell keine weitere eigenständige Grundrechtsfunktion begründen, die über die bisherigen Funktionen nicht aufgefangen werden könnte. Die digitale Dimension dürfte vielmehr bis auf Weiteres hinsichtlich der Wirkungsweisen der Digitalisierung die „zusammenfassende Beschreibung eines Teilbereichs des jeweiligen Schutzgehalts" darstellen,[238] was allerdings der Entstehung eines neuen digitalen Grundrechts mit eigenständigem Schutzgehalt nicht entgegensteht.

Der durch die Digitalisierung ausgelöste Annäherungsprozess von funktional auf Information und *point-to-multipoint*-Kommunikation ausgerichteten klassischen Medien wie Presse, Hörfunk und Fernsehen einerseits und Interaktions- und Partizipationsmöglichkeiten eröffnenden neuen Medien andererseits, der in eine Konvergenz dieser Mediengattungen mündet,[239] stellt das einfache Recht und vor allem das Verfassungsrecht vor grundlegende (regulatorische) Herausforderungen.[240] Die vorliegende Studie beschränkt sich auf ein beispielhaftes Bemühen um die Bewältigung dieser Herausforderungen an der Schnittstelle von Rundfunkfreiheit und Kinder- und Jugendmedienschutz einschließlich dessen grundrechtlichem Berechtigungsgehalt.

---

237 Vgl. auch *Geminn*, Deus ex machina?, 2023, S. 6.

238 Vgl. *Heckmann/Paschke*, Digitalisierung und Grundrechte, in: Stern/Sodan/Möstl, Das Staatsrecht der Bundesrepublik Deutschland im europäischen Staatenverbund, 2. Auflage 2022, § 121 Rn. 24; *Hofmann/Luch/Schulz/Borchers*, Die digitale Dimension der Grundrechte, 2015, 20.

239 Vgl. hierzu bereits auf Ebene der EU *Europäische Kommission*, Grünbuch über die Vorbereitung auf die vollständige Konvergenz der audiovisuellen Welt: Wachstum, Schöpfung und Werte, COM(2013) 231 final vom 24.04.2013 (hierzu z.B. *Holznagel*, Grünbuch Konvergenz der Medien 2013 – Verpasste Chance oder gangbarer Weg aus dem Globalisierungsdilemma?, MMR 2014, 18) sowie für das Bund-Länder-Verhältnis den Bericht Bund-Länder-Kommission zur Medienkonvergenz vom Juni 2016 (abrufbar unter https://www.bundesregierung.de/resource/blob/974430/473870/d58d1cf3f60bda5711885a29f3dacbfe/2016-06-14-medienkonvergenz-bericht-blk-data.pdf?download=1).

240 Vgl. *Heckmann*, Persönlichkeitsschutz im Internet, NJW 2012, 2631 (2631); *Heckmann/Paschke*, Digitalisierung und Grundrechte, in: Stern/Sodan/Möstl, Das Staatsrecht der Bundesrepublik Deutschland im europäischen Staatenverbund, 2. Auflage 2022; § 121 Rn. 6.

2. Die Grundrechte als Bezugspunkt im Vorschlag einer KI-Verordnung

Den in der Grundrechtecharta der EU verfassten Grundrechten kommt im AI Act eine grundlegende Bedeutung als regulatorischer Orientierungs- und Bezugspunkt zu, auf den in einer ganzen Reihe von Bestimmungen hingewiesen wird. Der Schutz der Grundrechte ist insoweit für das Regulierungsmodell der EU für KI zumindest mitbestimmend, wenn nicht sogar prägend.[241] Die Verordnung sollte nach den Überlegungen der Europäischen Kommission bei der Erstellung ihres Vorschlags für die Verordnung vor allem der Menschenwürde und den Art. 7 und 8 GRC dienen. Aber auch die Nichtdiskriminierung und die Gleichheit von Männern und Frauen fanden in den Erläuterungen des Vorschlags Beachtung. Zudem wurden positive Effekte bezogen auf die Art. 11, 12, 24, 26, 28, 31, 37, 47 und 48 GRC erwartet.[242] Parallel dazu wurden negative Ausstrahlungen auf Art. 13, 16 und 17 Abs. 2 GRC erwähnt.

Der. 1. Erwägungsgrund der Verordnung verdeutlicht, anknüpfend hier, dass es Zweck der Verordnung ist, das Funktionieren des Binnenmarkts dadurch zu verbessern, indem ein einheitlicher Rechtsrahmen insbesondere für die Entwicklung, das Inverkehrbringen, die Inbetriebnahme und die Verwendung von Systemen künstlicher Intelligenz (KI-Systeme) in der EU

> *„im Einklang mit den Werten der Union festgelegt wird, um die Einführung von menschenzentrierter und vertrauenswürdiger künstlicher Intelligenz (KI) zu fördern und gleichzeitig ein hohes Schutzniveau in Bezug auf Gesundheit, Sicherheit und der in der Charta der Grundrechte der Europäischen Union („Charta") verankerten Grundrechte, einschließlich Demokratie, Rechtsstaatlichkeit und Umweltschutz, sicherzustellen, den Schutz vor schädlichen Auswirkungen von KI-Systemen in der Union zu gewährleisten und gleichzeitig die Innovation zu unterstützen".*

Nach dem 2. Erwägungsgrund soll diese Verordnung

> *„im Einklang mit den in der Charta verankerten Werten der Union"*

angewandt werden.

Angesichts der großen Auswirkungen, die KI auf die Gesellschaft haben kann, und der Notwendigkeit, Vertrauen aufzubauen, ist es nach dem 6. Erwägungsgrund der Verordnung von entscheidender Bedeutung, dass KI und ihr Regulierungsrahmen

> *„im Einklang mit den in Artikel 2 des Vertrags über die Europäische Union (EUV) verankerten Werten der Union, den in den Verträgen und, nach Artikel 6 EUV, der Charta verankerten Grundrechten und –freiheiten"*

entwickelt werden. Voraussetzung sollte sein, dass KI

> *„eine menschenzentrierte Technologie"*

---

241 Vgl. *Geminn,* Die Regulierung Künstlicher Intelligenz, ZD 2021, 354 (356).

242 COM(2021) 206 final, 11.

ist. Sie sollte den Menschen als Instrument dienen und letztendlich das menschliche Wohlergehen verbessern.

Der 28. Erwägungsgrund der Verordnung bestimmt zudem mit Blick auf durch die Verordnung verbotene KI-Systeme, anknüpfend an die Ethikleitlinien für vertrauenswürdige KI von 2019 der von der Kommission eingesetzten unabhängigen hochrangigen Expertengruppe für künstliche Intelligenz:[243]

> *„Abgesehen von den zahlreichen nutzbringenden Verwendungsmöglichkeiten von KI kann diese Technologie auch missbraucht werden und neue und wirkungsvolle Instrumente für manipulative, ausbeuterische und soziale Kontrollpraktiken bieten. Solche Praktiken sind besonders schädlich und missbräuchlich und sollten verboten werden, weil sie im Widerspruch zu den Werten der Union stehen, nämlich der Achtung der Menschenwürde, Freiheit, Gleichheit, Demokratie und Rechtsstaatlichkeit sowie der in der Charta verankerten Grundrechte, einschließlich des Rechts auf Nichtdiskriminierung, Datenschutz und Privatsphäre sowie der Rechte des Kindes."*

Über solche, sehr allgemeine Ausführungen grundrechtlicher Auswirkungen geht die KI-Verordnung zwar nicht generell hinaus. Letztlich wird die Rolle der Grundrechte trotz ihrer vielfachen Inbezugnahme[244] im Wesentlichen darauf beschränkt, an ihrem Maßstab eine Risikobewertung vorzunehmen, die die Kommission veranlasst, per delegiertem Rechtsakt einen bestimmten Anwendungsbereich als hochriskant oder sogar inakzeptabel riskant einzustufen.[245]

An einigen Stellen leuchtet in dem AI Act allerdings auch deutlich ein aus den betreffenden Grundrechten, namentlich den Diskriminierungsverboten und Gleichbehandlungsgeboten abgeleitetes Schutzpflichtenkonzept im Hinblick auf Gefährdungslagen auf, die beim Einsatz von KI auch und gerade von privater Seite entstehen können. Die KI-Verordnung soll insoweit das geltende Unionsrecht zur Nichtdiskriminierung ergänzen, indem konkrete Anforderungen zur Minimierung des Risikos der Diskriminierung durch Algorithmen aufgenommen werden.[246]

So ist z.B. nach Art. 5 Abs. 1 Buchst. b) der KI-Verordnung

> *„das Inverkehrbringen, die Inbetriebnahme oder die Verwendung eines KI-Systems, das eine Vulnerabilität oder Schutzbedürftigkeit einer natürlichen Person oder einer bestimmten Gruppe von Personen aufgrund ihres Alters, einer Behinderung*

---

243 Nach diesen soll u.a. ein KI-System entwickelt und als Instrument verwendet werden, das den Menschen dient, die Menschenwürde und die persönliche Autonomie achtet und so funktioniert, dass es von Menschen angemessen kontrolliert und überwacht werden kann.

244 Der Begriff „Grundrechte" findet sich an 101 Stellen von Text und Erwägungsgründen der KI-Verordnung.

245 Vgl. *Geminn,* Die Regulierung Künstlicher Intelligenz, ZD 2021, 354 (356).

246 COM(2021) 206 final, 4. Vgl. hierzu auch *Lauscher/Legner,* Künstliche Intelligenz und Diskriminierung, ZfDR 2022, 367 (384); *Weerts* u.a., Algorithmic Unfairness through the Lens of EU Non-Discrimination Law, 2023 ACM Conference on Fairness, Accountability, and Transparency (FAccT '23), 805 (808 ff.); *Xenidis/Senden,* EU non-discrimination law in the era of artificial intelligence, 2020, S. 151 (153 ff.).

oder einer bestimmten sozialen oder wirtschaftlichen Situation mit dem Ziel oder der Wirkung ausnutzt, das Verhalten dieser Person oder einer dieser Gruppe angehörenden Person in einer Weise wesentlich zu verändern, die dieser Person oder einer anderen Person erheblichen Schaden zufügt oder mit hinreichender Wahrscheinlichkeit zufügen wird ".

ausnahmslos bei jedem KI-System verboten sein.

Zudem bezieht sich z.B. Art. 7 Abs. 2 Buchst. h) der KI-Verordnung auf

„das Ausmaß, in dem ein Machtungleichgewicht besteht oder in dem Personen, die potenziell geschädigt oder negative Auswirkungen erleiden werden, gegenüber dem Betreiber eines KI-Systems schutzbedürftig sind, insbesondere aufgrund von Status, Autorität, Wissen, wirtschaftlichen oder sozialen Umständen oder Alter"

und knüpft (auch) hieran die Befugnis der Kommission an, gemäß Art. 97 der Verordnung delegierte Rechtsakte zur Änderung der Liste in Anhang III der Verordnung zu erlassen, um Hochrisiko-KI-Systeme hinzuzufügen.

3. Die Menschenwürde und der Kinder- und Jugendmedienschutz als Opfer digitaler Disruption durch KI?

a) Jugend- und Menschenwürdeschutz als fortdauernde Zielpunkte von Regulierung und Aufsicht unter dem JMStV und der Rechtsordnung der EU

Während der Schutz der Menschenwürde ausdrücklich als oberste Maxime staatlichen Handelns in Art. 1 Abs. 1 GG verfassungsrechtlich und als oberstes Gebot unionalen Grundrechtsschutzes in Art. 1 der Grundrechtecharta der EU verankert ist, fehlt es an einer solchen ausdrücklichen Erwähnung des Jugendschutzes als staatliche Verhaltenspflichten auslösendem Schutzgegenstand im Grundrechtekatalog des Grundgesetzes. Demgegenüber haben nach Art. 24 Abs. 1 Satz 1 der Grundrechtecharta, der sich im Titel III „Gleichheit" der Charta findet,

„Kinder ... Anspruch auf den Schutz und die Fürsorge, die für ihr Wohlergehen notwendig sind".

Nichts ist dafür ersichtlich, dass sich dieser Schutz- und Fürsorgeanspruch nur auf nichtmediale Gefahren- und Gefährdungslage bezieht.

Der Jugendschutz ist aber auch im Kontext deutschen Verfassungsrechts jenseits ausdrücklicher verfassungsrechtlicher Regelung, wie sie sich landesverfassungsrechtlich in Art. 126 der Verfassung des Freistaates Bayern findet, Rechtsgut mit Verfassungsrang.[247]

[247] Vgl. BVerfGE 7, 198 (209 f.); 30, 336 (347 f.); 47, 109 (117); 62, 230 (243 f.); 71, 162 (175); 77, 345 (356); 83, 130 (139 ff.); BVerwGE 39, 197 (208); 77, 75 (82); 91, 223 (224 f.); *Altenhain,* in: Roßnagel (Hrsg.), Beck'scher Kommentar zum Recht der Telemediendienste, 2013, § 1 JMStV Rn. 4; *Beisel,* Die Kunstfreiheitsgarantie des Grundgesetzes und ihre strafrechtlichen Grenzen, 1997, S. 205; *Meirowitz,* Gewaltdarstellungen auf Videokassetten, 1993, S. 185; *Stettner,* Der neue Jugendmedienschutz-

Dieser Verfassungsrang wird zum einen aus den Persönlichkeitsrechten der zu schützenden Kinder und Jugendlichen,[248] zum anderen aus dem in Art. 6 Abs. 1 GG verankerten Elternrecht abgeleitet.[249] Das Ziel des Jugendschutzrechts, die ungestörte Entwicklungsmöglichkeit für Minderjährige zu wahren,[250] wird damit als ein verfassungsrechtlich bedeutsam anerkannt.[251]

Der Jugendschutz ist dementsprechend auch auf Ebene der grundgesetzlichen Ordnung den Grundrechten und den übrigen mit Verfassungsrang ausgestatteten Rechtsgütern – mit Ausnahme der allen dritten Rechtsgütern übergeordneten Menschenwürde – gleichwertig. Auch ohne geschriebene Grundrechtsschranken eingeräumte Grundrechte wie die des Art. 5 Abs. 3 GG können dementsprechend im Hinblick auf den Grundsatz der Einheit der Verfassung durch den Jugendschutz und den Schutz der Menschenwürde als ungeschriebene, verfassungsimmanente Grundrechtsschranken begrenzt werden.[252]

Jugendschutz wird in Bezug auf die Kommunikationsfreiheiten des Art. 5 Abs. 1 Satz 1 und 2 GG und damit auch in Bezug auf die verfassungsrechtliche, dynamisch zu interpretierende Rundfunkfreiheit in der Schrankentrias des Art. 5 Abs. 2 GG ausdrücklich als verfassungsrechtlich legitime Zielsetzung für Beschränkungen dieser Kommunikationsfreiheiten anerkannt. Mit der Benennung der gesetzlichen Bestimmungen zum Schutz der Jugend neben den allgemeinen Gesetzen als selbständige Grundrechtsschranke wird der Jugendschutz in seinem verfassungsrechtlichen Stellenwert verdeutlicht.[253]

Das Recht von Kindern und Jugendlichen auf "Person-Werden"[254] wird durch das Recht auf freie Entfaltung der Persönlichkeit in Art. 2 Abs. 1 GG und die Menschenwürde-Garantie in Art. 1 Abs. 1 GG gewährleistet. Kinder und Jugendliche haben, wie das BVerfG in seinem „*Josefine Mutzenbacher*"-Beschluss" aus 1990 betont hat,

---

Staatsvertrag – eine Problemsicht, ZUM 2003, 425 (426); *Ukrow,* Jugendschutzrecht, 2004, Rn. 12; *Vlachopoulos,* Kunstfreiheit und Jugendschutz, 1996, S. 144.

248 Vgl. hierzu *Hoffmann-Riem/Engels,* Fernsehwerbung für Kinder, RdJB 1996, 48 (51 ff.).

249 Zur verfassungsrechtlichen Ableitung des Jugendschutzes vgl. *Bethge,* in: Sachs (Hrsg.), Grundgesetz. Kommentar, 9. Aufl. 2021, Art. 5 Rn. 160; *Isensee/Axer,* Jugendschutz im Fernsehen, 1998, S. 69 ff., *Schulze-Fielitz,* in: Dreier (Hrsg.), Grundgesetz. Kommentar, 3. Aufl. 2013, Art. 5 Rn. 147.

250 Vgl. *Degenhart,* Verfassungsfragen des Jugendschutzes beim Film, 2008, S. 27; *Engels,* Kinder- und Jugendschutz in der Verfassung, AöR 122 (1997), 212 (214).

251 BVerfGE 30, 336 (347); 77, 346 (356); 83, 130 (139).

252 Vgl. *BVerfGE* 83, 130 (139, 142 f., 146 f.); *BVerwGE* 91, 211 (215 f.); 91, 223 (224 f.); *Grabenwarter,* in: *Dürig/Herzog/Scholz* (Hrsg.), Grundgesetz. Kommentar, 2023, Art. 5 I, II Rn. 190 ff., 508 ff., 948 ff.; *Meirowitz,* Gewaltdarstellungen auf Videokassetten, 1993, S. 152 f.; *Ukrow,* Jugendschutzrecht, 2004, Rn. 12; kritisch *Geis,* Josefine Mutzenbacher und die Kontrolle der Verwaltung, NVwZ 1992, 25 (26 f.).

253 Vgl. hierzu etwa BVerfGE 83, 130 (139) sowie z.B. *Degenhart,* Verfassungsfragen des Jugendschutzes beim Film, 2008, S. 27.

254 Vgl. *Engels,* Kinder- und Jugendschutz in der Verfassung, AöR 122 (1997), 212 (219 ff., 226 ff..); vgl. auch *Ditzen,* Das Menschwerdungsgrundrecht des Kindes, NJW 1989, 2519 (2519; „Recht auf Mensch-Werden").

„ein Recht auf Entfaltung ihrer Persönlichkeit im Sinne dieser Grundrechtsnormen. Sie bedürfen des Schutzes und der Hilfe, um sich zu eigenverantwortlichen Persönlichkeiten innerhalb der sozialen Gemeinschaft zu entwickeln".[255]

Mit diesem Recht auf "Person-Werden"[256] ist nicht nur ein Abwehrrecht gegen hoheitliche Eingriffe verbunden; es hat auch einen objektiv-rechtlichen Gehalt.[257] Dem Staat ist danach die Aufgabe zugewiesen, dieses Recht der Minderjährigen effektiv zu schützen bzw. Voraussetzungen dafür zu schaffen, dass es hinreichend verwirklicht werden kann. Von Minderjährigen sind staatlicherseits Einflüsse fernzuhalten, die zu erheblichen, schwer oder gar nicht korrigierbaren Fehlentwicklungen führen können.[258] Der Staat hat

> *"im Rahmen des Möglichen die äußeren Bedingungen für eine dem Menschenbild des Grundgesetzes entsprechende geistig-seelische Entwicklung der Kinder und Jugendlichen zu sichern".*[259]

Mit dem Recht auf „Person-Werden" wird mithin ein staatlicher Schutzauftrag begründet, der sich bis hin zu einer staatlichen Schutzpflicht verdichten kann.[260] Es geht um den Schutz von auf die Persönlichkeitsentwicklung bezogenen Grundrechten gegen Beeinträchtigungen von dritter Seite, gegen die der Grundrechtsträger selbst sich nicht wirksam schützen kann[261] – dies ist die typische Konstellation grundrechtlicher Schutzpflichten als eines wesentlichen Elements des objektiven Gehalts der Grundrechte.[262] Wie der Staat diese Aufgabe bewältigt und dieser Pflicht genügt, bleibt grundsätzlich seiner Einschätzung überlassen, soweit er sich innerhalb der vom sog. Untermaßverbot gezogenen Grenzen bewegt.[263] Ein einklagbarer Anspruch des einzelnen Minderjährigen auf staatlichen Schutz ist mit der

---

255 BVerfGE 83, 130 (140) unter Bezugnahme auf BVerfGE 79, 51 (63).

256 So die Kennzeichnung bei *Engels,* Kinder- und Jugendschutz in der Verfassung, AöR 122 (1997), 212 (226); in die gleiche Richtung *Hoffmann-Riem/Engels,* Fernsehwerbung für Kinder, RdJB 1996, 48 (51 ff.).

257 Vgl. auch *Langenfeld,* Die Neuordnung des Jugendschutzes im Internet, MMR 2003, 303 (305)

258 Vgl. *BVerfGE* 30, 336 (347 f.); 83, 130 (140); *BVerwGE* 77, 75 (82); *Dörr/Cole,* Jugendschutz in den elektronischen Medien, 2001, S. 20; *Engels,* Kinder- und Jugendschutz in der Verfassung, AöR 122 (1997), 212 (219 ff., 226 ff.); *Isensee/Axer,* Jugendschutz im Fernsehen, 1998, S. 69; *Langenfeld,* Die Neuordnung des Jugendschutzes im Internet, MMR 2003, 303 (305); *Paschke,* Medienrecht, 3. Aufl. 2009, Rn. 1221; *Schulz/Korte,* Jugendschutz bei non-fiktionalen Fernsehformaten, ZUM 2002, 719 (719).

259 *BVerwG* NJW 1987, 1429 (1430); *Schulz,* Jugendschutz bei Tele- und Mediendiensten, MMR 1998, 182 (183); kritisch *Gusy,* Anmerkung (zu BVerwG, Urteil vom 26.11.1992 - 7 C 22/92), JZ 1993, 796 (797).

260 Vgl. auch *Degenhart,* Verfassungsfragen des Jugendschutzes beim Film, 2008, S. 28.

261 Vgl. *Engels,* Kinder- und Jugendschutz in der Verfassung, AöR 122 (1997), 212 (230).

262 Vgl. *Degenhart,* Verfassungsfragen des Jugendschutzes beim Film, 2008, S. 28; *Hoffmann-Riem/Engels,* Fernsehwerbung für Kinder, RdJB 1996, 48 (53).

263 Vgl. BVerfGE 30, 336 (347 f.); 83, 130 (141 f.); zum Untermaßverbot BVerfGE 88, 203 (254); 109, 190 (247).

Schutzpflicht dementsprechend, von Fällen grober Verletzung der Schutzpflicht abgesehen, nicht verbunden.[264]

Diese staatliche Schutz- und Förderaufgabe betrifft auch das Verhältnis von Kindern und Jugendlichen zu ihren Eltern. Grundsätzlich nehmen die Eltern im Rahmen des in Art. 6 Abs. 2 GG verankerten verfassungsrechtlichen Elternrechts den Auftrag wahr, das Recht auf "Person-Werden" des Kindes zur Entfaltung kommen zu lassen. Insoweit wirkt das Elternrecht als Schranke für staatlichen Jugendschutz; Jugendschutz darf mithin nicht zum Bevormundungsinstrument für Eltern werden.[265] Der Staat muss aber dort, wo Eltern - was aus vielfältigen Gründen möglich ist - ihrem Erziehungsauftrag nicht gerecht werden oder aber nicht in der Lage sind, ihre Kinder vor jugendgefährdenden Einflüssen der Umwelt zu schützen, eingreifen.[266] Insoweit kommt dem staatlichen Wächteramt nach Art. 6 Abs. 2 GG neben der staatlichen Pflicht zum Schutz der Menschenwürde und der freien Entfaltung der Persönlichkeit von Jugendlichen zentrale Bedeutung bei der Herleitung des Verfassungsrangs des Jugendschutzes zu.[267]

Zweck des Jugendschutzgesetzes des Bundes wie des Jugendmedienschutz-Staatsvertrages der Länder ist und bleibt vor diesem Hintergrund die Stärkung und Unterstützung der Eltern bei der Erziehung ihrer Kinder im Hinblick auf eine weitgehend ungestörte, und dabei auch von nicht-menschlich generierten Störfaktoren weithin unbehelligte Entwicklung junger Menschen zur eigenverantwortlichen Persönlichkeit, den Aufbau persönlicher Lebensperspektiven sowie die Integration in die Gesellschaft. Es geht darum, das Erziehungsumfeld gegen einige typische, außerhalb der Privatsphäre liegende und für die Erziehung

---

264 Vgl. auch *Altenhain*, in: Roßnagel (Hrsg.), Recht der Multi-Media-Dienste, Stand 2003, Einl. GjS, Rn. 23; weitergehend *Jeand'Heur,* Verfassungsrechtliche Schutzgebote zum Wohl des Kindes und staatliche Interventionspflichten aus der Garantienorm des Art. 6 Abs. 2 Satz 2 GG, 1993, S. 114 ff.

265 Vgl. auch *Engels,* Kinder- und Jugendschutz in der Verfassung, AöR 122 (1997), 212 (242 f.); *Langenfeld,* Die Neuordnung des Jugendschutzes im Internet, MMR 2003, 303 (305)

266 Die Ausformung des grundrechtlichen Schutz- und Förderauftrages obliegt dem Gesetzgeber. Hierbei genießt er den üblichen gesetzgeberischen Gestaltungsspielraum in Hinblick auf das Lösungsmodell, welches er in einer gegebenen Situation für angemessen und erforderlich hält. Verfassungsrechtliche Grenze überschreitet die gesetzgeberische Gestaltung dann, wenn der Gesetzgeber erkennbar ineffektive Mittel ergreift oder gänzlich untätig bleibt; vgl. *BVerfGE* 88, 203 (262); 92, 26 (46); 96, 56 (64); 97, 169 (176) - st. Rspr.

267 Vgl. *BVerfGE* 83, 130 (139 ff.); *BVerwGE* 77, 75 (82); *BGHSt* 37, 55 (62); *Altenhain,* in: Roßnagel (Hrsg.), Recht der Multi-Media-Dienste, Stand 2003, Einl. GjS, Rn. 25; *Beisel,* Die Kunstfreiheitsgarantie des Grundgesetzes und ihre strafrechtlichen Grenzen, 1997, S. 201 ff.; *Dörr/Cole,* Jugendschutz in den elektronischen Medien, 2001, S. 19; *Fink,* Programmfreiheit und Menschenwürde, AfP 2001, 189 (192); *Isensee,* Das Grundrecht als Abwehrrecht und als staatliche Schutzpflicht, in: ders./Kirchhof (Hrsg.), Handbuch des Staatsrechts der Bundesrepublik Deutschland, Bd. IX. - Allgemeine Grundrechtslehren, 3. Aufl. Heidelberg 2011, § 191 Rn. 16; *Jeand'Heur,* Verfassungsrechtliche Schutzgebote zum Wohl des Kindes und staatliche Interventionspflichten aus der Garantienorm des Art. 6 Abs. 2 Satz 2 GG, 1993, S. 17 f., 226 f.; *Lutz,* Änderung der Rechtsprechung zum Gesetz über die Verbreitung jugendgefährdender Schriften, NJW 1988, 3194 (3195); *Meirowitz,* Gewaltdarstellungen auf Videokassetten, 1993, S. 185; enger (nur Art. 2 Abs. 1 i.V.m. Art. 1 Abs. 1 GG) *Schraut,* Jugendschutz und Medien, 1993, S. 45; *Schulz,* Jugendschutz bei Tele- und Mediendiensten, MMR 1998, 182 (183); *Stettner,* Der neue Jugendmedienschutz-Staatsvertrag – eine Problemsicht, ZUM 2003, 425 (427); *Vlachopoulos,* Kunstfreiheit und Jugendschutz, Berlin 1996, S. 147 f.

ungünstige Einflussfaktoren abzuschirmen.[268] Solche problematischen Einflussfaktoren sind auch medien- und kommunikationsbezogen nicht dauerhaft abschließend definiert, sondern bedürfen eines schutzzweckorientierten, dynamischen Verständnisses um den Kinder- und Jugend(medien)schutz nicht zu versteinern und damit in seiner Wirkkraft zunehmend zu schmälern.

Als Vorbild dieses dynamischen Verständnisses der Schutzpflicht, das an ein dynamisches Verständnis des diese auslösenden Grundrechtsschutzes anknüpfen kann, kann nicht zuletzt die Europäische Menschenrechtskonvention (EMRK) herangezogen werden. Für diese wurde das Konzept der dynamischen Auslegung entwickelt, um grundlegende gesellschaftliche Entwicklungen zu berücksichtigen. Die Präambel der EMRK spricht von der Wahrung und Fortentwicklung der Menschenrechte und Grundfreiheiten. Der Europäische Gerichtshof für Menschenrechte kann die EMRK-Regelungen daher in einer Art und Weise auslegen, die vom ursprünglichen Sinn und Zweck abweichen, entscheidend ist der aktuelle Sinn und Zweck. Dementsprechend bezeichnet man die EMRK auch als "*living instrument*". Diese Herangehensweise ließe sich im Kern durchaus auf die grundrechtlich gebotene positive Medien- und Kommunikationsordnung im Interesse eines effektiven Kinder- und Jugendmedienschutzes übertragen.

Dabei ergänzen regulatorische Schutzmaßnahmen die ebenfalls prophylaktisch wirkenden Hilfsangebote der Jugendhilfe durch die frühestmögliche Abwehr bestimmter milieu-, aber auch mediennutzungsbedingter Gefahrensituationen, denen Kinder und Jugendliche in der Öffentlichkeit und in ihrem Kommunikationsverhalten ausgesetzt sind.[269] Die regulatorischen Schutzmaßnahmen müssen daher auch die Abwehr digitalisierungsbedingter Risiken, denen Minderjährige durch ihre Teilhabe an modernen medialen Kommunikationsformen ausgesetzt sind, in den Blick nehmen.

Ziel des Jugendmedienschutzes durch JuSchG und JMStV ist ergänzend dazu der präventive Schutz von Kindern und Jugendlichen vor Medien, die geeignet sind, deren Entwicklung oder Erziehung zu beeinträchtigen oder zu gefährden. Dabei kann diese Zielsetzung allerdings nur als "Flankenschutz für Erziehungs- und Sozialisationsprozesse" wirken, da auch die Förderung der Entwicklung von Kindern und Jugendlichen zu mündigen Medienkonsumenten bereits aus Verfassungsgründen primär die Obliegenheit elterlicher Verantwortung ist und sich Entwicklung von Werthaltung und Wertekompetenz im Übrigen nach wie vor zu einem Gutteil unbeeinflusst von Medien im direkten zwischenmenschlichen Kontakt mit anderen Individuen vollzieht.[270] Daneben dient der Jugendmedienschutz-

---

268 Vgl. *BVerfGE* 52, 277 (281)

269 Vgl. *Ukrow*, Jugendschutzrecht, 2004, Rn. 15 f.

270 Vgl. *Tegeler/Märtin*, Leitlinien für die Wertebildung von Kindern und Jugendlichen, 2017, S. 9, 20. Zur Wertebildung durch die Medien vgl. z.B. ibidem, S. 20 ff.; *Eberle*, Medien, in: Mellinghoff u.a. (Hrsg.), Leitgedanken des Rechts, 2013, § 68 Rn. 2; *Funiok* u.a. (Hrsg.): Medienethik – die Frage der Verantwortung, 1999; *Gebel/Wütscher,* Social Media und die Förderung von Werte- und Medienkompetenz Jugendlicher, 2015, S. 12 ff.

Ein wirksamer Jugendschutz ist darüber hinaus aber auch fortdauernd eine wesentliche Voraussetzung für die gesellschaftliche Akzeptanz und damit die Nutzung der kulturellen, sozialen, politischen und

Staatsvertrag allerdings auch dem Schutz aller Nutzer vor Angeboten in elektronischen Medien, die die Menschenwürde oder sonstige durch das Strafgesetzbuch geschützte Rechtsgüter verletzen.[271] Betroffen sind hiervon die in § 4 Abs. 1 und 2 JMStV angesprochenen Rechtsgüter.[272]

b) Gefährdungen des Schutzes der Menschenwürde durch KI?

Eine zentrale Herausforderung im Zusammenhang mit der Regulierung von KI besteht darin, das Recht der Digitalisierung für das 21. Jahrhundert so fortzuentwickeln, dass die Menschenwürde gewahrt bleibt. Dabei wie bei einer grundrechtesensiblen Regulierung von KI allgemein bestehen „vielfältige Spannungsverhältnisse zwischen Gemeinwohlorientierung, Fortschritt, Innovation und Solidarprinzip".[273]

Die Würde des Menschen, die als „tragendes Konstitutionsprinzip" in der Verfassungsordnung verankert ist, gebietet es anzuerkennen, dass jedem Menschen unabhängig von seinen Eigenschaften und Leistungen Respekt gebührt. Der Schutz des dem Menschen inhärenten und nicht erst zu erwerbenden Wertes beinhaltet, dass er nicht über alle seine Lebensbereiche und Tätigkeiten hinweg i.S. eines Super-Scoring in ein klassifizierendes System eingeordnet wird.

Die sich hieraus mit Blick auf den Einsatz von KI ergebenden Folgen hat die Datenethikkommission der Bundesregierung wie folgt erläutert:

> *„Auch dort, wo menschliches Verhalten durch algorithmische Systeme gemessen und verarbeitet wird, ist stets zu berücksichtigen, dass jeder Mensch ein Individuum und kein Muster aus Datenpunkten ist. Algorithmische Systeme müssen daher stets so gestaltet sein, dass sie diesem Individualitätsanspruch des Einzelnen gerecht werden können. Die Anerkennung der Menschenwürde erfordert, dass der Mensch immer „über der Technik" steht, d.h. technischen Systemen nicht vollständig oder unwiderruflich unterworfen werden darf".*[274]

Der Mensch ist in der Mensch-Maschine-Interaktion verantwortlicher Akteur und darf nicht als fehlerhaftes Wesen betrachtet werden, das von der Maschine optimiert oder perfektioniert werden muss. Dies gilt unabhängig von Alters- und Entwicklungsstand des Menschen, d.h. auch für den minderjährigen Menschen.

> *„Der Würdeschutz umfasst darüber hinaus, dass der Mensch als Beziehungswesen technologisch nicht über die Art der Beziehung in die Irre geführt wird, wie es etwa der Fall sein könnte, wenn er mit einem Bot spricht und ihm systematisch*

---

wirtschaftlichen Chancen, die gerade auch die Informations- und Kommunikationsdienste in der digitalen und globalen Informationsgesellschaft eröffnen; vgl. *Altenhain*, in: *Roßnagel* (Hrsg.), Recht der Multi-Media-Dienste, Stand 2003, Einl. GjS, Rn. 1.

271 Vgl. § 1 JMStV

272 Vgl. *Ukrow*, Jugendschutzrecht, 2004, Rn. 16.

273 *Datenethikkommission der Bundesregierung*, Gutachten der Datenethikkommission der Bundesregierung, 2019, S. 230.

274 Ibidem, S. 43.

vorgetäuscht wird, er spreche mit einem Menschen. Insbesondere schützt die Menschenwürde auch die psychische Integrität der Einzelnen. Untersagt ist daher die Nutzung von datengetriebenen Systemen zu manipulativen Zwecken, insbesondere wenn dies auf der Basis umfassender und feingranularer Persönlichkeitsprofile beruht. Gleiches gilt, wo algorithmische Systeme Einzelne oder Gruppen systematisch diskriminieren, also etwa herabstufen oder aus ethisch unvertretbaren Gründen von der Inanspruchnahme bestimmter Leistungen ausschließen oder bei der Beteiligung am demokratischen Diskurs systematisch täuschen".[275]

In enger Verbindung mit dem Schutz der Menschenwürde und der Selbstbestimmung steht wesentlich auch der Schutz der Privatheit. Die gesetzliche Regelung eines verantwortungsvollen Umgangs mit persönlichen Daten gehört zum Schutz der Würde des Menschen. Privatheit umfasst darüber hinaus die Wahrung der Integrität der persönlichen Identität. Diese kann beispielsweise verletzt werden, wenn algorithmische Systeme anhand von Daten, die zu ganz anderen Zwecken entstanden sind, die Persönlichkeit eines Menschen, seine Präferenzen und Neigungen gleichsam ausrechnen, um dies unabhängig von oder sogar gegen seinen Willen zu eigenen Zwecken zu nutzen.[276]

c) Gefährdungen eines effektiven Kinder- und Jugendmedienschutzes durch KI?

Künstliche Intelligenz (KI) ist, wie dargelegt, auf dem besten Weg, eine "entscheidende Zukunftstechnologie" zu werden. Es wird nicht bestritten, dass sie das Potential hat, das Leben heutiger und künftiger Generationen wesentlich zu beeinflussen. Künstliche Intelligenz dringt rasch in jeden Aspekt unserer Gesellschaft ein. Es hat sich gezeigt, dass die KI alle Menschen beeinflusst, aber einen besonderen Einfluss hat sie auf diejenigen, die sich noch in der "Entwicklung" befinden - Kinder und junge Menschen. Im Alter von 5 Jahren sind 90 % des Gehirns eines Kindes entwickelt, aber im Alter von 8 Jahren ist die Gehirnentwicklung am empfindlichsten. Zu diesem Zeitpunkt sind Kinder intellektuell, emotional und körperlich sehr formbar – nicht zuletzt zunehmend auch durch KI. Denn diese ist z.B. auch eingebettet in Kinderspielzeug, Videospiele und adaptive Lernsysteme und kann nun eine wachsende Zahl einflussreicher Entscheidungen treffen, die sich auf Leben und Entwicklung von Kindern auswirken können: von Vorschlägen, mit wem sie sprechen und was sie lesen sollen, bis hin zu kritischen Entscheidungen über potenziell lebensverändernde Angelegenheiten in den Bereichen Gesundheit, Bildung und Wohlergehen.

Es ist diese lebensverändernde Wirkung, die KI auf Kinder haben kann, die die UNICEF dazu veranlasste, sich mit globalen KI-Politiken, -Strategien und -Richtlinien zu befassen, um herauszufinden, welche Gesetze es gibt, um sie vor ihren Nachteilen zu schützen. Was sie fanden, war fast nichts, außer dass das Wort Kinder nur flüchtig erwähnt wurde. Es war

---

275 Ibidem, S. 43.

276 Ibidem, S. 45.

klar, dass die Rechte der Kinder in der bisherigen KI-Regulierung kein prioritärer Orientierungspunkt sind.

> *"Bei UNICEF sahen wir, dass die künstliche Intelligenz ein sehr aktuelles Thema war und etwas, das die Gesellschaft und die Wirtschaft grundlegend verändern würde, insbesondere für die kommenden Generationen. Aber als wir uns die nationalen KI-Strategien und die Unternehmensstrategien und -richtlinien ansahen, stellten wir fest, dass den Kindern und den Auswirkungen der KI auf sie nicht genügend Aufmerksamkeit geschenkt wurde."*[277]

Zu den Risiken, denen auch ein effektiver Kinder- und Jugendmedienschutz bei Entwicklung und Einsatz von KI ausgesetzt ist, zählt algorithmische Verzerrung. Für die Ergebnisse eines Algorithmus sind Korrelationen entscheidend, die ihrerseits auf Datenmaterial beruhen: Auf der Grundlage der datengestützten Korrelationen entwickelt der Algorithmus eine Vorhersage für eine neuen Fall, wie dieser zu behandeln sei. Durch diese Vorhersage kommt das System zu einer Empfehlung oder Entscheidung. Bei allen vorgenannten Schritten können Verzerrungen auftreten, die in der Folge auch die Empfehlung oder Entscheidung verzerren – was zu Diskriminierungen führen kann.[278] Unter solchen Verzerrungen, sog. *bias*, ist eine systematische Unter- oder Überschätzung von Wahrscheinlichkeiten für eine bestimmte Bevölkerungsgruppe zu verstehen[279] - wie z. B. für Minderjährige. Verzerrungen mit Diskriminierungspotential entstehen vor allem an drei Stellen:

(1.) bei der Komposition der Trainingsdaten

(2.) über eine unbewusste Vorprägung der Trainingsdaten

(3.) durch eine Ausgestaltung des KI-Systems oder seines Lernprozesses, die Verzerrungen begünstigt oder sogar erst begründet.

Zu den Ursachen der Verzerrung können aber auch

(4.) Kontextblindheit und

(5.) die uninformierte Verwendung von Ergebnissen ohne menschliche Kontrolle

zählen.

Die Trainingsdaten des ChatGPT beruhen zu einem hohen Prozentsatz auf englischsprachigen Texten. Dies ist insoweit für den Bereich des Kinder- und Jugendmedienschutzes bemerkenswert, als solche englischsprachigen Trainingsdaten regelmäßig auch kulturelle Grundeinstellungen reflektieren, die in englischsprachigen Gesellschaften zu finden sind.

---

277 *Steven Vosloo*, UNICEF data, research and policy specialist, zitiert in https://impakter.com/in-the-age-of-ai-protecting-children-is-of-utmost-importance/.

278 Vgl. hierzu z.B. *Alpaydin*, Machine learning, 2022, S. 1 ff.; *Gerards/Xenidis*, Algorithmic discrimination in Europe, 2021, S. 32 ff.; *Gössl*, KI-Systeme und Diskriminierung, 2023, S. 3 (7); *dies./Yakar*, Geschlechterneutrale KI, 2023, S. 53 ff.

279 Vgl. *UNICEF/Ministry for Foreign Affairs of Finland*, Policy guidance on AI for children 2.0, 2021, S. 22 (abrufbar unter https://www.unicef.org/globalinsight/media/2356/file/UNICEF-Global-Insight-policy-guidance-AI-children-2.0-2021.pdf).

Kulturelle Vielfalt, wie sie auch in Bezug auf den Kinder- und Jugendmedienschutz besteht, findet mithin bei generativer KI keine selbstverständliche Beachtung. Indem generative KI nicht (auch) auf die Kinder- und Jugendmedienschutzkonzeption des JMStV (rsp. des JuSchG) ausgerichtet ist, droht im Zeitalter des Einsatzes generativer KI eine Minderung erreichter Standards des Kinder- und Jugendmedienschutzes. Dem kann entgegengesteuert werden, indem eine generative KI auch mit Datensätzen gefüttert wird, in denen die Schutzkonzeption des JMStV berücksichtigt wird, was z.B. über KIVI-Daten erreichbar sein könnte.

Wenn die zum Trainieren von KI-Systemen verwendeten Daten die unterschiedlichen Charaktereigenschaften von Kindern und Jugendlichen im Verhältnis untereinander wie im Verhältnis zu Erwachsenen nicht ausreichend widerspiegeln, können die Ergebnisse zu Ungunsten Minderjähriger ausfallen. Ein solcher Ausschluss kann langfristige, für ihr gesamtes Leben bedeutsame Auswirkungen für Minderjährige haben. Auch wenn Daten eine Schlüsselkomponente von KI-Systemen sind, ist die Betrachtung von Verzerrungen als reines Datenproblem zu eng gefasst. Verzerrungen sind auch das Ergebnis des sozialen Kontextes der KI-Entwicklung und -Nutzung, einschließlich der Organisationen, Menschen und Institutionen, die KI-Systeme schaffen, entwickeln, einsetzen, nutzen und kontrollieren, derjenigen, die Daten sammeln, und der Menschen, die von ihnen betroffen sind. Wenn der breitere Kontext, einschließlich des regulatorischen Rahmens (oder dessen Fehlen), die Diskriminierung, auch von Kindern, aufrechterhält oder nicht verhindert, kann dies die Entwicklung von KI-basierten Systemen negativ beeinflussen. So kann das Trainieren von Systemen maschinellen Lernens auf Grundlage von Daten aus der Vergangenheit oder von Daten, die nicht für den spezifischen Fall erhoben wurden, historische Muster von systemischer Voreingenommenheit und Diskriminierung verstärken, wenn sie nicht von Experten validiert werden, einschließlich solchen, die Kinder- und Jugendmedienschutz zum Thema haben.[280]

KI-basierte Systeme werden auch zur Profilerstellung eingesetzt. Vorhersagen von KI-Systemen bergen dabei das Risiko birgt, Individuen

> *„auf eine Filterblase zu beschränken, was ihre Möglichkeiten zur persönlichen Entwicklung einschränken und begrenzen würde".*[281]

Da sie sich zu sehr an den wahrgenommenen Vorlieben des Nutzers orientieren (z. B. an seinen "Likes"), führt die Blase, die diese Techniken erzeugen, dazu, dass der Nutzer nur das sieht, wovon das KI-System annimmt, dass sie oder er es gerne sehen möchte. Solche Techniken, zu denen auch das sog. *microtargeting* zählt, können das Menschen- und Weltbild Minderjähriger beeinflussen, sondern auch deren Online-Erfahrung und Wissensstand einschränken und dabei das Recht von Kindern und Jugendlichen auf freie Meinungsäußerung und Meinungsfreiheit beeinträchtigen. So berücksichtigt ein KI-System im Prozess des maschinellen Lernens wie auch der Präsentation von Inhalten u.U. keine

---

280 Vgl. *UNICEF/Ministry for Foreign Affairs of Finland*, Policy guidance on AI for children 2.0, 2021, S. 22.

281 *Abrassart* u.a., Montreal Declaration for a Responsible Development of Artificial Intelligence, 2018.

Minderjährigen aus Minderheitengruppen oder Kinder, die sich erheblich von Gleichaltrigen unterscheiden, oder es unterstützt keine alternativen Entwicklungsverläufe, die normalerweise nicht in Datensätzen vertreten sind. Infolgedessen könnten solche Systeme möglicherweise Stereotypen für Kinder verstärken und kulturelle Toleranz und interkulturellen Dialog gefährden.[282]

Profiling ist eine Form der digitalen Überwachung, die auch die Freiheiten und die Privatsphäre von Kindern und Jugendlichen bedroht.[283] Wenn Kinder unter ständiger Profilerstellung und Überwachung[284] aufwachsen und ihre Handlungsfähigkeit und Autonomie durch KI-Systeme eingeschränkt werden, sind ihr Wohlbefinden und ihr Potenzial, sich voll zu entfalten, letztlich begrenzt.[285]

Insbesondere beim Einsatz von selbstlernenden Systemen und damit nicht zuletzt auch bei generativer KI kann das Diskriminierungspotential noch weiter wachsen. Gründe hierfür können namentlich (a) die sog. *Black-box*-Problematik, d.h. dass Entscheidungen von KI und das von ihr gesteuerte Verhalten vom Menschen nicht vollständig vorherbestimmt bzw. vorhersagbar sind,[286] sowie (b) der Umstand sein, dass *reinforcement learning* die Funktion eines Katalysators zukommt. Zudem stellt sich gerade beim Einsatz von KI-Systemen (c) das Problem der *proxy discrimination*.[287]

4. Exkurs: Generative KI auf dem Weg vom Werkzeug zur Fessel der Persönlichkeitsentwicklung?

Im Ideen brainstormen unterscheiden sich Menschen zwar nach jüngeren Forschungsergebnissen[288] wenig von Tools generativer KI. Es lässt sich aktuell (noch ?) eine breite Streuung bei betreffenden Befähigungen zwischen Menschen wie zwischen Chatbots beobachten: Tatsächlich kamen die originellsten Ideen immer von Menschen, aber die Chatbots spuckten deutlich mehr Ideen aus, von denen dann auch sehr viele trivial sind. Das spezifische Situationswissen, das insbesondere für komplexere kreative Aufgaben benötigt wird, ist oft nicht direkt oder nur mit Mühe von einer KI abrufbar. Zudem benötigen die aktuellen KI-Systeme stets eine Eingabeaufforderung oder einen "Prompt" vom Nutzer. Die Definition und das Verständnis der Dimensionen des kreativen Problems wird also primär

---

282 Vgl. *UNICEF/Ministry for Foreign Affairs of Finland*, Policy guidance on AI for children 2.0, 2021, S. 22 f.

283 Vgl. *Byrne/Day/Raftree,* The Case for Better Governance of Children's Data: A Manifesto, 2021.

284 Vgl. *Zuboff,* Das Zeitalter des Überwachungskapitalismus, 2018.

285 Vgl. *UNICEF/Ministry for Foreign Affairs of Finland*, Policy guidance on AI for children 2.0, 2021, S. 23.

286 Vgl. *Borges*, Rechtliche Rahmenbedingungen für autonome Systeme, NJW 2018, 977 (978); *Dettling/Krüger*, Erste Schritte im Recht der Künstlichen Intelligenz, MMR 2019, 211 (212); *Eckertz/Eide*, Don't fear Black-Clouds – Mechanismen künstlicher Intelligenz, in: Hobe u.a. (Hrsg.), Die Macht der Algorithmen, 2023, S. 9 (10 ff.).

287 Vgl. hierzu *Gössl*, KI-Systeme und Diskriminierung, 2023, S. 3 (7 ff.); *Rateike*, Diskriminierung im Maschinellen Lernen, 2023, S. 17 (21 ff.).

288 Vgl. hierzu und zum Folgenden *Haase*, Generative KI und Kreativität: „Es geht nicht darum, Menschen zu ersetzen", 17.08.2023.

vom Menschen festgelegt. Gleiches gilt für die Verwertung und Umsetzung der generierten Ideen. Das Gros der Denkarbeit und des intellektuell-kreativen Engagements verbleibt mithin beim derzeitigen Stand der Entwicklung generativer KI noch beim Menschen.

Schon jetzt allerdings gerät die Kreativbranche unter Druck durch generative KI, wo eher einfache und repetitive Kunst geschaffen werden soll, sowie bei Rezipienten, denen Kunst ohne besonderen kulturellen Anspruch neuer Formen der geistigen Reflektion der individuellen Entwicklung wie des gesellschaftlichen und menschlichen Miteinanders ausreicht. Im Bereich des Gamedesigns lässt sich z.B. schon heute der standardmäßige Einsatz von KI-generierten Bildmaterialien feststellen.

Ob die Nutzung von generativer KI mit der Zeit zu einem Verlust von menschlicher Kreativität führen wird, lässt sich derzeit noch nicht überzeugend prognostizieren. Allerdings spricht die bisherige Geschichte der Technologienutzung dafür, dass auch in Bezug auf diese Frage eine Entwicklungsoffenheit besteht: Wenn KI-Tools als Ergänzung zu eigenem Denken und eigener Kreativität des Menschen eingesetzt werden, können sie die Entwicklung der Gattung Mensch enorm bereichern: Sie können dem Menschen z.B. mehr Zeit geben, um über das "große Ganze" nachzudenken und kreative Lösungen für komplexe Probleme zu finden. Sie können auch helfen, breiter und interdisziplinärer zu denken, indem sie eine Vielzahl von Perspektiven und Ideen präsentieren, die menschliche Entscheider vielleicht alleine nicht in Betracht gezogen hätten. Andererseits besteht die Gefahr, dass wir Menschen uns zu sehr auf diese Tools verlassen und vergessen, unsere eigenen kreativen Fähigkeiten zu schulen und zu nutzen. Kreativ und originell zu denken, muss geübt werden. Wenn KI-Tools nur als Ersatz für eigenes menschliches Denken verwendet werden, gerade auch im Prozess der Förderung der menschlichen Persönlichkeitsentwicklung bei Minderjährigen im schulischen Raum, könnten sie die menschliche Entwicklung tatsächlich einschränken. So braucht es z.B., um sinnvolle Prompts zu formulieren und die Ausgaben der KI-Systeme richtig einordnen können, eine ausgebildete Urteilskraft und eine dauerhaft kritische Reflexion in der „Mensch-Maschine"-Zusammenarbeit, andernfalls drohen Kurzschlüsse und mögliche Halluzinationen der KI-Systeme[289] – auch in schulischen wie außerschulischen Räumen, die besonders von Minderjährigen genutzt werden.

Die damit aufgeworfene Frage nach der Entwicklung des Mensch-KI-Verhältnisses über die Zeit hinweg ist von grundlegender individueller wie gesellschaftlicher Relevanz – sowohl im Hinblick auf die Nutzer als auch auf die Fähigkeiten zukünftiger KI-Generationen. Nachdem die kreativen Fähigkeiten von KI-Tools erkannt sind, geht es nun um die Analyse ihrer Anwendungen in der Praxis: Welche Zielgruppen profitieren am meisten vom Einsatz generativer KI? Bei welchen spezifischen kreativen Aufgaben kann sie besonders unterstützend wirken? Und welche Art von Unterstützung oder Schulung ist notwendig, um sie optimal einzusetzen? Diese und weitere Fragen gilt es zu erforschen, um das Zusammenspiel zwischen Mensch und Maschine in der kreativen Arbeit bestmöglich orientiert am Leitbild

289 Vgl. zu solchen Halluzinationen z.B. *Nowotny*, Die KI sei mit Euch, 2023, S. 9.

einer die Menschenwürde wahrenden und den Schutz der grundwerteorientierten Entwicklungsperspektive Minderjähriger sichernden Zukunft zu gestalten.

5. Generative KI, Diskriminierungsrisiken und Dimensionen des Diskriminierungsschutzes

a) Diskriminierung und Jugendmedienschutz

Unter einer Diskriminierung ist rechtlich eine sachlich nicht zu rechtfertigende Benachteiligung einer Person aufgrund eines oder mehrerer rechtlich missbilligter Diskriminierungsmerkmale zu verstehen. Derartige Benachteiligungen können unmittelbar an Diskriminierungsmerkmale wie z.B. die ethnische Herkunft, das Geschlecht, die Religion oder die Weltanschauung, eine Behinderung, aber auch das Lebensalter anknüpfen oder mittelbar das Ergebnis eines an sich neutralen Vorgehens sein, das jedoch typischerweise bestimmte Personengruppen benachteiligt.[290]

Dass Diskriminierungen jugendmedienschutzrechtlich bedeutsam sind, wird z.B. auch im Kriterien-Papier der KJM[291] anerkannt – dort bislang allerdings noch – wie auch im Kriterien-Papier im Übrigen – ohne Bezugnahme auf spezifischer sich aus dem Einsatz von KI im Allgemeinen und generativer KI im Besonderen ergebenden Gefährdungslagen.

Diskriminierende Darstellungen können nach dem Kriterien-Papier[292]

> *„Elemente sowohl narrativ-filmischer als auch bildlich-textlicher Angebote"*

sein. Diese Formulierung ist entwicklungsoffen gefasst und verschließt bei jugendmedienschutzrechtlichen Prüfungen namentlich nicht die Einbindung auch solcher Angebote, die auf dem Einsatz generativer KI beruhen.

Das Ergebnis der Beurteilung eines Angebots auf die Vereinbarkeit mit dem JMStV unter dem Blickwinkel seines diskriminierenden Gehalts ist nach den Prüfkriterien der KJM „weitgehend kontextabhängig". Insbesondere ist zu prüfen, ob

> *„- Angebote offen Diskriminierungen propagieren,*
>
> *- sie dokumentarischen und aufklärenden Charakter lediglich vortäuschen oder*
>
> *- sie auf der Grundlage eines normativen Vorverständnisses der Rezipient:innen Klischees und Vorurteile ironisch-satirisch brechen".*[293]

---

290 Vgl. *Sacksofsky*, Unmittelbare und mittelbare Diskriminierung, in: Mangold/Payandeh, Handbuch Antidiskriminierungsrecht, 2022, S. 593 (594); *Spiecker gen. Döhmann/Towfigh*, Automatisch benachteiligt, 2023, S. 17.

291 *Kommission für Jugendmedienschutz (KJM)*, Kriterien für die Aufsicht im Rundfunk und in den Telemedien, 2020, Abschnitt B.5.3

292 Ibidem, S. 22.

293 Ibidem, S. 23. Die Erkennbarkeit des täuschenden oder ironischen Charakters einer Darstellung ist nach dem Kriterien-Papier unter Berücksichtigung der zu erwartenden kognitiven Möglichkeiten und dem Grad normativer Festigung einer Altersstufe zu beurteilen.

Diskriminierende Darstellungen und ihre möglichen Wirkungen können nach dem Kriterien-Papier der KJM[294] nach folgenden Bereichen unterschieden werden:

- sexuelle Diskriminierung;[295]
- Pauschalierung, Verächtlichmachung oder einseitige Propagierung sexueller Orientierung (nach Verhaltensweisen, Eigenheiten, sexuellen Vorlieben und Praktiken);[296]
- soziale Diskriminierung;[297]
- ethnische Diskriminierung;[298]
- Diskriminierung aufgrund körperlicher Merkmale.[299]

Bei keiner dieser im Kriterien-Papier der KJM aufgezeigten Diskriminierungsdimensionen mit jugendmedienschützerischer Bedeutung kann eine Relevanz auch im Kontext des Einsatzes von generativer KI ausgeschlossen werden. Denn die in diesen Diskriminierungsformen regelmäßig bedeutsamen Pauschalisierungen werden durch die Funktionsweise von KI ohne regulatorisches Gegensteuern eher befördert als gehemmt.

b) KI und Diskriminierungsrisiken

Unbeschadet einer Vielzahl nutzbringender Verwendungsmöglichkeiten generativer KI kann diese Technik, wie dargestellt, auch missbraucht werden und neue und wirkungsvolle Instrumente für manipulative, ausbeuterische und soziale Kontrollpraktiken bieten. Solche Praktiken stehen auch insoweit im Widerspruch zu den Werten des Grundgesetzes wie der EU, als sie mit dem Recht auf Nichtdiskriminierung kollidieren, was auch im Kontext der Rechte von Kindern und Jugendlichen der Fall sein kann.[300]

---

294 Ibidem, S. 23 f.

295 Einseitige Charakterisierungen der Geschlechter (Objektcharakter, sexuelle Fremdbestimmung, Rollenklischees) sind nach dem Papier geeignet, die Wahrnehmung eines anderen Geschlechts negativ zu prägen und können den Prozess der sexuellen Selbstfindung Heranwachsender beeinträchtigen.

296 Sie können nach dem Kriterien-Papier Ausgrenzungstendenzen verstärken und die sexuelle Selbstwahrnehmung Betroffener negativ besetzen.

297 Werden Gruppen oder Personen nach sozialer Herkunft, Bildungsstand, Einkommen, gesellschaftlichem Status etc. übertrieben positiv oder negativ und pauschal nach ihrem persönlichen Wert, ihrer Entwicklungsmöglichkeit und ihrer Daseinsberechtigung beurteilt, kann nach dem Kriterien-Papier die Entwicklung eines freiheitlich-demokratischen Gesellschaftsbildes – insbesondere hinsichtlich der individuellen Freiheiten, der Chancengleichheit und der Eigenverantwortung – gestört werden.

298 Die pauschale Zuweisung von Charakter- und Persönlichkeitsmerkmalen und Fähigkeiten nach regionaler, nationaler Herkunft oder Hautfarbe können aus Sicht des Kriterien-Papiers die Kompetenz zu einem diskriminierungsfreien gesellschaftlichen Miteinander, das Erziehungsziel der Völkerverständigung und die Achtung kultureller Vielfalt schädigen. Die soziale Integration und der Integrationswille von Angehörigen, Kindern und Jugendlichen der betroffenen Gruppen kann beeinträchtigt werden.

299 Die Herabwürdigung von behinderten Menschen, von Personen mit auffallenden körperlichen Merkmalen oder von bestimmten Altersgruppen sowie deren Zurschaustellung oder die Qualifizierung körperlicher Eigenschaften zu bestimmenden Persönlichkeitsmerkmalen beeinträchtigen nach dem Kriterien-Papier die Erziehung zur Achtung der persönlichen Integrität, der Menschenwürde und zur Toleranz.

300 Vgl. zum Recht auf Nichtdiskriminierung den 21., 27., 28., 56., 58. und 60. sowie speziell für Hochrisiko-KI-Systeme den 7., 31. und 48. Erwägungsgrund des AI Act.

Das Ausmaß der negativen Auswirkungen eines KI-Systems auf die durch die EU-Grundrechtecharta geschützten Grundrechte einschließlich des Rechts der Nichtdiskriminierung soll nach dem 48. Erwägungsgrund des AI Act bei der Einstufung eines KI-Systems als hochriskant von besonderer Bedeutung sein. In diesem Zusammenhang wird in diesem Erwägungsgrund betont,

„dass Kinder – zusätzlich zu diesen Rechten – über spezifische Rechte verfügen, wie sie in Artikel 24 der Charta und im Übereinkommen der Vereinten Nationen über die Rechte des Kindes (UNCRC) – im Hinblick auf das digitale Umfeld weiter ausgeführt in der Allgemeinen Bemerkung Nr. 25 des UNCRC – verankert sind; in beiden wird die Berücksichtigung der Schutzbedürftigkeit der Kinder gefordert und ihr Anspruch auf den Schutz und die Fürsorge festgelegt, die für ihr Wohlergehen notwendig sind."

Dies verdeutlicht, dass die KI-Verordnung auch in einer Weise auszulegen ist, die – unter Beachtung der Grenzen, die sich aus dem Wortlaut der jeweils betroffenen Bestimmung der KI-Verordnung ergeben – primärunionskonform wie völkerrechtskonform auch insoweit ist, als sie mit Art. 24 GRC und der UN-Kinderrechtskonvention in Einklang steht.

c) Dimensionen des Diskriminierungsschutzes

(1) Einführung

Das Alter ist in einer Vielzahl diskriminierungsbezogener Verbotsnormen des Völker-, Europa-, Verfassungs- und Gesetzesrechts als verpöntes Differenzierungskriterium aufgenommen. Darunter ist nach einhelliger Auffassung das Lebensalter zu verstehen; junge und alte Menschen stehen folglich gleichermaßen unter dem Schutz des Antidiskriminierungsrechts.[301] Während Benachteiligungen aufgrund hohen Alters in Rechtsprechung und Literatur allerdings bereits erhebliche Aufmerksamkeit erfahren haben,[302] ist die Benachteiligung aufgrund „jungen Alters" bislang kaum systematisch untersucht worden.[303]

(2) Völkerrechtliche Bezüge

Dem Völkerrecht sind eine in jüngerer Zeit zunehmende Zahl von Rechten und Freiheiten von Kindern und Jugendlichen vertraut. Zugleich sind der Schutz vor Diskriminierungen und die Gewährleistung der Gleichheit aller Menschen Grundpfeiler der seit dem Ende des II. Weltkrieges gestärkten menschenrechtlichen Dimension völkerrechtlicher Rechtsakte. In ihrem Regelungsgehalt unterscheiden sich die völkerrechtlichen Vorgaben dadurch, dass diese zum Teil – wie namentlich in der Allgemeinen Erklärung der Menschenrechte

---

301 Vgl. *Janda/Wagner*, Diskriminierung von und wegen Kindern, 2022, S. 15.

302 Vgl. z.B. *Antidiskriminierungsstelle des Bundes*, Zu jung? Zu alt? Altersdiskriminierung als Herausforderung, 2012; *Rothermund/Temming*, Diskriminierung aufgrund des Alters, 2010.

303 Vgl. nunmehr allerdings *Janda/Wagner*, Diskriminierung von und wegen Kindern, 2022, S. 15.

(AEMR)[304] – bloße Prinzipienerklärungen ohne rechtliche Bindungskraft, zum Teil Rechtsetzungsaufträge an die ratifizierenden Staaten, zum Teil unmittelbare Verbote beinhalten.[305]

Art. 2 Abs. 1 des Internationalen Pakts über bürgerliche und politische Rechte (IPbpR)[306] wie Art. 2 Abs. 2 des Internationalen Pakts über wirtschaftliche, soziale und kulturelle Rechte (IPwskR)[307] beinhalten, in Anknüpfung an Artikel 2 AEMR, das Verbot der Diskriminierung im Hinblick auf die jeweils verbürgten Rechte und Freiheiten. Als Anknüpfungspunkte für verbotene Diskriminierungen werden in IPbR wie IPwskR Rasse, Hautfarbe, Geschlecht, Sprache, Religion, politische oder sonstige Überzeugungen, nationale oder soziale Herkunft, Eigentum beziehungsweise Vermögen sowie Geburt und sonstige Umstände genannt. Das Lebensalter wird als Kriterium zwar nicht ausdrücklich aufgeführt. Allerdings ist der Katalog der Anknüpfungspunkte, wie sich aus dem „insbesondere" in Art. 2 IPbpR und Art. 2 IPwskR ergibt, nicht abschließend. Auch das Lebensalter ist deshalb möglicher Anknüpfungspunkt i.S. der beiden Pakte unzulässiger Diskriminierung.[308]

Art. 2 Abs. 1 IPbpR wie auch Art. 2 Abs. 2 IPwskR haben im Übrigen lediglich das öffentlich-rechtliche Verhältnis von Bürger und Staat zum Gegenstand; unmittelbare Auswirkungen auf Zivilrechtsverhältnisse und damit auch auf das Verhältnis Minderjähriger oder ihrer Erziehungs- und Sorgeberechtigten zu den Anbietern und Entwicklern von KI haben diese völkerrechtlichen Verträge nicht.[309] Allerdings verpflichtet Art. 26 IPbpR die Staaten zum Erlass gesetzlicher Diskriminierungsverbote und wirksamer Schutzvorschriften und bezieht sich dabei auf die von Art. 2 Abs. 1 IPbpR erfassten Kategorien, einschließlich des Lebensalters. Den Vertragsstaaten steht insofern zwar ein weiter Gestaltungsspielraum zu. Ein solcher besteht auch mit Blick auf das als bloße Soll-Vorschrift ausgestaltete Gebot des Art. 2 Abs. 2 IPbpR, wonach die Vertragsstaaten die „erforderlichen" Maßnahmen ergreifen sollen, die für einen wirksamen Menschenrechtsschutz „notwendig" sind. Art. 2 Abs. 1 IPwskR stellt die Umsetzung des Schutzes wirtschaftlicher, politischer und kultureller Rechte zudem unter den Vorbehalt „aller ... Möglichkeiten" eines Vertragsstaates. Diese Gestaltungsspielraum dürfte allerdings seinerseits nicht gänzlich unbeschränkt sein. Zwar kennt das Völkerrecht einen Grundsatz souveränitätsschonender Auslegung völkervertragsrechtlicher Pflichten. Im Kontext menschenrechtlicher Verträge gilt dieser Grundsatz indessen nicht mehr uneingeschränkt. Vor diesem Hintergrund besteht ein Gebot der Evaluierung einer hinreichenden Menschenrechtsgewährleistung auch mit Blick auf dynamische technische Herausforderungen, wie sie mit der Entwicklung von KI einhergehen.

---

304 Allgemeine Erklärung der Menschenrechte vom 10. Dezember 1948, UN-Doc A/RES/217 A (III).

305 Vgl. *Janda/Wagner*, Diskriminierung von und wegen Kindern, 2022, S. 21.

306 Vom 19. Dezember 1966, BGBl. 1973 II S. 1533.

307 Vom 19. Dezember 1966, BGBl. 1973 II S. 1569.

308 Vgl. *Janda/Wagner*, Diskriminierung von und wegen Kindern, 2022, S. 22.

309 Vgl. ibidem, S. 23; *Neuner*, Diskriminierungsschutz durch Privatrecht, JZ 2003, 57 (60). Art. 24 Abs. 1 IPbpR sieht zwar das Recht von Kindern auf den Schutz (auch) durch Gesellschaft und Staat vor, der aufgrund ihrer Minderjährigkeit erforderlich ist. Akteure aus den Bereichen Wirtschaft und Wissenschaft wie z.B. KI-Entwickler und -Anwender werden indessen auch hier nicht adressiert.

Die Kinderrechtskonvention der UN (UN-KRK)[310] baut auf den allgemeinen menschenrechtlichen Verbürgungen für Kinder und Jugendliche,[311] namentlich Art. 24 IPbpR auf, formt diese aus und berücksichtigt dabei den besonderen Schutzbedarf und den Entwicklungsstand Minderjähriger.[312]

Art. 2 UN-KRK enthält ein spezifisches kinderrechtliches Diskriminierungsverbot unmittelbarer bzw. abgeleiteter Art. Nach Absatz 1 der Regelung gewährleisten die Vertragsstaaten jedem ihrer Hoheitsgewalt unterstehenden Kind die in der Konvention festgelegten Rechte

> *„ohne jede Diskriminierung unabhängig von der Rasse, der Hautfarbe, dem Geschlecht, der Sprache, der Religion, der politischen oder sonstigen Anschauung, der nationalen, ethnischen oder sozialen Herkunft, des Vermögens, einer Behinderung, der Geburt oder des sonstigen Status des Kindes, seiner Eltern oder seines Vormunds".*

Eine solche Diskriminierung kann auch durch den Einsatz von KI ausgelöst werden; allerdings ist der Anwender oder Entwickler von KI nicht unmittelbar Adressat des Diskriminierungsverbots, soweit er nicht der Sphäre staatlicher Gewalten zuzurechnen ist.

Nach Art. 2 Abs. 2 UN-KRK treffen die Vertragsstaaten zudem

> *„alle geeigneten Maßnahmen, um sicherzustellen, dass das Kind vor allen Formen der Diskriminierung oder Bestrafung wegen des Status, der Tätigkeiten, der Meinungsäußerungen oder der Weltanschauung seiner Eltern, seines Vormunds oder seiner Familienangehörigen geschützt wird".*

Die UN-KRK ist also maßgeblich durch die Vorstellung geprägt, dass kein Kind für seine Eltern verantwortlich ist. Sie umfasst insoweit auch den Schutz vor assoziierter Diskriminierung.[313] Zu den Meinungsäußerungen und zur Weltanschauung, die Art. 2 Abs. 2 UN-KRK in Bezug nimmt, zählen bei der gebotenen dynamischen Auslegung im digitalen Zeitalter dabei auch informationsorientierte Auswahlprozesse der Eltern und Familienangehörigen. Eine digitale „Sippenhaft" von Kindern im Gefolge KI-gesteuerter Aggregation und Selektion, die sich auch für Kinder an den betreffenden Auswahlprozessen von Eltern und Familienangehörigen ausrichtet, ist deshalb völkerrechtlich nicht (mehr) von vornherein unbedenklich. Zwar fehlt es auch insoweit an einer unmittelbaren Verpflichtung von KI-Anwendern und -Entwicklern, die nicht der Sphäre staatlicher Gewalten zuzurechnen sind,

---

310 Übereinkommen über die Rechte des Kindes vom 20. November 1989 (BGBl. 1992 II S. 121), zuletzt geändert durch Änderungsübereinkommen vom 12. Dezember 1995 (BGBl. 2017 II S. 1554).

311 Der Schutz des Kindes knüpft dabei an den spezifischen Begriff des „Kindes" in der Konvention an: Nach Art. 1 UN-KRK bezeichnet der Begriff „Kind" dabei alle Personen unter 18 Jahren; eine Differenzierung zwischen Kindern, Jugendlichen, Heranwachsenden oder jungen Erwachsenen, wie sie z.B. Teilgebieten der deutschen Rechtsordnung vertraut ist kennt die UN-KRK nicht.

312 Vgl. *Janda/Wagner*, Diskriminierung von und wegen Kindern, 2022, S. 25; *Krappmann/Lüscher*, Kinderrechte im Generationenverbund, RdJB 2009, 326 (327).

313 Vgl. *Janda/Wagner*, Diskriminierung von und wegen Kindern, 2022, S. 29; *Schmahl*, Kinderrechtskonvention, 2017, Art. 2 Rn. 5.

aus Art. 2 Abs. 2 UN-KRK. Auch hinsichtlich der assoziierten Diskriminierung kommt allerdings eine mittelbare Wirkung des Diskriminierungsverbotes auch für diesen nicht unmittelbar erfassten Personenkreis über deren Adressierung durch staatliche Gewalten im Rahmen der Erfüllung staatlicher Schutzpflichten in Betracht.

Die Konvention ist im Übrigen geprägt durch den in Art. 3 Abs. 1 UN-KRK verankerten Primat des Kindeswohls: das Kindeswohl ist danach ein Gesichtspunkt, der bei allen kinderbetreffenden Maßnahmen von öffentlichen oder privaten Einrichtungen der sozialen Fürsorge, von Gerichten, Verwaltungsbehörden oder Gesetzgebungsorganen „vorrangig zu berücksichtigen" ist.[314] Was unter Kindeswohl bzw. *best interest of a child* zu verstehen ist, ist zwar in der Konvention nicht legaldefiniert. Die betreffende Begriffsbestimmung muss daher teleologisch orientiert an den in der Konvention verbürgten Kinderrechten entwickelt werden. Kindeswohl ist dabei stets Wohl des Kindes in der jeweiligen Zeit mit ihren jeweiligen Chance und Herausforderungen für die in der Konvention anerkannten Rechte und die durch Art. 3 UN-KRK als Ziel genannte „ganzheitliche Entwicklung des Kindes". Dem Kindeswohl ist deshalb auch im Kontext von medialen Gefährdungslagen im Allgemeinen und von solchen Gefährdungslagen, soweit sie durch KI begründet sind, im Besonderen Rechnung zu tragen. Eine unmittelbare Bindung von KI-Anwendern und -Entwicklern an die Konvention besteht zwar ebenso wenig wie im Falle der Menschenrechtspakte. Die in Art. 3 Abs. 2 UN-KRK enthaltene Verpflichtung der Konventionsstaaten, alle geeigneten Maßnahmen in Gesetzgebung und Verwaltung zu ergreifen, um Kindern den für ihr Wohlergehen notwendigen Schutz und Fürsorge zu gewährleisten, kennt indessen keine KI-bezogene Bereichsausnahme. Dem Primat des Kindeswohls, wie ihn die UN-KRK verankert, ist deshalb von allen staatlichen Akteuren von Amts wegen Rechnung zu tragen[315] – und zwar auch dann, wenn sie sich einer KI-Regulierung zuwenden. Diese Pflicht betrifft auch die staatlichen Akteure in der Bundesrepublik Deutschland als Ratifikationsstaat der UN-KRK – und zwar in ihrem jeweiligen Portfolio nach der Kompetenzordnung des Grundgesetzes. Auch die deutschen Länder sind dementsprechend völkerrechtlich zur Wahrung des Kindeswohls bei einer Fortentwicklung des Jugendmedienschutz-Staatsvertrages berufen und gefordert, soweit die Entwicklung generativer KI Gefährdungslagen für die ganzheitliche Entwicklung des Kindes auszulösen vermag.

Die ratifizierenden Staaten haben gemäß Art. 4 Abs. 1 UN-KRK alle geeigneten rsp. angemessenen (*appropriate*) Maßnahmen zu treffen, um die Konventionsrechte zu verwirklichen. Dabei kommt ihnen allerdings ein erheblicher Beurteilungs- und Gestaltungsspielraum zu. Angemessen sind die Maßnahmen der ratifizierenden Staaten,

---

[314] Das Kindeswohl genießt damit allerdings grundsätzlich keinen absoluten Vorrang vor allen anderen Rechtsgütern und Interessen; vgl. *Janda/Wagner*, Diskriminierung von und wegen Kindern, 2022, S. 25 f. Eine Ausnahme i.S. eines absoluten Vorrangs des Kindeswohls, wie er im Falle der Misshandlung oder Vernachlässigung durch die Eltern (Art. 20 UN-KRK) sowie im Rahmen von Adoptionen (Art. 21 UN-KRK) besteht, ist im Kontext von KI-bezogenen Aspekten des Schutzes nicht ersichtlich.

[315] Vgl. *Janda/Wagner*, Diskriminierung von und wegen Kindern, 2022, S. 27; *Schmahl*, Kinderrechtskonvention, 2017, Art. 3 Rn. 14; *Wapler*, Umsetzung und Anwendung der Kinderrechtskonvention in Deutschland, RdJB 2019, 252 (255).

„wenn sie in einem bestimmten Kontext, einschließlich der öffentlichen Haushalte, direkt oder indirekt zur Förderung der Rechte des Kindes beitragen".[316]

Zudem steht die Verpflichtung im Hinblick auf die wirtschaftlichen, sozialen und kulturellen Rechte gemäß Art. 4 Satz 2 UN-KRK unter dem Vorbehalt der verfügbaren Mittel.[317] Zu diesen Rechten zählen auch die medienbezogenen Rechte nach Art. 17 UN-KRK:

„Artikel 17: Zugang zu den Medien; Kinder- und Jugendschutz

Die Vertragsstaaten erkennen die wichtige Rolle der Massenmedien an und stellen sicher, dass das Kind Zugang hat zu Informationen und Material aus einer Vielfalt nationaler und internationaler Quellen, insbesondere derjenigen, welche die Förderung seines sozialen, seelischen und sittlichen Wohlergehens sowie seiner körperlichen und geistigen Gesundheit zum Ziel haben. Zu diesem Zweck werden die Vertragsstaaten

a) die Massenmedien ermutigen, Informationen und Material zu verbreiten, die für das Kind von sozialem und kulturellem Nutzen sind und dem Geist des Artikels 29 entsprechen;

b) die internationale Zusammenarbeit bei der Herstellung, beim Austausch und bei der Verbreitung dieser Informationen und dieses Materials aus einer Vielfalt nationaler und internationaler kultureller Quellen fördern;

c) die Herstellung und Verbreitung von Kinderbüchern fördern;

d) die Massenmedien ermutigen, den sprachlichen Bedürfnissen eines Kindes, das einer Minderheit angehört oder Ureinwohner ist, besonders Rechnung zu tragen;

e) die Erarbeitung geeigneter Richtlinien zum Schutz des Kindes vor Informationen und Material, die sein Wohlergehen beeinträchtigen, fördern, wobei die Artikel 13 und 18 zu berücksichtigen sind.

Wenn die Vertragsstaaten in diesem Sinne sicherzustellen haben, dass das Kind Zugang zu Informationen und Material aus einer Vielfalt von Quellen hat und wenn dieser Zugang namentlich auch zu solchen Quellen bestehen soll, die die Förderung seines sozialen, seelischen und sittlichen Wohlergehens sowie seiner körperlichen und geistigen Gesundheit zum Ziel haben,[318] so gewinnt diese völkerrechtliche Pflicht nicht zuletzt auch mit Blick auf

---

[316] Committee on the Rights of the Child, CRC/C/GC/19 N° 22.

[317] Art. 4 Satz 2 UN-KRK lautet: „Hinsichtlich der wirtschaftlichen, sozialen und kulturellen Rechte treffen die Vertragsstaaten derartige Maßnahmen (d.h. Maßnahmen zur Verwirklichung der in diesem Übereinkommen anerkannten Rechte, d.Verf.) unter Ausschöpfung ihrer verfügbaren Mittel und erforderlichenfalls im Rahmen der internationalen Zusammenarbeit."

[318] Vgl. hierzu auch den General comment No. 25 (2021) on children's rights in relation to the digital environment der UN (abrufbar unter https://www.right-to-education.org/sites/right-to-education.org/files/resource-attachments/UN_CRC_General%20comment%20No.%2025%20%282021%29%20on%20children%E2%80%99s%20rights%20in%20relation%20to%20the%20digital%20environment_En.pdf); hierzu *Charisi* u.a., Artificial Intelligence and the Rights of the Child, 2022, S. 12 f.

algorithmisch gesteuerte Entscheidungsprozesse Bedeutung: Namentlich steht eine Versteinerung der Nutzungsmöglichkeiten medialer Angebote durch Minderjährige im Ergebnis der Einbindung von Kindern i.S. der UN-KRK in Filterblasen im Prozess der Selektion und Aggregation von Inhalten dem Vielfaltsziel des Art. 17 Satz 1 1. Alt. UN-KRK erkennbar entgegen. Und das Ziel der Förderung des sozialen, seelischen und sittlichen Wohlergehens sowie der körperlichen und geistigen Gesundheit Minderjähriger, wie es Art. 17 Satz 1 2. Alt. UN-KRK kann ggf. auch eine positive Diskriminierung bei einer KI-gesteuerten Auswahl von Inhalten, die Minderjährigen zugänglich gemacht werden, gebieten. Allerdings wird die Verfügbarkeit i.S. des Art. 4 Satz 2 UN-KRK insoweit nicht zuletzt durch finanzielle, organisatorische und personelle, aber auch durch technische Randbedingungen bestimmt. Black Boxes bilden insoweit eine nicht ohne Weiteres wegen völkerrechtlicher Vorgaben zu durchbrechende Mauer für einen effektiven Kinder- und Jugendmedienschutz im KI-Zeitalter.

(3) Primärunionsrechtliche Bezüge

Gemäß Art. 3 Abs. 3 UnterAbs. 2 EUV bekämpft die Union neben sozialer Ausgrenzung auch Diskriminierungen; sie fördert nach dieser Norm u.a. den Schutz der Rechte des Kindes. Die Bekämpfungs- wie die Förderungsaufgabe ist entwicklungsoffen ausgestaltet; es besteht mithin keine Versteinerung des jeweiligen Aufgabenfeldes im Blick auf zum Zeitpunkt des Inkrafttretens des Art. 3 Abs. 3 UnterAbs. 2 EUV bekannte Diskriminierungen und Schutzerfordernisse.

Nach Art. 19 Abs. 1 AEUV „kann“[319] der Rat unbeschadet der sonstigen Bestimmungen von EUV und AEUV im Rahmen der durch die Verträge auf die Union übertragenen Zuständigkeiten einstimmig geeignete Vorkehrungen treffen,

> *„um Diskriminierungen aus Gründen des Geschlechts, der Rasse, der ethnischen Herkunft, der Religion oder der Weltanschauung, einer Behinderung, des Alters oder der sexuellen Ausrichtung zu bekämpfen“.*

Auch diese Kompetenz zur Bekämpfung von Diskriminierungen ist nicht statisch, sondern dynamisch zu verstehen und umfasst mithin auch Diskriminierungen im Kontext der Anwendung und Entwicklung von generativer KI. Die Bekämpfung muss sich im Übrigen nicht auf das Verhältnis Bürger-Staat beziehen, sondern kann auch Diskriminierungen in Zivilrechtsverhältnissen zum Gegenstand haben.[320]

Art. 21 Abs. GRC,[321] der insoweit an Art. 14 EMRK[322] anknüpft, enthält in den Anknüpfungspunkten des Diskriminierungsverbotes darüber hinausreichend, weil der Katalog nicht abschließend ist („insbesondere“) folgende Vorgabe:

---

319 Es handelt sich mithin nicht um eine Verpflichtung des Rates; so aber („hat“) *Janda/Wagner*, Diskriminierung von und wegen Kindern, 2022, S. 36.

320 Vgl. auch *Janda/Wagner*, Diskriminierung von und wegen Kindern, 2022, S. 37.

321 Zur Primärrechtsqualität dieser Bestimmung vgl. Art. 6 Abs. 1 EUV.

322 Art. 14 EMRK verpflichtet die Konventionsstaaten dazu, die in der EMRK anerkannten Rechte und Freiheiten ohne Diskriminierung „wegen des Geschlechts, der Rasse, der Hautfarbe, der Sprache, der Religion, der politischen oder sons-tigen Anschauung, der nationalen oder sozialen Herkunft, der

„Diskriminierungen insbesondere wegen des Geschlechts, der Rasse, der Hautfarbe, der ethnischen oder sozialen Herkunft, der genetischen Merkmale, der Sprache, der Religion oder der Weltanschauung, der politischen oder sonstigen Anschauung, der Zugehörigkeit zu einer nationalen Minderheit, des Vermögens, der Geburt, einer Behinderung, des Alters oder der sexuellen Ausrichtung sind verboten."

Art. 24 Abs. 1 Satz 1 GRC gibt – in erkennbarer Anknüpfung an die UN-KRK – vor, dass

„Kinder ... Anspruch auf den Schutz und die Fürsorge (haben), die für ihr Wohlergehen notwendig sind".

„Schutz" und „Fürsorge" werden in der Norm nicht näher definiert. In der Literatur wird allerdings eine weite Auslegung befürwortet, die neben Sicherheit und Gesundheit auch die körperliche, geistige, sittliche und soziale Entwicklung eines Minderjährigen (als Schutzziele auch des JMStV) einbezieht.[323]

Gleichfalls in Anknüpfung an die UN-KRK muss nach Art. 24 Abs. 2 GRC bei allen Kinder betreffenden Maßnahmen öffentlicher Stellen oder privater Einrichtungen

„das Wohl des Kindes eine vorrangige Erwägung"

sein.

Nach Art. 24 Abs. 1 Satz 3 dieser Bestimmung wird die Meinung von Kindern

„in den Angelegenheiten, die sie betreffen, in einer ihrem Alter und ihrem Reifegrad entsprechenden Weise berücksichtigt".

Zwar wäre vorstellbar, dass eine solche Berücksichtigungspflicht auch Anbieter und Entwicklung von (generativer) KI trifft. Adressaten auch dieser Vorgabe der Grundrechtecharta sind allerdings nach deren Art. 51 nur die Organe, Einrichtungen und sonstigen Stellen der EU. Für die Mitgliedstaaten der EU sind auch Art. 21 und 24 GRC nur verbindlich, wenn und soweit diese Unionsrecht durchführen. Private wie Anwender und Entwickler von (generativer) KI sind durch diese Normen demgegenüber nicht gebunden. Gleiches gilt im Übrigen auch für die diskriminierungsbezogenen Verbote des Art. 14 EMRK: Der Anwendungsbereich auch dieser Norm ist nur eröffnet, wenn die Ungleichbehandlung von der Hoheitsgewalt eines Konventionsstaates ausgeht.[324]

(4) Sekundärunionsrechtliche Bezüge

Einige EU-Richtlinien enthalten spezifische Diskriminierungsverbote in Bezug auf Lebenssachverhalte, die einer Regulierung durch die EU unter Wahrung des Prinzips der

---

Zugehörigkeit zu einer nationalen Minderheit, des Vermögens, der Geburt oder eines sonstigen Status zu gewährleisten".

323 Vgl. *Janda/Wagner*, Diskriminierung von und wegen Kindern, 2022, S. 38; *Thiele*, in Pechstein/Nowak/Häde (Hrsg.), Frankfurter Kommentar, 2017, GRC, Art. 24 Rn. 12.

324 Vgl. *Yakar*, Diskriminierungsverbote im deutschen und europäischen Recht und die zukünftige KI-VO, 2023, 53 (57).

begrenzten Einzelermächtigung wie des Subsidiaritätsprinzips offenstehen. Ein umfassender Diskriminierungsschutz ist damit nicht verbunden. Beachtung verdienen namentlich[325]

- die Richtlinie 2000/43/EG des Rates vom 29. Juni 2000 zur Anwendung des Gleichbehandlungsgrundsatzes ohne Unterschied der „Rasse" oder der ethnischen Herkunft[326] sowie
- die Richtlinie 2000/78/EG des Rates vom 27. November 2000 zur Festlegung eines allgemeinen Rahmens für die Verwirklichung der Gleichbehandlung in Beschäftigung und Beruf.[327]

Die letztgenannte sog. Rahmenrichtlinie, deren Zweck nach Art. 1 der Richtlinie die Schaffung eines allgemeinen Rahmens zur Bekämpfung der Diskriminierung

> *„wegen der Religion oder der Weltanschauung, einer Behinderung, des Alters oder der sexuellen Ausrichtung in Beschäftigung und Beruf"*

im Hinblick auf die Verwirklichung des Grundsatzes der Gleichbehandlung in den Mitgliedstaaten ist, ist insofern bemerkenswert, als sie die Möglichkeit einer sog. positiven Diskriminierung eröffnet, wie sie im US-amerikanischen Recht auch als affirmative action bekannt ist: Zwar ist nach Art. 2 Abs. 1 der Richtlinie

> *„sowohl eine unmittelbare[328] oder mittelbare Diskriminierung wegen eines der in Artikel 1 genannten Gründe"*

untersagt. In Bezug auf eine mittelbare Diskriminierung differenziert Art. 2 Abs. 2 Buchst. b) der Richtlinie indessen: Danach liegt zwar im Grundsatz eine mittelbare Diskriminierung vor,

> *„wenn dem Anschein nach neutrale Vorschriften, Kriterien oder Verfahren Personen mit einer bestimmten Religion oder Weltanschauung, einer bestimmten Behinderung, eines bestimmten Alters oder mit einer bestimmten sexuellen Ausrichtung gegenüber anderen Personen in besonderer Weise benachteiligen können".*

Dies gilt indessen nach Art. 2 Abs. 2 Buchst. b) Nr. i) nicht, wenn

> *„diese Vorschriften, Kriterien oder Verfahren ... durch ein rechtmäßiges Ziel sachlich gerechtfertigt (sind), und die Mittel ... zur Erreichung dieses Ziels angemessen und erforderlich (sind)".*

---

325 Vgl. im Übrigen z.B. *Janda/Wagner*, Diskriminierung von und wegen Kindern, 2022, S. 42 ff.

326 ABl. 2000 Nr. L 180/22.

327 ABl. 2000 Nr. L 303/16.

328 Im Sinne des Art. 2 Abs. 1 der Richtlinie liegt nach deren Art. 2 Abs. 2 Buchst. a) eine unmittelbare Diskriminierung vor, wenn eine Person wegen eines der in Artikel 1 genannten Gründe in einer vergleichbaren Situation eine weniger günstige Behandlung erfährt, als eine andere Person erfährt, erfahren hat oder erfahren würde.

(5) Verfassungsrechtliche Bezüge

Ebenso wie für die im Völker- und im EU-Recht verankerten Grundrechte ist auch für die im Grundgesetz gewährleisteten Grundrechte die Idee der Gleichheit aller Menschen prägend. Diese ist in der gleichen Würde aller Menschen verankert, die sich insoweit als Wurzel des Antidiskriminierungsrechts erweist.[329]

Art. 3 Abs. 1 GG verbürgt die Gleichheit aller Menschen vor dem Gesetz. Der besondere Gleichheitssatz aus Art. 3 Abs. 3 Satz 1 GG bestimmt, dass

> *„(n)iemand ... wegen seines Geschlechtes, seiner Abstammung, seiner Rasse, seiner Sprache, seiner Heimat und Herkunft, seines Glaubens, seiner religiösen oder politischen Anschauungen benachteiligt oder bevorzugt werden (darf)".*

Art. 3 Abs. 3 Satz 2 GG ergänzt, dass

> *„(n)iemand wegen seiner Behinderung benachteiligt werden (darf)."*

Im Unterschied zu völker- und unionsrechtlichen Verbürgungen ist das Alter nicht als unzulässige Diskriminierungskategorie aufgeführt. Wegen des abschließenden Charakters der Aufzählungen in Art. 3 Abs. 3 ist eine Ausdehnung von dessen Schutzbereichen auf andere Kategorien nicht möglich, sodass er für den Diskriminierungsschutz von und wegen Kindern nicht nutzbar gemacht werden kann.[330]

Der in Art. 3 Abs. 1 GG verankerte allgemeine Gleichheitssatz schließt Ungleichbehandlungen nicht generell aus, sondern stellt diese unter den Vorbehalt der sachlichen Rechtfertigung: Es soll gewährleistet werden, dass Gleiches gleich und Ungleiches ungleich behandelt wird. Der allgemeine Gleichheitssatz ist mithin nur verletzt,

> *„wenn eine Gruppe von Normadressaten im Vergleich zu anderen Normadressaten anders behandelt wird, obwohl zwischen beiden Gruppen keine Unterschiede von solcher Art und solchem Gewicht bestehen, dass sie die ungleiche Behandlung rechtfertigen könnten."*[331]

Dementsprechend ist auch bei KI-Regulierung nicht von vornherein ausgeschlossen, dass der Gesetzgeber wegen der spezifischen Situation von Minderjährigen – ihres Alters, Entwicklungsstands oder besonderer Gefährdungssituationen – Ungleichbehandlungen i.S. einer positiven Diskriminierung Minderjähriger vorsieht.[332]

Allerdings nimmt auch Art. 3 Abs. 1 GG ausschließlich das Verhältnis Bürger – Staat in den Blick, bindet also nur Gesetzgebung, Rechtsprechung und Verwaltung. Eine

---

329 Vgl. *Britz*, Diskriminierungsschutz und Privatautonomie, VVDStRL 64 (2005), 355 (357); *Janda/Wagner*, Diskriminierung von und wegen Kindern, 2022, S. 45; *Neuner*, Diskriminierungsschutz durch Privatrecht, JZ 2003, 57 (58).

330 Vgl. *Janda/Wagner*, Diskriminierung von und wegen Kindern, 2022, S. 45.

331 BVerfGE 55, 72 (88) (st. Rspr.).

332 Vgl. *Janda/Wagner*, Diskriminierung von und wegen Kindern, 2022, S. 46.

unmittelbare Drittwirkung im Verhältnis Privater untereinander ist demgegenüber dem allgemeinen Gleichheitssatz zumindest grundsätzlich nicht zu entnehmen.[333]

Ausnahmen hiervon werden allerdings im Fall eines Machtgefälles zwischen den Vertragsparteien im Sinne der strukturellen Überlegenheit einer Partei erwogen.[334] Sofern ein „soziale[s] Machtverhältnis"[335] z.B. aufgrund einer Monopol-stellung auf dem Markt besteht, wird auch eine Ausdehnung grundgesetzlicher Gleichbehandlungsgebote des Art. 3 GG auf privat-rechtliche Rechtsverhältnisse in Betracht gezogen. Dabei wird darauf abgestellt, dass aufgrund eines Missbrauchs privater Macht besondere Notwendigkeit eines Schutzes der diesem Monopol ausgelieferten Person besteht.[336] Als Beispiel für ein solches, eine mittelbare Drittwirkung von Gewährleistungen des Art. 3 GG auslösendes Machtverhältnis wird zwar auch in der jüngeren Judikatur des BVerfG der Betrieb sozialer Netzwerke im Internet genannt. Das BVerfG hat in diesem Kontext in seiner „III. Weg"-Eilentscheidung betont:

> *„Nach ständiger Rechtsprechung des Bundesverfassungsgerichts können die Grundrechte ... im Wege der mittelbaren Drittwirkung Wirksamkeit entfalten (vgl. BVerfGE 7, 198 <205 f.>; 42, 143 <148>; 89, 214 <229>; 103, 89 <100>; 137, 273 <313 Rn. 109>; stRspr). Dabei können sich aus Art. 3 Abs. 1 GG jedenfalls in spezifischen Konstellationen auch gleichheitsrechtliche Anforderungen für das Verhältnis zwischen Privaten ergeben (vgl. BVerfGE 148, 267 <283 f. Rn. 41>)".*[337]

Ob und gegebenenfalls welche rechtlichen Forderungen sich insoweit auch für Betreiber sozialer Netzwerke im Internet

> *„etwa in Abhängigkeit vom Grad deren marktbeherrschender Stellung, der Ausrichtung der Plattform, des Grads der Angewiesenheit auf eben jene Plattform und den betroffenen Interessen der Plattformbetreiber und sonstiger Dritter"*[338]

ergeben, ist jedoch weder in der Rechtsprechung der Zivilgerichte noch in der Rechtsprechung des Bundesverfassungsgerichts abschließend geklärt. Die verfassungsrechtlichen Rechtsbeziehungen sind insoweit noch ungeklärt.[339]

Eine eng auszulegende Ausnahme, die eine Drittwirkung der Grundrechte zwischen Privaten ermöglicht, bietet jedoch keinen umfassenden Schutz vor jeglicher algorithmenbasierter Diskriminierung aufgrund des Alters. Ob die strukturellen Voraussetzungen der

---

[333] Vgl. BVerfGE 148, 267 (283) (st. Rspr.)

[334] Vgl. *Gössl*, KI-Systeme und Diskriminierung, 2023, S. 3 (6 ff.); *dies./Yakar*, Geschlechterneutrale KI. Eine Handreichung, 2023; *Yakar*, Diskriminierungsverbote im deutschen und europäischen Recht und die zukünftige KI-VO, 2023, 53 (53).

[335] BGH NJW 2013, 1519 Rn. 27.

[336] Vgl. *Heun*, in: Dreier, GG, Art. 3 Rn.70; *Kment/Jarass*, in: Jarass/Pieroth, GG, Art. 3 Rn.17; *Yakar*, Diskriminierungsverbote im deutschen und europäischen Recht und die zukünftige KI-VO, 2023, 53 (56).

[337] BVerfG, Beschluss der 2. Kammer des Ersten Senats vom 22. Mai 2019 - 1 BvQ 42/19 -, Rn. 15.

[338] BVerfG, Beschluss der 2. Kammer des Ersten Senats vom 22. Mai 2019 - 1 BvQ 42/19 -, Rn. 15.

[339] Diese Feststellung des BVerfG in seinem Beschluss vom 22. Mai 2019 (1 BvQ 42/19 -, Rn. 15) gilt fort, auch da es zu keiner Hauptsacheentscheidung in dieser Angelegenheit kam.

Öffnung in Richtung auf mittelbare Drittwirkung im Bereich der Anwendung und Entwicklung von (generativer) KI gegeben sind, erscheint schon mit Blick auf die zu beobachtende Tendenz hin zu einer zunehmenden Vielzahl von marktrelevanten (generativen) KI-Systemen fraglich.[340]

(6) KI und Diskriminierung Minderjähriger

Durch die global, europäisch wie national zunehmende Anwendung wie Entwicklung von KI-Systemen stellt sich immer drängender auch die Frage nach einem ausreichenden Schutz der Rechte der von diesen Systemen betroffenen Minderjährigen – und zwar auch mit Blick auf die Pflicht zu deren Gleichbehandlung, wie sie sich aus den vorgenannten Rechtsquellen ergibt. Auch wenn Algorithmen (zumindest nach bisherigem Kenntnisstand) nicht in der Lage sind, bewusst zu diskriminieren, so zeigt die Bildung sogenannter *biases* z.B. durch die Übernahme gesellschaftlich vorhandener Vorurteile hinsichtlich Minderjähriger und von in Bezug auf Kinder und Jugendliche bestehenden Stereotypen oder die Über- oder Unterrepräsentation bestimmter gesellschaftlicher Gruppen, namentlich von Personen im Erwachsenenalter, in den Datensätzen, dass durch die Verwendung algorithmischer Entscheidungssysteme eine erhebliche Gefahr der Diskriminierung besteht[341] – auch in Bezug auf Minderjährige. Algorithmisch geprägte Entscheidungen können ohne regulatorische Rahmensetzung im Unterschied zu menschlichen Entscheidungen eine größere Wirkkraft dadurch entfalten, dass z.B. menschliche Vorurteile aus der Vergangenheit unendlich fortgeschrieben und verstärkt werden können.[342]

Es droht damit eine Missachtung von Schutzinteressen von Kindern und Jugendlichen aktuell wie in der jeweiligen biographischen Entwicklungsperspektive. Über den Einsatz von KI kann nicht nur der Zugang Minderjähriger zu Content beschränkt oder vermieden werden; der Einsatz von generativer KI kann auch dazu führen, dass die Wahrnehmung von berechtigten Interessen Minderjähriger im medialen demokratischen Diskurs beeinträchtigt

---

340 Indessen scheint nicht von vornherein ausgeschlossen, dass eine etwaige mittelbare Drittwirkung auch Anwender und Entwickler von KI erfasst, die ihren Sitz nicht in Deutschland haben. Denn der personelle Geltungsbereich des Art. 3 GG ist lediglich hinsichtlich Berechtigungen durch Art. 19 Abs. 3 GG auf inländische juristische Personen beschränkt. In Bezug auf Verpflichtungen ist demgegenüber im Lichte des Marktortprinzips eine weitergehende Bindung auch ausländischer juristischer Personen vorstellbar. Enger demgegenüber *Yakar*, Diskriminierungsverbote im deutschen und europäischen Recht und die zukünftige KI-VO, 2023, 53 (56).

341 Vgl. auch *Yakar*, Diskriminierungsverbote im deutschen und europäischen Recht und die zukünftige KI-VO, 2023, 53 (53) unter Bezugnahme auf Dritter Gleichstellungsbericht der Bundesregierung „Digitalisierung geschlechtergerecht gestalten", BT-Drs. 19/30750, S. 22. Zur Diskriminierung durch KI-Systeme vgl. auch *Steege*, Algorithmenbasierte Diskriminierung durch Einsatz von Künstlicher Intelligenz, MMR 2019, 715; *Werner*, Schutz durch das Grundgesetz im Zeitalter der Digitalisierung, NJOZ 2019, 1041 (1042).

342 Vgl. *Boysen* in: von Münch/Kunig u.a. (Hrsg.), GG, Art. 3 Rn. 50; *Heun* in: Dreier (Hrsg.), GG, Art. 3 Rn. 71; zur Ausnahme einer mittelbaren Drittwirkung des Gleichbehandlungsgebots im Falle eines einseitigen, auf das Hausrecht gestützten Ausschlusses von Veranstaltungen, die aufgrund eigener Entscheidung der Veranstalter einem großen Publikum ohne Ansehen der Person geöffnet werden, sofern die Veranstaltungsteilhabe für die Betroffenen in erheblichem Umfang über die Teilnahme am gesellschaftlichen Leben entscheidet, vgl. BVerfGE 148, 267 (283 f.).

wird. Zudem droht eine Perpetuierung von Fehlverhalten Minderjähriger in deren Erwachsenen-Zeit hinein im Blick auf die Wahrnehmung von Einstellungsmustern von Minderjährigen und die Orientierung an diesen über den Tag hinaus: Der minderjährige Neonazi droht auch als Erwachsener in Filterblasen rechtsextremistischer Inhalte gefangen zu bleiben, weil die Entwicklungsoffenheit in Richtung auf Demokratie-Befürwortung nicht zum gelernten Bearbeitungsmuster für Suchanfragen bei KI zählt.

d) Diskriminierungsschutz in der KI-Verordnung

Der AI Act der EU soll nach dem Vorschlag der EU-Kommission die Kohärenz mit der EU-Grundrechtecharta im Allgemeinen und damit auch deren auf Diskriminierung bezogenen Vorgaben sowie dem geltenden Sekundärrecht der Union zur Nichtdiskriminierung gewährleisten. Darüber hinaus soll diese Verordnung geltendes Unionsrecht zur Nichtdiskriminierung ergänzen,

> *„indem konkrete Anforderungen zur Minimierung des Risikos der Diskriminierung durch Algorithmen, vor allem in Bezug auf Entwurf und Qualität von für die Entwicklung von KI-Systemen verwendeten Datensätzen, aufgenommen w(e)rden, und Tests, Risikomanagement, Dokumentation und menschliche Aufsicht über die gesamte Lebensdauer von KI-Systemen hinweg verbindlich vorgeschrieben werden".*[343]

Dieses Ziel der Kommission ist in der verabschiedeten KI-Verordnung umgesetzt.

Um einen einheitlichen und hohen Schutz öffentlicher Interessen im Hinblick auf die Grundrechte zu gewährleisten, werden in der KI-Verordnung für alle Hochrisiko-KI-Systeme gemeinsame Normen verankert. Diese Normen wurden dabei so konzipiert, dass sie u.a. mit der EU-Grundrechtecharta (die wie dargestellt auch einen auf Nichtdiskriminierung bezogenen Gehalt umfasst) im Einklang stehen und zudem nichtdiskriminierend sind.[344]

Spezifische auf Nichtdiskriminierung gerichtete Normen sind in der verabschiedeten KI-Verordnung in deren operativen Teil allerdings – entsprechend den Regelungsvorschlägen aller drei Gesetzgebungsorgane der EU, Kommission, Parlament und Rat – nicht vorgesehen.

e) Zwischenergebnis

In Völker- und EU-Recht wie im deutschen Verfassungsrecht existieren zwar bereits eine ganze Reihe von Vorgaben zur Unterbindung einer Ungleichbehandlung aufgrund des Alters. Es zeigt sich jedoch, dass diese Vorschriften eine algorithmenbezogene Diskriminierung nicht umfassend zu regulieren vermögen. Namentlich besteht jenseits der regelmäßig ausschließlich bei diesen Verboten erfassten Ebene des Verhältnisses des Bürgers zum verpflichteten Staat kein ausreichender Schutz auf der Ebene privat-rechtlicher Rechtsverhältnisse. Zudem fehlt es bislang auch an einem KI-Systeme miteinbeziehenden

---

343 COM(2021) 206 final S. 4.

344 Vgl. den 7. Erwägungsgrund des AI Act.

Anwendungsbereich der bestehenden Normen.[345] Hieran wird sich auch durch die EU-KI-Verordnung nichts ändern.

6. Schutzpflichten des Staates und der EU zu Gunsten Minderjähriger und ihre Grenzen

a) Der Ausgangspunkt: Kinder- und Jugendschutz als eine Beschränkung von Grundrechten und Grundfreiheiten rechtfertigendes Gemeinwohlinteresse

Die Kommunikations-Grundrechte des Art. 5 Abs. 1 GG finden im Rahmen des Schrankentrias des Abs. 2 ihre Schranken auch in den gesetzlichen Bestimmungen zum Schutze der Jugend. Diese wiederum sind ihrerseits im Lichte der grundrechtlichen Freiheiten zu sehen und zur Geltung zu bringen; diese Wechselwirkung zwischen Grundrecht und grundrechtsbeschränkendem Gesetz[346] ist als Ausdruck des in den Grundrechten verankerten Übermaßverbots auf alle Freiheiten des Art. 5 Abs. 1 GG[347] (wie im Übrigen auch des Art. 5 Abs. 3)[348] anzuwenden, dies sowohl für die Schranke der allgemeinen Gesetze als auch die der gesetzlichen Bestimmungen zum Schutze der Jugend.[349]

Ein entsprechender ausdrücklicher Rekurs auf den Jugendschutz fehlt zwar in den Regelungen zu den Grundfreiheiten des EU-Binnenmarktes. Der Schutz Minderjähriger stellt aber auch aus unionsrechtlicher Perspektive ein berechtigtes Interesse dar, das grundsätzlich geeignet ist, eine Beschränkung einer vom AEUV gewährleisteten Grundfreiheit wie z.B. des freien Dienstleistungsverkehrs zu rechtfertigen. Dementsprechend hat der EuGH in seiner Entscheidung vom 14. Februar 2008[350] das Verbot des Vertriebs nicht gekennzeichneter Bildträger im Versandhandel für gerechtfertigt erklärt. Er sieht hierin keine bloße Verkaufsmodalität, sondern eine Maßnahme gleicher Wirkung i.S. des damals die Warenverkehrsfreiheit gewährleistenden, nunmehr durch Art. 34 AEUV abgelösten Art. 28 EGV. Auf der Rechtfertigungsebene fällt jedoch der Schutz von Minderjährigen auf Grund seines Bezugs insbesondere zur öffentlichen Sittlichkeit und zur öffentlichen Ordnung i.S. des Art. 30 EGV (nunmehr: Art. 36 AEUV) unter diesen Rechtfertigungsgrund. Das Recht der Mitgliedstaaten zur Ergreifung der Maßnahmen, die aus Gründen des Schutzes Minderjähriger erforderlich sind, wird ausdrücklich anerkannt.[351] Den Mitgliedstaaten wird zudem ein

---

345 Vgl. zusammenfassend für die parallele Fragestellung einer geschlechtsbezogenen Diskriminierung *Yakar*, Diskriminierungsverbote im deutschen und europäischen Recht und die zukünftige KI-VO, 2023, 53 (55).

346 Vgl. hierzu grundlegend BVerfGE 7, 198 (208 f.).

347 Vgl. z.B. BVerfGE 59, 231 (265).

348 Vgl. BVerfGE 81, 278 (294); 83, 130 (143).

349 Vgl. z.B. BVerfGE 90, 1 (16).

350 EuGH, Urteil vom 14. 2. 2008 - C-244/06 - Dynamic Medien, EuZW 2008, 177; vgl. hierzu *Frey/Rudolph*, Der Jugendmedienschutz-Staatsvertrag im Lichte des Gemeinschaftsrechts, ZUM 2008, 564 (571).

351 EuGH a.a.O., Rn. 41.

Einschätzungsspielraum in Bezug auf das erforderliche Niveau und die Modalitäten dieses Schutzes zuerkannt; die Auffassungen in den Mitgliedstaaten können hierin divergieren.[352]

Wenn der EuGH sodann auf der Rechtfertigungsebene fordert, die von den Mitgliedstaaten im Rahmen ihres Ermessens ergriffenen Maßnahmen müssten geeignet und erforderlich sein, so deckt sich dies in der Sache mit den Anforderungen, die sich auf der grundrechtlichen Rechtfertigungsebene nach dem Grundgesetz stellen.[353]

Im Übrigen ist allerdings zu berücksichtigen, ob es in Bezug auf das Schutzgut Jugendschutz bereits eine sekundärunionsrechtliche Harmonisierung gibt, die den Rückgriff auf die Ausnahme sperrt. Da es im Bereich des Einsatzes von KI, anders als bei audiovisuellen Mediendiensten,[354] keine weitergehende kinder- und jugendschutzbezogene Harmonisierung stattgefunden hat, ergeben sich aus Unionsrecht keine entscheidend weitergehenden Anforderungen für den Jugendmedienschutz in diesem Bereich – weder fordert Unionsrecht ein entscheidend höheres Schutzniveau noch steht es einem entsprechenden Bemühen per se entgegen – zumindest sofern innerstaatliche Rechtsschutzmöglichkeiten gegen jugendschützerisch motivierte Einschränkungen der Einsatzmöglichkeiten für KI bestehen.

b) Kinder- und Jugendschutz als aus Grundrechten abgeleiteter Gegenstand einer Schutzpflicht des Staates und der EU rsp. als Gegenstand unmittelbarer Drittwirkung von Grundrechten

(1) Einleitung

Grundrechte stellen nach gefestigter verfassungsgerichtlicher Judikatur im Mehr-Ebenen-System des Kinder- und Jugendmedienschutzes aber nicht nur individuelle Abwehrrechte gegenüber hoheitlichen Eingriffen dar, die der Rechtfertigung durch einen Gemeinwohlbelang wie z.B. den Jugendschutz bedürfen. Aus ihnen ergeben sich vielmehr zugleich objektive Wertentscheidungen der jeweiligen Verfassungsordnung, die Anknüpfungspunkt für eine Pflicht des Staates oder der supranationalen Hoheitsgewalt sind, sich aktiv für den Schutz der in ihnen zum Ausdruck kommenden Rechtsgüter einzusetzen. Dies ist für den Bereich der grundgesetzlichen Ordnung in ständiger Judikatur des BVerfG anerkannt, lässt sich indessen zugleich auch als grundrechtsdogmatische Entwicklungsperspektive im europäischen Integrationsverbund aufzeigen.[355]

---

352 EuGH a.a.O., Rn. 44.

353 Vgl. *Degenhart,* Verfassungsfragen des Jugendschutzes beim Film, 2008, S. 32.

354 Vgl. *Frey/Rudolph,* Der Jugendmedienschutz-Staatsvertrag im Lichte des Gemeinschaftsrechts, ZUM 2008, 564 (570 f.).

355 Vgl. *Leuschner,* Sicherheit als Grundsatz, 2018, S. 45 ff.; *Szczekalla,* Die sogenannten grundrechtlichen Schutzpflichten im deutschen und europäischen Recht, 2002, S. 459 ff.

(2) Grundrechtlich fundierte Schutzpflichten des Staates nach der grundgesetzlichen Ordnung

Solche Schutzpflichten sind grundsätzlich in Bezug auf alle Grundrechte bedeutsam: Der Judikatur des BVerfG lässt sich entnehmen, dass es von einer grundsätzlichen „Schutzpflichttauglichkeit" aller Freiheits- und sogar Gleichheitsgrundrechte sowie (nahezu) aller grundrechtsgleichen Rechte ausgeht. Entgegen einzelnen Stimmen in der Literatur gibt es im Grunde keine schutzpflicht-untauglichen Grundrechte oder grundrechtsgleichen Rechte, mit der – einzigen – Ausnahme des Art. 103 Abs. 2 und 3 GG. Allerdings hat Karlsruhe nicht zuletzt auch mit Blick auf das Recht auf Leben[356] sowie das Recht auf körperliche Unversehrtheit und Gesundheit[357] betont hat, dass eine Pflicht des Staates bestehe, sich schützend und fördernd vor die betreffenden Rechtsgüter der Bürger zu stellen und sie gegebenenfalls auch vor rechtswidrigen Eingriffen von Seiten Dritter zu bewahren.[358]

Im Bereich des Kinder- und Jugendschutzes kommt Bund und Ländern im Rahme ihres jeweiligen Kompetenzbereichs mit Blick auf den Verfassungsrang des Jugendschutzes und dessen verfassungsrechtliche Ableitung nicht zuletzt aus dem allgemeinen Persönlichkeitsrecht Minderjähriger[359] die Aufgabe zu, einen Rechtsrahmen vorzuhalten, der Kindern und Jugendlichen eine möglichst unbeeinträchtigte Entwicklung zu selbstbestimmten und gemeinschaftsfähigen Persönlichkeiten ermöglicht und der gleichzeitig deren Entfaltung gewährleistet.

> *„Diese verfassungsrechtliche Aufgabe verdichtet sich im klassischen Kinder- und Jugendmedienschutz zu einer staatlichen Schutzpflicht mit dem Ziel, solche externen Einflüsse auf Kinder und Jugendliche zu minimieren, die geeignet sein können, ihre Persönlichkeitsentwicklung zu beeinträchtigen oder zu gefährden. Nur wenn der Entwicklungsprozess möglichst unbeeinträchtigt bleibt, ist die Grundlage für eine freie Persönlichkeitsentfaltung im Erwachsenenalter geschaffen".*[360]

Diese staatliche Schutzpflicht, ein Aufwachsen Minderjähriger möglichst frei von persönlichkeitsbezogenen Gefährdungen und Beeinträchtigungen zu gewährleisten, umfasst alle auf der Grundlage des Allgemeinen Persönlichkeitsrechts herausgearbeiteten Komponenten jeweils auch in ihrer spezifischen Entwicklungsdimension.[361] Verletzungen des Allgemeinen Persönlichkeitsrechts im Kindesalter weisen dabei besondere Risikopotenziale auf,

---

356 Vgl. BVerfGE 39, 1 (42); 46, 160 (164); 90, 145 (195); 115, 320 (346); 142, 313 Rn. 69; BVerfG, Beschluss des Ersten Senats vom 26. Juli 2016 - 1 BvL 8/15 -.

357 Vgl. BVerfGE 56, 54 (78); 121, 317 (356); 142, 313 Rn. 69; BVerfG, Beschluss des Ersten Senats vom 26. Juli 2016 - 1 BvL 8/15.

358 Vgl. auch BVerfGE 49, 89 (141 f.); 53, 30 (57); 56, 54 (78); BVerfG, Beschluss der 2. Kammer des Zweiten Senats vom 18. Februar 2010 - 2 BvR 2502/08 -, Rn. 11.

359 Vgl. oben, Abschnitt B. VI. 3. a).

360 Bundesprüfstelle für jugendgefährdende Medien, Gefährdungsatlas, 2019, S. 65.

361 Vgl. ibidem, S. 75; *Dreyer,* § 2 – Anwendungsbereich und (neue) Schutzziele, in: Erdemir (Hrsg.), Das neue Jugendschutzgesetz, 2021, S. 41 ff.

weil Minderjährige dabei über die Entfaltungsmöglichkeiten der eigenen Person hinaus auch und insbesondere in ihrer Persönlichkeitsentwicklung beeinträchtigt sind.

> *„Die Gewährleistung der geistig-seelischen Integrität durch das Allgemeine Persönlichkeitsrecht soll extern begünstigte Pathologien während des Aufwachsens verhindern und den Weg zu einer psychisch gesunden und starken – in Fällen von drohenden Persönlichkeitsrechtsverletzungen auch im Sinne einer resilienten – Person ermöglichen. Ein Recht auf eine unbeeinträchtigte Persönlichkeitsentwicklung im Sinne des ... normativen Zielkonzepts eines eigenverantwortlichen und gemeinschaftsfähigen sozialen Individuums, das Beeinträchtigungen und Gefährdungen des Allgemeinen Persönlichkeitsrechts im Kindesalter umfasst, dient dem umfassenden Schutz der Integrität der sich noch in Entwicklung befindlichen Person".*[362]

(Mittelbare) Drittwirkung und Schutzpflicht sind insoweit – teilweise – grundrechtsfunktional parallellaufend, als sie beide über das Medium des sog. einfachen Rechts „arbeiten". Soweit die Schutzpflicht auch unpersonale Gefahren und das Verhalten ausländischer Staaten erfasst sowie (zu-) künftigen Generationen zugute kommen soll, unterscheidet sie sich allerdings von der Drittwirkung. Gleiches gilt, weil die Schutzpflicht nicht nur den Gesetzesanwender (Gerichte oder Verwaltung), sondern auch den Gesetzgeber selbst trifft und weil sie nicht auf normative Schutzmittel beschränkt ist.[363]

(3) Grundrechtlich fundierte Schutzpflichten der EU nach Grundrechtecharta und EMRK

Jenseits einer nach der Judikatur des EuGH nicht ausgeschlossenen unmittelbaren Drittwirkung[364] kommt auch im europäischen Grundrechtsschutz vielen Grundrechten eine Bedeutung als Anknüpfungspunkt einer staatlichen bzw. hoheitlichen Schutzfunktion (*duty to protect*) zu.[365] Namentlich dem Schutz der Grundrechtsausübung vor Behinderungen durch Privatpersonen kommt dabei aus Sicht des EGMR[366] wie der Literatur[367] erhebliche Relevanz

---

362 Bundeszentrale für Kinder- und Jugendmedienschutz, Gefährdungsatlas, 2. Aufl. 2022, S. 75 f.

363 Vgl. *Szczekalla,* Die sogenannten grundrechtlichen Schutzpflichten im deutschen und europäischen Recht, 2002, S. 150 ff.

364 Vgl. hierzu EuGH Urteil vom 6.11.2018, Rs. C-684/16, Max-Planck-Gesellschaft, ECLI:EU:C:2018:874, Rn. Rn. 76; EuGH Urteil vom 6.11.2018, C-569/16 und C-570/16, Bauer und Willmeroth, E-CLI:EU:C:2018:871, Rn. 87.

365 Vgl. *Jarass,* Charta der Grundrechte der EU, 4. Aufl. 2021, Art. 51 Rn. 7; *Kingreen,* in: Calliess/Ruffert (Hrsg.), EUV/AEUV, 6. Aufl. 2022, Art. 51 GRC Rn. 24 ff.; *Schubert,* in: Franzen/Gallner/Oetker (Hrsg.), Kommentar zum europäischen Arbeitsrecht, 4. Aufl. 2022, Art. 51 GRC Rn. 60 ff.; *Stern/Hamacher,* in: Stern/Sachs (Hrsg.), Europäische Grundrechtecharta – GRCh. Kommentar, 2016, A Rn. 105.

366 Vgl. Nachweise bei *Grabenwarter/Pabel,* Europäische Menschenrechtskonvention. Ein Studienbuch, 7. Aufl. 2021, § 19 Rn. 8 f.; *Johann,* in: Karpenstein/Mayer (Hrsg.), Konvention zum Schutz der Menschenrechte und Grundfreiheiten: EMRK, 3. Aufl. 2022, Art. 1 Rn. 7; *Schubert,* in: Franzen/Gallner/Oetker (Hrsg.), Kommentar zum europäischen Arbeitsrecht, 4. Aufl. München 2022, Art.1 EMRK Rn. 31 ff.

367 Vgl. *Cremer,* Funktionen der Grundrechte, in: Grabenwarter (Hrsg.), Europäischer Grundrechteschutz, 2. Aufl. 2022, § 3 Rn. 80; *Krieger,* Funktionen von Grund- und Menschenrechten, in: Dörr/Grote/Marauhn (Hrsg.), EMRK/GG, 3. Aufl. 2022, Kap. 6 Rn. 24 ff.; außerdem *Kingreen,* in: Calliess/Ruffert (Hrsg.), EUV/AEUV, 6. Aufl. 2022, Art. 51 GRC Rn. 26 ff.

zu. Insoweit kann auf die Ausführungen zu Schutzpflichten unter der grundrechtlichen Ordnung des Grundgesetzes verwiesen werden.

Wenn es um positive Pflichten geht, die aus einem Grundrecht der Charta folgen, liegt die Grundrechtsbeeinträchtigung im Unterlassen bzw. der unzureichenden Erfüllung der fraglichen Leistung und der darin liegenden Beeinträchtigung der gebotenen positiven Pflicht.[368] Eine solche Grundrechtsbeeinträchtigung durch Unterlassen setzt allerdings – auch insoweit parallel zur deutschen Grundrechtsdogmatik – voraus, dass dem Grundrechtsverpflichteten das verlangte Handeln möglich ist. Insbesondere muss die Kompetenz- und Zuständigkeitsordnung nach den Europäischen Verträgen gewahrt bleiben, da sie durch die Charta-Grundrechte nach Art. 51 Abs. 2 der Charta in keiner Weise eingeschränkt wird.[369]

(4) Insbesondere: Fortbestehende Befähigung der EU-Mitgliedstaaten zur Adressierung von Entwicklern und Anwendern von KI-Systemen mit Blick auf Kinder- und Jugendschutz

Ein Sonderfall der mittelbaren Einwirkung auf ein Charta-Grundrecht besteht im Übrigen, wenn ein Grundrechtsverpflichteter wie die EU einen anderen Hoheitsträger wie z.B. die deutschen Länder daran hindert, Maßnahmen zum Kinder- und Jugendmedienschutz zu treffen.[370] Dieses Problem einer Behinderung des Schutzes kann sich auch im Kontext der Entwicklung und des Einsatzes von KI stellen – zukünftig z.B. auch dann, wenn die EU unter Bezugnahme auf eine vermeintlich abschließende Regelung von KI-bezogenen Verhaltenspflichten durch die KI-Verordnung der EU die Länder daran hindern wollte, ergänzende oder strengere Regelungen für eine effektiven Schutz Minderjähriger vor KI-gestützter Einengung ihrer medialen Möglichkeiten der Informationsgewinnung zu erlassen.

Ob die nunmehr verabschiedete KI-Verordnung der EU Entwickler und Anwender von KI-Systemen einem Regelungszugriff der Mitgliedstaaten (auch) im Interesse des Kinder- und Jugendschutzes abschließend entzieht, erscheint mit Blick auf jüngste Judikatur des EuGH sowie die Haltung der Europäischen Kommission in ihrer umfassenden Stellungnahme zum Entwurf des Sechsten Medienänderungsstaatsvertrages im Rahmen des diesbezüglichen Notifikationsverfahrens zwar im Ausgangspunkt als offene Rechtsfrage. Allerdings sprechen eine ganze Reihe von Unterschieden selbst unter Berücksichtigung der dort entwickelten Argumente gegen eine solche Sperrwirkung der KI-Verordnung.

Insbesondere enthält die KI-Verordnung keine den Art. 28, 34 und 35 Abs. 1 Buchst. j) des DSA vergleichbare Regelungen, über die aus Sicht der Europäischen Kommission im o.g. Notifizierungsverfahren der Schutz von Minderjährigen als eine besonders gefährdete Kategorie von Empfängern von Online-Vermittlungsdiensten zu einem wesentlichen Aspekt

---

368 Vgl. *Kingreen,* in: Calliess/Ruffert (Hrsg.), EUV/AEUV, 2022, Art. 52 GRC Rn. 55.

369 Vgl. *Jarass,* Charta der Grundrechte der EU, 4. Aufl. 2021, Art. 52 Rn. 17.

370 Vgl. ibidem, Art. 52 Rn. 14.

des Gesetzes über digitale Dienste geworden ist.[371] Selbst wenn man der Position der Kommission im o.g. Notifizierungsverfahren folgen würde – eine Position, die erheblichen Bedenken im Hinblick auf Grundelemente der Kompetenzabgrenzung zwischen EU und Mitgliedstaaten begegnet: Wo es an sekundärrechtlicher Harmonisierung fehlt, kann ein der Harmonisierung dienender Rechtsakt der EU, selbst wenn er in Form einer Verordnung erfolgt, keine Sperrwirkung mit Blick auf nicht harmonisierte mitgliedstaatliche Regulierungsvorgaben auslösen.

c) KI als schutzpflichtauslösende Gewalt

Im Grundsatz lässt sich festhalten, dass die Schutzpflicht nach Ansicht des BVerfG in all den Fällen besteht, in denen ein Grundrechtsgut durch nichtstaatliche „Gewalten" beeinträchtigt oder gefährdet wird. Die nichtstaatlichen Gewalten umfassen dabei nicht nur personale Phänomene wie Private und ausländische Staaten. Im Blick auf den Grundsatz der Irrelevanz der Bedrohungsherkunft können auch unpersonale Gefahren die Schutzpflicht auslösen. Dies gilt konsequenterweise nicht nur für natürliche Phänomene wie insbesondere Naturkatastrophen.[372] Vielmehr können auch unpersonale Gefahren nicht-natürlicher Art wie durch KI ausgelöste Gefahren für grundrechtlich geschützte Rechtsgüter eine staatliche Schutzpflicht auslösen.

Die aus den Grundrechten folgenden subjektiven Abwehrrechte gegen staatliche Eingriffe einerseits und die sich aus der objektiven Bedeutung der Grundrechte ergebenden Schutzpflichten andererseits unterscheiden sich insofern grundlegend voneinander, als das Abwehrrecht in Zielsetzung und Inhalt ein bestimmtes staatliches Verhalten verbietet, während die Schutzpflicht grundsätzlich unbestimmt ist. Allerdings dürfte mit der in allen Lebensbereichen zunehmenden Bedeutung von KI-Anwendungen und Gefahren der *„Black Box"* KI wie z.B. algorithmenbasierter Diskriminierung oder der Erstellung von Persönlichkeitsprofilen auch die staatlichen Schutzpflichten zur Gewährleistung des Grundrechtsschutzes zunehmende Bedeutung gewinnen.[373]

d) Die Offenheit der Reichweite der Schutzpflicht im Blick auf parlamentarisch-demokratische Verantwortlichkeit

Allerdings begründen Schutzpflichten nur abstrakte Verhaltenspflichten, die in erster Linie den parlamentarisch-demokratischen Gesetzgeber betreffen. Den grundrechtlichen Schutzpflichten ist grundsätzlich kein verfassungsrechtlicher Imperativ eigen, welche Maßnahmen mit Blick auf diese Schutzpflichten ergriffen werden müssen und welches Schutzniveau anzustreben ist. Der Gesetzgeber hat einen Einschätzungs- und

---

371 Vgl. C(2024) 4659 final.

372 Vgl. *Szczekalla,* Die sogenannten grundrechtlichen Schutzpflichten im deutschen und europäischen Recht, 2002, S. 96 ff., 276 ff.

373 Vgl. *Heckmann/Paschke*, Digitalisierung und Grundrechte, in: Stern/Sodan/Möstl, Das Staatsrecht der Bundesrepublik Deutschland im europäischen Staatenverbund, 2. Auflage 2022; § 121 Rn. 58.

Beurteilungsspielraum;[374] seine Schutzpflichten stehen unter dem Begriff „Vorbehalt des Möglichen"[375] – auch des wirtschaftlich wie des technologisch Möglichen.

Regelmäßig werden sich die Schutzpflichten nicht zu konkreten Handlungspflichten verdichten lassen. Vielmehr hat der Gesetzgeber Schutzbedürfnisse mit anderen Rechtsgütern (KI-bezogen namentlich den Grundrechten der Adressaten möglicher Schutzeingriffe aus der Wissenschafts- und Forschungs-, der Berufs- und der Eigentumsfreiheit) abzuwägen und kann hierbei zu unterschiedlichen Abwägungsergebnissen gelangen, die sich ihrerseits im Rahmen des verfassungsrechtlich Zulässigen bewegen. Auch bei der Regulierung von KI engt das Grundgesetz den Gesetzgeber nicht in Richtung auf die Verfassungskonformität lediglich einer Lösung von Zielkonflikten ein. Denn auch hier geht es um eine anspruchsvolle und voraussetzungsreiche Zukunftsprognose, die keine eindeutigen Schlüsse zulässt und bei der Chancen- und Risikopotential einer Technologie in der Wissenschaft umstritten sind. Der Gesetzgeber muss daher selbst Bewertungen treffen, welche Deutung er seinem Konzept des Schutzes vor Risiken von KI im Allgemeinen und mit Bezug auf Kinder- und Jugendmedienschutz im Besonderen zugrunde legt und welche legislativen Folgerungen er hieraus zieht.

Die Aufstellung und normative Umsetzung eines Schutzkonzepts bleibt auch im Blick auf KI-bezogene Gefährdungslagen Sache des Gesetzgebers, dem grundsätzlich auch dann ein Einschätzungs-, Wertungs- und Gestaltungsspielraum zukommt, wenn er dem Grunde nach verpflichtet ist, Maßnahmen zum Schutz eines Rechtsguts zu ergreifen.[376] KI-bezogene Schutzpflichten mit Blick auf den Kinder- und Jugendmedienschutz werden daher nur dann in einer gerichtlich feststellbaren Weise verletzt, wenn

der Gesetzgeber in Ansehung einer unstreitig festgestellten Gefährdung des Allgemeinen Persönlichkeitsrechts schlichtweg untätig bleibt,

getroffene Maßnahmen evident ungeeignet sind, die relevante Gefährdung eines Schutzgutes einer unbeeinträchtigten persönlichen Entwicklungsperspektive Minderjähriger hinreichend zu begrenzen oder

die Verwaltung (bzw. im Rahmen der Verwaltungskontrolle die Justiz) vorhandene Ermächtigungen, geeignete Maßnahmen zur Eindämmung einer Gefährdung zu erlassen, nicht nutzt, obschon dies auf Grund der Intensität der Belastung des Grundrechtes Minderjähriger auf Persönlichkeitsentwicklung geboten wäre.[377]

---

374 Hierzu jüngst *Di Fabio*, Neuordnung der Notfallrettung, 2024, S. 41.

375 Vgl. *Munaretto*, Der Vorbehalt des Möglichen, 2022, insb. S. 365 ff.

376 Vgl. BVerfGE 121, 317 (356); 133, 59 (76 Rn. 45); 142, 313 Rn. 70; BVerfG, Beschluss des Ersten Senats vom 26. Juli 2016 - 1 BvL 8/15 -.

377 Vgl. allgemein BVerfGE 56, 54 (80 f.); 77, 170 (214 f.); 77, 381 (405); 79, 174 (202); 85, 191 (212 f.); 92, 26 (46); 125, 39 (78 f.); 142, 313 Rn. 70; BVerfG, Beschluss der 3. Kammer des Ersten Senats vom 28. Februar 2002 - 1 BvR 1676/01 -, NJW 2002, 1638 (1639); BVerfGK 10, 208 (211); BVerfG, Beschluss der 2. Kammer des Zweiten Senats vom 18. Februar 2010 - 2 BvR 2502/08 -, Rn. 11 sowie jüngst *Di Fabio*, Neuordnung der Notfallrettung, 2024, S. 41.

e) Grundrechtliche und rechtsstaatliche Schranken der Schutzpflicht

Wenn der Staat Schutzpflichten z.B. in Bezug auf Einsatz und Entwicklung von KI im Hinblick auf das allgemeine Persönlichkeitsrecht Minderjähriger nachkommt, unterliegt er, soweit dies (namentlich außerhalb der Vermittlung von Digitalkompetenz) mit Einschränkungen von Grundrechten Dritter (wie z.B. der Forschungsfreiheit von Entwicklern oder der Berufsfreiheit von Anwendern) verbunden ist – wie auch im Rahmen von Grundrechtsbeschränkungen im Übrigen – im Wesentlichen zwei Schranken: neben der abwägungsfesten Menschenwürde aus Art. 1 Abs. 1 GG folgt eine Schranke zunächst aus dem Verhältnismäßigkeitsgrundsatz:[378] Der Gesetzgeber muss dementsprechend auch im Spannungsverhältnis von grundrechtlich begründeter staatlicher Schutzpflicht gegenüber Minderjährigen einerseits sowie den Grundrechten Dritter andererseits einen Ausgleich widerstreitender Interessen herbeiführen.[379] Auch bei der Wahrnehmung der staatlichen Schutzpflicht im Interesse der ungehinderten Möglichkeit zur Persönlichkeitsentwicklung Minderjähriger ist insoweit bedeutsam, dass bestimmte Grundrechtseingriffe (1.) nur zum Schutz hochrangiger Grundrechte gerechtfertigt sind – wobei die Persönlichkeitsentwicklung auch mit Blick auf ihren Menschenwürde-Bezug ein solches Grundrecht ist – und (2.) nur ab einer gewissen Realisierungsgefahr erfolgen dürfen.[380] In Bezug auf die Frage, ob eine solche Realisierungsgefahr besteht, verfügt der Gesetzgeber zumindest solange, die der Meinungsfreiheit über die Risiken von KI fortdauern, über eine gerichtsfeste Beurteilungsprärogative.

Im Rahmen des Interessensausgleichs ist der Gesetzgeber an das Untermaß- wie an das Übermaßverbot als Ausflüsse des Rechtsstaatsprinzips gebunden. Deshalb ist er i.S. des Untermaßverbotes verpflichtet, einen hinreichenden Grundrechtsschutz gegenüber Beeinträchtigungen von nicht-staatlichen Akteuren sicherzustellen, zugleich aber auch im Blick auf das Übermaßverbot verpflichtet, die staatliche Schutzpflicht nicht zu überdehnen, sondern vielmehr auf eine unangemessene Einschränkung der Grundrechte von Dritten in Wahrnehmung der Schutzpflicht zu verzichten.[381]

---

[378] Vgl. *Heckmann/Paschke*, Digitalisierung und Grundrechte, in: Stern/Sodan/Möstl, Das Staatsrecht der Bundesrepublik Deutschland im europäischen Staatenverbund, 2. Auflage 2022; § 121 Rn. 19; *Hoffmann* u.a., Grundrechtliche Wirkungsdimensionen im digitalen Raum, MMR 2014, 89 (91); *Papier,* Rechtsstaatlichkeit und Grundrechtsschutz in der digitalen Gesellschaft, NJW 2017, 3025 (3027); *Schröder,* Neue Grundrechte für ein digitales Zeitalter?, JZ 2019, 953 (956 f.).

[379] Vgl. auch BVerfGE 120, 274 (326).

[380] Vgl. *Heckmann/Paschke*, Digitalisierung und Grundrechte, in: Stern/Sodan/Möstl, Das Staatsrecht der Bundesrepublik Deutschland im europäischen Staatenverbund, 2. Auflage 2022; § 121 Rn. 19; *Papier,* Rechtsstaatlichkeit und Grundrechtsschutz in der digitalen Gesellschaft, NJW 2017, 3025 (3027).

[381] Vgl. zum Untermaßverbot allgemein BVerfGE 88, 203 (254); 109, 190 (247) sowie z.B. *Papier,* Rechtsstaatlichkeit und Grundrechtsschutz in der digitalen Gesellschaft, NJW 2017, 3025 (3027); *Szczekalla,* Die sogenannten grundrechtlichen Schutzpflichten im deutschen und europäischen Recht, 2002, S. 111 f., 230 f., 323 ff.

f) Die Länder als schutzpflichtige staatliche Ebene in Bezug auf Gefahren für den Kinder- und Jugendmedienschutz durch den Einsatz von KI

Das Grundgesetz enthält auch keine ausdrückliche Regelung zu der im föderalen System zentralen Frage, welche Ebene deutscher Staatlichkeit, der Bund oder die Länder, für die Erfüllung der jeweiligen Schutzpflicht zuständig ist. Die Antwort, welche staatliche Ebene konkret zuständig ist, ergibt sich vor diesem Hintergrund aus der Aufgabenzuständigkeit, d.h. aus der Kompetenzverteilung zwischen Bund und Ländern, wobei aus einem Grundrecht auch in seiner Schutzpflichten auslösenden Bedeutung Kompetenzen nicht begründet werden können.[382] In der Bundesrepublik Deutschland ist die Schutzpflicht mithin grundsätzlich nicht nur gesetzes-, sondern auch kompetenziell mediatisiert: Bund und Ländern kommt in ihrem jeweiligen Aufgabenbereich eine jeweils eigenständige und voneinander getrennte Verantwortlichkeit zu, die nach Ansicht des BVerfG in Extremfällen indes durchbrochen werden kann.[383]

Im Hinblick auf die verfassungsrechtlich fundierte Gesetzgebungskompetenz der Länder für den Jugendmedienschutz im Bereich von Rundfunk und Telemedien sind diese auch im Ausgangspunkt Schutzpflichtige in Bezug auf mediale Gefährdungslagen für das Rechtsgut unbeeinträchtigter Entwicklungsperspektive Minderjähriger durch den Einsatz von KI.

g) Zum Verhältnis von vielfalts- und jugendschutzbezogenen Schutzpflichten

Die staatliche Schutzpflicht ist generell digitalisierungs- und KI-offen und umfasst mithin die Regulierung digitaler Umgebungen unter den verschiedensten in Betracht kommende Schutzrichtungen, soweit dies erforderlich ist. Die kinder- und jugendschutzbezogene Schutzpflicht mit Blick auf neue digitale Gefährdungslagen im Medien-Ökosystem tritt insoweit neben die vielfaltsbezogene Schutzpflicht, die das BVerfG aus Art. 5 Abs. 1 Satz 2 GG und der darin verorteten staatlichen Verantwortung, das Entstehen vorherrschender Meinungsmacht zu verhindern,[384] abgeleitet hat. Schutzpflichtige sind durch die vielfaltsbezogene Regulierung, die namentlich auch Medienintermediäre wie Suchmaschinen und soziale Netzwerke erfahren haben,[385] nicht gehindert, die positive Medienordnung für ein Medien-Ökosystem, das zunehmend auch KI-beeinflusst ist, um Regelungen zu ergänzen und zu erweitern, die auf die Wahrung der den Kinder- und Jugendmedienschutz effektuierenden Schutzpflichten ausgerichtet sind.

---

[382] Vgl. z.B. *Di Fabio*, Neuordnung der Notfallrettung, 2024, S. 32.

[383] Vgl. *Szczekalla,* Die sogenannten grundrechtlichen Schutzpflichten im deutschen und europäischen Recht, 2002, S. 163 f., 272 f.

[384] BVerfGE 73, 118 (172).

[385] Vgl. hierzu z.B. *Heckmann/Paschke*, Digitalisierung und Grundrechte, in: Stern/Sodan/Möstl, Das Staatsrecht der Bundesrepublik Deutschland im europäischen Staatenverbund, 2. Auflage 2022; § 121 Rn. 21; *Kalbhenn/Hemmert-Halswick,* EU-weite Vorgaben für die Content-Moderation in sozialen Netzwerken, ZUM 2021, 184 (186); *Liesem,* Neulandvermessung – Die Regulierung von Medienintermediären im neuen Medienstaatsvertrag, ZUM 2020, 377 (377); *Paal,* Vielfaltssicherung bei Intermediären, MMR 2018, 567 (567 ff.).

h) Insbesondere: Zum Umgang mit „sozialadäquaten Restrisiken" im Rahmen der Schutzpflicht

Für das Entstehen einer Schutzpflicht ist generell ein schutzpflichtenaktivierendes Gefährdungsniveau für ein Grundrecht oder grundrechtsgleiches Recht erforderlich. Das BVerfG[386] hat zu Frage, ab welcher Gefahrenschwelle der Staat seine Bürger konkret zu schützen hat, betont, dass

> *„bloße Grundrechtsgefährdungen grundsätzlich im Vorfeld verfassungsrechtlich relevanter Grundrechtsbeeinträchtigungen (liegen), allerdings könnten sie unter bestimmten Voraussetzungen Grundrechtsverletzungen gleichstehen".*

Um welche Voraussetzungen es sich dabei handelt, hat das Gericht zwar offen gelassen, indessen namentlich in Entscheidungen im Zusammenhang mit Fragen der Kernenergie Orientierungspunkte geboten, die nicht nur einem „radioaktiven Zerfall der Grundrechte" gegensteuern,[387] sondern auch Orientierungspunkte dafür bieten, wann, wie und unter Wahrung welcher Grenzen einer möglichen algorithmischen und digitalen Aushöhlung des Grundrechtsschutzes gegengesteuert werden muss.

Zwar sind alle Stellen, die öffentliche Gewalt ausüben, prinzipiell verpflichtet, sich schützend vor das grundrechtlich verbürgte Rechtsgut unbeeinträchtigter Persönlichkeitsentwicklung Minderjähriger zu stellen. Dieses Grundrecht gewährleistet aber keinen Anspruch auf Ausschluss jedes vorstellbaren Risikos bei der Entwicklung und dem Einsatz von KI, jedenfalls nicht in Gestalt einer verfassungsrechtlichen Verpflichtung des Staates zur empirischen Widerlegung jeglicher Warnungen vor denkbaren Schadensereignissen.[388] Denn die staatliche Schutzpflicht verlangt im Kontext von Technologien, deren menschliche Beherrschbarkeit in Zweifel gezogen wird, nach gefestigter Judikatur des BVerfG auf der Grundlage der *Kalkar*-Entscheidung vom 8. August 1978 bei komplexen Sachverhalten, über die noch keine verlässlichen wissenschaftlichen Erkenntnisse vorliegen, von keiner Staatsgewalt, ungesicherten wissenschaftlichen Theorien zur Durchsetzung zu verhelfen.[389]

> *„Im Rahmen ihrer jeweiligen Zuständigkeiten obliegt aber allen Stellen, die öffentliche Gewalt ausüben, eine gesteigerte Verantwortung, wenn sie Entscheidungen treffen, die auf ungewissen Folgenabschätzungen beruhen. Dies gilt gerade dann, wenn wissenschaftlich und praktisch noch unerschlossenes Neuland betreten wird".*[390]

Dieser im Zusammenhang mit kernphysikalischer Forschung entwickelte Ansatz ist auch im Blick auf Entwicklung und Einsatz von KI bedeutsam. Auch hier kommt es aus

---

386 BVerfGE 49, 89 (141 f.).

387 *Roßnagel,* Radioaktiver Zerfall der Grundrechte?, 1984, insbesondere S. 33 ff.

388 Vgl. BVerfG, Beschluss der 2. Kammer des Zweiten Senats vom 18. Februar 2010 - 2 BvR 2502/08 -, Rn. 10.

389 Vgl. BVerfGK 10, 208 (211); BVerfG, Beschluss der 2. Kammer des Zweiten Senats vom 18. Februar 2010 - 2 BvR 2502/08 -, Rn. 11.

390 BVerfG, Beschluss der 2. Kammer des Zweiten Senats vom 18. Februar 2010 - 2 BvR 2502/08 -, Rn. 11.

verfassungsrechtlicher schutzpflichtenorientierter Perspektive darauf an, sich eine möglichst breite Informationsgrundlage für eine möglichst rationale Risikoabschätzung zu verschaffen, wobei die unterschiedlichen Erkenntnismöglichkeiten im Rahmen eines gewaltenteiligen Systems berücksichtigt werden müssen. Dem liegt eine Verteilung der Verantwortung zur Beurteilung komplexer, wissenschaftlich umstrittener Sachverhalte zwischen Exekutive und Gerichten zugrunde, die den nach Funktion und Verfahrensweise unterschiedlichen Erkenntnismöglichkeiten beider Gewalten Rechnung trägt.[391]

Eine nur theoretisch herleitbare Gefährdung von Leben oder Gesundheit kann ebenso wie bei der schutzpflichtbezogenen Einordnung kernphysikalischer Forschung und Entwicklung auch bei dieser Einordnung in Bezug auf Entwicklung und Einsatz von KI zwar nur ausnahmsweise als Grundrechtseingriff angesehen werden. Dabei gilt allerdings auch hier:

> *„Je größer das Risikopotential für Leben oder Gesundheit ist, desto niedriger liegt die Schwelle der Wahrscheinlichkeit für die Prognose eines Schadenseintritts, bei deren Überschreitung wirksame staatliche Schutzmaßnahmen geboten sind. Hinsichtlich schwerer Schäden an Leben oder Gesundheit einer Vielzahl von Grundrechtsträgern genügt prinzipiell bereits eine im Vorfeld erkannte Realisierungstendenz, um Schutzpflichten des Staates auszulösen".*[392]

Ein Schadensereignis apokalyptischen Ausmaßes muss nach der bisherigen Judikatur als mögliche Konsequenz eines wissenschaftlichen Vorhabens nach dem Stand von Wissenschaft und Technik praktisch ausgeschlossen sein.[393] Ob dies bei Entwicklung und Einsatz von KI der Fall ist, erscheint mit Blick auf jüngste Warnungen aus dem Bereich der KI-Entwicklung selbst nicht ohne Weiteres gesichert.[394]

Soweit im Rahmen der derzeit als gesichert geltenden wissenschaftlichen Prämissen zu Entwicklung und Einsatz von KI vernünftige Zweifel darüber möglich sind, ob Schäden an Rechtsgütern eintreten oder ausbleiben werden, verlangt die verfassungsrechtliche Schutzpflicht, dass staatliche Organe alle Anstrengungen unternehmen, um mögliche Gefahren jedenfalls möglichst frühzeitig zu erkennen, um diesen mit den erforderlichen Mitteln begegnen zu können.

> *„Soweit bei Schäden mit katastrophalen oder gar apokalyptischen Ausmaßen nachvollziehbare, wissenschaftlich entweder diskutierte oder jedenfalls fachlich nicht vollständig ausschließbare Möglichkeiten des Eintritts bestehen, ist die öffentliche*

---

391 Vgl. BVerfG, Beschluss der 3. Kammer des Ersten Senats vom 28. Februar 2002 - 1 BvR 1676/01 -, NJW 2002, 1638 (1639); Beschluss der 2. Kammer des Zweiten Senats vom 18. Februar 2010 - 2 BvR 2502/08 -, Rn. 11; vgl. auch BVerfGE 61, 82 (114 f.); 84, 34 (50); 95, 1 (15).

392 BVerfG, Beschluss der 2. Kammer des Zweiten Senats vom 18. Februar 2010 - 2 BvR 2502/08 -, Rn. 12; vgl. zuvor bereits BVerfGE 66, 39 (58).

393 Vgl. BVerfGE 49, 89 (142 f.); BVerfG, Beschluss der 2. Kammer des Zweiten Senats vom 18. Februar 2010 - 2 BvR 2502/08 -, Rn. 12 = NVwZ 2010, 702 (704).

394 Vgl. zu solchen Warnungen z.B. *Nowotny*, Die KI sei mit Euch, 2023, S. 10 ff.

Gewalt zu geeigneten Vorkehrungen oder bei eigener Beteiligung am risikosetzenden Verhalten zum Unterlassen verpflichtet".[395]

Demgegenüber begründet der bloße Verweis auf hypothetische Kausalverläufe jenseits derartiger vernünftiger Zweifel nach der Judikatur des BVerfG lediglich

> *„Restrisiken in dem Sinne, dass der Eintritt künftiger Schadensereignisse nie mit absoluter Sicherheit ausschließbar ist, weil hier Grenzen der empirisch überprüfbaren und theoretischer Argumentation zugänglichen Erkenntnisfähigkeit bestehen. (vgl. BVerfG, Beschluss der 3. Kammer des Ersten Senats vom 28. Februar 2002, a.a.O., dort zur Vorsorge gegen rein hypothetische Gefährdungen). Denn letzte Ungewissheiten jenseits der gegenwärtigen Erkenntnisfähigkeit sind in einer wissenschaftlich-technisch orientierten Gesellschaft grundsätzlich unentrinnbar und insofern als sozialadäquate Lasten von allen Bürgern zu tragen" (Hervorhebung d. Verf.).*[396]

Die Schutzpflicht hindert nach der Judikatur des BVerfG die öffentliche Gewalt nicht, mit wissenschaftlicher Forschungstätigkeit unentrinnbare Restrisiken in Kauf zu nehmen. Dies gilt auch für KI-bezogene Forschung:

> *„Ansonsten wäre großexperimentelle Grundlagenforschung kaum möglich, weil sich im zu erforschenden Grenzbereich überraschende physikalische Wirkungen auslösende Ergebnisse nicht völlig ausschließen lassen. Allerdings trifft die Träger öffentlicher Gewalt eine Pflicht, Erkenntnisquellen auszuschöpfen und eine Risikoanalyse mit fachlicher Bewertung vorzunehmen. Diese Anforderungen dürfen aber nicht zu Lasten der Forschungsfreiheit überspannt werden; sie dienen vielmehr dazu, den wissenschaftlichen Diskurs offen zu halten und seine Erkenntnisse nachzuvollziehen".*[397]

Soweit die dafür zuständigen Verfassungsorgane oder entsprechende Stellen öffentlicher Verwaltung fachliche Abschätzungen zu Entwicklung und Einsatz von KI verantwortlich vorgenommen haben, fehlt es den Gerichten an Maßstäben, ihre eigene Beurteilung jenseits praktischer Vernunfterwägungen an die Stelle des legislativen oder exekutiven Sachverstandes zu setzen.[398]

---

395 BVerfG, Beschluss der 2. Kammer des Zweiten Senats vom 18. Februar 2010 - 2 BvR 2502/08 -, Rn. 13 = NVwZ 2010, 702 (704).

396 BVerfG, Beschluss der 2. Kammer des Zweiten Senats vom 18. Februar 2010 - 2 BvR 2502/08 -, Rn. 13 = NVwZ 2010, 702 (704) unter Bezugnahme auf BVerfGE 49, 89 (143) sowie BVerfG, Beschluss der 3. Kammer des Ersten Senats vom 28. Februar 2002 - 1 BvR 1676/01 -, NJW 2002, 1638 (1639). Vgl. hierzu auch *Lawrence,* Grundrechtsschutz, technischer Wandel und Generationenverantwortung, 1989, S. 72 ff., 85 ff., 134 ff.

397 BVerfG, Beschluss der 2. Kammer des Zweiten Senats vom 18. Februar 2010 - 2 BvR 2502/08 -, Rn. 14 = NVwZ 2010, 702 (704).

398 Vgl. BVerfGE 66, 39 (61).

VII. Von der Grundrechteevolution zur digitalen Revolution der Grundrechtsdogmatik?

1. Einführung

Ob und wie wandlungsfähig das Grundgesetz im Allgemeinen und dessen Grundrechte im Besonderen sind und wo Grenzen der Auslegung bestehen, sind Grundsatzfragen, die das (staats-) rechtswissenschaftliche Denken schon lange mitbestimmen. beschäftigen.[399] Dass der Verfassungsinterpretation zwischen normativem Anspruch und politischer Wirklichkeit eine gewisse Dynamik innewohnt, war schon in der Vergangenheit vertraut;[400] die Interdependenzen zwischen digitaler Technik und verfassungsrechtlichem Geltungsanspruch haben eine vergleichbare (grund-) rechtsdogmatische Durchdringung noch nicht gefunden.[401]

Grundrechtsdogmatik erschließt der Anwendung und Auslegung von Grundrechtsnormen in der Darstellung von Tatbestand und Rechtsfolge, Systematik und Telos Vorzüge der Verallgemeinerung. Damit wirkt Grundrechtsdogmatik auf die Grundrechtsinterpretation stabilisierend, ist indessen aber auch zugleich Bestandteil der Interpretation der Verfassung als *„living instrument*" – ein Auslegungsansatz, der Versteinerungstendenzen entgegensteht, die die Legitimität der Verfassungsordnung perspektivisch gefährden könnte. Soweit sich die Grundrechtsdogmatik fortentwickeln, muss, um ihre Funktion dauerhaft zu erfüllen,[402] hat sie eine dynamische Qualität, die mit der stabilisierenden Wirkung in einem fruchtbaren Spannungsverhältnis steht.[403] Die Grundrechtsdogmatik hat sich dabei bereits bislang als offen für Wandel und Weiterentwicklung erwiesen. In einem dialogischen Austausch von Bundesverfassungsgericht und Staatsrechtslehre entstanden dabei sowohl neue materiell-rechtliche Grundrechtsverbürgungen wie auch neue Grundrechtsfunktionen.[404] Das traditionelle Verständnis der Grundrechte als subjektive Abwehr- und Freiheitsrechte

---

399 Vgl. *Böhm,* Dynamische Grundrechtsdogmatik von Ehe und Familie?, VVDStRL 73 (2014), 211 (219) unter Bezugnahme auf *Häberle,* Verfassung als öffentlicher Prozeß, 3. Aufl. 1998; *Jestaedt,* Grundrechtsentfaltung im Gesetz, 1999, S. 72 ff., 262 ff.; *Müller,* Normstruktur und Normaktivität, 1966, S. 13 ff.

400 Vgl. z.B. *Habermas,* Faktizität und Geltung, 1998; *Hillgruber,* Verfassungsrecht zwischen normativem Anspruch und politischer Wirklichkeit, VVDStRL 67 (2008), 7 ff.; und *Volkmann,* Das Verfassungsrecht zwischen normativem Anspruch und politischer Wirklichkeit, VVDStRL 67 (2008), 57 ff.

401 Vgl. hierzu z.B. *Kirchhof/Magen/Schneider* (Hrsg.), Was weiß Dogmatik? Was leistet und wie steuert die Dogmatik des Öffentlichen Rechts?, 2012.

402 Vgl. *Steiger,* Verfassungsgarantie und sozialer Wandel - Das Beispiel von Ehe und Familie, VVDStRL 45 (1987), 55 (77); *Zippelius,* Verfassungsgarantie und sozialer Wandel – Das Beispiel von Ehe und Familie, DÖV 1986, 805 (806 ff.).

403 Vgl. auch *Germann,* Dynamische Grundrechtsdogmatik von Ehe und Familie?, VVDStRL 73 (2014), 257 (262).

404 Vgl. *Böhm,* Dynamische Grundrechtsdogmatik von Ehe und Familie?, VVDStRL 73 (2014), 211 (219); *Bryde,* Verfassungsentwicklung, 1982, insbes. S. 206 ff.; *Stolleis,* Geschichte des öffentlichen Rechts in Deutschland, Band 4 - Staats- und Verwaltungsrechtswissenschaft in West und Ost 1945–1990, 2012, S. 241 ff. m.w.N.

und als Anknüpfungspunkt institutioneller Garantien wurde dabei schon früh insbesondere um die Figur der objektiven Dimension der Grundrechte[405] angereichet, die auch als Ausdruck einer in der Nachkriegszeit vorhandenen anti-totalitären Ausrichtung sämtlicher Lebensbereiche auf eine objektiven Wertordnung verstanden werden kann.[406] Für die Entwicklungsoffenheit der Grundrechtsdogmatik ist in materiell-rechtlicher Hinsicht insbesondere die Etablierung von Art. 2 Abs. 1 GG als Auffanggrundrecht,[407] in Bezug auf die Funktionalität von Grundrechten die grundrechtsfundierte Entwicklung staatlicher Schutzpflichten bedeutsam.[408]

Dass die Auslegung von Verfassungsbestimmungen wandlungsfähig ist, zeigt sich schon daran, dass die Verfassungsmäßigkeit einer gesetzlichen Regelung auch dann und damit nochmals überprüft werden kann, wenn eine Entscheidung des Bundesverfassungsgerichts bereits vorliegt. Voraussetzung hierfür ist, dass sich die tatsächlichen Verhältnisse, die Verfassungswirklichkeit oder die allgemeine Rechtsauffassung zu der zu überprüfenden Norm so geändert haben, dass ein veränderter Verfassungsinhalt oder ein anderer Norminhalt der neuen verfassungsrechtlichen Prüfung zugrunde gelegt werden muss.[409] Ein solcher Interpretationswandel ist mithin insbesondere dann, wenn sich soziale Umstände und Einstellungen ändern, naheliegend: So hat das Bundesverfassungsgericht schon 1953 betont, dass soziale Entwicklungen die Auslegung des Grundgesetzes beeinflussen können.[410] In späteren Entscheidungen ordnete das BVerfG auch einen Wandel der gesellschaftlichen Anschauungen als einen Auslegungswandel legitimierend ein.[411] Aber nicht nur sozialer, wirtschaftlicher und wertebezogener Wandel,[412] sondern auch technologische Entwicklungsschübe können die Auslegung von Grundrechten und damit auch ihre Dogmatik beeinflussen.

Es ist naheliegend, auf dieses technologische Entwicklungsbedürfnis grundrechtlicher Dogmatik in der digitalen Welt mit dem Konzept eines am Leitbild digitaler Souveränität orientierten Verfassungswandels zu reagieren. Dem trägt ein dynamisches und abgestuftes Drei-Stufen-Modell der Grundrechtsentwicklung aus Interpretation, Innovation und Kodifikation Rechnung: die nächsthöhere Stufe wird dabei erst dann relevant, wenn die Mittel der jeweils unteren Stufe als Antwort auf die Digitalisierung nicht mehr ausreicht[413] – ein

---

405 Vgl. grundlegend BVerfGE 7, 198 (205).

406 Vgl. *Böhm,* Dynamische Grundrechtsdogmatik von Ehe und Familie?, VVDStRL 73 (2014), 211 (220); *Wahl,* Entwicklungspfade im Recht, JZ 2013, 369 (372, 375 ff. m.w.N.).

407 Grundlegend BVerfGE 6, 32 (37) (sog. *Elfes*-Urteil).

408 Grundlegend BVerfGE 39, 1 (41 ff.) (zu § 218 StGB).

409 Vgl. BVerfGE 33, 199 (204); 65, 179 (181).

410 Vgl. BVerfGE 2, 380 (401) - „... wenn in ihrem Bereich neue, nicht vorausgesehene Tatbestände auftauchen oder bekannte Tatbestände durch ihre Einordnung in den Gesamtablauf einer Entwicklung in neuer Beziehung oder Bedeutung erscheinen.").

411 Vgl. BVerfGE 10, 354 (368 f.); 18, 112 (118).

412 Vgl. hierzu *Böhm,* Dynamische Grundrechtsdogmatik von Ehe und Familie?, VVDStRL 73 (2014), 211 (222).

413 Vgl. hierzu und zum Folgenden *Peuker,* Verfassungswandel durch Digitalisierung, 2020, 297 ff.; im Anschluss auch *Heckmann/Paschke,* Digitalisierung und Grundrechte, in: Stern/Sodan/Möstl, Das

Ansatz, der auch für die grundrechtliche Bewältigung von KI-Herausforderungen fruchtbar gemacht werden kann:

- Auf der ersten Stufe der Interpretation wird nach diesem Modell die Anwendbarkeit bestehender Grundrechte auf neue, digitale, einschließlich KI-bezogener Sachverhalte durch Auslegung dieser Grundrechte geprüft werden. Dabei erfolgt eine Abänderung oder Anreicherung des bisherigen jeweiligen Grundrechtsgehaltes durch die Aufnahme von tatsächlichen Veränderungen im Normbereich des Grundrechts.
- Genügt die Auslegung bestehender Grundrechte nicht, um Herausforderungen der Digitalisierung im Allgemeinen und des Einsatzes und der Entwicklung von KI im Besonderen vor dem Hintergrund gewährleisteten Grundrechtsschutzes angemessen Rechnung zu tragen, folgt auf der zweiten Stufe die Innovation, um etwaige Lücken des Grundrechtsschutzes zu schließen. Beispiele für derartige Innovationen sind das Recht auf informationelle Selbstbestimmung sowie das Recht auf Vertraulichkeit und Integrität informationstechnischer Systeme.
- Auf einer dritten Stufe erfolgt schließlich die Kodifikation als „Vertextlichung der von Rechtsprechung und Wissenschaft entwickelten Interpretationen oder Innovationen" im Interesse von „Verfassungsklarheit und Verfassungswahrheit" und einer „Stabilisierung der entwickelten Grundrechtsinnovationen".[414] Auf einer solchen Kodifikationsebene könnte sich auch die Verankerung eines KI-Grundrechts im Korpus des Grundgesetzes und/oder der Grundrechtecharta der EU bewegen.

2. Erweiterung des Kreises Grundrechteverpflichteter – digitale Drittwirkung

a) Einleitung

Sowohl für den Grundrechtsschutz nach dem Grundgesetz als auch denjenigen nach EMRK und Grundrechtecharta wird zum einen eine unmittelbare Drittwirkung der Grundrechte bislang abgelehnt, eine mittelbare Drittwirkung indessen für möglich erachtet. Indessen eröffnen die Rahmenbedingungen der sog. Plattformökonomie[415] hier u.U. Wege zu einer dogmatischen Weiterentwicklung bei der Frage, wer durch die jeweiligen Grundrechte verpflichtet ist. Denn die Macht großer, global agierender Digital-Konzerne mit Möglichkeiten der Einflussnahme auf den demokratischen Diskurs auch in Deutschland wird

---

Staatsrecht der Bundesrepublik Deutschland im europäischen Staatenverbund, 2. Auflage 2022; § 121 Rn 33 ff.

414 Peuker, Verfassungswandel durch Digitalisierung, 2020, 327.

415 Vgl. zu Beginn und Ausprägungen der Plattformökonomie *Kerber/Schwalbe,* Ökonomische Grundlagen des Wettbewerbsrechts, in Säcker u.a. (Hrsg.), Münchner Kommentar zum Wettbewerbsrecht, Band 1 - Europäisches Wettbewerbsrecht, 3. Aufl. 2020, 1. Teil – Grundlagen, Rn. 125 ff.; zur Ökonomie von Plattformen und wettbewerbsrechtlichen Implikationen vgl. zudem *Monopolkommission*, Sondergutachten 68 (2015) Wettbewerbspolitik: Herausforderung digitale Märkte, Rn. 30 ff.

mittlerweile als äquivalent zur Macht von Hoheitsträgern eingestuft, wenn es um das Potenzial von Grundrechtseinschränkungen geht.[416]

b) Entwicklungstendenzen in der Judikatur des BVerfG

Wie dem Gefährdungspotential sozialer Medien als zunehmend klassische Medien im Informations-, Bildungs-, Beratungs- und Unterhaltungsportfolio Minderjähriger verdrängender Kommunikationsgattung grundrechtskonform begegnet werden kann, ist zwar grundrechtsdogmatisch herausfordernd, nicht zuletzt auch mit Blick auf die Probleme der Verortung solcher Medien in der klassischen Unterscheidung von Individual- von Massenkommunikation,[417] und höchstrichterlich noch nicht geklärt. Allerdings enthält die jüngere Judikatur des BVerfG diesbezügliche Orientierungsmarken.

Erwähnung verdient insoweit zum einen die *III.-Weg*-Entscheidung des BVerfG vom 22. Mai 2019, in der Karlsruhe erstmalig den verfassungsrechtlichen Problemhaushalt von sozialen Netzwerken in Ansätzen skizziert und dabei Differenzierungskriterien in der Bewältigung aufgezeigt hat:[418]

> *„Nach ständiger Rechtsprechung des Bundesverfassungsgerichts können die Grundrechte in solchen Streitigkeiten (zwischen Privaten) im Wege der mittelbaren Drittwirkung Wirksamkeit entfalten. ... Dabei können sich aus Art. 3 Abs. 1 GG jedenfalls in spezifischen Konstellationen auch gleichheitsrechtliche Anforderungen für das Verhältnis zwischen Privaten ergeben ... Ob und gegebenenfalls welche rechtlichen Forderungen sich insoweit auch für Betreiber sozialer Netzwerke im Internet - etwa in Abhängigkeit vom Grad deren marktbeherrschender Stellung, der Ausrichtung der Plattform, des Grads der Angewiesenheit auf eben jene Plattform und den betroffenen Interessen der Plattformbetreiber und sonstiger Dritter - ergeben, ist jedoch weder in der Rechtsprechung der Zivilgerichte noch in der Rechtsprechung des Bundesverfassungsgerichts abschließend geklärt. Die verfassungsrechtlichen Rechtsbeziehungen sind insoweit noch ungeklärt."*[419]

Mit dieser Entscheidung knüpft das BVerfG an das dynamische Verständnis des Begriffes des öffentlichen Raumes als Ort der Ausübung der Versammlungs- als

---

416 Vgl. *Graf von Westphalen*, Digitale Charta – Erweiterung der europäischen Grundrechte für das digitale Zeitalter, BB 2018, 899; *Härtel,* Das europäische Datenschutzgrundrecht in der digitalen „Infosphäre", in: Nowak/Thiele (Hrsg.), Effektivität des Grundrechtsschutzes in der Europäischen Union, 2021, 103 (119); *Heckmann/Paschke*, Digitalisierung und Grundrechte, in: Stern/Sodan/Möstl, Das Staatsrecht der Bundesrepublik Deutschland im europäischen Staatenverbund, 2. Auflage 2022; § 121 Rn 21.

417 Vgl. *Fehling/Leymann*, Der neue Strukturwandel der Öffentlichkeit: Wie lassen sich die sozialen Medien regulieren?, AfP 2020, 110 (110); *Gärditz*, Der digitalisierte Raum des Netzes als emergente Ordnung und die repräsentativ-demokratische Herrschaftsform, Der Staat 54 (2015), 113 (128 ff.)

418 Vgl. *Ukrow*, Wehrhafte Demokratie 4.0, ZEuS 2021, 65 (78).

419 BVerfG, Beschluss der 2. Kammer des Ersten Senats vom 22. Mai 2019 - 1 BvQ 42/19 -, Rn. 15 (https://www.bundesverfassungsgericht.de/SharedDocs/Entscheidungen/DE/2019/05/qk20190522_1bvq004219.html)

Kommunikationsfreiheit in seiner *Fraport*-Entscheidung aus 2011 an[420] und erweitert diese Erwägungen wie die Erwägungen zur mittelbaren Drittwirkung von Grundrechten territorial in den digitalen Raum und personal-funktional auf die Tätigkeit von Informationsintermediären.[421] Die Einbeziehung auch des Gleichheitsgrundsatzes des Grundgesetzes in die Erwägungen zur kommunikationsfreiheitlichen Bedeutung des dynamischen Raumverständnisses[422] spricht dabei zugleich dafür, auch den Aspekt kommunikativer Chancengleichheit in durch Intermediäre gestalteten digitalen Räumen als verfassungsrechtlich vorgeprägt einzustufen. Zudem erscheint danach nicht ausgeschlossen, dass zumindest die dargestellte diskriminierungsbezogenen Risikodimensionen der Entwicklung und des Einsatzes von KI auch über eine grundrechtliche Drittwirkung grundrechtsdogmatische Bedeutung erlangen können.

c) Entwicklungstendenzen in der Judikatur des EGMR

(Auch) eine Aktivierung des EMRK-Schutzes gegenüber sozialen Netzwerken stellt vor ein methodisches Problem: Auch die grund- und menschenrechtlichen Verbürgungen der EMRK richten sich klassisch gegen den Staat und öffentliche Organe, um Individuen im privaten Bereich zu schützen. Die sozialen Medien wie Facebook, Twitter und andere sind indessen keine öffentlichen Organe, sondern private Körperschaften, die nach dem Gesellschaftsrecht der verschiedenen Länder organisiert sind. Konsequenz dieses traditionellen Grundrechtsverständnisses ist, dass soziale Medien die Grundrechte genießen, die Unternehmen zustehen - gleichgestellt mit der Rechtsposition klassischer Presseunternehmen. Der Einzelne genießt in diesem traditionellen Verständnis keine unmittelbaren Grundrechte gegenüber den sozialen Medien, sondern nur mittelbar über die Auslegung der verschiedenen nationalen presserechtlichen, medienkontrollrechtlichen und internetrechtlichen Vorschriften i.S. einer Drittwirkung der Grundrechte.

Das Ergebnis dieses traditionellen Konzepts ist, dass die verschiedenen Staaten die "Pflicht" haben, die Rechte und Freiheiten der Individuen und der sozialen Medien zu schützen (Abwägung); auf der Seite der sozialen Medien das Recht auf Geschäftsfreiheit (Serverfunktion) und auf der Seite der Individuen das Recht (die Möglichkeit), Meinungen durch die verschiedenen Medien nach ihren Regeln zu äußern, die unter staatlicher Kontrolle durch Gesetzgebung, Gerichte und Verwaltung stehen (verfassungsrechtliche Kontrolle).

Die hervorragende Bedeutung der Meinungsfreiheit ist dabei in der Judikatur des EGMR zwar seit jeher unbestritten.[423] Im Rahmen des "Abwägungsprozesses" können die Staaten

---

420 BVerfG, Urteil des Ersten Senats vom 22. Februar 2011 - 1 BvR 699/06 -, Rn. 68 (https://www.bundesverfassungsgericht.de/SharedDocs/Entscheidungen/DE/2011/02/rs20110222_1bvr069906.html)

421 Vgl. *Tuchtfeld*, Marktplätze, soziale Netzwerke und die BVerfG-Entscheidung zum "III. Weg", 26.05.2019 (https://verfassungsblog.de/marktplaetze-soziale-netzwerke-und-die-bverfg-entscheidung-zum-iii-weg/); *Ukrow*, Wehrhafte Demokratie 4.0, ZEuS 2021, 65 (78).

422 BVerfG, Urteil des Ersten Senats vom 22. Februar 2011 - 1 BvR 699/06 -, Rn. 57; deutlicher noch das Minderheitenvotum von Richter *Schluckebier*, ibidem, Rn. 128

423 Vgl. z.B. EGMR, *Öztürk ./. Turkey (GC)*, Nr. 22479/93, Urteil v. 28.09.1999 (http://hudoc.echr.coe.int/fre?i=001-58305), § 49: "In Art. 10 EMRK wird nicht nach der Art des verfolgten Ziels

den Zugang zu sozialen Medien allerdings aus bestimmten Gründen einschränken (wobei auch geringere Einschränkungen am Maßstab des Art. 10 EMRK zu messen sind).[424] Eine solche Beschränkungsbefugnis besteht dem Grunde nach nicht zuletzt für Kinder- und Jugendschutz beeinträchtigende oder gefährdende Angebote[425] sowie z.B. auch Desinformation und Fake News[426] – und zwar auch dann, wenn diese Inhalte KI-generiert sind.

Dabei ist den Staaten auch nicht *per se* versperrt, gesetzliche Regelungen für eine hoheitliche Kontrolle des Zugangs zu Social Media durch Einzelpersonen bzw. des Ausschlusses von diesem Zugang vorzusehen,[427] wobei eine solche Aufsicht allerdings zwingend staatsfern und pluralismussichernd auszugestalten sein dürfte, um dem durch die EMRK gebotenen Abwägungsprozess zu genügen.[428]

Bislang nur theoretischer Natur, weil noch nicht Gegenstand einer Straßburger Entscheidung, ist die Frage, ob Social Media wie Facebook bereits der öffentlichen Sphäre, also dem Staat, gleichgestellt und wie ein Staatsorgan behandelt werden können. Das würde dann bedeuten, dass der Einzelne seine Grundrechte direkt gegen das konkrete Social Media ausüben kann, was auch mit Blick auf den Einsatz von KI in seitens Minderjähriger genutzter Netzwerke bedeutsam wäre. Es mag Tendenzen in diese Richtung geben,[429] von

---

oder nach der Rolle, die natürliche oder juristische Personen bei der Ausübung dieser Freiheit spielen, unterschieden (vgl. *mutatis mutandis* EGMR, *Casado Coca ./. Spain,* Urteil v. 24. Februar 1994, Serie A Nr. 285-A, S. 16-17, § 35). Es gilt nicht nur für den Inhalt der Information, sondern auch für die Verbreitungsmittel, da jede Beschränkung der Mittel notwendigerweise in das Recht, Informationen zu erhalten und weiterzugeben, eingreift (vgl. *mutatis mutandis,* EGMR, *Autronic AG ./. Switzerland,* Urteil v. 22. Mai 1990, Serie A Nr. 178, S. 23, § 47). Zwar verbinden sich die Verleger nicht notwendigerweise mit den Meinungen die in den von ihnen veröffentlichten Werken zum Ausdruck kommen. Indem sie jedoch den Autoren ein Medium zur Verfügung stellen, nehmen sie an der Ausübung des Rechts auf freie Meinungsäußerung teil, ebenso wie sie stellvertretend den "Pflichten und Verantwortlichkeiten" unterliegen, die Autoren übernehmen, wenn sie ihre Meinung in der Öffentlichkeit verbreiten (vgl. *mutatis mutandis, Sürek ./. Turkey (No. 1)* [GC], Nr. 26682/95, § 63, EGMR 1999-IV)."

424 Vgl. EGMR, *Ahmet Yildrim v. Turkey,* Nr. 3111/10, Urteil v. 18.12.2012, § 54 (http://hudoc.echr.coe.int/eng-press?i=001-115705): „Die Tatsache, dass die Auswirkungen der fraglichen Beschränkung begrenzt waren, schmälert nicht ihre Bedeutung, insbesondere da das Internet nun eines der wichtigsten Mittel geworden ist, mit dem der Einzelne sein Recht auf Meinungs- und Informationsfreiheit ausübt, da es wesentliche Instrumente für die Teilnahme an Aktivitäten und Diskussionen zu politischen Themen und Themen von allgemeinem Interesse bereithält."

425 Der EGMR hat besonderes Gewicht auf den Schutz von Kindern vor sexuellen Inhalten gelegt. Vgl. EGMR, *Perrin v. United Kingdom,* Nr. 5446/03, Entscheidung v. 18.10.2005 (http://hudoc.echr.coe.int/eng?i=001-70899); *K.U. v. Finland,* Nr. 2872/02, Urteil v. 02.12.2008, §§ 40 ff. (http://hudoc.echr.coe.int/fre?i=001-89964) und *Aleksey Ovchinnikov v. Russia,* Nr. 24061/04, Urteil v. 16.12.2010, §§ 47 ff. (http://hudoc.echr.coe.int/eng?i=001-102322)

426 Vgl. *Ress,* Menschenrechtliche Kontrolle der Kommunikation – speziell des Internets, ÖZöR 2021, 915 (925).

427 Vgl. im Ansatz BVerfG, Beschluss der 2. Kammer vom 22.5.2019, 1 BvQ 42/19, Rn. 15, ECLI:DE:BVerfG:2019:qk20190522.1bvq004219; zu dieser Entscheidung *Langenfeld,* Der Schutz freier Kommunikationsräume in der digitalen Welt – Eine Gedankenskizze, ZEuS 2021, 33 (39 f.) *Ukrow,* Wehrhafte Demokratie 4.0 – Grundwerte, Grundrechte und Social Media-Exzesse, ZEuS 2021, 65 (78).

428 Vgl. *Ress,* Menschenrechtliche Kontrolle der Kommunikation – speziell des Internets, ÖZöR 2021, 915 (925).

429 Vgl. zu Durchbrechungen in der bisherigen Unterscheidung der privaten und der öffentlichen Sphäre *Jørgensen,* What Platforms Mean When They Talk About Human Rights, Policy and Internet, 9:3

einem solchen Verständnis kann indessen auch bei rechtsvergleichender Betrachtung noch nicht als grundrechtsdogmatischer Öffnung des Verpflichtetenkreises im Werden ausgegangen werden. Selbst wenn die sozialen Medien mittlerweile zum Bereich der „Daseinsvorsorge" im Sinne von *Forsthoff*[430] zu rechnen wären,[431] ist damit nicht zwingend eine öffentlich-rechtliche Organisation verbunden.

d) Entwicklungstendenzen im Grundrechtsschutz nach der Grundrechtecharta der EU

Art. 51 Abs. 1 der Grundrechtecharta der EU schließt aus Sicht des EuGH ungeachtet des Wortlauts der Regelung, nicht „kategorisch" aus, dass Privatpersonen „unmittelbar zur Einhaltung einzelner Bestimmungen der Charta verpflichtet sein können".[432] Grundrechtsträger können mithin ein Grundrecht „in einem Rechtsstreit gegen eine andere Privatperson als solches geltend machen".[433] Das führt zu einer unmittelbaren Bindung Privater.[434] Diese Drittwirkung wurde für die Diskriminierungsverbote des Art. 21 Abs.1 bejaht,[435] was wiederum mit Blick auf Minderjährige diskriminierende Ausgestaltung des Trainingsprogramms von KI bedeutsam sein kann. Aber auch bei anderen Grundrechten kann diese Drittwirkung zumindest dann bedeutsam sein, wenn die Gewährleistung der Charta keiner Konkretisierung bedarf.[436] Letzteres dürfte bei den in Art. 24 Abs. 1 Satz 1 der Charta verankerten Grundsätzen zum Anspruch auf Schutz und Fürsorge nicht der Fall sein.

(2017), S. 280 ff.; *Laidlaw,* Regulating Speech in Cyberspace, Cambridge 2015; *Poltermann,* The Public and Private Spheres in Times of the Social Media, 2014. Vgl. zu den Tendenzen, global organisierte private Unternehmen als Völkerrechtssubjekte zu behandeln, bereits *Wildhaber* u.a., Internationalrechtliche Probleme multinationaler Korporationen. Tagung der Deutschen Gesellschaft für Völkerrecht vom 30.3. bis 2.4.1977, 1978.

430 Vgl. hierzu z.B. *Schaefer,* Die Umgestaltung des Verwaltungsrechts, 2016, S. 88 ff.; *Waechter,* Verwaltungsrecht im Gewährleistungsstaat, 2008, S. 266 ff.

431 Vgl. hierzu *Busch,* Regulierung digitaler Plattformen als Infrastrukturen der Daseinsvorsorge, WISO-Diskurs 04/2021.

432 EuGH, Urteil vom 6.11.2018, C-569/16 und C-570/16, Bauer und Willmeroth, ECLI:EU:C:2018:871, Rn. 87; Urteil vom 6.11.2018, C-684/16, Max-Planck-Gesellschaft, ECLI:EU:C:2018:874, Rn. 76; vgl. auch *Jarass,* Charta der Grundrechte der EU, 4. Aufl. 2021, Art. 51 Rn. 41; ebenso *Holoubek/Oswald,* in: Holoubek/Lienbacher (Hrsg.), GRC. Kommentar - Charta der Grundrechte der Europäischen Union, 2. Aufl. 2019, Art. 51 Rn. 59; a.A. *Ladenburger/Vondung,* in: Stern/Sachs (Hrsg.), Europäische Grundrechtecharta – GRCh. Kommentar, 2016, Art. 51 Rn. 16; *Pache,* in: Pechstein/Nowak/Häde (Hrsg.), Frankfurter Kommentar - EUV/GRC/AEUV, 2017, Art. 51 GRC Rn. 38.

433 EuGH, Urteil vom 17.4.2018, C-414/16, Egenberger, ECLI:EU:C:2018:257, Rn. 76; Urteil vom 6.11.2018, C-569/16 und C-570/16, Bauer und Willmeroth, ECLI:EU:C:2018:871, Rn. 89; Urteil vom 6.11.2018, C-684/16, Max-Planck-Gesellschaft, ECLI:EU:C:2018:874, Rn. 78.

434 Vgl. *Ehlers,* Grundrechtsbindung und Grundrechtsschutz von Unternehmen im deutschen und europäischen Recht, DVBl. 2019, 397 (400); *Jarass,* Charta der Grundrechte der EU, 4. Aufl. 2021, Art. 51 Rn. 41.

435 Vgl. *Jarass,* Charta der Grundrechte der EU, 4. Aufl. 2021, Art. 21 Rn. 4.

436 Vgl. EuGH, Urteil vom 6.11.2018, C-569/16 und C-570/16, Bauer und Willmeroth, ECLI:EU:C:2018:871, Rn. 84; EuGH, C--684/16 – Max-Planck-Gesellschaft, 6.11.2018 Rn.74.

3. Überlegungen zur Schaffung eines KI-Grundrechts

a) Die Initiative „Charta der digitalen Grundrechte der Europäischen Union"

Ursprünglich 2016 und nach einer Überarbeitung 2018 legte ein Kreis von Politikern, Journalisten und (Rechts-)Wissenschaftlern den Entwurf einer „Charta der digitalen Grundrechte"[437] vor, der nach dem Ansatz der Initiatoren eine selbständige Kodifikation in Ergänzung zur bereits existierenden Europäischen Grundrechtecharta sein soll.[438]

Nach dem Vorwort zu diesem Entwurf einer Digital-Charta ist dieser in der Überzeugung entstanden, dass die Debatten um Grundrechte im digitalen Zeitalter zu einem Ergebnis führen müssen. Die bestehenden Grundrechte sollen über die Digital-Charta gestärkt und konkretisiert werden. Die Verfasser des Entwurfs halten dies für notwendig,

> *„weil sich mit der technologischen Entwicklung neue Herausforderungen und staatliche Aufgaben ergeben. Diese entstehen etwa durch neue Formen der Automatisierung, Vernetzung, künstliche Intelligenz, Vorhersage und Steuerung menschlichen Verhaltens, Massenüberwachung, Robotik und Mensch-Maschine-Interaktion (Hervorhebung d. Verf.) sowie Machtkonzentration bei staatlichen und nicht- staatlichen Akteuren".*

Die Digital-Charta soll nach dem Entwurf ihrer Präambel u.a. in dem Bewusstsein erlassen werden, dass

> *„die zunehmende Digitalisierung zur Veränderung der Grundlagen unserer Existenz führt"*

und

> *„es im digitalen Zeitalter zu enormen Machtverschiebungen zwischen Einzelnen, Staat und Unternehmen kommt".*

Die Verfasser der Digital-Charta sind nach deren Präambel-Entwurf zudem fest entschlossen,

> *„Grundrechte und demokratische Prinzipien auch in der digitalen Welt durch die Herrschaft des Rechts zu schützen,*
>
> *staatliche und nichtstaatliche Akteure auf eine Geltung der Grundrechte in der digitalen Welt zu verpflichten,*

---

[437] Entwurf einer „Charta der digitalen Grundrechte der Europäischen Union", abrufbar unter https://digitalcharta.eu. Zur Entstehungsgeschichte vgl. *Heckmann/Paschke*, Digitalisierung und Grundrechte, in: Stern/Sodan/Möstl, Das Staatsrecht der Bundesrepublik Deutschland im europäischen Staatenverbund, 2. Auflage 2022; § 121 Rn. 28; *Ingold,* Der Entwurf für eine »Charta der Digitalen Grundrechte der Europäischen Union«: Vorhaben, Vorstellungen, Vorbehalte, Zeitschrift für Gesetzgebung (ZG) 2018, 193 (193 ff.).

[438] Vgl. *Schröder,* Neue Grundrechte für ein digitales Zeitalter?, JZ 2019, 953 (954); *Bull,* Digitale Grundrechte für Europa, Recht und Politik 53 (2017), 9 (9 f.); vgl. auch *Peuker*, Verfassungswandel durch Digitalisierung, 2020, S. 392 ff.

auf diese Weise das Fundament einer rechtsstaatlichen Ordnung im digitalen Zeitalter zu schaffen,

das Digitale nicht als Quelle der Angst, sondern als Chance für ein gutes Leben in einer globalen Zukunft zu erfassen". [439]

Der Entwurf der Digital-Charta enthält nach dessen Vorwort in seinen in der Fassung aus 2018 18 Artikeln neben Vorschlägen für künftige Grundrechte auch Staatszielbestimmungen und mögliche Aufträge an den europäischen Gesetzgeber. In einer ganzen Reihe dieser Bestimmungen[440] sind Bezüge zum Einsatz von KI ausdrücklich oder inzident präsent:

Der „Würde" betitelte Artikel 1 der Entwurfsfassung der Digital-Charta regelt:

„Die Würde des Menschen ist auch im digitalen Zeitalter unantastbar. Sie ist zu achten und zu schützen. Keine technische Entwicklung darf sie beeinträchtigen."

Während die Stellung dieser auf die Menschenwürde bezogenen Norm an der Spitze des Katalogs der Grundrechte ebenso wie der Wortlaut der Sätze 1 und 2 des Artikels an die Menschenwürdegarantie des Art. 1 Abs. 1 GG wie Art. 1 GRC angelehnt sind und die Garantie (deklaratorisch) in das digitale Zeitalter erstreckt, wird in Satz 3 der Vorschrift erstmalig die technologische Orientierung der vorgeschlagenen Digital-Charta deutlich. Eine technische Entwicklung, die die Menschenwürde nicht beeinträchtigen darf, stellt nicht zuletzt auch die Entwicklung und der Einsatz von KI-Systemen dar.

Eine erkennbare Bedeutung für die Entwicklung und den Einsatz von KI kommt auch dem im „Gleichheit" betitelten Artikel 3 in Absatz 1 Satz 2 verankerten Diskriminierungsverbot und dort in Absatz 2 vorgesehenen Gebot chancengleichen Zugangs zu:

„(1) Jeder Mensch hat das Recht auf eine gleichberechtigte Teilhabe in der digitalen Sphäre. Es gilt das in der Europäischen Grundrechtecharta formulierte Diskriminierungs-Verbot.

(2) Die Verwendung von automatisierten Verfahren darf nicht dazu führen, dass Menschen vom Zugang zu Gütern, Dienstleistungen oder von der Teilhabe am gesellschaftlichen Leben ausgeschlossen werden. Dies gilt insbesondere im Bereich Gesundheit, Schutz vor elementaren Lebensrisiken, Recht auf Arbeit, Recht auf Wohnen, Recht auf Bewegungsfreiheit und bei Justiz und Polizei."

Als KI-Grundnorm der vorgeschlagenen Digital-Charta kann deren Artikel 5 zu „automatisierte(n) Systemen und Entscheidungen" eingeordnet werden:

---

[439] Vgl. hierzu auch *Graf von Westphalen,* Das erschöpfte liberale Recht, Zeitschrift für Internationales Wirtschaftsrecht (IWRZ) 2019, 61 (63).

[440] Vgl. ausführlich zum Inhalt der Charta *Ingold,* Der Entwurf für eine »Charta der Digitalen Grundrechte der Europäischen Union«: Vorhaben, Vorstellungen, Vorbehalte, Zeitschrift für Gesetzgebung (ZG) 2018, 193 (196 ff.) und *Bull,* Digitale Grundrechte für Europa, Recht und Politik 53 (2017), 9 (13 ff.).

„(1) Ethisch-normative Prinzipien dürfen nur vom Menschen aufgestellt, und Entscheidungen, die in Grundrechte eingreifen, nur von Menschen getroffen werden.

(2) Automatisierte Entscheidungen müssen von natürlichen oder juristischen Personen verantwortet werden.

(3) Die Kriterien automatisierter Entscheidungen, etwa bei Profilbildung, sind offenzulegen.

(4) Wer einer automatisierten Entscheidungen von erheblicher Bedeutung für seine Lebensführung unterworfen ist, hat Anspruch auf unabhängige Überprüfung und Entscheidung durch Menschen.

(5) Entscheidungen über Leben, körperliche Unversehrtheit und Freiheitsentzug dürfen nur von Menschen getroffen werden.

(6) Der Einsatz von künstlicher Intelligenz und Robotik in grundrechtsrelevanten Bereichen muss gesellschaftlich begleitet und vom Gesetzgeber reguliert werden."

Der Grundrechte-Katalog der vorgeschlagenen Digital-Charta enthält zudem in dem „Besonders schutzbedürftige Personen" betitelten Artikel 13 zudem eine Regelung, die auch für das Verständnis eines effektiven Kinder- und Jugendmedienschutzes in einem durch KI geprägten Medienökosystem als Orientierungshilfe herangezogen werden kann:

„Kinder, Heranwachsende, benachteiligte und besonders schutzbedürftige Menschen genießen in der digitalen Welt speziellen Schutz. Ihre Teilhabe an der digitalen Welt ist zu fördern und ihr Zugang zu elementaren Gütern und Dienstleistungen zu gewährleisten."

Neben materiellen Gewährleistungen ist vor allem die in dem Entwurf der Digital-Charta vorgesehene Reichweite der Grundrechtsbindung bemerkenswert. Während sich der Geltungsbereich in Art. 17 Abs. 1[441] an jenem des Art. 51 Abs. 1 Satz 1 GRC orientiert, sieht Art. 17 Abs. 2 eine unmittelbare Grundrechtsverpflichtung nicht-staatlicher Akteure vor:

„(2) Die Rechte und Prinzipien dieser Charta gelten auch gegenüber nichtstaatlichen Akteuren. Dabei ist eine Abwägung mit den Grundrechten dieser Akteure vorzunehmen."

Diese Grundrechtsbindung würde weit über das hinausreichen, was in der bisherigen Dogmatik zur mittelbaren Grundrechtswirkung anerkannt ist.[442]

Art. 17 Abs. 2 knüpft in dieser Erweiterung der Grundrechtsbindung an Art. 4 Abs. 3 des Entwurfs der Digital-Charta im Kontext der Regelungen zur Meinungsfreiheit an:

---

441 Danach gilt diese Charta für die Organe, Einrichtungen und sonstigen Stellen der EU und ihrer Mitgliedsstaaten.

442 Vgl. *Heckmann/Paschke*, Digitalisierung und Grundrechte, in: Stern/Sodan/Möstl, Das Staatsrecht der Bundesrepublik Deutschland im europäischen Staatenverbund, 2. Auflage 2022; § 121 Rn. 30.

„(3) Betreiber öffentlicher Diskursräume tragen Verantwortung für den Schutz der Meinungsfreiheit. Sie haben die Beachtung der in dieser Charta aufgeführten Grundrechte und Pflichten nach Maßgabe der Gesetze zu gewährleisten."

Die Europäische Kommission hat in ihrem „Jahresbericht über die Anwendung der Charta der Grundrechte der Europäischen Union" am 10.12.2021 zwar die besonderen Problemlagen benannt, die die Digitalisierung für den Grundrechtsschutz mit sich bringt und hierzu neben dem Schließen der digitalen Kluft, dem Schutz der Menschen, die über Plattformen arbeiten, und der Kontrolle digitaler Überwachung nicht zuletzt auch den Schutz der Grundrechte beim Einsatz künstlicher Intelligenz als solche Herausforderung eingestuft.[443] Antworten auf diese Herausforderungen sollen aber eher über Regulierung im Sekundärrecht wie das derzeit im Gesetzgebungsverfahren befindliche KI-Gesetz der EU gefunden werden; eigene „Digitale Grundrechte" finden in dem Jahresbericht als möglicher Beitrag zur Bewältigung der Herausforderungen demgegenüber keine Erwähnung.[444]

b) Die Initiative „Jeder Mensch – Für neue Grundrechte in Europa"

Einen weitere Initiative für neue Grundrechte in Europa ergriff 2021 der Strafverteidiger und Schriftsteller *Ferdinand von Schirach* mit der Stiftung *Jeder Mensch e.V.* und einem gleichnamigen Buch.[445]Er macht dabei das Fehlen wichtiger Grundrechte in der Europäischen Grundrechtecharta geltend und formuliert vor diesem Hintergrund sechs neue Grundrechte, die neben Umwelt (Art. 1), Wahrheit (Art. 4), Globalisierung (Art. 5) und Grundrechtsklage (Art. 6) in den vorgeschlagenen Artikeln 2 und 3 ausdrücklich bzw. implizit auch KI zum Gegenstand haben:

„Artikel 2 – Digitale Selbstbestimmung

Jeder Mensch hat das Recht auf digitale Selbstbestimmung. Die Ausforschung oder Manipulation von Menschen ist verboten.

Artikel 3 – Künstliche Intelligenz

Jeder Mensch hat das Recht, dass ihn belastende Algorithmen transparent, überprüfbar und fair sind. Wesentliche Entscheidungen muss ein Mensch treffen."

Diese Grundrechte sollen Maßstab für Gerichte, Gesetzgeber, Regierung und sekundär auch Private sein, um negativen Auswirkungen der Digitalisierung zu begegnen.[446] Die

---

443 Vgl. https://ec.europa.eu/commission/presscorner/detail/de/ip_21_6699.

444 Vgl. *Heckmann/Paschke*, Digitalisierung und Grundrechte, in: Stern/Sodan/Möstl, Das Staatsrecht der Bundesrepublik Deutschland im europäischen Staatenverbund, 2. Auflage 2022; § 121 Rn. 30.

445 Initiative „Jeder Mensch – Für neue Grundrechte in Europa", abrufbar: https://www.jeder-mensch.eu/informationen/.

446 Vgl. *Heckmann/Paschke*, Digitalisierung und Grundrechte, in: Stern/Sodan/Möstl, Das Staatsrecht der Bundesrepublik Deutschland im europäischen Staatenverbund, 2. Auflage 2022; § 121 Rn. 31.

dazugehörige Petition hat derzeit ca. 270.000 Unterschriften erreicht;[447] der Ansatz hat in der juristischen Fachöffentlichkeit ein im Wesentlichen kritisches Echo erfahren.[448]

VIII. Auf dem Weg zu einem Grundrecht auf Kinder- und Jugendmedienschutz im Zeitalter von Digitalisierung und KI - Entwicklungstendenzen

1. Einleitung

In einer Vielzahl von gesellschaftlichen, kulturellen und auch medialen Lebens- und Entfaltungsbereichen bewirkt die Digitalisierung einen tiefgreifenden Wandel.[449] Dies betrifft nicht zuletzt auch Umbrüche im Zusammenhang mit dem Einsatz von KI.[450] Die Digitalisierung und Vernetzung im Allgemeinen und das Training von KI im Besonderen gehen dabei mit der Verarbeitung personenbezogener Daten in einem immer stärker wachsenden Maße sowie in der Folge mit zunehmenden Risiken für Persönlichkeitsschutz und Privatsphäre und parallel hierzu einem verstärkten Schutzbedarf für Nutzer und Betroffene digitaler Anwendungen einher.[451]

Die digitale Transformation aller Lebensbereiche lässt auch den Verfassungsstaat nicht unberührt.[452] So wurde schon mit Blick auf die Digitalisierung im Allgemeinen die Frage aufgeworfen, ob dieser Megatrend die grundrechtlichen und demokratischen Freiheitsverbürgungen des Grundgesetzes nicht an Geltungs- und Durchsetzungskraft einbüßen lässt.[453] Zwar zeigt sich das Grundgesetz als *living instrument*, das nicht zuletzt in seinen grundrechtlichen Gewährleistungsinhalten und Schutzdimensionen agil und entwicklungsoffen ist.[454] Ob die bisherige Grundrechtsdogmatik auch mit Blick auf Herausforderungen

---

447 Stand 01.06.2023 (abrufbar: https://you.wemove.eu/campaigns/fur-neue-grundrechte-in-europa).

448 Vgl. u.a. *Britz,* Neue Grundrechte? Anmerkungen zu „Jeder Mensch" von Ferdinand von Schirach, jM 6/2021, 257 (259 f.); *Heussen,* Grenzen eines grenzenlosen Grundrechtsschutzes, ZRP 2021, 128 (128 ff.).

449 Vgl. *Heckmann/Paschke*, Digitalisierung und Grundrechte, in: Stern/Sodan/Möstl, Das Staatsrecht der Bundesrepublik Deutschland im europäischen Staatenverbund, 2. Auflage 2022, § 121Rn. 23; *Peuker*, Verfassungswandel durch Digitalisierung, 2020, S. 17.

450 Vgl. bereits *Pfeil,* Der Mensch steht höher als Technik und Maschine, Zeitschrift zum Innovations- und Technikrecht (InTeR) 2020, 82 (83 ff.).

451 Vgl. *Heckmann/Paschke*, Digitalisierung und Grundrechte, in: Stern/Sodan/Möstl, Das Staatsrecht der Bundesrepublik Deutschland im europäischen Staatenverbund, 2. Auflage 2022, § 121 Rn. 23.

452 Vgl. *Heckmann/Paschke*, Digitalisierung und Grundrechte, in: Stern/Sodan/Möstl, Das Staatsrecht der Bundesrepublik Deutschland im europäischen Staatenverbund, 2. Auflage 2022, § 121 Rn. 42; *Peuker*, Verfassungswandel durch Digitalisierung, 2020, 191 ff.

453 Vgl. *Härtel,* Digitalisierung im Lichte des Verfassungsrechts, Landes- und Kommunalverwaltung (LKV) 2019, 49 (60); *Papier,* Rechtsstaatlichkeit und Grundrechtsschutz in der digitalen Gesellschaft, NJW 2017, 3025 (3031).

454 Vgl. *Heckmann/Paschke*, Digitalisierung und Grundrechte, in: Stern/Sodan/Möstl, Das Staatsrecht der Bundesrepublik Deutschland im europäischen Staatenverbund, 2. Auflage 2022, § 121 Rn. 42.

eines effektiven Kinder- und Jugendmedienschutzes durch KI, namentlich generative KI, reformbedürftig ist – sei es im Wege weiterer interpretatorischer Anreicherungen bestehender Grundrechte in Richtung auf deren KI-Kompassgebung, sei es im Wege einer Ergänzung des Korpus des Grundrechte-Katalogs,[455] bleibt allerdings zu untersuchen.

Vor dem Hintergrund der disruptiven Kraft des digitalen Wandels erscheint fraglich, ob die deutschen und europäischen Grundrechte, die zum größten Teil seit Verabschiedung des Grundgesetzes 1949 bzw. Unterzeichnung der EMRK 1950 und der Grundrechtecharta der EU 2000 unverändert geblieben sind, den Gefährdungslagen im digitalen Zeitalter des 21. Jahrhunderts noch hinreichend gerecht werden rsp. über ein dynamisches Verständnis gerecht werden können, indem sie auch im Zeitalter von Digitalisierung und KI ein ausreichendes Schutzniveau ermöglichen.[456] Diese Frage stellt sich auch im Kontext der besonderen Gefährdungen, denen Minderjährige durch die Digitalisierung im Allgemeinen und Entwicklung und Einsatz von KI im Besonderen ausgesetzt sein können. Eine Verdeutlichung der grundrechtlichen Schutzposition von Kindern und Jugendlichen über die bislang aus ihrem allgemeinen Persönlichkeitsrecht und dem Schutzanspruch gegenüber den Eltern abgeleiteten Rechte hinaus könnte vor diesem Hintergrund Bestandteil einer kodifizierten „Digital-Charta" auf nationaler und/oder europäischer Ebene mit digitalen Grundrechten sein.

In der jüngeren Judikatur des BVerfG gibt es dabei Anknüpfungspunkte, die für einen solchen spezifischen Digital- und KI-Schutz von Kindern und Jugendlichen fruchtbar gemacht werden könnten.

2. Vom (Grund-) Recht auf Vergessenwerden zum Grundrecht auf Kinder- und Jugendmedienschutz?

In seinen „Recht auf Vergessen" -Entscheidungen vom 6. November 2019 besonders interessant – und mit Blick auf die Verbundenheit des Jubilars zu *Günther Winkler* und seinen Arbeiten zu Zeit und Recht[457] auch biographisch bedeutsam – sind die Ausführungen des BVerfG zum Faktor Zeit. Das BVerfG betont hier, dass der Zeit bei der Entscheidung über einen Schutzanspruch aus dem allgemeinen Persönlichkeitsrecht unter den heutigen Kommunikationsbedingungen der Informationstechnologie und der Verbreitung von

---

455 Beachtung verdient in diesem Kontext der Erweiterung des geschriebenen Grundrechte-Katalogs namentlich die Ergänzung des Art. 10 GG im Hinblick auf die Telekommunikationsüberwachung; vgl. hierzu BGBl. 1968 I 709.

456 Vgl. *Graf von Westphalen*, Digitale Charta – Erweiterung der europäischen Grundrechte für das digitale Zeitalter, BB 2018, 899 (905 ff.); *Schröder*, Neue Grundrechte für ein digitales Zeitalter?, JZ 2019, 953 (954).

457 *Winkler*, Zeit und Recht, 1995

Informationen durch das Internet des Internets „eine neue rechtliche Dimension"[458] rsp. „ein spezifisches Gewicht"[459] zukommt:

> *„Während Informationen früher, als sie allein in Printmedien und Rundfunksendungen verbreitet wurden, der Öffentlichkeit nur in einem engen zeitlichen Rahmen zugänglich waren und anschließend weithin in Vergessenheit gerieten, bleiben sie heute – einmal digitalisiert und ins Netz gestellt – langfristig verfügbar. Sie entfalten ihre Wirkung in der Zeit nicht nur gefiltert durch das flüchtige Erinnern im öffentlichen Diskurs fort, sondern bleiben unmittelbar für alle dauerhaft abrufbar."*[460]

Dies kann nicht zuletzt auch bei medienkompetenten Minderjährigen einen sog. *chilling effect* in Bezug auf die Wahrnehmung von medialen Kommunikationsmöglichkeiten auslösen, der durch nachfolgende, namentlich auch KI-gestützte Mechanismen verstärkt werden kann:

> *„Die dauerhafte Verfügbarkeit der Informationen ist zudem mit ihrer jederzeitigen Abrufbarkeit und Rekombinierbarkeit mit weiteren Daten verbunden. Das verändert die Bedeutung personenbezogener Berichterstattung für die Betroffenen erheblich. Die Informationen können nun ohne erkennbaren Anlass jederzeit von einer unbegrenzten Zahl auch völlig unbekannter Dritter aufgegriffen werden, werden unabhängig von gemeinrelevanten Fragen Gegenstand der Erörterung von im Netz miteinander kommunizierenden Gruppen, können dekontextualisiert eine neue Bedeutung erhalten und in Kombination mit weiteren Informationen zu Profilen oder Teilprofilen der Persönlichkeit zusammengeführt werden, wie es insbesondere mittels Suchmaschinen durch namensbezogene Abfragen verbreitet ist. Die damit verbundenen Folgen für die öffentliche Kommunikation reichen weit und ändern die Bedingungen der freien Entfaltung der Persönlichkeit tiefgreifend."*[461]

Zur Freiheit auch der Persönlichkeitsentwicklung Minderjähriger als Teilhaber am demokratischen Diskurs via medialem Nutzungsverhalten auf Rezipienten- wie Produzenten-Ebene (letzteres im Wege der Schaffung von user generated content) gehört es auch,

> *„persönliche Überzeugungen und das eigene Verhalten im Austausch mit Dritten auf der Basis gesellschaftlicher Kommunikation zu bilden, fortzuentwickeln und zu verändern. Hierfür bedarf es eines rechtlichen Rahmens, der es ermöglicht, von seiner Freiheit uneingeschüchtert Gebrauch zu machen, und die Chance eröffnet, Irrtümer und Fehler hinter sich zu lassen. Die Rechtsordnung muss deshalb davor*

---

458 BVerfG, Beschluss des Ersten Senats vom 06. November 2019 - 1 BvR 16/13 -, Rn. 101 (https://www.bundesverfassungsgericht.de/SharedDocs/Entscheidungen/DE/2019/11/rs20191106_1bvr001613.html)

459 Ibidem, Leitsatz 2 b)

460 Ibidem, Rn. 102.

461 Ibidem, Rn. 103 unter Bezugnahme auf *Mayer-Schönberger,* Delete. Die Tugend des Vergessens in digitalen Zeiten, 3. Aufl. Berlin 2015, S. 112 ff.; *Diesterhöft,* Das Recht auf medialen Neubeginn. Die »Unfähigkeit des Internets zu vergessen« als Herausforderung für das allgemeine Persönlichkeitsrecht, Berlin 2014, S. 24 ff.

schützen, dass sich eine Person frühere Positionen, Äußerungen und Handlungen unbegrenzt vor der Öffentlichkeit vorhalten lassen muss. Erst die Ermöglichung eines Zurücktretens vergangener Sachverhalte eröffnet dem Einzelnen die Chance darauf, dass Vergangenes gesellschaftlich in Vergessenheit gerät, und damit die Chance zum Neubeginn in Freiheit. Die Möglichkeit des Vergessens gehört zur Zeitlichkeit der Freiheit."[462]

Allerdings folgt aus dem allgemeinen Persönlichkeitsrecht kein „Recht auf Vergessenwerden" in einem grundsätzlich allein von den Betroffenen beherrschbaren Sinn. Aus dem allgemeinen Persönlichkeitsrecht folgt damit nicht das Recht, alle früheren personenbezogenen Informationen, die im Rahmen von Kommunikationsprozessen ausgetauscht wurden, aus dem Internet löschen zu lassen. Insbesondere gibt es kein Recht, öffentlich zugängliche Informationen nach freier Entscheidung und allein eigenen Vorstellungen zu filtern und auf die Aspekte zu begrenzen, die Betroffene für relevant oder für dem eigenen Persönlichkeitsbild angemessen halten. Das allgemeine Persönlichkeitsrecht ist „kein Rechtstitel gegen ein Erinnern in historischer Verantwortung".[463]

Die Anforderungen des Rechts auf informationelle Selbstbestimmung als verfassungsrechtliche Wertentscheidung für das Verhältnis zwischen Privaten und die aus diesem Recht folgenden Rechtfertigungslasten sind nach der Entscheidung des BVerfG in Blick auf die unterschiedlichen und nicht selten vielpoligen Konstellationen zwischen Privaten je nach Schutzbedarf durch Abwägung zu ermitteln. Es besteht danach kein allgemeines oder gar umfassendes Selbstbestimmungsrecht über die Nutzung der eigenen Daten.

„Das Recht auf informationelle Selbstbestimmung gewährleistet den Einzelnen aber die Möglichkeit, in differenzierter Weise darauf Einfluss zu nehmen, in welchem Kontext und auf welche Weise die eigenen Daten anderen zugänglich und von ihnen genutzt werden. Es enthält damit die Gewährleistung, über der eigenen Person geltende Zuschreibungen selbst substantiell mitzuentscheiden Möglichkeit, in differenzierter Weise darauf Einfluss zu nehmen."[464]

Grundrechtsrelevante Gefährdungslagen, wie sie in der „Recht auf Vergessen-Entscheidung" thematisiert werden und in Art. 17 der Datenschutz-Grundverordnung der EU adressiert werden,[465] bestehen nicht nur bei der Verbreitung personenbezogener Berichte und

---

[462] Ibidem, Rn. 105 f. unter Bezugnahme auf die Judikatur der Straßburger (EGMR, *M. L. und W. W. v. Deutschland*, Urteil vom 28. Juni 2018, Nr. 60798/10 und 65599/10, § 100) und Luxemburger Gerichtsbarkeit (EuGH, C-131/12, *Google Spain*, EU:C:2014:317, Rn. 98; C-398/15, *Manni*, EU:C:2017:197, Rn. 63; C-136/17, *GC u.a.*, EU:C:2019:773, Rn. 77) sowie *Mayer-Schönberger*, Delete, 3. Aufl. 2015, S. 112 ff.; *Diesterhöft*, Das Recht auf medialen Neubeginn, 2014, S. 24 ff.; *Weismantel*, Das „Recht auf Vergessenwerden" im Internet nach dem „Google-Urteil" des EuGH, 2017, S. 30 ff. Vgl. im Übrigen auch *Becker*, Das Recht auf Vergessenwerden, 2019, S. 165 ff.

[463] Ibidem, Rn. 107; vgl. hierzu auch *Klass*, Das Recht auf Vergessen(-werden) und die Zeitlichkeit der Freiheit, ZUM 2020, 265 (267 ff.); *Ory*, Das Äußerungsrecht auf dem Zeitstrahl, AfP 2020, 119 (121 ff.)

[464] Ibidem, Rn. 87 sowie Ls. 3

[465] Verordnung (EU) 2016/679 des Europäischen Parlaments und des Rates vom 27. April 2016 zum Schutz natürlicher Personen bei der Verarbeitung personenbezogener Daten, zum freien Datenverkehr

Informationen als Teil öffentlicher Kommunikation, sondern auch bei der individualisierten Selektion und Aggregation von Informationen im Ergebnis bisherigen Verhaltens in der Welt sozialer Medien.

Die Rechtsordnung muss deshalb nicht nur davor schützen, dass sich eine Person frühere Positionen, Äußerungen und Handlungen unbegrenzt vor der Öffentlichkeit vorhalten lassen muss, oder dass durch eine im Ergebnis einer Suchanfrage Informationen prominent platziert werden, die einen falschen Eindruck zur Persönlichkeit des Gegenstandes der Suchanfrage vermitteln,[466] sondern auch davor, dass eine Person über ihre Einbettung in Filterblasen[467] zum Gefangenen früheren Kommunikationsverhaltens mit Blick auf Wahlmöglichkeiten in der Zukunft wird. Auch insoweit eröffnet erst die Ermöglichung eines Zurücktretens vergangener Sachverhalte den Einzelnen die Chance zum fortdauernden Leben in Freiheit.[468]

3. Vom Grundrecht auf Sicherheit zum Grundrecht auf Kinder- und Jugendmedienschutz?

Zwar ist ein Recht auf Sicherheit im grundgesetzlichen Katalog von Grundrechten und grundrechtsgleichen Rechten nicht ausdrücklich aufgenommen.[469] Insoweit unterscheidet sich die deutsche Verfassungslage von derjenigen nach der EMRK und der Grundrechtecharta der EU wie dem internationalen Menschenrechtsschutz. Denn sowohl in Art. 5 Abs. 1 Satz 1 EMRK und Art. 6 der Grundrechtecharta der EU[470] als auch in Art. 9 Abs. 1 Satz 1 des Internationalen Pakts über bürgerliche und politische Rechte ist das Recht auf Sicherheit in Ergänzung des Rechts auf persönliche Freiheit ausdrücklich verankert. In der Grundrechtsdogmatik ist vor dem Hintergrund solchen Normmaterials seit einiger Zeit ein Prozess zu beobachten, das staatliche und europäische Gewährleistungsziel Sicherheit auch mit einer grundrechtlichen Dimension zu versehen: Die Gewährleistung der öffentlichen Sicherheit wird von Rechtsprechung und Rechtswissenschaft nicht mehr nur als legitimer

und zur Aufhebung der Richtlinie 95/46/EG (Datenschutz-Grundverordnung), ABl. EU 20116 Nr. L 119/1

466 Zu aktiven Priorisierungserfordernissen für einen Suchmaschinenbetreiber im Lichte der jüngsten Judikatur des EuGH vgl. H, C-136/17, *GC u.a.*, ECLI:EU:C:2019:773 sowie *Meyer/Stakowski*, Muss Google Suchergebnisse redaktionell sortieren?, K&R 2019, 677 (678 ff.); *Ukrow*, Anmerkung (zu EuGH, Urteil vom 24.9.2019 – C-136/17), ZD 2020, 42 (43 - "grundrechtsschonende Auflistung von Suchergebnissen")

467 Vgl. hierzu *Magen*, Kontexte der Demokratie: Parteien - Medien – Sozialstrukturen, VVDStRL 77 (2018), 67 (74); *Mengden*, Zugangsfreiheit und Aufmerksamkeitsregulierung, 2018, S. 250 ff.

468 Vgl. *Ukrow*, Wehrhafte Demokratie 4.0, ZEuS 2021, 65 (80 f.).

469 Ein „Recht auf Sicherheit" wurde auch im Parlamentarischen Rat erörtert. Das Grundrecht des Art. 2 Abs. 2 GG lautete in seiner ersten Fassung: „Jeder hat das Recht auf Leben, auf Freiheit und auf Sicherheit der Person." Allerdings wurde in den Beratungen kritisch angemerkt, dass unklar sei, welchen Inhalt das Recht auf Sicherheit haben solle; es könne nur ein Ausfluss der persönlichen Freiheit sein; vgl. JöR N.F. 1, S. 62.

470 Vgl. EuGH, Urt. v. 08. 04. 2014, verb. Rs. C-293/12 u. C-549/12, ECLI:EU:C:2014:238 Rn. 42 – *Digital Rights Ireland*.

Zweck zur Rechtfertigung von Beschränkungen dritter Grundrechte anerkannt. Vielmehr gewinnt auch mit Blick auf die zunächst nur staatszweckhaft verstandene Sicherheit die Figur der grundrechtlichen Schutzpflicht an Bedeutung.[471]

Freiheit meint in dieser grundrechtsdogmatischen Entwicklungsperspektive unter den Bedingungen eines demokratischen Rechts- und Sozialstaates eine individuelle personale Entfaltungsmöglichkeit, die zugleich das demokratische und soziale menschliche Miteinander im Blick hat und darin ihre Grenze und Begrenzbarkeit findet. Dieser Konnex von Recht auf Freiheit und Recht auf Sicherheit ist dynamisch zu verstehen und steht auch einer im Blick auf digitale Gefährdungslagen optimierten Auslegung des Grundrechts auf Sicherheit offen. Auch für die grundgesetzliche Ordnung wird das Bestehen eines Grundrechts auf Sicherheit im Übrigen nicht zuletzt aus staatsrechtlichen, staatszweckorientierten Erwägungen heraus anerkannt.[472]

Das 21. Jahrhundert erlebt eine Renaissance des Sicherheitszweckes des Staates in multiplen Krisenzeiten mit vermehrten Herausforderungen für diesen Staatszweck im Inneren wie von außen in sämtlichen Bereichen staatlicher, gesellschaftlicher und individueller Existenz. Diese multiple Risikosituation gebietet ein vernetztes Denken auch bei der Wahrung des Sicherheitszwecks. Dies erschließt sich nicht zuletzt auch aus einer im digitalen Fortschritt wurzelnden neuen, vierten Legitimationsschicht des Verfassungsstaates: Der neuzeitliche Staat rechtfertigt sich dadurch, dass er dem Bürger Sicherheit gewährleistet. Neben die bürgergerichtete, die staatsgerichtete und die soziale Sicherheit[473] tritt als weitere Dimension der staatsseitig zu gewährenden Sicherheit die digitale Sicherheit. Der Verursacher der Gefahr erscheint von Stufe zu Stufe abstrakter: zuerst der Mitmensch, sodann die Staatsorganisation, im Anschluss die Wirtschaftsgesellschaft, schließlich technologischer Fortschritt. Dabei dient das Grundrecht auf Sicherheit in seiner digitalisierungsbezogenen Dimension um die Abwehr und Einhegung mediatisierter Gewalt mit demokratischer und kommunikationsfreiheitsbezogener Relevanz, nicht (oder noch nicht) um strukturelle oder gar physische oder psychische Gewalt.[474]

Auf die Verfassungsstrukturen des Grundgesetzes bezogen, bedeutet das: Ebenso wenig wie der Sozialstaat den Rechtsstaat nicht aufhebt, sondern ihn um eine Zweckdimension, den Schutz der Freiheit in ihren gesellschaftlichen Voraussetzungen bereichert,[475] hebt der Staat digitaler Vorsorge nicht den Sozialstaat auf, sondern bereichert ihn um den Zweck des Schutzes der Freiheit vor in-humanen Gefährdungslagen durch exponentielles technologisches Wachstum jenseits menschlicher Kontrollmöglichkeit oder -willigkeit. Das Grundrecht auf Sicherheit dient im digitalen Zeitalter auch einer Selbstbehauptung gegenüber subtilen Gefährdungen der Subjektqualität – auch von Minderjährigen. Wenn zu

---

471 Vgl. hierzu kritisch *Leuschner,* Sicherheit als Grundsatz, 2018, S. IX, 43 ff.

472 Vgl. hierzu *Isensee,* Das Grundrecht auf Sicherheit, 1983, S. 27 ff.

473 Vgl. hierzu ibidem, S. 17.

474 Zu den unterschiedlichen Gewalt-Typen im Zusammenhang mit dem Grundrecht auf Sicherheit vgl. ibidem, S. 23 ff.

475 Vgl. hierzu ibidem, S. 18.

Beginn staatengerichteter Schutzpflichten der Bereich der Staatstätigkeit aus einem liberalem Ideal heraus so eingeengt werden sollte, dass der freien Entfaltung der Persönlichkeit der größtmögliche Raum gegeben wird, dann liegt es unter den Bedingungen des digitalen Fortschritts nahe, dass Sicherheit vor Auswüchsen von KI zu gewährleisten ist, um eine freie Entfaltungsmöglichkeit und demokratische Teilhabemöglichkeit für jedermann, nicht zuletzt auch Heranwachsende und künftige Generationen zu wahren. Namentlich betrifft dies auch die Pflicht, einem KI-gestützten Zerfall des gesamtgesellschaftlichen demokratischen Diskurses in einem Gesellschaftssystem von Singularitäten vorzubeugen und gegenzusteuern, in dem kommunikative Filterblasen der Abschottung und Abgeschiedenheit von sich immer stärker zersplitternden Teilgesellschaften entstehen, mit denen im 21. Jahrhundert eine diskursive Friedhofsruhe droht. Die nicht zuletzt von Minderjährigen genutzten sozialen Netzwerke bedürfen deshalb auch eines regelmäßigen Tests auf ihre Vereinbarkeit mit demokratischen Strukturprinzipien.

Die digitale Dimension des Grundrechts der Sicherheit errichtet im Blick auf KI aber nicht nur unter demokratischem Blickwinkel Leitplanken, denen vor dem Hintergrund des Ziels einer gemeinwohlverträglichen Persönlichkeitsentwicklung Minderjähriger auch eine kinder- und jugendschützerische Tendenz zukommt. Auch im Blick auf weitere Grundwerte der deutschen wie der Verfassungsordnung der EU birgt KI ein diese Persönlichkeitsentwicklung potentiell beeinträchtigendes Gefährdungspotential. Denn KI ist ohne eine ethische Grundierung bestenfalls wohlfahrts- und selbstlosigkeitsneutral, tendenziell aber auf individuelle Nutzenmaximierung ausgerichtet. Altruismus *by design* ist zwar im Prozess der Entwicklung von KI technologisch nicht versperrt, aber weder unternehmerisch per se gewünscht noch entwicklungsbezogen vorprogrammiert.

Unter staatstheoretischer Perspektive stellt das Vertrauen in einen menschlich getragenen, geformten und gewährleisteten Schutz der Entwicklungsfähigkeit Minderjähriger die positive Kehrseite einer für das Verständnis des Grundrechts auf Sicherheit in seiner Ausgestaltung als Grundrecht auf Jugendschutz bedeutsamen Furcht dar. Bei dieser Furcht wiederum geht es um die Furcht vor einer KI-gestützten und geprägten un-menschlichen Gestaltung, Auswahl und Präsentation medialer Kommunikationsofferten, denen für die Entwicklung der Persönlichkeit Minderjähriger im Blick auf deren Menschen- und Weltbild eine immer größere Bedeutung zukommt.[476]

4. Anknüpfungspunkte für KI-Bezüge eines Grundrechts auf Kinder- und Jugendmedienschutz in der Grundrechtsentwicklung durch das BVerfG

a) Einleitung

Seit Beginn des digitalen Transformationsprozesses blieb das Grundgesetz, besonders sein Grundrechtsteil, zwar weitgehend unverändert – zumindest in Reaktion auf neue

---

[476] Vgl. zu Furcht und Vertrauen als staatskonstituierenden Kräften *Isensee*, Das Grundrecht auf Sicherheit, Berlin/New York 1983, S. 26.

digitale Herausforderungen. Bestehende Grundrechte schienen in ihrer freiheitlichen Funktion hinreichend entwicklungsoffen, um Herausforderungen dieses Prozesses zu bewältigen.[477] Einem in Bezug auf den Ansatz, auf die digitale Transformation reformerisch zu reagieren, feststellbaren Zurückhaltung des Verfassungsgesetzgebers, der bislang lediglich über die Einführung des Art. 91c GG auf die wachsende Bedeutung von Informations- und Kommunikationstechnologie reagierte,[478] stehen zahlreiche Entscheidungen des BVerfG gegenüber, in denen Karlsruhe der technologischen Entwicklung und den durch diese aufgeworfenen Grundrechtsfragen durch Auslegung der im Wortlaut unveränderten Grundrechte im Wege grundrechtsdogmatischer Innovation begegnete.[479] Das betrifft neben dem in seinem Ersten Volkszählungsurteil entwickelten Recht auf informationelle Selbstbestimmung[480] insbesondere das Grundrecht auf Gewährleistung der Integrität und Vertraulichkeit informationstechnischer Systeme.[481] In ähnlicher Weise erweisen sich grundrechtliche Freiheitsgewährleistungen insoweit innovationsoffen, dass ihr Schutzbereich auch für ein Handeln unter Verwendung digitaler Technologien eröffnet ist.[482] Ob diese Offenheit auch in Richtung auf einen in Art. 7 Abs. 1 GG wurzelnden grundrechtlichen Anspruch auf einen schulischen Unterricht besteht, der Kinder und Jugendliche mit Chancen und Risiken von KI als neuer digitaler Schlüsseltechnologie vertraut macht, erscheint im Lichte jüngerer Judikatur des BVerfG nicht von vornherein ausgeschlossen.[483]

Ob der bestehende Verfassungsrechts-Corpus seine Funktionen auch in Zeiten immer rasanter werdenden soziotechnischen Veränderungen gerecht wird,[484] bleibt allerdings ebenso zu untersuchen wie die Frage, ob ein Verfassungsrecht weiterentwicklungsbedürftig

---

477 Vgl. *Härtel,* Digitalisierung im Lichte des Verfassungsrechts, LKV 2019, 49 (53); *Heckmann/Paschke,* Digitalisierung und Grundrechte, in: Stern/Sodan/Möstl, Das Staatsrecht der Bundesrepublik Deutschland im europäischen Staatenverbund, 2. Auflage 2022; § 121 Rn. 43; *Schröder,* Neue Grundrechte für ein digitales Zeitalter?, JZ 2019, 953 (956).

478 Vgl. hierzu *Heckmann,* in: *Heckmann, Dirk/Paschke, Anne* (Hrsg.), juris PraxisKommentar Internetrecht - Das Recht der Digitalisierung, 7. Aufl. Saarbrücken 2021 Kap. 5 Rn. 131 ff.

479 Vgl. *Heckmann/Paschke,* Digitalisierung und Grundrechte, in: Stern/Sodan/Möstl, Das Staatsrecht der Bundesrepublik Deutschland im europäischen Staatenverbund, 2. Auflage 2022; § 121 Rn. 43; *Peuker,* Verfassungswandel durch Digitalisierung, 2020, S. 297 ff.

480 BVerfGE 65, 1; vgl. auch *Kunig/Kämmerer,* in von Münch/Kunig (Hrsg.), Grundgesetz. Kommentar, 7. Aufl. 2021, Art. 2 Rn. 75 ff.

481 BVerfGE 120, 274 – Online-Durchsuchung; hierzu *Heckmann,* Staatliche Schutz- und Förderpflichten zur Gewährleistung von IT-Sicherheit, in: Rüßmann (Hrsg.), Festschrift für Gerhard Käfer, Saarbrücken 2009, S. 129 (129 ff.).

482 Vgl. *Heckmann/Paschke,* Digitalisierung und Grundrechte, in: Stern/Sodan/Möstl, Das Staatsrecht der Bundesrepublik Deutschland im europäischen Staatenverbund, 2. Auflage 2022; § 121 Rn. 44 m.w.N..

483 So hat das BVerfG in seiner corona-bezogenen Entscheidung zur sog. Bundesnotbremse ausdrücklich ein Grundrecht auf Bildung begründet und in diesem Kontext die Bedeutung von Digitalkompetenz unterstrichen, vgl. BVerfGE 159, 355 (435). Vgl. im Übrigen auch *Hoffmann/Luch/Schulz/Borchers,* Die digitale Dimension der Grundrechte, 2015, S. 160 ff.

484 Vgl. *Heckmann/Paschke,* Digitalisierung und Grundrechte, in: Stern/Sodan/Möstl, Das Staatsrecht der Bundesrepublik Deutschland im europäischen Staatenverbund, 2. Auflage 2022; § 121 Rn. 5, 22 ff.

ist, das von menschlich gesteuerten Gefahren für Grundrechtsgüter ausgeht, während inzwischen Gefährdungslagen für Grundrechte im Zuge des digital- und IT-technologischen Fortschritts auch künstlich-automatischen Ursprungs sein können. Allerdings verdient bei entsprechenden grundrechtspolitischen Debatten stets Beachtung, dass auch neue digitale Grundrechte nicht schrankenlos gewährbar sein dürften und es stets zur Ermittlung der Schutzreichweite solcher Grundrechte in einem konkreten Einzelfall einer Abwägung kollidierender Interessen unter Berücksichtigung des Grundsatzes der Verhältnismäßigkeit bedürfen dürfte. Diese Abwägung kann nicht umfassend ex ante im Rahmen einer Verfassungsreform entwickelt werden, sondern ist die permanente Aufgabe der Staatsrechtswissenschaft und der verfassungsgerichtlichen Judikatur.[485]

b) Zur Bedeutung des Grundrechts auf informationelle Selbstbestimmung

Das Grundrecht auf informationelle Selbstbestimmung wurde im Volkszählungsurteil[486] primär als Abwehrrecht gegen die staatliche Datenerhebung und -verarbeitung geschaffen und ursprünglich auch ausschließlich als solches wahrgenommen.[487] Indessen kann das Gefährdungspotential, das von Datenverarbeitung durch private Akteure, nicht zuletzt auch unter Nutzung von KI-Technik ausgeht, als im Hinblick auf Eingriffswirkung und Überwachungspotential zumindest staatlicher Gefährdung gleichrangig eingestuft werden. Aus Sicht des Betroffenen besteht kein relevanter Unterschied, ob er seine Datenhoheit an den Staat, einen großen Konzern und perspektivisch ggf. an KI selbst verliert. Auch Privatrechtssubjekte oder Phänomene auf dem Weg zur Subjektivität können eine Gefahr für personenbezogene Daten darstellen.[488] Diesen Akteuren und Erscheinungsformen von Bewusstsein kann zwar nach traditioneller Grundrechtsdogmatik die Abwehrfunktion der Grundrechte nicht entgegengehalten werden.[489] Die staatliche Schutzpflicht aus der informationellen Selbstbestimmung wirkt aber auch gegenüber solchen privaten Akteuren[490] und nicht-humanen Phänomenen. Das BVerfG hat zudem für das Recht auf informationelle Selbstbestimmung ausdrücklich eine mittelbare Drittwirkung anerkannt.[491]

---

485 Vgl. *Heckmann/Paschke*, Digitalisierung und Grundrechte, in: Stern/Sodan/Möstl, Das Staatsrecht der Bundesrepublik Deutschland im europäischen Staatenverbund, 2. Auflage 2022; § 121 Rn. 44.

486 BVerfGE 65, 1.

487 Vgl. *Hofmann/Luch/Schulz/Borchers,* Die digitale Dimension der Grundrechte, 2015, 67.

488 Vgl. *Hofmann/Luch/Schulz/Borchers,* Die digitale Dimension der Grundrechte, 2015, 67.

489 Vgl. *Bull,* Digitale Grundrechte für Europa, Recht und Politik 53 (2017), 9 (10); *Hofmann/Schulz/Borchers,* Grundrechtliche Wirkungsdimensionen im digitalen Raum, MMR 2014, 89 (92 f.); *Schröder,* Neue Grundrechte für ein digitales Zeitalter?, JZ 2019, 953 (957).

490 Vgl. *Heckmann/Paschke*, Digitalisierung und Grundrechte, in: Stern/Sodan/Möstl, Das Staatsrecht der Bundesrepublik Deutschland im europäischen Staatenverbund, 2. Auflage 2022; § 121 Rn. 18.

491 Vgl. BVerfGE 152, 152 (189 f.); zu den sich hieraus ergebenden Folgen *Scheurer,* Spielerisch selbstbestimmt, 2019, S. 37 f.

c) Zur Bedeutung des Grundrechts auf Gewährleistung der Vertraulichkeit und Integrität informationstechnischer Systeme

Auch das vom BVerfG in seiner Entscheidung vom 28. Februar 2008[492] entwickelte sog. „IT-Grundrecht" stellt wie das Recht auf informationelle Selbstbestimmung eine Ausprägung des Allgemeinen Persönlichkeitsrechts aus Art. 2 Abs. 1 i.V.m. Art. 1 Abs. 1 GG dar. Es schützt die Vertraulichkeit und Integrität informationstechnischer Systeme in ihrer Gesamtheit. Mit der Entwicklung dieses Grundrechts wollte das BVerfG Schutzlücken im vorhandenen Grundrechtsschutz schließen, denen im Prozess der Durchdringung sämtlicher Formen des gesellschaftlichen wie des ökonomischen und des persönlichen Lebens durch Systeme der Informationstechnik eine wachsende Bedeutung zukam, die mit einer zunehmenden Abhängigkeit des Einzelnen von IT-Systemen einherging. So schützte das Recht auf informationelle Selbstbestimmung aus Sicht des BVerfG nicht ausreichend gegen Angriffe auf große Datenbestände von informationstechnischen Systemen.

Das IT-Grundrecht schützt informationstechnische Systeme,

> *„die allein oder in ihren technischen Vernetzungen personenbezogene Daten des Betroffenen in einem Umfang und in einer Vielfalt enthalten können, dass ein Zugriff auf das System es ermöglicht, einen Einblick in wesentliche Teile der Lebensgestaltung einer Person zu gewinnen oder gar ein aussagekräftiges Bild der Persönlichkeit zu erhalten".*[493]

Das BVerfG verwendet die Begriffe der Vertraulichkeit und der Integrität von IT-Systemen entsprechend ihrem informationstechnischen Kontext. Vertraulichkeit eines IT-Systems bedeutet danach, dass nur berechtigte Personen über eine bewusst eingerichtete technische Zugriffsmöglichkeit auf die im System verfügbaren Informationen zugreifen können. Integrität eines IT-Systems bedeutet danach, dass Informationen vollständig, richtig und aktuell sind oder deutlich zu erkennen ist, dass dies nicht der Fall ist.[494]

In seiner Genese unterscheidet sich das Grundrecht auf Gewährleistung der Vertraulichkeit und Integrität informationstechnischer Systeme gerade dadurch vom Recht auf informationelle Selbstbestimmung, dass eine besondere Privatheitserwartung ausgemacht wird, die eine konkrete thematische Anknüpfung vergleichbar dem Wohnungsschutz aus Art. 13 GG ermöglicht.[495] In einem weiteren Unterschied zum Datenschutz-Grundrecht auf informationelle Selbstbestimmung, das vor der einzelnen Datenerhebung als solche schützt, soll das IT-Grundrecht den Einzelnen vor einem umfassenden Zugriff auf die Gesamtheit der in informationstechnischen Systemen umfangreich vorhandenen persönlichen Dateien

---

492 BVerfG, NJW 2008, 822 ff.

493 BVerfGE 120, 274 (314).

494 Vgl. auch *Hansen/Pfitzmann,* Techniken der Online-Durchsuchung, in: Roggan (Hrsg.), Online-Durchsuchungen - Rechtliche und tatsächliche Konsequenzen des BVerfG-Urteils vom 27. Februar 2008, 2008, S. 131 (132 m.w.N.).

495 Vgl. *Hauser,* Das IT-Grundrecht, 2015, S. 14.

absichern.[496] Vom Schutzbereich des IT-Grundrechts erfasst ist dabei nicht jedes IT-System. Vielmehr ist der Schutzbereich nur für komplexe IT-Systeme eröffnet, Das System muss also entweder eine Datenfülle aufweisen, die einen tiefen Einblick in die persönlichen Lebensverhältnisse des Einzelnen zulässt oder es muss mit anderen Datensätzen derart vernetzt sein, dass ein Zugriff auf ersteres System einen intensiven Einblick in letztere gewährt. [497] „Komplexität" des Systems stellt mithin auf Datenmenge und -vielfalt, nicht auf Undurchdringlichkeit von Funktionslogiken ab – wobei gerade letzterer mit Blick auf die Black Box KI eine besondere Bedeutung zukommt, was die Perspektive für eine zusätzliche Anreicherung der Ableitungen eigenständiger Grundrechte aus dem allgemeinen Persönlichkeitsrecht i.V. mit seinem Menschenwürde-Kern um ein KI-Grundrecht, das den Schutz menschlicher Überschaubarkeit und Steuerbarkeit maschinellen Lernens zum Gegenstand hat, befördert.

Jenseits des grundrechtlichen wird im Übrigen auch ein staatszielbezogener Ansatz verfassungsrechtlicher Reaktion auf Herausforderungen durch KI diskutiert. Eine landesverfassungsrechtliche Folie für entsprechende verfassungspolitische Debatten kann insoweit Art. 12 Abs. 1 und 2 der Landesverfassung der Freien Hansestadt Bremen[498] bilden.[499] Dieser bestimmt:

„(1) Der Mensch steht höher als Technik und Maschine.

(2) Zum Schutz der menschlichen Persönlichkeit und des menschlichen Zusammenlebens kann durch Gesetz die Benutzung wissenschaftlicher Erfindungen und technischer Einrichtungen unter staatliche Aufsicht und Lenkung gestellt sowie beschränkt und untersagt werden."

Inwieweit über eine solche Regelung ein effektiver Grundrechtsschutz im Allgemeinen und Kinder- und Jugendmedienschutz im Besonderen befördert werden kann, bedarf einer vertieften, die Kapazitäten dieser Studie überschreitende Erörterung. Eine Staatszielbestimmung wie in Art. 12 Abs. 1 und 2 der Landesverfassung der Freien Hansestadt Bremen könnte aber als Leitlinie für hoheitliches Handeln dienen, die insbesondere auch im Rahmen der Prüfung der Verhältnismäßigkeit von Grundrechtsbeschränkungen von KI-Anwendern und -Entwicklern zum Zwecke eines effektiven Kinder- und Jugendmedienschutzes im Zeitalter neuer IT-technologischer Herausforderungen bedeutsam sein könnte.[500]

---

496 Vgl. *Brink,* in: Wolff/Brink (Hrsg.), Beck'scher Online-Kommentar Datenschutzrecht, 7. Ed. 2013, Grundlagen und bereichsspezifischer Datenschutz, Verfassungsrecht Rn. 144.

497 Vgl. *Luch,* Das neue „IT-Grundrecht", MMR 2011, 75 (76).

498 In der Fassung der Bekanntmachung vom 12. August 2019 (Brem.GBl. 2019, S. 524, 527), zuletzt geändert durch Gesetz vom 28.02.2023 (Brem.GBl. 2023, S. 204).

499 Vgl. hierzu *Heckmann/Paschke*, Digitalisierung und Grundrechte, in: Stern/Sodan/Möstl, Das Staatsrecht der Bundesrepublik Deutschland im europäischen Staatenverbund, 2. Auflage 2022, § 121 Rn. 58.

500 Vgl. *Heckmann/Paschke*, Digitalisierung und Grundrechte, in: Stern/Sodan/Möstl, Das Staatsrecht der Bundesrepublik Deutschland im europäischen Staatenverbund, 2. Auflage 2022, § 121 Rn. 58; *Pfeil*, Der Mensch steht höher als Technik und Maschine, InTeR 2020, 82 (89).

Weitere Voraussetzungen für die Eröffnung des Schutzbereichs des IT-Grundrechts sind im Übrigen der Persönlichkeitsbezug der enthaltenen Daten sowie die Datenhoheit des Betroffenen. Letztere ist dann aus grundrechtsbezogenem Blickwinkel nicht gegeben, wenn der Betroffene wissentlich Systeme nutzt, im Rahmen derer nicht nur er selbst Zugriff auf die von ihm erzeugten Inhalte hat – also von keiner berechtigten Vertraulichkeitserwartung ausgegangen werden kann.[501]

Ein Eingriff in dieses IT-Grundrecht liegt aus Sicht des BVerfG dann vor,

> *„wenn die Integrität des geschützten informationstechnischen Systems angetastet wird, indem auf das System so zugegriffen wird, dass dessen Leistungen, Funktionen und Speicherinhalte durch Dritte genutzt werden können".*[502]

Für einen Eingriff in das IT-Grundrecht ist nicht erforderlich, dass es zu einer Erhebung personenbezogener Daten oder einer Überwachung gekommen ist.[503]

Das IT-Grundrecht basiert auf der Erkenntnis, dass ein wirksamer Grundrechtsschutz angesichts der von einer marktwirtschaftlichen Dynamik geprägten Entwicklung der Informationstechnologie bereits zwingend die Technikgestaltung einbeziehen muss. Die Abwehr von Informationseingriffen in IT-Systeme ist damit nur ein Bestandteil eines umfassenden und mehrere Grundrechte übergreifenden Schutzkonzepts. Wichtig ist schon eine grundrechtswahrende Gestaltung von Systemen und Abläufen.[504] Dies hat auch für Prozesse im Kontext der Entwicklung und des Einsatzes von KI zu gelten.

d) Zur Bedeutung generationengerechten Grundrechtsschutzes für den Kinder- und Jugendmedienschutz

Das BVerfG hat in seiner Entscheidung zur (teilweisen) Verfassungswidrigkeit des Klimaschutzgesetzes[505] aus der staatlichen Pflicht zum Schutz des Lebens und der körperlichen Unversehrtheit nach Art. 2 Abs. 2 Satz 1 GG ein Gebot des Schutzes auch vor Beeinträchtigungen grundrechtlicher Schutzgüter durch Umweltbelastungen geschlossen: Die aus Art. 2 Abs. 2 Satz 1 GG folgende Schutzpflicht des Staates umfasst auch die Verpflichtung, Leben und Gesundheit vor den Gefahren des Klimawandels zu schützen. Sie kann eine objektivrechtliche Schutzverpflichtung auch in Bezug auf künftige Generationen begründen.

---

501 Vgl. *Luch,* Das neue „IT-Grundrecht", MMR 2011, 75 (76).

502 BVerfGE 120, 274 (314).

503 Vgl. BVerfG NJW 2008, 827 (Abs. 204), insoweit zustimmend *Hornung,* Ein neues Grundrecht. Der verfassungsrechtliche Schutz der „Vertraulichkeit und Integrität informationstechnischer Systeme", Computer und Recht (CR) 2008, 299 (302).

504 Vgl. *Hauser,* Das IT-Grundrecht, 2015, S. 15.

505 BVerfGE 157, 30 (Ls. 1, Rn. 143 ff.). Hierzu z.B. *Britz,* Klimaschutz in der Rechtsprechung des Bundesverfassungsgerichts, NVwZ 2022, 825 (830 ff.); *Burgi,* Klimaverwaltungsrecht angesichts von BVerfG-Klimabeschluss und European Green Deal, NVwZ 2021, 1401 (1404 ff.); *Ekardt/Heß,* Bundesverfassungsgericht, neues EU-Klimaschutzrecht und das Klima-Ziel des Paris-Abkommens, NVwZ 2021, 1421 (1422 ff.). Zuvor bereits *Groß,* Die Ableitung von Klimaschutzmaßnahmen aus grundrechtlichen Schutzpflichten, NVwZ 2020, 337 (339 ff.).

In Verbindung mit der Staatszielbestimmung des Art. 20a GG[506] folgt aus Sicht des BVerfG hieraus i.S. eines Gebots „intertemporaler Freiheitssicherung" die Verpflichtung des Gesetzgebers, grundrechtliche Freiheit „über die Zeit" zu sichern und Freiheitschancen verhältnismäßig „über die Generationen" zu verteilen.[507]

Was zunächst wie eine Erweiterung der Grundrechtsberechtigung hin auf zukünftige Generationen verstanden werden könnte, ist in der Sache Grundrechtsschutz der aktuell Lebenden gegenüber gesetzgeberischem Unterlassen, die sich ihrerseits auf ihre Grundrechte aus Art. 2 Abs. 2 S. 1 GG und Art. 14 Abs. 1 GG berufen können.[508] Ob und inwieweit aus diesem intertemporalen Verständnis des Grundrechtschutzes im Ergebnis des grundrechtsdogmatischen Verständnisses der Klimaschutz-Entscheidung sehr konkrete, global ausgerichtete und in die Zukunft wirkende gesetzgeberische Schutzpflichten des Staates entnommen werden können, oder ob insoweit nicht der gesetzgeberische Einschätzungs-, Wertungs- und Gestaltungsspielraum stärker zu gewichten ist, bedarf vertiefter, im Rahmen dieser Studie nicht leistbarer wissenschaftlicher Befassung.[509]

Nicht nur aus der Klimaschutz-Entscheidung, sondern auch aus der jüngsten Entscheidung des BVerfG zum Grundrecht auf schulische Bildung aus Art. 2 Abs. 1 in Verbindung mit Art. 7 Abs. 1 GG[510] lassen sich indessen auch in Bezug auf das Verständnis jugendschutzbezogener Schutzpflichten des Staates interpretatorische Ableitungen gewinnen: Auch mit Blick auf das verfassungsrechtliche Jugendschutzgebot als „Recht auf Person-Werden"[511] bedarf es – wie in Bezug auf das Klimaschutzgebot - im Blick auf die Herausforderungen der durch das Internet und KI geschaffenen globalen Dimension von Gefährdungsursachen eines die offene Staatlichkeit des Grundgesetzes berücksichtigenden Verständnisses. So muss der Staat eine Absicherung eines effektiven Jugendmedienschutzes entsprechend seiner Schutzpflicht auch auf europäischer wie internationaler Ebene suchen. Soweit die jugendmedienschutzbezogene Schutzpflicht aus Art. 2 Abs. 2 Satz 1 GG gegen Gefährdungslagen aus dem Internet und durch KI gerichtet ist, verlangt sie ein international ausgerichtetes Handeln zum globalen Schutz der berechtigten Interessen Minderjähriger an einer durch mediale Wirkungen nicht nachhaltig beeinträchtigten Entwicklung zu einer gemeinschaftsfähigen Persönlichkeit und verpflichtet, im Rahmen internationaler Abstimmung (zum Beispiel durch Verhandlungen, in Verträgen oder in Organisationen) auf Jugendmedienschutzaktivitäten hinzuwirken, in die eingebettet dann nationale

---

506 BVerfGE 157, 30 (Ls. 2).

507 BVerfGE 157, 30 (Ls. 2).

508 BVerfGE 157, 30 (Rn. 142).

509 *Berger*, Natürliche Personen. in: Stern/Sodan/Möstl, Das Staatsrecht der Bundesrepublik Deutschland im europäischen Staatenverbund, 2. Auflage München 2022, Bd. III – Allgemeine Lehren der Grundrechte, § 72 Rn. 47.

510 Vgl. BVerfG, Beschluss des Ersten Senats vom 19. November 2021 - 1 BvR 971/21 -, Rn. 42 ff.

511 Vgl. *Ditzen,* Das Menschwerdungsgrundrecht des Kindes, NJW 1989, 2519 (2519; „Recht auf Mensch-Werden"); *Engels,* Kinder- und Jugendschutz in der Verfassung, AöR 122 (1997), 212 (219 ff., 226 ff..); *Langenfeld,* Die Neuordnung des Jugendschutzes im Internet, MMR 2003, 303 (305); *Ukrow,* Jugendschutzrecht, Rn. 12 ff.

Maßnahmen ihren Beitrag zur Minimierung von Gefährdungslagen leisten.[512] Aus dem Recht des Kindes auf Unterstützung seiner Persönlichkeitsentwicklung können über die Sicherung der Elternverantwortung hinaus auch eigene, die elterliche Fürsorge unterstützende und ergänzende Pflichten des Staates gegenüber den Kindern erwachsen, wo dies für ihre Persönlichkeitsentwicklung bedeutsam ist, wie das BVerfG in seiner *Bundesnotbremse II*-Entscheidung[513] unter Bezugnahme auf seinen *Josefine Mutzenbacher*-Beschluss zu jugendgefährdenden Schriften[514] betont.[515]

5. Schranken eines möglichen neuen Kinder- und Jugendschutz-Grundrechts

Auch ein neu geformtes oder in Anknüpfung an bisherige grundrechtsdogmatische Freiheiten und Ansprüche weiterentwickeltes Kinder- und Jugend(medien)schutz-Grundrecht würde sich in einen Grundrechte-Katalog einfügen, in dem sich die Grundrechte (außerhalb der Menschenwürde) gegenseitig begrenzen und ergänzen. Wenn die Freiheit des Einzelnen dort endet, wo die Freiheit des Anderen anfängt (wie das in Art. 2 Abs. 1, aber auch in Art. 5 Abs. 2 GG zum Ausdruck kommt), kann nichts anderes für Sachverhalte mit KI-Bezug oder anderen Verbindungen zum Prozess der Digitalisierung gelten.[516]

---

512 Vgl. zu dieser Abstimmungs- und Verhandlungspflicht in Bezug auf den Klimaschutz BVerfG, Beschluss des Ersten Senats vom 24. März 2021 - 1 BvR 2656/18 -, Rn. 149, 201.

513 BVerfG, Beschluss des Ersten Senats vom 19. November 2021 - 1 BvR 971/21 -, Rn. 46.

514 BVerfGE 83, 130 (139).

515 Vgl. *Ukrow*, in: Hartstein/Ring/Kreile/Dörr/Stettner/Cole/Wagner (Hrsg.), Heidelberger Kommentar zum Medienstaatsvertrag – Jugendmedienschutz-Staatsvertrag, Heidelberg 2023, § 4 JMStV Rn. 34.

516 Vgl. auch *Heckmann/Paschke*, Digitalisierung und Grundrechte, in: Stern/Sodan/Möstl, Das Staatsrecht der Bundesrepublik Deutschland im europäischen Staatenverbund, 2. Auflage 2022, § 121 Rn. 39.

C. Anknüpfungspunkte einer KI-Regulierung von Kinder- und Jugendmedienschutz im geltenden Staatsvertragsrecht, im Datenschutz- und Medienrecht der EU

I. Ausgangspunkt: Die Angebotsinhalts- und Angebotswirkungsorientiertheit des geltenden JMStV und ihre Offenheit im Hinblick auf den Einsatz generativer KI

Die Vorgaben der §§ 4 und 5 des JMStV in Bezug auf unzulässige bzw. entwicklungsbeeinträchtigende Angebote sind ausschließlich auf den Inhalt eines Rundfunkprogramms oder eines Telemediums bzw. die Wirkung dieses Inhalts ausgerichtet. Auf die Frage, wer Anbieter dieses Inhalts ist, kommt es im Blick auf das medienrechtliche Unwerturteil in Form von Verboten oder beschränkenden Vorgaben für die Verbreitung und Zugänglichkeit des Inhalts ebenso wenig an wie auf die Frage, in welcher Weise der Inhalt entstanden ist. Insoweit sind die Vorgaben der §§ 4 und 5 JMStV sowohl offen für eine Schutzwirkung in Bezug auf Angebote von Anbietern, die nicht in Deutschland ansässig sind, als auch offen in Bezug auf die Frage, ob der Inhalt menschlich oder unter Einsatz von Technik hergestellt wurde und ob die Aufnahme des Inhalts in Infrastrukturen, die eine Wahrnehmung des Inhalts ermöglichen, und die Auswahl und Präsentation des Inhalts nach menschlichen oder maschinell gelernten Maßgaben erfolgt.

Interaktionsrisiken sind im geltenden JMStV bislang ebenso wenig als spezifische Risikokategorie für einen effektiven Kinder- und Jugendmedienschutz erfasst wie Risiken, die sich aus dem zunehmenden Einsatz von KI im Medien-Ökosystem ergeben können.

II. Technischer Jugendmedienschutz im geltenden Recht

1. Einleitung

Es gibt inzwischen eine Vielzahl von technischen Instrumenten und Systemen zum Schutz von Kindern und Jugendlichen an Geräten wie Computer, Tablet und Smartphone, die zum Einstieg in die Medienwelt genutzt werden können und zunehmend auch durch Minderjährige genutzt werden. Einige technischen Schutzmaßnahmen können Eltern dabei für ihr Kind voreinstellen. Am PC sollten z.B. Benutzerkonten mit eingeschränkten Nutzerrechten eingerichtet werden. Damit kann sichergestellt werden, dass Kinder nur die Anwendungen nutzen können, die von Ihnen freigeschaltet sind. Am Smartphone sollte z.B. das App-Verhalten reguliert werden, damit es nicht zu teuren In-App-Käufen kommt. Zudem gibt es unterschiedliche Jugendschutz- und Filterprogramme sowohl für den PC als auch für das Smartphone.

Die technischen Maßnahmen ermöglichen u.a., die Handlungsmöglichkeiten Minderjähriger an internetfähigen Geräten einzuschränken. Dazu zählen z.B.

- Sperrung bestimmter Internetinhalte,

- Beschränkung der Nutzungszeiten,
- Beschränkung der Laufzeit bestimmter Programme,
- Definition bestimmter Laufwerke oder Verzeichnisse, die von Kindern nicht aufgerufen werden können,
- Absicherung von Systemeinstellung gegen unbefugte Abänderung,
- Benachrichtigung über die Aktivitäten, die z.B. am Computer durchgeführt wurden, etwa per E-Mail,
- Überwachung von Aktivitäten in sozialen Netzwerken,
- Sperrung von Diensten und Anwendungen,
- Anlegen von verschiedenen Profilen nach Alter bei Mehrfachnutzung eines Gerätes.

Eine Verbindung von technischem Jugendmedienschutz mit Maßnahmen zur Stärkung von Medien- und Digitalkompetenz Minderjähriger verspricht dabei im Zweifel eine zusätzliche Schutzintensität.

2. Im Staatsvertragsrecht der Länder

a) Altersverifikationssysteme

(1) Einführung

§ 4 Abs. 2 Satz 2 JMStV enthält eine Ausnahme vom grundsätzlichen Verbreitungsverbot für nach § 4 Abs. 2 Satz 1 JMStV jugendgefährdende Medien, sofern die Verbreitung nur in einer geschlossenen Benutzergruppe erfolgt. Diese Ausnahme gilt nur für Telemedien, nicht für Rundfunk-Angebote. Bei Telemedien greift die Ausnahme nur, wenn seitens des Anbieters sichergestellt ist, dass Kinder oder Jugendliche keinen Zugang zum Angebot haben, dass also das Angebot nur Erwachsenen zur Verfügung steht. Es muss ein verlässliches Altersverifikationssystem die Verbreitung an oder den Zugriff durch Minderjährige hindern.[517] Setzt ein Anbieter mehrere Systeme zum Zugang in die geschlossene Benutzergruppe ein, bemisst sich die Frage des Verstoßes gegen § 4 Abs. 2 Satz 1 Nr. 1, Satz 2 JMStV immer am System mit dem geringsten Schutz.[518] Dies gilt auch in Bezug auf Systeme, die alle oder vereinzelt KI zum Einsatz bringen.

(2) Geschlossene Benutzergruppe

Die KJM hat bereits im Juni 2003 Eckwerte entwickelt, wie eine „geschlossene Benutzergruppe" für Telemedien, bei der sichergestellt ist, dass Angebote i.S. des § 4 Abs. 2 Satz

---

[517] Vgl. *Erdemir,* Jugendschutzprogramme und geschlossene Benutzergruppen, Computer und Recht (CR) 2005, 275 (277 ff.).
Zur Verfassungskonformität dieses Regulierungsansatzes BVerfG, Beschluss der 1. Kammer des Ersten Senats vom 24. September 2009, 1 BvR 1231/04, Rn. 5 ff.; *Ukrow,* in: HK-MStV, § 4 JMStV Rn. 421 f.

[518] Vgl. *Ukrow,* in: HK-MStV, § 4 JMStV Rn. 410.

1 JMStV nur Erwachsenen zugänglich gemacht werden, anbieterseitig einzurichten ist. Gemäß diesen Eckwerten ist Altersverifikation für geschlossene Benutzergruppen durch zwei miteinander verbundene Schritte sicherzustellen: [519]

(1.) durch eine zumindest einmalige Identifizierung (Volljährigkeitsprüfung), die grundsätzlich über persönlichen oder vorgelagerten Kontakt erfolgen muss. Voraussetzung für eine verlässliche Volljährigkeitsprüfung ist dabei die persönliche Identifizierung von natürlichen Personen inklusive Überprüfung ihres Alters durch Abgleich mit amtlichen Ausweisdaten (Personalausweis, Reisepass) – sog Face-to-Face-Kontrolle z.B. im Wege des Post-Ident-Verfahrens – vor Aushändigung der Zugangsdaten für die geschlossene Benutzergruppe. Die persönliche Identifizierung ist notwendig, damit Fälschungs- und Umgehungsrisiken möglichst vermieden werden.

(2.) durch Authentifizierung beim einzelnen Nutzungsvorgang. Die Authentifizierung dient der Sicherstellung, dass nur die jeweils identifizierte und altersgeprüfte Person Zugang zu geschlossenen Benutzergruppen erhält, und soll die Weitergabe von Zugangsberechtigungen an unautorisierte Dritte erschweren. Hierzu wird dem Nutzer regelmäßig ein Generalschlüssel in Verbindung mit einer persönlichen Identifikationsnummer (PIN) ausgehändigt.

Sowohl auf der Ebene der Identifizierung als auch auf der Ebene der Authentifizierung ist der Einsatz von KI zur Gewährleistung des jeweiligen Schutzzweckes möglich und im Übrigen auch bereits durch die KJM als Option anerkannt. So hat die KJM im März 2020 erstmals Altersverifikationsmodule mit automatisierter Identifizierung positiv bewertet.[520] Allerdings muss sich dieser Einsatz von KI im Rahmen der Rechtsordnung im Übrigen, namentlich dem Datenschutzrecht, bewegen.

Der für das Wettbewerbsrecht zuständige I. Zivilsenat des BGH hat mit Urteil vom 18. Oktober 2007 unter ausdrücklichem Hinweis auf die von der KJM bis zum Zeitpunkt der Entscheidung bereits auf der Grundlage dieser Eckpunkte positiv bewerteten Altersverifikations-Konzepte[521] die gleichfalls an diesen Eckpunkten orientierte, zuvor ergangene obergerichtliche Judikatur[522] weitgehend bestätigt und entschieden, dass es den jugendschutzrechtlichen Anforderungen nicht genügt, wenn pornografische Internetangebote den Nutzern nach der Eingabe einer Personalausweis- oder Reisepassnummer (sog Perso-Check) zugänglich gemacht werden. Auch wenn zusätzlich eine Kontobewegung erforderlich sei oder eine Postleitzahl abgefragt werde, genüge ein solches System den gesetzlichen

---

519 Vgl. https://www.kjm-online.de/service/pressemitteilungen/meldung/dritte-sitzung-der-kjm-in-mainz. Hierzu auch *Ukrow*, in: HK-MStV, § 4 JMStV Rn. 411.

520 Vgl. *KJM*, Pressemitteilung 04/2020 v. 13.03.2020 - Erstmals Module zur Altersverifikation mit automatisierter Identifizierung positiv bewertet. „IDnow AutoIdent" und „WebID AVS" als Teillösungen eines AVS im Sinne des JMStV geeignet.

521 BGH NJW 2008, 1882 (1885).

522 Vgl. insbesondere das vorinstanzliche Urteil des OLG Düsseldorf vom 24.5.2005 - 1-20 U 143/04, MMR 2005, 611 mit Anm. *Liesching*; vgl. auch OLG Düsseldorf MMR 2004, 409 mit Anm. *Erdemir*; KG Berlin, 478; KG Berlin MMR 2005, 474; LG Duisburg ZUM 2004, 933; LG Krefeld ZUM 2005, 179; OLG Nürnberg ZUM-RD 2005, 341.

Anforderungen nicht. Vielmehr setze die Verlässlichkeit eines Altersverifikationssystems voraus, dass es einfache, naheliegende und offensichtliche Umgehungsmöglichkeiten ausschließt.[523] Dieses Umgehungsverbot kann unter den Bedingungen der Lernfähigkeit von KI auch mittels KI-gestützter Systeme, die der Umgehung dienen, verletzt werden. Insofern ist es naheliegend, für die jugendschutzorientierte Ausformung der KI-Regulierung in Deutschland auch ein Verbot der Umgehung von Identifizierungs- und Authentifizierungserfordernissen zu verankern, was auch für die Glücksspielregulierung bedeutsam sein kann.[524]

Der Zwei-Säulen-Ansatz von Identifizierung und Authentifizierung hat, auch auf der Grundlage seiner gerichtlichen Bestätigung, Eingang in die Gemeinsamen Richtlinien der Landesmedienanstalten zur Gewährleistung des Schutzes der Menschenwürde und des Jugendschutzes[525] gefunden, die in der aktuellen Fassung am 15. Oktober 2019 in Kraft getreten sind und in Bezug auf geschlossene Benutzergruppen regeln:

> *„2.2.3. Geschlossene Benutzergruppe (§ 4 Abs. 2 Satz 2)*
>
> *2.2.3.1. Von Seiten des Anbieters ist sicherzustellen, dass Angebote i.S.d. § 4 Abs. 2 Satz 1 JMStV nur Erwachsenen zugänglich gemacht werden. Dies ist durch zwei Schritte umzusetzen:*
>
> *(1.) durch eine Volljährigkeitsprüfung, die über persönlichen Kontakt erfolgen muss,*
>
> *und*
>
> *(2.) durch Authentifizierung beim einzelnen Nutzungsvorgang.*
>
> *2.2.3.2. Voraussetzung für eine verlässliche Volljährigkeitsprüfung ist die persönliche Identifizierung von natürlichen Personen inklusive der Überprüfung ihres Alters. Hierfür ist ein persönlicher Kontakt („face-to-face-Kontrolle") mit Vergleich von amtlichen Ausweisdaten (Personalausweis, Reisepass) erforderlich. Der persönliche Kontakt kann auch vorgelagert erfolgt sein (z.B. Eröffnung eines Bankkontos).greift dabei die*
>
> *2.2.3.3. Die Authentifizierung hat sicherzustellen, dass nur identifizierte und altersgeprüfte Personen Zugang zu geschlossenen Benutzergruppen erhalten, und soll die Weitergabe von Zugangsdaten an unautorisierte Dritte erschweren.*

---

523 Vgl. BGH NJW 2008, 1882 (1884) unter Bezugnahme auf *Döring/Günther,* Jugendmedienschutz: Alterskontrollierte geschlossene Benutzergruppen im Internet gem. § 4 Abs. 2 Satz 2 JMStV, MMR 2002, 231 (234); *Erdemir,* Urteilsanmerkung, MMR 2004, 410 (412); a.A. *Berger,* Jugendschutz im Internet: „Geschlossene Benutzergruppen" nach § 4 Abs. 2 Satz 2 JMStV – Am Beispiel personalausweiskennziffergestützter Altersverifikationssysteme, MMR 2003, 773 (773 ff.) - vgl. hierzu die Replik von *Liesching,* Hinreichender Jugendschutz durch bloße Personalausweisnummer-Kontrolle?, MMR 2/2004, VII; *Spoerr/Sellmann,* Informations- und Kommunikationsfreiheiten im Internet, K&R 2004, 367 (372 ff.).

524 Vgl. hierzu unten, Abschnitt C. II. 2. A. (5).

525 https://www.die-medienanstalten.de/fileadmin/user_upload/Rechtsgrundlagen/Richtlinien_Leitfaeden/JuschRiLi_der_Landesmedienanstalten_ab_15.10.2019.pdf.

2.2.3.4. Der Zugang soll in der Regel zeitlich begrenzt sein; Ausnahmeregeln etwa für Testzugänge sind nicht zulässig.

2.2.3.5. Eine Anerkennung von Systemen zur Umsetzung der geschlossenen Benutzergruppe i.S.d. § 4 Abs. 2 Satz 2 JMStV durch die KJM ist im JMStV nicht vorgesehen. Die Verantwortung hierfür liegt gemäß § 4 Abs. 2 JMStV grundsätzlich beim Anbieter."

Im Lichte der durch KI eröffneten Möglichkeiten ist allerdings sowohl eine neuartige Umsetzung des bisherigen Identifizierungs- und Authentifizierungsansatzes einer Altersverifikation als auch ein neuer Ansatz der Alterseinschätzung mit entsprechend integrierter Fehlertoleranz, bei der der Abstand zwischen tatsächliche und durch KI eingeschätztem Alter immer mehr schwindet für die Begründung einer geschlossenen Benutzergruppe vorstellbar. In Bezug auf letztgenannten neuen Ansatz greift dabei das Motto: Wenn ein KI-gestütztes Alterseinschätzungssystem eine Person als Mensch einschätzt, der 18 + „x" Jahre alt ist, wird sie realiter mindestens 18 Jahre alt sein. Je besser trainiert die KI ist, um so kleiner kann in diesem Modell der Faktor „x" festgelegt werden. Im Lichte der durch KI eröffneten Möglichkeiten der Gesichtserkennung erscheint es mithin in doppelter Hinsicht fraglich, ob es einer personalen face-to-face-Kontrolle zur Identifizierung fortdauernd bedarf.

Zwar war der Umgang mit Gesichtserkennungs-Programmen im Gesetzgebungsverfahren zur KI-Verordnung der EU einer der zentralen Streitpunkte im Vorfeld des Trilog-Verfahrens mit Blick auf die unterschiedliche Positionierung von Europäischer Kommission und Rat der EU einerseits und von Europäischem Parlament andererseits. Nach dem nunmehr verabschiedeten AI Act ist eine Gesichtserkennung mittels eines KI-Systems als Instrument einer technischen Lösung, die nicht zwingend auf Altersverifikation setzt, indessen nicht verboten. Denn die KI-Verordnung schränkt mit Blick auf KI-gestützte biometrische Möglichkeiten lediglich die Verwendung von KI-Systemen zur biometrischen Fernidentifizierung zu Strafverfolgungszwecken, die Verwendung von KI-Systemen für die Risikobewertung natürlicher Personen zu Strafverfolgungszwecken und die Verwendung von KI-Systemen zur biometrischen Kategorisierung zu Strafverfolgungszwecken ein.[526] Der Begriff der „biometrische Identifizierung", an den das Verbot in Art. 5 Abs. 1 Unterabs.1 Buchstabe h) i.V.m. Art. 5 Abs.2 der KI-Verordnung wie die Einordnung eines KI-Systems als Hochrisiko-KI-System i.S. des Art. 6 Abs. 2 anknüpft, umfasst dabei nach dem 15. Erwägungsgrund der KI-Verordnung, an den Nummer 1 Buchst. a) des Anhangs III der KI-Verordnung anknüpft,

> *„keine KI-Systeme, die bestimmungsgemäß für die biometrische Verifizierung, wozu die Authentifizierung gehört, verwendet werden sollen, deren einziger Zweck darin besteht, zu bestätigen, dass eine bestimmte natürliche Person die Person ist, für die sie sich ausgibt, sowie zur Bestätigung der Identität einer natürlichen Person zu dem alleinigen Zweck Zugang zu einem Dienst zu erhalten ...",*

---

526 Vgl. den 3. Erwägungsgrund der KI-Verordnung der EU.

wobei ein solcher Dienst auch ein audiovisueller oder Audio-Mediendienst sein kann. Auch von dem Begriff „biometrisches Fernidentifizierungssystem" sind solche KI-Systeme nach dem 17. Erwägungsgrund der KI-Verordnung dementsprechend nicht erfasst. Da der JMStV kein Anerkennungsverfahren für geschlossene Benutzergruppen oder Altersverifikationssysteme (AV-Systeme) enthält, hat die KJM im Übrigen ein Verfahren der Positivbewertung entwickelt und bewertet auf Anfrage von Unternehmen oder Anbietern entsprechende Konzepte, bei Bedarf begleitet von Gesprächen oder Audits vor Ort. Dies dient der Verbesserung des Jugendschutzes im Internet und ist gleichzeitig ein Service für die Anbieter für mehr Rechts- und Planungssicherheit.[527] Auch KI-Unternehmen verfügen über eine entsprechende Anfragebefugnis.

(3) KI-gestützte (Teil-) Lösungen als mögliche Gegenstände für positive Bewertungen durch die KJM

Die KJM bewertet bislang ausschließlich Konzepte. Für die aufsichtsrechtliche Beurteilung ist allerdings die konkrete Umsetzung der geschlossenen Benutzergruppen in der Praxis entscheidend. Gegenstand der Bewertung können sowohl Konzepte für Gesamtlösungen als auch für Teillösungen (Module) für geschlossene Benutzergruppen sein. [528] Diese Bewertung kann sich auch auf Gesamt- oder Teillösungen unter Einbeziehung von KI-Systemen beziehen. Solche Module können z. B. Verfahren nur für die Identifizierung bzw. die Authentifizierung oder andere wesentliche Bestandteile eines AV-Systems (AVS) sein. Aber auch ein AV-System ist letztlich nur ein Modul für eine geschlossene Benutzergruppe (wenn auch das Kernstück), da es nur die Funktion der „vorderen Eingangskontrolle" zum geschlossenen Bereich erfüllt, für die Sicherstellung einer geschlossenen Benutzergruppe aber noch weitere Sicherungsmaßnahmen, wie Backdoorschutz etc., zu beachten sind. Sollte ein Konzept je nach Ausgestaltung als Altersverifikationssystem im Sinne des § 4 Abs. 2 Satz 2 JMStV oder als technisches Mittel im Sinne des § 5 Abs. 3 Nr. 1 JMStV einsetzbar sein, sieht die KJM die Möglichkeit vor, dieses Konzept als „übergreifendes Jugendschutzkonzept" zu bewerten.[529]

(4) KI und die Weiterwicklung des AVS-RASTER

Mit Blick auf die durch KI eröffneten Chancen einer automatisierten Altersverifikation liegt es nahe, das sog. AVS-RASTER einer Überarbeitung zuzuführen. Mit diesem Instrument, das aktuell in der Fassung aus Dezember 2019 gilt und bereits auf Möglichkeiten der Nutzung biometrischer Daten Bezug nimmt,[530] hat die KJM ein Bewertungsraster für Konzepte für geschlossene Benutzergruppen entwickelt. Damit sollen Entscheidungsprozesse der KJM bei der Bewertung transparent gemacht und Standards definiert werden. Das Raster orientiert sich in seiner jeweiligen Fassung am jeweils bestehenden Stand der Technik.

---

527 Vgl. *Ukrow*, in: HK-MStV, § 4 JMStV Rn. 414.

528 Vgl. ibidem, § 4 JMStV Rn. 415.

529 Vgl. *KJM*, AVS-RASTER, S. 2; *Ukrow*, in: HK-MStV, § 4 JMStV Rn. 415.

530 *KJM*, AVS-RASTER, S. 3 ff.

Es erhebt keinen Anspruch auf Vollständigkeit und steht einer jederzeitigen Anpassung und weiteren Verfeinerung der Kriterien auch im Lichte der Entwicklungsdynamik von KI nicht entgegen.[531]

(5) Zur Parallelität der Kriterien für geschlossene Benutzergruppen im Jugendmedienschutz-, Straf- und Glücksspielrecht

Das BVerwG hatte sich bereits vor Inkrafttreten des JMStV mit der Frage verlässlicher Altersverifikationssysteme auseinandergesetzt. In einem Urteil vom 20. Februar 2002 betonte es, dass das Ausstrahlen pornografischer Filme im Pay-TV grundsätzlich als Zugänglichmachen i.S. von § 184 Abs. 1 Nr. 2 StGB anzusehen sei, soweit nicht Vorkehrungen getroffen würden, die den visuellen Zugang Minderjähriger zu dem pornografischen Inhalt regelmäßig verhinderten. Erforderlich sei eine „effektive Barriere", welche über die allgemeine Kodierung der Filme hinausgehe. Eine zuverlässige Alterskontrolle sei dann anzunehmen, „wenn vor oder während des Vertragsschlusses ein persönlicher Kontakt mit dem späteren Kunden stattfindet und in diesem Zusammenhang eine zuverlässige Kontrolle seines Alters anhand amtlicher und mit Lichtbild versehener Dokumente ... vorgenommen wird".[532]

Bereits die Urteile des BVerwG aus 2002 wie des BGH aus 2007 sprechen dafür, dass für die Frage einer geeigneten Altersverifikation im Internet eine einheitliche Auslegung bzw. Betrachtungsweise von JMStV und StGB zum Jugend- und Konfrontationsschutz gegenüber Pornografie systemimmanent ist. Zum einen gilt auch für den Anwendungsbereich des JMStV der strafrechtliche Pornografiebegriff. Zum anderen beanspruchen die Pornografieverbote der §§ 184 ff. StGB auch für die Verbreitung einschlägiger Inhalte über Rundfunk und Telemedien Gültigkeit.[533] Vor diesem Hintergrund gibt es keine überzeugenden Gründe, weshalb die Zugangsbarrieren für Minderjährige in JMStV und StGB von unterschiedlicher Effektivität sein dürfen. Es besteht vielmehr eine Pflicht zum Gleichlauf jugendmedienschutzrechtlicher und strafrechtlicher Anforderungen an die Vorgaben für Identifizierung und Authentifizierung zum Ausschluss Minderjähriger von der telemedialen Nutzungsmöglichkeit von pornografischen Angeboten.[534]

In die gleiche Richtung eines Gebots gleichwertigen effektiven Ausschlusses Minderjähriger weisen auch die Vorgaben des Glücksspielstaatsvertrages 2021 (GlüStV 2021),[535] der am 1. Juli 2021 in Kraft getreten ist: Nach dessen § 4 Abs. 5 Nr. 1 setzt die Erteilung einer

---

531 Vgl. *KJM*, AVS-RASTER, S. 2; *Ukrow*, in: HK-MStV, § 4 JMStV Rn. 417.

532 BVerwG 20.2.2002, 6 C 13.01, ZUM 2002, 567 (570).

533 Nicht überzeugend war die frühere Spruchpraxis zu § 184 Abs. 2 StGB a.F., § 184d StGB a.F., die deren Anwendungsbereich auf Live-Darbietungen („Echtzeitübertragungen") beschränkte; vgl. hierzu *Bornemann,* Der „Verbreitensbegriff" bei Pornografie in audiovisuellen Mediendiensten, MMR 2012, 157 (157 ff.).

534 Vgl. bereits *Erdemir,* Urteilsanmerkung, MMR 2004, 410 (411); *Ukrow*, in: HK-MStV, § 4 JMStV Rn. 419.

535 Abrufbar z.B. unter https://mi.sachsen-anhalt.de/fileadmin/Bibliothek/Politik_und_Verwaltung/MI/MI/3._Themen/Gluecksspiel/201029_Gluecksspielstaatsvertrag_2021_-_Druckfassung.pdf.

Erlaubnis nach § 4 Abs. 4 Satz 1 GlüStV 2021 für öffentliche Glücksspiele im Internet u.a. voraus, dass der Ausschluss minderjähriger oder gesperrter Spieler durch Identifizierung und Authentifizierung gewährleistet wird. In den amtlichen Erläuterungen zu dieser Regelung wird ausgeführt:[536]

> *„Die Richtlinien der Kommission für Jugend- und Medienschutz sind zu beachten, ohne dass in der Schutzwirkung gleichwertige Lösungen ausgeschlossen wären."*

Damit kommt auch in der Perspektive einer Unterstützung der jeweiligen Aufsicht durch den Einsatz von KI den Ausführungen zu Identifizierung und Authentifizierung in den Jugendschutzrichtlinien wie im AVS-Raster Referenzqualität auch für die glücksspielrechtliche Aufsichtspraxis mit Bezug zum Jugendschutz zu. Über die in § 9 Abs. 3a GlüStV 2021 geregelte Pflicht zur Zusammenarbeit von Glückspielaufsicht und Landesmedienanstalten kann der Gleichlauf in den Regelwerken auch in der KI-bezogenen Perspektive im Vollzug zusätzlich effektuiert werden. Dieser Gleichlauf sollte deshalb nach Möglichkeit auch in Bezug auf die Frage entwickelt werden, unter welchen Randbedingungen welches KI-System in die jeweils adressierte Altersverifikation eingebunden werden kann.

b) Jugendschutzprogramme

Im Unterschied zu § 4 JMStV mit seinen Regelungen für absolut unzulässige Angebote in Absatz 1, bei denen KI zur Entdeckung solcher Angebote im weltweiten Netz zum Einsatz kommen kann, und für jugendgefährdende Angebote nach Absatz 2, bei denen KI zur Entdeckung solcher Angebote wie auch bei der Entwicklung von Altersverifikationssystemen zur Schaffung geschlossener Benutzergruppen eingesetzt werden kann, definiert § 5 JMStV Einschränkungen für die Verbreitung oder das Zugänglichmachen von lediglich entwicklungsbeeinträchtigenden Angeboten.[537] Das Ziel ist also, Schutzvorkehrungen für den Zugang von Kindern und Jugendlichen zu definieren und durchzusetzen. Auch bei solchen Schutzvorkehrungen ist der Einsatz von KI nicht verschlossen, da auch § 5 technologieneutral und –offen formuliert ist.

Um der Beeinträchtigung der Entwicklung von Kindern und Jugendlichen zu einer eigenverantwortlichen und gemeinschaftsfähigen Persönlichkeit entgegenzuwirken, sieht der Gesetzgeber in § 5 verschiedene Maßnahmen vor, zu denen neben Sendezeitvorgaben namentlich auch technische Vorkehrungen zählen. Zudem können Anbieter von Telemedien ihre Angebote mit einer Alterskennzeichnung versehen, die von als geeignet beurteilten Jugendschutzprogrammen i. S. d. § 11 Abs. 1 und 2 JMStV ausgelesen werden kann.[538]

§ 5 Abs. 3 Satz 1 Nr. 1 JMStV bietet mehrere Möglichkeiten für den Anbieter, seiner Pflicht aus § 5 Abs. 1 JMStV nachzukommen dafür Sorge zu tragen, dass Kinder oder

---

536 (Z.B.) Hessischer Landtag, Drs. 20/3989, Teil 2/2 S. 37.

537 Zum Begriffsverständnis solcher Angebote vgl. *Mellage,* in: Hartstein/Ring/Kreile/Dörr/Stettner/Cole/Wagner (Hrsg.), Heidelberger Kommentar zum Medienstaatsvertrag – Jugendmedienschutz-Staatsvertrag, 2023, § 5 JMStV Rn. 13 ff.

538 Vgl. ibidem, § 5 JMStV Rn. 3, 6.

Jugendliche der betroffenen Altersstufen entwicklungsbeeinträchtigende Angebote üblicherweise nicht wahrnehmen. So stellt z.B. die in digital verbreiteten Fernsehprogrammen im Bereich des Pay-TVs eingesetzte Jugendschutz-Vorsperre ein technisches Mittel i. S. d. Absatz 3 Nr. 1 dar.[539] Die digitale bzw. sendungsbezogene Vorsperre ist aber nicht die einzige Möglichkeit für Rundfunkanbieter, ihren Verpflichtungen nach § 5 Abs. 1 JMStV nachzukommen. Daneben können sie auch (andere) technische Mittel im Sinne des § 5 Abs. 3 Satz 1 Nr. 1 einsetzen, um den Zugang zu entwicklungsbeeinträchtigenden Inhalten jedenfalls wesentlich zu erschweren.[540]

Nach Ziffer 3.3.1 der Jugendschutzrichtlinien der Landesmedienanstalten sind unter technischen Mitteln im Sinne des § 5 Abs. 3 Satz 1 Nr. 1 JMStV Mittel im Rundfunk und in Telemedien, die von ihrer Wirksamkeit den Zeitgrenzen des § 5 Abs. 3 Satz 1 Nr. 2 JMStV gleichzusetzen sind, zu verstehen. Der Staatsvertrag sieht ausdrücklich zwei Beispiele für ein technisches Mittel vor: für den Bereich des Rundfunks die Vorsperre in § 9 Abs. 2 JMStV und für den Bereich der Telemedien das anerkannte Jugendschutzprogramm § 11 Abs. 1 JMStV. Aufgrund der beispielhaften Aufführung der zuvor genannten technischen Mittel sind daneben auch weitere technische Mittel im Sinne des § 5 Abs. 3 Satz 1 Nr. 1 JMStV vorstellbar, die die Anforderungen des § 5 Abs. 3 Satz 1 Nr. 1 JMStV erfüllen.[541] Hierzu können auch (weitere) Mittel zählen, bei denen (wie auch bei Vorsperren und Jugendschutzprogrammen) KI zum Einsatz gelangen kann.

Der Staatsvertragsgeber hat für den Bereich der Telemedien mit der Möglichkeit, dass Anbieter ihr Angebot mit einer Alterskennzeichnung versehen können, die von als geeigneten Jugendschutzprogrammen i. S. d. § 11 Abs. 1 und 2 JMStV ausgelesen werden können, ausdrücklich ein technisches Mittel i. S. des § 5 Abs. 3 Satz 1 Nr. 1 im JMStV normiert. Bei einem als geeignet beurteilten Jugendschutzprogramm i. S. d. § 11 Abs. 1 und 2 handelt es sich somit um eine der möglichen - wenn auch die vom Gesetzgeber für den Bereich der Telemedien favorisierte - Alternative für ein technisches Mittel i. S. d. Absatz 3 Satz 1 Nr. 1. Diese Möglichkeit besteht gemäß Ziffer 3.3.2. der Jugendschutzrichtlinien der Landesmedienanstalten allerdings nur, wenn von einer anerkannten Einrichtung der Freiwilligen Selbstkontrolle mindestens ein Jugendschutzprogramm als geeignet i. S. d. § 11 Abs. 1 und 2 JMStV beurteilt wurde und Nutzern zur Verfügung steht. Eine ordnungsgemäße Alterskennzeichnung liegt dabei nach Ziffer 3.3.3. der Jugendschutzrichtlinien der Landesmedienanstalten vor, wenn sie technisch korrekt implementiert und die entsprechende

---

539 Vgl. § 9 Abs. 2 in Verbindung mit der Satzung zur Gewährleistung des Jugendschutzes in digital verbreiteten privaten Fernsehangeboten (Jugendschutzsatzung – JSS).

540 Vgl. *Grünwald/Nüssing,* Konvergenter Jugendschutz für konvergente Mediendienste, MMR 2018, 654 (655); *Mellage,* in: Hartstein/Ring/Kreile/Dörr/Stettner/Cole/Wagner (Hrsg.), Heidelberger Kommentar zum Medienstaatsvertrag – Jugendmedienschutz-Staatsvertrag, 2023, § 5 JMStV Rn. 27.

541 Vgl. *Grünwald/Nüssing,* Konvergenter Jugendschutz für konvergente Mediendienste, MMR 2018, 654 (656); *Mellage,* in: Hartstein/Ring/Kreile/Dörr/Stettner/Cole/Wagner (Hrsg.), Heidelberger Kommentar zum Medienstaatsvertrag – Jugendmedienschutz-Staatsvertrag, 2023, § 5 JMStV Rn. 27.

Altersstufe zutreffend erfasst wird.[542] Auch bei diesem Erfassungsprozess kann KI zum Einsatz kommen.

Um Anbietern von technischen Mitteln und Inhalteanbietern eine gewisse Planungs- und Rechtssicherheit zu verschaffen, kann diesen auf „Antrag" durch die KJM eine Positivbewertung darüber erteilt werden, ob sie durch ihr technisches Mittel, welches sie als Zugangsschutz bei entwicklungsbeeinträchtigenden Angeboten vorschalten bzw. einsetzen, ihrer Pflicht aus § 5 Abs. 3 Satz 1 Nr. 1 entsprechen. Dies gilt auch für KI-(teil-) gestützte technische Mittel.

In dritten Rechtsordnungen wie z.B. dem Glücksspielrecht ist ein Jugendschutzprogramm demgegenüber als Instrument der Herstellung von Schutzzielen nicht vorgesehen. So setzt die Regelung zur Erteilung einer Erlaubnis nach § 4 Abs. 4 Satz 1 GlüStV 2021 für öffentliche Glücksspiele im Internet nach § 4 Abs. 5 Nr. 1 GlüStV zwingend voraus, dass der Ausschluss minderjähriger Spieler durch Identifizierung und Authentifizierung gewährleistet wird. Auch insoweit ist allerdings der Einsatz von KI vorstellbar.

III. Weitere Anknüpfungspunkte im Staatsvertragsrecht

1. Zulassungsregulierung

Zwar ist die Rundfunkregulierung in Deutschland mit Blick auf bundesweit ausgerichteten Rundfunk durch ein System grundsätzlicher Zulassungspflicht mitgeprägt. Für dritte, für die Vielfaltssicherung als bedeutsam eingestufte Akteure wie z.B. Anbieter von rundfunkähnlichen Telemedien, von Intermediären, Benutzeroberflächen und Medienplattformen sieht der MStV ein solches Zulassungserfordernis demgegenüber nicht vor. Während allgemeine Telemedien zudem nach § 17 Satz 1 MStV auch anmeldefrei sind, unterliegen Anbieter von Medienplattformen und Benutzeroberflächen nach § 79 Abs. 2 MStV (lediglich) einer Anzeigepflicht. Selbst eine solche besteht für Medienintermediäre nicht. Schon dies spricht gegen eine medienrechtlich aus dem Gedanken einer Effektuierung des Kinder- und Jugendmedienschutzes abgeleitete Zulassungspflicht für Anwender und Entwickler von KI, da dieser Schutz nach dem JMStV bereits aktuell nicht *ex ante* über ein Zulassungsregime, sondern *ex post* über eine nachgelagerte Angebotskontrolle sichergestellt wird.

Das System der Zulassung bezieht sich zudem auf einen Rundfunkveranstalter und dessen Rundfunkprogramm als solches, nicht auf Einzelheiten der Erstellung des Programms. Diesen kann allerdings Bedeutung im Zusammenhang mit vielfaltsbezogenen Regulierungen des MStV, namentlich (a) bei der Einräumung eines Public-Value-Status des Programms mit der Folge privilegierter Auffindbarkeit des Programms auf Benutzeroberflächen sowie (b) bei der Zuweisung von Übertragungskapazitäten zukommen.

---

[542] Vgl. *Mellage*, in: Hartstein/Ring/Kreile/Dörr/Stettner/Cole/Wagner (Hrsg.), Heidelberger Kommentar zum Medienstaatsvertrag – Jugendmedienschutz-Staatsvertrag, 2023, § 5 JMStV Rn. 28.

Zwar beziehen sich in dritten Rechtsgebieten wie dem Arzneimittel- und dem Glücksspielrecht, die ebenfalls ein Zulassungsverfahren kennen, die zulassungsbezogenen Prüfkriterien für ein Produkt oder eine Dienstleistung ggf. auch auf die Art seiner Erstellung:

- Inhaber einer Erlaubnis für die Veranstaltung von virtuellen Automatenspielen dürfen ein virtuelles Automatenspiel nach § 22a Abs. 1 Satz 2 GlüStV 2021 nur anbieten, wenn dieses zuvor auf deren Antrag von der zuständigen Behörde erlaubt worden ist.
- Die Zulassung von Fertigarzneimitteln erfolgt auf der Grundlage des § 21 Arzneimittelgesetz (AMG) durch das Bundesinstitut für Arzneimittel und Medizinprodukte (BfArM).[543] Im Zulassungsverfahren findet nach § 25 Abs. 2 AMG nicht nur der gesundheitliche Nutzen - das bedeutet die Wirksamkeit, die Unbedenklichkeit und die pharmazeutische Qualität des Arzneimittels -, sondern auch der Modus seiner Entwicklung Beachtung: § 25 Abs. 2 Satz 1 AMG bestimmt, dass die Zulassungsbehörde die Zulassung u.a. versagen darf, wenn

  „2. das Arzneimittel nicht nach dem jeweils gesicherten Stand der wissenschaftlichen Erkenntnisse ausreichend geprüft worden ist oder das andere wissenschaftliche Erkenntnismaterial nach § 22 Abs. 3 nicht dem jeweils gesicherten Stand der wissenschaftlichen Erkenntnisse entspricht,

  3. das Arzneimittel nicht nach den anerkannten pharmazeutischen Regeln hergestellt wird oder nicht die angemessene Qualität aufweist,

  4. dem Arzneimittel die vom Antragsteller angegebene therapeutische Wirksamkeit fehlt oder diese nach dem jeweils gesicherten Stand der wissenschaftlichen Erkenntnisse vom Antragsteller unzureichend begründet ist,[544]

  5. das Nutzen-Risiko-Verhältnis ungünstig ist,

  5a. bei einem Arzneimittel, das mehr als einen Wirkstoff enthält, eine ausreichende Begründung fehlt, dass jeder Wirkstoff einen Beitrag zur positiven Beurteilung des Arzneimittels leistet, wobei die Besonderheiten der jeweiligen Arzneimittel in einer risikogestuften Bewertung zu berücksichtigen sind ...",

Die Zulassung kann mithin auch aus Gründen, die sich auf die Herstellung des Arzneimittels beziehen, sowie unter Bezugnahme auf generelle und individualisierte Nutzen-Risiko-Abwägungen verweigert werden. Dem deutschen Medienrecht ist eine solche vorgelagerte Produktkontrolle indessen zumindest dann, wenn diese an den Inhalt eines

---

[543] Sera, Impfstoffe, Testallergene, Testsera und Testantigene sowie Blutzubereitungen werden vom Paul-Ehrlich-Institut zugelassen, die Zulassung von Tierarzneimitteln erfolgt beim Bundesamt für Verbraucherschutz und Lebensmittelsicherheit.

[544] Die Zulassung darf gemäß § 25 Abs. 2 Satz 2 Satz 1 AMG nach § 25 Abs. 2 Satz 1 Nr. 4 AMG nicht deshalb versagt werden, weil therapeutische Ergebnisse nur in einer beschränkten Zahl von Fällen erzielt worden sind. Die therapeutische Wirksamkeit fehlt gemäß § 25 Abs. 2 Satz 2 Satz 2 AMG, wenn der Antragsteller nicht entsprechend dem jeweils gesicherten Stand der wissenschaftlichen Erkenntnisse nachweist, dass sich mit dem Arzneimittel therapeutische Ergebnisse erzielen lassen.

Produkts anknüpft, nicht zuletzt auch aus Gründen des verfassungsrechtlichen Vorzensur-Verbots, gänzlich fremd.

Vor diesem Hintergrund können KI-bezogene Zulassungserfordernisse mit Blick auf die Bewältigung von Herausforderungen für einen effektiven Kinder- und Jugendmedienschutz durch den Einsatz von KI *de lege lata* nicht fruchtbar gemacht werden. Ein – allerdings im Zweifel nicht auf Kinder- und Jugendschutz zielendes – System der Zulassung im Zusammenhang mit der Entwicklung und dem Einsatz von KI *de lege ferenda* ist demgegenüber weder durch Verfassungsrecht noch durch das Bemühen um eine kohärente Regulierung per se versperrt, sondern könnte an Vorbilder in dritten Rechtsgebieten anknüpfen, soweit die Bindungen durch das Verbot der Vorzensur fortdauernd Beachtung finden.

Ein solches Zulassungssystem dürfte auch nicht per se durchgreifenden europarechtlichen Bedenken, insbesondere auch nicht mit Blick auf die KI-Verordnung der EU begegnen. Denn diese Verordnung lässt über den Rekurs auf mitgliedstaatliche Zulassungskriterien, die ein KI-Projekt oder ein KI-Labor ggf. zu erfüllen hat, in Art. 62 Abs. 1 Buchst. a) sowie den Erwägungsgründen 142 und 143 dieser Verordnung erkennen, dass das regulatorische Konzept der KI-Verordnung im Ansatz zulassungsoffen ausgestaltet ist.

2. Regulierung virtueller Realitäten

Virtuelle Realitäten sind derzeit sowohl im MStV als auch im JMStV bereits regulatorisch adressiert.

- Nach § 6 Abs. 1 Satz 1 MStV haben Berichterstattung und Informationssendungen den anerkannten journalistischen Grundsätzen, „auch beim Einsatz virtueller Elemente," zu entsprechen.
- Die Einfügung „virtueller Werbung" in Sendungen ist nach § 8 Abs. 6 Satz 1 MStV zulässig, wenn

  1. am Anfang und am Ende der betreffenden Sendung darauf hingewiesen wird und

  2. durch sie eine am Ort der Übertragung ohnehin bestehende Werbung ersetzt wird.
- Für rundfunkähnliche Telemedien gilt diese Regelung nach § 74 Satz 1 MStV entsprechend. Gleiches gilt nach § 74 Satz 2 MStV für Angebote nach § 2 Abs. 3 MStV und sonstige linear verbreitete fernsehähnliche Telemedien.
- Nach § 4 Abs. 1 Satz 1 Nr. 5 2. Halbsatz JMStV sind (auch) „virtuelle Darstellungen" grausamer oder sonst unmenschlicher Gewalttätigkeiten gegen Menschen im Rundfunk oder in Telemedien in einer Art, die eine Verherrlichung oder Verharmlosung solcher Gewalttätigkeiten ausdrückt oder die das Grausame oder Unmenschliche des Vorgangs in einer die Menschenwürde verletzenden Weise darstellt, unzulässig.
- Unzulässig sind § 4 Abs. 1 Satz 1 Nr. 9 JMStV ferner „virtuelle Darstellungen" von Kindern oder Jugendlichen in unnatürlich geschlechtsbetonter Körperhaltung im Rundfunk oder in Telemedien.

- Auch „virtuelle Darstellungen", die kinderpornografisch im Sinne des § 184b Abs. 1 des Strafgesetzbuches oder jugendpornografisch im Sinne des § 184c Abs. 1 des Strafgesetzbuches sind oder pornografisch sind und Gewalttätigkeiten oder sexuelle Handlungen von Menschen mit Tieren zum Gegenstand haben, sind nach § 4 Abs. 1 Satz 1 Nr. 10 JMStV im Rundfunk wie in Telemedien unzulässig.

Was unter „virtuellen Darstellungen" zu verstehen ist, ist im JMStV ebenso wenig legaldefiniert wie die Begriffe der „virtuellen Elemente" und der „virtuellen Werbung" im MStV.

Zur Erläuterung der Bezugnahme auf virtuelle Darstellungen aus Perspektive der Staatsvertragsgeber kann auf die amtliche Begründung zu § 4 Abs. 1 Satz 1 Nr. 5 JMStV verwiesen werden:

> *„Hervorzuheben ist, dass nach dem zweiten Halbsatz nunmehr ausdrücklich geregelt ist, dass der Tatbestand auch dadurch verwirklicht werden kann, dass entsprechende Gewalttätigkeiten virtuell, d. h. durch elektronische Simulation, dargestellt werden. Durch die fortschreitende Technik wird es immer schwieriger, reale Abbildungen von Geschehnissen von virtuellen Darstellungen zu unterscheiden. In ihrer Auswirkung auf den Zuschauer von Rundfunksendungen oder den Nutzer von Telemedien bleiben beide Angebotsformen jedoch gleich. Deshalb ist es gerechtfertigt, auch virtuelle Darstellungen der Wiedergabe eines realen Geschehens gleichzustellen."*

Ob reale und virtuelle Angebotsformen in ihren Auswirkungen auf den Zuschauer von Rundfunksendungen oder den Nutzer von Telemedien tatsächlich gleich bleiben,[545] kann mit Blick auf neuere Erkenntnisse der Wirkungsforschung sogar bezweifelt werden, da die Abschottung gegenüber dritten, die Wirkung der Gewaltdarstellung relativierenden Umwelteinflüssen in einem Raum des virtuellen Konsums problematischer medialer Darstellungen sogar größer sein kann.[546] Deshalb ist es mehr denn je gerechtfertigt, auch virtuelle Darstellungen der Wiedergabe eines realen Geschehens, sei es in dokumentarischer, sei es in fiktionaler Form, gleichzustellen..[547]

Zu solchen virtuellen Darstellungen können im Lichte der amtlichen Begründung zu § 4 Abs. 1 Satz 1 Nr. 5 JMStV, die für ein dynamisches Verständnis des virtuellen Charakters spricht, auch solche Darstellungen gezählt werden, die unter Einsatz generativer KI hergestellt wurden. Das simulative Moment, dass die Begründung fordert, besteht hier in dem Eindruck des Menschen-Geschaffenen.

---

545 Vgl. hierzu auch *Kommission für Jugendmedienschutz (KJM)*, Kriterien für die Aufsicht im Rundfunk und in den Telemedien, Berlin 2020, S. 54.

546 Vgl. zu Risiken des Eintauchens in virtuelle Realitäten z.B. *Madary/Metzinger,* Real Virtuality: A Code of Ethical Conduct, Front. Robot. AI 3:3. doi: 10.3389/frobt.2016.00003; *Ziesecke,* Gefahren der VR - Kann die virtuelle Realität dem Menschen schaden?, 27.05.2016.

547 Vgl. *Ukrow,* in: HK-MStV § 4 JMStV Rn. 166.

Unzulässig sind dementsprechend, ohne dass es insoweit einer staatsvertraglichen Nachsteuerung bedürfte, *de conventione lata*

- nach § 4 Abs. 1 Satz 1 Nr. 5 2. Halbsatz JMStV mittels generativer KI geschaffene Darstellungen grausamer oder sonst unmenschlicher Gewalttätigkeiten gegen Menschen im Rundfunk oder in Telemedien in einer Art, die eine Verherrlichung oder Verharmlosung solcher Gewalttätigkeiten ausdrückt oder die das Grausame oder Unmenschliche des Vorgangs in einer die Menschenwürde verletzenden Weise darstellt;
- nach § 4 Abs. 1 Satz 1 Nr. 9 JMStV mittels generativer KI geschaffene Darstellungen von Kindern oder Jugendlichen in unnatürlich geschlechtsbetonter Körperhaltung im Rundfunk oder in Telemedien;
- nach § 4 Abs. 1 Satz 1 Nr. 10 JMStV mittels generativer KI geschaffene Darstellungen im Rundfunk und in Telemedien, die kinderpornografisch i.S. des § 184b Abs. 1 StGB oder jugendpornografisch i.S. des § 184c Abs. 1 StGB sind oder pornografisch sind und Gewalttätigkeiten oder sexuelle Handlungen von Menschen mit Tieren zum Gegenstand haben.

Bedeutsam auch mit Blick auf den Kinder- und Jugendmedienschutz im Hinblick auf die Entwicklung Minderjähriger zu mündigen Mediennutzern ist zudem, dass mit einem solchen modernen, KI-Anwendungen umfassenden Verständnis von virtuellen Darstellungen auch einhergeht, dass Berichterstattung und Informationssendungen nach § 6 Abs. 1 Satz 1 MStV auch beim Einsatz von (generativer) KI den anerkannten journalistischen Grundsätzen zu entsprechen haben.

In der Konsequenz des aufgezeigten Ansatzes der Einbeziehung generativer KI in den Begriff virtueller Darstellungen liegt es im Übrigen, dass auch die Transparenzvorgaben des § 8 Abs. 6 Satz 1 MStV für Rundfunksendungen, des § 8 Abs. 6 Satz 1 i.V.m. § 74 Satz 1 MStV für rundfunkähnliche Telemedien und des § 8 Abs. 6 Satz 1 i.V.m § 74 Satz 2 MStV für Angebote nach § 2 Abs. 3 MStV und sonstige linear verbreitete fernsehähnliche Telemedien für den Einsatz von (generativer) KI gelten.

3. Intermediäre-Regulierung

Nachdem sich Medienintermediäre wie namentlich Suchmaschinen, soziale Netzwerke und Mikrobloggingdienste jahrelang auf Grund einer ganzen Reihe grundlegender Missverständnisse unterhalb eines regulatorischen Radars bewegen konnten,[548] hat spätestens das durch Hass und Hetze in sozialen Netzwerken und die anti-demokratischen und freiheits-

---

548 Diese in der Gesamtschau als „toxisch" eingestuften Missverständnisse betrafen deren Relevanz im Medien-Ökosystem, ihren Unterschied zu „einfachen" E-Commerce-Angeboten, eine falsche Sorge vor innovationshemmender Überregulierung, ein verfehltes Verständnis vermeintlich fehlender Regulierungsmöglichkeiten gegenüber Anbietern primär US-amerikanischer Herkunft, ein verengtes Verständnis der Meinungsfreiheit, das stärker von US-amerikanischen First-Amendment- als von deutscher und europäischer Grundrechtsdogmatik bestimmt war, die Furcht vor dem Risiko von Zensur und letztlich sogar die Bedürfnisse nach Wahrung wehrhafter Demokratie im digitalen Wandel. Vgl. auch *Kühling,* Gemeinwohlorientierte Regulierung der Medienintermediäre, MMR 2022, 1016 (1016).

und vielfalts-unterhöhlende Potential allein markt- und technikgetriebener Verfahren der Auswahl, Aggregation und Präsentation von Inhalten verdeutlichte Defizit einer auf Medien-Inhalteanbieter beschränkten positiven Medienordnung in jüngster Vergangenheit zunächst auf Ebene des Bundes und der Länder eine Bereitschaft zu ergänzender medienregulatorischer Risikovorsorge befördert. Die EU hat diese Impulse aufgegriffen und in einer binnenmarkt-ausgerichteten Ergänzung des Unionsrechts hinsichtlich digitaler Dienste und Märkte aufgegriffen – wenn auch in einer nicht in jeder Hinsicht namentlich unter kompententiellem Blickwinkel überzeugenden Weise.

In § 2 Abs. 2 Nr. 16 MStV wird als Medienintermediär definiert ein

> *„Telemedium, das auch journalistisch-redaktionelle Angebote Dritter aggregiert, selektiert und allgemein zugänglich präsentiert, ohne diese zu einem Gesamtangebot zusammenzufassen".*

Medienintermediäre setzen nicht primär auf eine eigenständige redaktionelle Aufbereitung und schon gar nicht auf die Schaffung eigener Inhalte, sondern stattdessen auf automatisierte Mechanismen, insbesondere unter Rückgriff auf Algorithmen zur Präsentation fremder Inhalte. Ihr Einfluss auf die Strukturierung der Öffentlichkeit ist damit keineswegs geringer und erst recht nicht weniger problematisch.[549]

Insbesondere bei jüngeren Menschen hat die Anzahl der Nutzer und die Häufigkeit des Nutzens, aber auch die qualitative Nutzung von Medienintermediären in jüngerer Zeit immer stärker zugenommen.[550] Dabei ist die algorithmen- und KI-getriebene Inhalteverbreitung wesentlicher Beschleuniger von Filterblasen, Hassrede und Falschnachrichten, die nicht zuletzt auch die Entwicklung von Minderjährigen zu demokratie- und gesellschaftsfähigen Persönlichkeiten erheblich negativ beeinflussen (können).[551] Auch in Bezug auf dieses Risiko sind nicht nur durchschnittliche, sondern auch stärker risikogeneigte Minderjährige in den Blick zu nehmen.

Auch vor diesem Hintergrund stellt sich die Frage nach dem Erfordernis eines regulatorischen Einfangens für einen effektiven Kinder- und Jugendmedienschutz problematischer Aspekte algorithmen- und KI-getriebener Inhaltevermittlung. Indessen nimmt § 2 Abs. 2 Nr. 21 MStV Anbieter des Medienintermediärs zwar insoweit in die medienrechtliche Regulierung auf, als sie faktisch

---

549 Vgl. u.a. *Kühling,* Gemeinwohlorientierte Regulierung der Medienintermediäre, MMR 2022, 1016 (1016); *Schweiger,* Der (des)informierte Bürger im Netz, 2017, S. 128 ff.

550 Vgl. *Kühling,* Gemeinwohlorientierte Regulierung der Medienintermediäre, MMR 2022, 1016 (1016).

551 Vgl. *Kühling,* Die Verantwortung der Medienintermediäre für den Schutz öffentlicher Kommunikationsräume, in: Zimmer (Hrsg.), Regulierung für Algorithmen und Künstliche Intelligenz, 2021, S. 89 (91 f.); *Liesching,* Demokratiefähigkeit als Entwicklungs- und Erziehungsziel im Jugendschutzrecht, BzKJAKTUELL 2/2023, 18 (19 ff.).

„die Verantwortung für die Aggregation, Selektion und allgemein zugängliche Präsentation von Inhalten"

übernehmen und diese Verantwortung sodann auch inhaltlich ausfüllen müssen. Damit geht bislang nach der Konzeption der Länder als Staatsvertragsgeber keine spezifische Pflicht zu kinder- und jugend(medien)schützerischem Engagement einher. Weder die Transparenzpflicht und das Diskriminierungsverbot nach den §§ 93 und 94 MStV noch die Satzung der Landesmedienanstalten zur Regulierung von Medienintermediären konkretisieren die Verantwortung von Medienintermediären in einer nicht nur vielfalts-, sondern auch kinder- und jugendschutzorientierten Weise.

Das in § 94 Abs. 1 MStV statuierte Diskriminierungsverbot für „journalistisch-redaktionell gestaltete Angebote, auf deren Wahrnehmbarkeit ... (Medienintermediäre) ... besonders hohen Einfluss haben," bezieht sich nach Absatz 2 der Regelung ausschließlich darauf, dass

„ohne sachlich gerechtfertigten Grund von den nach § 93 Abs. 1 bis 3 zu veröffentlichenden Kriterien zugunsten oder zulasten eines bestimmten Angebots systematisch abgewichen wird oder diese Kriterien Angebote unmittelbar oder mittelbar unbillig systematisch behindern".

Eine kinder- und jugendschutzunterstützende Abweichung von den nach § 93 Abs. 1 bis 3 MStV zu veröffentlichenden Kriterien ist damit zwar einerseits durch § 94 MStV nicht versperrt, indessen auch nicht geboten, was mit Blick auf Fehlentwicklungen bei der Aggregation von Daten für maschinelles Lernen von KI bedeutsam ist.

Eine *affirmative action*-Klausel als Pflicht zu positiver Diskriminierung im Interesse eines effektiven Kinder- und Jugendmedienschutzes bei der Datengewinnung und -analyse durch KI erscheint daher *de conventione ferenda* als diskutabel.

Dass eine solche positive Diskriminierung gegen Vorgaben der KI-Verordnung der EU verstößt, ist nicht erkennbar. Denn die Diskriminierungsregelungen dieser Verordnung knüpfen an das Grundrechtsverständnis der Grundrechte-Charta der EU an, indem sie in Art. 10 Abs. 2 der KI-Verordnung für Trainings-, Validierungs- und Testdatensätze Daten-Governance- und Datenverwaltungsverfahren vorgeben, die für die Zweckbestimmung des Hochrisiko-KI-Systems geeignet sind, wobei diese Verfahren betreffen nach Buchstabe f) dieser Regelung insbesondere

„eine Untersuchung im Hinblick auf mögliche Verzerrungen (Bias), die ... zu einer nach den Rechtsvorschriften der Union verbotenen Diskriminierung führen könnten, ..."

betreffen.

In diesem Kontext verdient zunächst Art. 19 AEUV Beachtung. Dieser sieht in seinem Absatz 1 zunächst vor, dass der Rat unbeschadet der sonstigen Bestimmungen von EUV und AEUV im Rahmen der durch diese Verträge auf die EU übertragenen Zuständigkeiten gemäß einem besonderen Gesetzgebungsverfahren und nach Zustimmung des Europäischen Parlaments einstimmig

> *„geeignete Vorkehrungen treffen (kann), um Diskriminierungen aus Gründen ... (auch, d.Verf.) ... des Alters ... zu bekämpfen."*

Abweichend hiervon können das Europäische Parlament und der Rat nach Art. 19 Abs. 2 AEUV gemäß dem ordentlichen Gesetzgebungsverfahren

> *„die Grundprinzipien für Fördermaßnahmen der Union ... zur Unterstützung der Maßnahmen festlegen, die die Mitgliedstaaten treffen, um zur Verwirklichung der in Absatz 1 genannten Ziele beizutragen."*

Art. 21 der Grundrechte-Charta der EU sieht des Weiteren[552] zwar ein umfassendes Diskriminierungsverbot vor. Damit ist allerdings nicht jede Differenzierung untersagt, sondern solche Ungleichbehandlungen sind der Rechtfertigung zugänglich. Der Grundsatz der Gleichbehandlung ist zwar ein allgemeiner Grundsatz des Unionsrechts, der in Art. 20 der Charta niedergelegt ist, wobei das Diskriminierungsverbot des Art. 21 Abs. 1 der Charta eine besondere Ausprägung dieses Grundsatzes darstellt. Dabei verlangt dieser allgemeine Grundsatz zwar, dass vergleichbare Sachverhalte nicht unterschiedlich und unterschiedliche Sachverhalte nicht gleich behandelt werden dürfen – allerdings nur, soweit eine solche Behandlung nicht objektiv gerechtfertigt ist.[553]

Eine unterschiedliche Behandlung ist nach der Judikatur des EuGH gerechtfertigt,

> *„wenn sie auf einem objektiven und angemessenen Kriterium beruht, d. h., wenn sie im Zusammenhang mit einem rechtlich zulässigen Ziel steht, das mit der in Rede stehenden Regelung verfolgt wird, und wenn diese unterschiedliche Behandlung in angemessenem Verhältnis zu dem mit der betreffenden Behandlung verfolgten Ziel steht."*[554]

Diesen Kriterien von Art. 19 AEUV und Art. 21 GRC kann auch eine positive Diskriminierung im Bereich KI genügen.

Der Charta sind generell positive Maßnahmen nicht fremd. So sieht Art. 23 Abs. 2 GRC vor, dass Maßnahmen zum Ausgleich der Unterrepräsentation eines Geschlechts grundrechtskonform sind. Dass solche Ausgleichsmaßnahmen ausdrücklich nur im Kontext geschlechtsbezogener Benachteiligungen genannt werden, ist nicht zwingend dahin zu

552 Zum Verhältnis zwischen Art. 19 AEUV und Art. 21 Abs. 1 GRC, die nicht in Widerspruch zueinander und nicht unvereinbar miteinander sind, vgl. Erläuterungen zur Charta der Grundrechte (2007/C 303/02), ABl. 2007 C 303/17 (C 303/24).

553 Vgl. EuGH, Rs. C-550/07 P, *Akzo Nobel Chemicals u. Akcros Chemicals/Kommission*, ECLI:EU:C:2010:512, Rn. 54 f.; Rs. C-356/12, *Glatzel*, ECLI:EU:C-2014:350 Rn. 43.

554 Vgl. EuGH, Rs. C-127/07, *Arcelor Atlantique et Lorraine u. a.*, ECLI:EU:C:2008:728, Rn. 47; Rs. C-101/12, *Schaible*, ECLI: EU:C:2013:661, Rn. 77; Rs. C-356/12, *Glatzel*, ECLI:EU:C-2014:350 Rn. 43.

verstehen, dass positive Maßnahmen im Hinblick auf andere Kriterien der Charta rechtswidrig wären.[555]

Auch die diskriminierungsbezogenen Vorgaben des DSA knüpfen im Übrigen in Art. 34 Abs. 1 UnterAbs. 2 Satz 2 Buchst. b) und Art. 48 Abs. 4 Buchst. e) an die Grundrechte-Charta der EU und damit verbunden die Offenheit für *affirmative action* an.

Vor diesem Hintergrund dürfte eine etwaige Einführung einer *affirmative action*-Klausel als Pflicht zu positiver Diskriminierung im Interesse eines effektiven Kinder- und Jugendmedienschutzes bei der Datengewinnung und -analyse durch KI nicht mit einem nennenswerten unionsrechtlichen Restrisiko verbunden sein.

4. Social-Bots-Regulierung

Ein besonderes Problem stellen Social Bots dar, deren Einsatz als Propagandawaffe seit dem Jahr 2016 besonders im Fokus medienrechtlicher[556] wie –politischer Betrachtung steht. Bei Einsatz eines Social Bot wird ein Benutzerkonto bei einem sozialen Netzwerk über eine Schnittstelle so programmiert, dass algorithmenbasiert über das Benutzerkonto bestimmte durch Programmierung angelernte Aufgaben wiederholt erfüllt werden. Auf diese Weise suchen einfach gestaltete Social Bots in Posts, Kommentaren oder Hashtags nach bestimmten Schlüsselbegriffen, um anschließend mit im Vorfeld definierten Antworten zu reagieren. Komplexeren Social Bots ist es aufgrund künstlicher Intelligenz (KI) darüber hinaus möglich, individuelle Antworten zu entwickeln, die sie aus Textelementen von mit dem jeweiligen Thema verwandten Webseiten zusammensetzen.[557]

Die Einführung spezifischer Transparenzpflichten für den Einsatz von Social Bots in § 18 Abs. 3 MStV, die sich sowohl an „Anbieter von Telemedien" als auch an „Medienintermediäre" richten, trägt den Gefahren des Einsatzes von Social Bots für die demokratische Meinungsbildung im Internet Rechnung und bezweckt den Schutz der öffentlichen Meinungsbildung vor einer verfälschten Beeinflussung. Weiterhin bezwecken die Regelungen den Schutz der zwischenmenschlichen Kommunikation.[558] Anbieter von Telemedien in sozialen Netzwerken sind nach Satz 1 der Regelung verpflichtet,

---

555 Vgl. *Grünberger/Mangold/Markard/Payandeh/Towfigh*, Diversität in Rechtswissenschaft und Rechtspraxis: Ein Essay, 2021, S. 57 f.; *Janda/Herbig*, Positive Maßnahmen für mehr Vielfalt in der öffentlichen Verwaltung. Ein Rechtsgutachten, 2022, S. 8.

556 Vgl. zur juristischen Einordnung von Social Bots *von Ungern-Sternberg*, Demokratische Meinungsbildung und künstliche Intelligenz, in: Unger/von Ungern-Sternberg (Hrsg.), Demokratie und künstliche Intelligenz, 2019, S. 3 (14 ff.); *Krüper*, Roboter auf der Agora. Verfassungsfragen von Social Bots im digitalen Diskursraum der Moderne, in: Unger/von Ungern-Sternberg (Hrsg.), Demokratie und künstliche Intelligenz, 2019, S. 67 (69 ff.).

557 Vgl. *Roos*, Regulierung von Social Bots, in: Chibanguza/Kuß/Steege (Hrsg.), Künstliche Intelligenz, 2022, § 11 Teil D, Rn. 3.

558 Vgl. z.B. LT-Drs. NRW 17/9052, 134.

„bei mittels eines Computerprogramms automatisiert erstellten Inhalten oder Mitteilungen den Umstand der Automatisierung kenntlich zu machen, sofern das hierfür verwandte Nutzerkonto seinem äußeren Erscheinungsbild nach für die Nutzung durch natürliche Personen bereitgestellt wurde".

Die Pflicht betrifft Inhalte und Mitteilungen, die unmittelbar vor dem Versenden automatisiert generiert werden sowie vorgefertigte Inhalte bzw. vorprogrammierte Mitteilungen, auf die bei dem Versand automatisiert zurückgegriffen wird.[559] Bezogen auf die Verwendung von Social Bots ist jedes denkbare Verhalten (z.B. das Posten, Teilen, Liken oder Kommentieren von Beiträgen) als Inhalt oder Mitteilung zu qualifizieren. Entscheidend kommt es insofern auf die automatisierte Erstellung durch ein Computerprogramm an. Dieses Erstellen ist, was sich aus § 18 Abs. 3 Satz 3 MStV ergibt, weit zu verstehen:

„Ein Erstellen im Sinne dieser Vorschrift liegt nicht nur vor, wenn Inhalte und Mitteilungen unmittelbar vor dem Versenden automatisiert generiert werden, sondern auch, wenn bei dem Versand automatisiert auf einen vorgefertigten Inhalt oder eine vorprogrammierte Mitteilung zurückgegriffen wird."

Eine automatisierte Erstellung ist somit immer dann anzunehmen, wenn der Vorgang in Abhängigkeit von bestimmten Einflussfaktoren selbsttätig erfolgt.[560]

Dem Inhalt oder der Mitteilung ist nach § 18 Abs. 3 Satz 2 MStV der Hinweis gut lesbar bei- oder voranzustellen, dass dieser oder diese unter Einsatz eines das Nutzerkonto steuernden Computerprogrammes automatisiert erstellt und versandt wurde. Jedenfalls hinsichtlich der konkreten Platzierung des Hinweises besteht danach eine gewisse Flexibilität, solange er dem Beitrag nicht lediglich an dessen Ende „nachgestellt" ist. befindet. Aus teleologischer Perspektive der Schaffung von Transparenz zur Herstellung von „Kommunikationssymmetrie"[561] ist entscheidend, andere Nutzer bereits zu Beginn oder zumindest während der Rezeption des Beitrags erkennen lassen zu können, dass kein menschliches Gegenüber den Inhalt verbreitet.[562] Der Hinweis muss so ausgestaltet sein, dass es auch für einen durchschnittlichen minderjährigen Nutzer erkennbar ist, dass die Generierung und/oder Verbreitung des Inhalts automatischen Ursprungs ist. Die Kennzeichnung darf mithin nicht so gestaltet sein, dass nur Minderjährige, die eine höhere Schulform besuchen, ihren Gehalt zu verarbeiten im Stande sind. Denn die Kenntnis über mediale Randbedingungen des demokratischen Diskurses soll nicht i.S. einer Zwei-Klassen-Gesellschaft nur

---

559 Vgl. *Höch/Kahl*, Anforderungen an eine Kennzeichnungspflicht für KI-Inhalte, K&R 2023, 396 (398).

560 Vgl. *Roos*, Regulierung von Social Bots, in: Chibanguza/Kuß/Steege (Hrsg.), Künstliche Intelligenz, 2022, § 11 Teil D, Rn. 9. Zur Frage, ob bei einem Benutzerkonto, über das ausschließlich nicht personalisierte Beiträge verbreitet werden, die von Social Bots erstellten Beiträge gekennzeichnet werden müssen, aus teleologischen Erwägungen ablehnend *Roos*, a.a.O., Rn. 10, wobei hier aber das Verständnis unternehmerischer Einwirkungsmöglichkeiten auf den Meinungsbildungsprozess zu eng erscheint.

561 *Hönig d'Orville,* Die Perspektive der Länder: AVMD-Richtlinie, der 22. Rundfunkänderungsstaatsvertrag und der „Medienstaatsvertrag", ZUM 2019, 104 (108).

562 Vgl. *Roos*, Regulierung von Social Bots, in: Chibanguza/Kuß/Steege (Hrsg.), Künstliche Intelligenz, 2022, § 11 Teil D, Rn. 11.

einem Teil minderjähriger Teilnehmer am medialen Austausch vorbehalten bleiben. Die Kennzeichnungspflicht dient, indem sie u.a. die individuelle und öffentliche Meinungsbildung vor Desinformation schützen und staatliche Ordnungsinteressen an der Gewährleistung einer funktionierenden Kommunikationsordnung sichern soll,[563] auch dem Anspruch Minderjähriger auf Entwicklung zu einer auch unter demokratischem Blickwinkel gemeinschaftsfähigen Persönlichkeit.

Der Effektuierung des § 18 Abs. 3 MStV[564] unter den technischen Bedingungen des digitalen Medienökosystems dient die grundsätzlich[565] Anbietern sozialer Netzwerke (als Unterfall eines sog. Medienintermediärs) in § 93 Abs. 4 MStV auferlegte Verpflichtung:

> *„Anbieter von Medienintermediären, die soziale Netzwerke anbieten, haben dafür Sorge zu tragen, dass Telemedien im Sinne von § 18 Abs. 3 gekennzeichnet werden."*

Anders als Telemedienanbieter werden die verpflichteten Netzwerkbetreiber somit nicht zu einer eigenen Kenntlichmachung automatisiert erstellter Inhalte verpflichtet, sondern ihre Pflicht ist darauf beschränkt, die Beachtung der Transparenzpflicht des § 18 Abs. 3 MStV durch die Anbieter von Telemedien innerhalb ihres Netzwerks sicherzustellen.[566] Aufgrund ihres maßgeblichen Einflusses auf die Gestaltung der Nutzeroberfläche obliegt den Netzwerkbetreibern nach § 93 Abs. 4 MStV zumindest die Pflicht, den Telemedienanbieter die technische Möglichkeit zu verschaffen, den Einsatz von Social Bots kenntlich zu machen. Dieser Pflicht, die über eine bloße „Bemühenspflicht" nach dem Wortlaut der Norm hinausreicht,[567] kann z.B. mittels Implementierung entsprechender Konfigurationsmöglichkeiten des Profils nachgekommen werden.[568]

5. Jugendschutzbeauftragte

Mit dem Jugendmedienschutz-Staatsvertrag wurde 2003 erstmalig ein neues Instrument des Jugendmedienschutzes in das Regulierungssystem der Länder eingeführt. Die betreffende Regelung in § 7 JMStV lautet:

---

563 Vgl. zu diesen Zielen der Social-Bots-Regulierung LT-Drs. NRW 17/9052, 134; *Höch/Kahl*, Anforderungen an eine Kennzeichnungspflicht für KI-Inhalte, K&R 2023, 396 (398); *Lent*, in: Gersdorf/Paal (Hrsg.), BeckOK InfoMedienR, 38. Ed., 1. 2. 2023, § 18 MStV Rn. 14 m.w.N.

564 Vgl. *Cornils*, „Einiges geht bedenklich weit", ZRP 2020, 60 (62).

565 Vgl. zur Ausnahme für soziale Netzwerke, die eine Nutzeranzahl von durchschnittlich einer Million Nutzer pro Monat nicht erreichen. § 91 Abs. 2 MStV.

566 Vgl. *Hönig d'Orville*, Die Perspektive der Länder: AVMD-Richtlinie, der 22. Rundfunkänderungsstaatsvertrag und der „Medienstaatsvertrag", ZUM 2019, 104 (108); *Roos*, Regulierung von Social Bots, in: Chibanguza/Kuß/Steege (Hrsg.), Künstliche Intelligenz, 2022, § 11 Teil D, Rn. 14; *Siara*, Der Medienstaatsvertrag und die „neuen" Medien, MMR 2020, 370 (372).

567 A.A. *Löber/Roßnagel*, Kennzeichnung von Social Bots, MMR 2019, 493 (498); *Roos*, Regulierung von Social Bots, in: Chibanguza/Kuß/Steege (Hrsg.), Künstliche Intelligenz, 2022, § 11 Teil D, Rn. 15.

568 Vgl. *Roos*, Regulierung von Social Bots, in: Chibanguza/Kuß/Steege (Hrsg.), Künstliche Intelligenz, 2022, § 11 Teil D, Rn. 14.

„§ 7 JMStV Jugendschutzbeauftragte

(1) Wer länderübergreifendes Fernsehen veranstaltet, hat einen Jugendschutzbeauftragten zu bestellen. Gleiches gilt für geschäftsmäßige Anbieter von allgemein zugänglichen Telemedien, die entwicklungsbeeinträchtigende oder jugendgefährdende Inhalte enthalten, sowie für Anbieter von Suchmaschinen.

(2) Anbieter von Telemedien mit weniger als 50 Mitarbeitern oder nachweislich weniger als zehn Millionen Zugriffen im Monatsdurchschnitt eines Jahres sowie Veranstalter, die nicht bundesweit verbreitetes Fernsehen veranstalten, können auf die Bestellung verzichten, wenn sie sich einer Einrichtung der Freiwilligen Selbstkontrolle anschließen und diese zur Wahrnehmung der Aufgaben des Jugendschutzbeauftragten verpflichten sowie entsprechend Absatz 3 beteiligen und informieren.

(3) Der Jugendschutzbeauftragte ist Ansprechpartner für die Nutzer und berät den Anbieter in Fragen des Jugendschutzes. Er ist vom Anbieter bei Fragen der Herstellung, des Erwerbs, der Planung und der Gestaltung von Angeboten und bei allen Entscheidungen zur Wahrung des Jugendschutzes angemessen und rechtzeitig zu beteiligen und über das jeweilige Angebot vollständig zu informieren. Er kann dem Anbieter eine Beschränkung oder Änderung von Angeboten vorschlagen.

(4) Der Jugendschutzbeauftragte muss die zur Erfüllung seiner Aufgaben erforderliche Fachkunde besitzen. Er ist in seiner Tätigkeit weisungsfrei. Er darf wegen der Erfüllung seiner Aufgaben nicht benachteiligt werden. Ihm sind die zur Erfüllung seiner Aufgaben notwendigen Sachmittel zur Verfügung zu stellen. Er ist unter Fortzahlung seiner Bezüge soweit für seine Aufgaben erforderlich von der Arbeitsleistung freizustellen.

(5) Die Jugendschutzbeauftragten der Anbieter sollen in einen regelmäßigen Erfahrungsaustausch eintreten."

Der Jugendschutzbeauftragte verfügt als weitgehend unabhängige Selbstregulierungsinstanz über eine zweifache Funktion:

- Im Außenverhältnis berät er Nutzer und Eltern und nimmt Hinweise auf jugendgefährdende Inhalte entgegen, um sie an den jeweiligen Anbieter oder ggf. andere Ansprechpartner weiterzuleiten. Die Beratung von Erziehungsberechtigten beschränkt sich auf allgemeine Hinweise wie beispielsweise den Einsatz von Jugendschutzprogrammen. Teil der Beratung können auch kurze rechtliche Erläuterungen zur Zulässigkeit bestimmter Angebotsteile sein, wenn Nutzer hiernach fragen. Der Jugendschutzbeauftragte ist auch Ansprechpartner für die Aufsichtsbehörden und die Einrichtungen der Freiwillige Selbstkontrolle.
- Im Innenverhältnis ist der Jugendschutzbeauftragte dem Telemedien-Anbieter bzw. Rundfunkveranstalter, der ihn bestellte, nicht nur bei der Einhaltung der gesetzlichen Vorgaben behilflich ist, indem er Fragen zur jugendmedienschutzrechtlichen (Un-) Zulässigkeit von Programmen und Inhalten beantwortet. Seine frühzeitige Einbindung in die Entscheidungsprozesse ist zudem auch betriebswirtschaftlich sinnvoll, kann sein Rat

doch folgenschwere Fehlinvestitionen verhindern bzw. frühzeitig auf notwendige Nacharbeiten (Herstellung von Schnittfassungen für das Fernsehen, Einsatz von technischen Mitteln und Altersverifikationssystemen im Internet) aufmerksam machen. Neben rechtlichen Aspekten erstreckt sich die Beratungsfunktion zudem auf medienpädagogische und entwicklungspsychologische Themen.

Mit Inkrafttreten des neuen Jugendschutzgesetzes (JuSchG) im Mai 2021 ist ein weiterer Aufgabenbereich für Jugendschutzbeauftragte hinzugekommen: Laut § 14a JuSchG dürfen diese nun auch Alterseinstufungen für Inhalte auf Film- und Spielplattformen vornehmen. Voraussetzung für diese Tätigkeit ist eine Zertifizierung durch eine freiwillige Selbstkontrolleinrichtung.

Neben den eigentlichen Inhalteanbietern brauchen auch Hostprovider und Access-Provider einen Jugendschutzbeauftragten, ebenso Anbieter von Suchmaschinen. Eine Verpflichtung weiterer für die Generierung, die Auswahl und die Präsentation entwicklungsbeeinträchtigenden und jugendgefährdenden Contents relevanten Akteuren zur Bestellung eines Jugendschutzbeauftragten besteht demgegenüber *de conventione lata* nicht. Namentlich sind die Entwicklung und der Einsatz von KI keine Tätigkeiten, an die bislang eine Pflicht zur Bestellung eines Jugendschutzbeauftragten geknüpft wäre.

6. Öffnung für nicht-inhaltebezogene Risiken – die Einbeziehung von Interaktionsrisiken in den Kinder- und Jugendmedienschutz

Mit dem Zweiten Jugendschutzänderungsgesetz erfuhr das deutsche Jugendmedienschutzrecht eine gravierende Änderung und Erweiterung seiner Schutzwirkung. Damit sollte neuen Risiken Rechnung getragen werden, die durch die Vielfalt an Interaktionsmöglichkeiten, ihre Präsenz im Alltag und die hohe Geschwindigkeit in der Generierung von Inhalten befördert werden und die ein strukturelles Schutzdefizit für Kinder und Jugendliche hatten entstehen lassen,[569] das auch von Eltern als solches wahrgenommen wurde.[570] Im Zusammenhang mit interaktionsbezogenen Online-Risiken fanden und finden z. B. Mobbing, Grooming, selbstgefährdendes Verhalten, exzessives Spielen und Kostenfallen besondere Beachtung. Gemeinsam ist diesen Risikodimensionen, dass es sich materiell nicht um medieninhaltsbezogene Phänomene handelt, sondern um auf die körperliche, seelische, aber auch ökonomische Integrität bezogene klassische Herausforderungen eines individual- und sozialverträglichen Kinder- und Jugendmedienschutzes. Notwendig sind daher mediengattungsübergreifende Regelungen, die die Realisierungswege (insb. Kontakt- und Transaktionsmöglichkeiten sowie sogenannte „dark (design) patterns") in den Blick nehmen.[571]

---

569 Vgl. BT-Drs. 19/24909, S. 21.

570 Vgl. *FSM*, Jugendmedienschutzindex: Der Umgang mit onlinebezogenen Risiken, Berlin 2017, S. 8.

571 Vgl. BT-Drs. 19/24909, S. 21 f.

Systematisch erfasst, konkretisiert und rechtlich eingeordnet werden die neuen Interaktionsrisiken in dem auf Grundlage eines Beschlusses der Jugend- und Familienkonferenz im Mai 2018 von der Bundesprüfstelle für jugendgefährdende Medien im Rahmen des Strategieprozesses „Digitales Aufwachsen. Vom Kind aus denken. Zukunftssicher handeln." koordinierten Gefährdungsatlas im Hinblick auf ein gutes Aufwachsen mit Medien, das inzwischen in 2. Auflage vorliegt. In den vom JFF – Institut für Medienpädagogik in Forschung und Praxis und dem Leibniz-Institut für Medienforschung/Hans-Bredow-Institut (HBI) wissenschaftlich grundierten Gefährdungsatlas eingebunden sind die Erfahrungen und Erkenntnisse des Gefahrenmonitorings von jugendschutz.net, der Jugendhilfe, der medienpädagogischen Praxis, der Forschung und die Perspektive der Kinder und Jugendlichen selbst.[572]

Der gesetzliche Kinder- und Jugendschutz kann den in diesem Gefährdungsatlas identifizierten relevanten Interaktionsrisiken in einem globalen Umfeld transnational agierender Anbieter nicht zuletzt durch gesetzliche Maßnahmen zur Förderung der Anbieterverantwortung insbesondere für Vorsorgemaßnahmen und altersgerechte Zugänge und zur selbstregulatorischen Stärkung einer Infrastruktur, die die Risiken reduziert, Kinder und Jugendliche wehrhaft gegenüber Angriffen auf ihre persönliche Integrität macht und insbesondere den Eltern Orientierungshilfen für einen altersgerechten Umgang mit Medien bereitstellt, entsprechen.[573]

Künstlicher Intelligenz kommt – auch in der Ausformung generativer KI – im Blick auf diese Interaktionsrisiken eine doppelte Bedeutung zu: als Risikofaktor, der in quantitativer wie qualitativer Hinsicht Gefährdungen durch Interaktionsrisiken fördert bzw. potenziert einerseits, zugleich aber auch als Instrument der Risikobewältigung. (Auch generative) KI kann insoweit zur Entlastung von Eltern wie zu gleichberechtigtem Schutz als Bedingung individual- wie sozialverträglicher gleichberechtigter Teilhabe an modernen Formen digitaler demokratischer Kommunikation führen.

Mit der selbstverständlichen Nutzung des Internets als Instrument der Kommunikation und Selbstdarstellung durch Kinder und Jugendliche entstehen spezifische Nutzungsrisiken. Kinder und Jugendliche sind schon mit Blick auf diese internetbezogenen Aktivitäten im Allgemeinen darauf angewiesen, dass ihre Resilienz gegenüber Verletzungen ihrer emotionalen, finanziellen und persönlichen Integrität gefördert wird und sie mit möglichst altersgerechten Mechanismen der Digital-, Informations- und Medienkompetenz als präventivem, aber auch mit stets aufs Neue dynamischen Herausforderungen angepassten Regulierungsinstrumenten und –möglichkeiten als repressivem Tool des Kinder- und Jugendmedienschutzes darin unterstützt werden, solche Risiken, die durch den Einsatz von KI eigen- wie fremdeingesetzt zusätzlich befördert werden können, zu vermeiden oder bei Verwirklichung des Risikos schädliche Auswirkungen so gering wie möglich zu halten.[574]

---

572 Vgl. BT-Drs. 19/24909, S. 22.

573 Vgl. ibidem, S. 22.

574 Vgl. ibidem, S. 26 f.

Nach § 10b Abs. 2 JuSchG können bei der Beurteilung der Entwicklungsbeeinträchtigung

> *„auch außerhalb der medieninhaltlichen Wirkung liegende Umstände der jeweiligen Nutzung des Mediums berücksichtigt werden, wenn diese auf Dauer angelegter Bestandteil des Mediums sind und eine abweichende Gesamtbeurteilung über eine Kennzeichnung nach § 14 Absatz 2a hinaus rechtfertigen".*

Damit wird klargestellt, dass die Berücksichtigung von Interaktionsrisiken bei der Alterskennzeichnung vorrangig durch die in § 14 Abs. 2a JuSchG vorgesehenen Deskriptoren geschehen soll, aber auch in der Alterseinstufung selbst erfolgen kann.[575]

Nach § 10b Abs. 3 Satz 1 JuSchG sind insbesondere nach konkreter Gefahrenprognose als erheblich einzustufende Risiken für die persönliche Integrität von Kindern und Jugendlichen, die im Rahmen der Nutzung des Mediums auftreten können, unter Einbeziehung etwaiger Vorsorgemaßnahmen im Sinne des § 24a Absatz 1 und 2 angemessen zu berücksichtigen. Hierzu zählen nach Satz 2 der Regelung „insbesondere", d.h. i.S. eines nicht abschließenden Katalogs[576]

> *„Risiken durch Kommunikations- und Kontaktfunktionen, durch Kauffunktionen, durch glücksspielähnliche Mechanismen,[577] durch Mechanismen zur Förderung eines exzessiven Mediennutzungsverhaltens,[578] durch die Weitergabe von Bestands- und Nutzungsdaten ohne Einwilligung an Dritte sowie durch nicht altersgerechte Kaufappelle insbesondere durch werbende Verweise auf andere Medien[579]."*

Absatz 3 bringt damit die klare Erwartungshaltung des Gesetzgebers zum Ausdruck, welche Interaktionsrisiken in der Praxis der freiwilligen Selbstkontrollen bei der Alterseinstufung zu berücksichtigen sind.[580] Zudem wird die Wechselwirkung zwischen dem Vorliegen von Interaktionsrisiken und Maßnahmen der Anbietervorsorge klargestellt. Ob durch das Vorliegen von Interaktionsrisiken eine abweichende Gesamtbeurteilung im Sinne des § 10b Abs. 2 JuSchG angezeigt ist, ist maßgeblich von den vom Anbieter bzw. der Plattform vorgesehenen Vorsorgemaßnahmen abhängig, insbesondere davon, ob niedrigschwellige Möglichkeiten zur Steuerung und Begleitung der Nutzung durch Eltern und Personensorgeberechtigte i.S. des § 24a Abs. 2 Nr. 6 JuSchG oder altersgerechte Voreinstellungen i.S. des § 24a Abs. 2 Nr. 7 JuSchG vorgesehen werden. Sind Interaktionsrisiken standardmäßig als Voreinstellung deaktiviert bzw. lassen sich niedrigschwellig und konkret etwa anhand von Deskriptoren durch Eltern deaktivieren, kann eine abweichende Gesamtbeurteilung i.S.

---

575 Vgl. BT-Drs. 19/27289, S. 13.

576 Vgl. BT-Drs. 19/27289, S. 14.

577 Hierzu zählen z.B. Lootboxen, vgl. ibidem, S. 14.

578 Dabei verdienen die neuen Kriterien der WHO (ICD11, 6C51) interpretatorisch Beachtung; vgl. ibidem, S. 14.

579 Ziel dieser Regelung ist es zu verhindern, dass Werbevorspanne wie Trailer für Medien werben, die eine höhere Alterskennzeichnung haben oder erwarten lassen als der Film oder das Spiel, in dessen Rahmen der Werbetrailer eingebunden ist; vgl. ibidem, S. 14.

580 Vgl. ibidem, S. 14.

von § 10b Abs. 2 JuSchG im Einzelfall ausgeschlossen werden und die Alterseinstufung wie vor der jüngsten Novelle des JuSchG allein aufgrund medieninhaltlicher Kriterien erfolgen.[581]

Ob ein solches System auch in Bezug auf KI-bezogene Risiken unter jugendschützerischem Blickwinkel tragfähig ist, hat nicht zuletzt etwas mit der Wahrung von Transparenzvorgaben sowie der Entwicklung von KI-bezogener Digitalkompetenz zu tun.

Mit der jüngsten Novelle des JuSchG wird zudem aufgezeigt, dass Spieleanbieter regelmäßig als Diensteanbieter i.S. des § 24a Abs. 1 JuSchG zu qualifizieren sind, da durch die Interaktionsmöglichkeiten gleichzeitig fremde Informationen gespeichert oder bereitgestellt werden.[582] Dies gilt zwar für KI-Anwender und –Entwickler nicht bereits in vergleichbarer Weise, indessen ist eine Ausdehnung des Personenkreises, für den besondere kinder- und jugendmedienschützerische Pflichten bestehen, auch in den Kreis der KI-Anwender und -Entwickler hinein wenn nicht vorgezeichnet, so doch zumindest nicht verschlossen, wenn nicht vorgeprägt.

Im Übrigen kennt das Jugendmedienschutzrecht bislang noch nicht KI-Risiken als eigene Risikodimension. Eine solche Risikodimension wurde weder anlässlich der jüngsten Novelle des Jugendschutzgesetzes erörtert, noch war sie Gegenstand der Bund-Länder-Kommission Medienkonvergenz 2016[583] oder des Beschlusses der Jugend- und Familienministerkonferenz von Mai 2018.[584] Dies schließt eine zukünftige Berücksichtigung solcher Risiken selbstverständlich nicht aus – namentlich dann, wenn diese ggf. sogar schutzpflichtenbezogen geboten ist. Dabei sollte auch eine etwaige KI-Risiken bezogene Alterseinstufung nicht allein den Eltern aufgebürdet oder den Anwendern und Entwicklern von KI im Wege reiner Selbstregulierung überlassen werden.

IV. Das Konzept der Vorsorgemaßnahmen und seine Bedeutung für KI-bezogenen Jugendschutz

Die Schutzziele des Jugendschutzgesetzes werden vor dem Hintergrund des technischen Wandels wie des Wandels im Mediennutzungsverhalten in der jüngsten Novelle des Jugendschutzgesetzes entsprechend dem aus Grundgesetz, EU-Grundrechtecharte und Kinderrechtskonvention der UN folgenden Telos auf den Schutz der persönlichen Integrität von Kindern und Jugendlichen ausgeweitet.[585] Mit der Novelle werden Anbieter von für

---

581 Vgl. ibidem, S. 13.

582 Vgl. ibidem, S. 13.

583 In dem Bericht der Bund-Länder-Kommission zur Medienkonvergenz (abrufbar unter https://www.bundesregierung.de/resource/blob/974430/473870/d58d1cf3f60bda5711885a29f3dacbfe/2016-06-14-medienkonvergenz-bericht-blk-data.pdf?download=1) wird künstliche Intelligenz nicht erörtert.

584 Auch in dem Beschluss der Jugend- und Familienministerkonferenz (JFMK) am 03./04. Mai 2018 in Kiel zu TOP 7.1 - Jugendmedienschutz; Bund-Länder-Eckpunktepapier „Kinder- und Jugendmedienschutz als Aufgabe der Jugendpolitik" – (abrufbar unter https://jfmk.de/wp-content/uploads/2018/12/a-JFMK-03._04.-Mai-2018_Protokoll-mit-Anlagen.pdf, S. 26 ff.) wird künstliche Intelligenz nicht erwähnt.

585 Vgl. BT-Drs. 19/24909, S. 27.

Kinder und Jugendliche relevanten Internetdiensten in Umsetzung von Vorgaben aus der Novelle der AVMD-Richtlinie aus 2018[586] verpflichtet, angemessene und wirksame strukturelle Vorsorgemaßnahmen zur Wahrung der Schutzziele zu treffen. Die Vorsorgemaßnahmen sollen strukturelle Schutz- und Befähigungsstrukturen in für Kinder und Jugendliche relevanten sozialen Medien und Kommunikationsplattformen schaffen, die den Schutz der persönlichen Integrität von Minderjährigen, ihren Schutz vor der Konfrontation mit für sie beeinträchtigenden oder gar gefährdenden Inhalten sowie ihre Befähigung zur Selbsthilfe fördern.[587] Zumindest in Bezug auf letztgenannte Förderdimension erscheint der Einsatz generativer KI als Chance bedeutsam, während in Bezug auf die beiden erstgenannten Förderdimensionen KI auch mit zusätzlichen Risiken verknüpft sein kann.

Die Novelle beinhaltet einen entsprechenden Maßnahmenkatalog, der zur Konkretisierung der Anforderungen verschiedene Maßnahmen vorgibt, die unter Berücksichtigung der jeweiligen technischen Eigenheiten und Nutzungsanwendungsbestimmungen der Angebote bzw. deren inhaltlicher und struktureller Ausgestaltung angemessen sein können. Als Vorsorgemaßnahmen kommen dabei nach § 24a Abs. 2 JuSchG insbesondere in Betracht:

> *„1. die Bereitstellung eines Melde- und Abhilfeverfahrens, mit dem Nutzerinnen und Nutzer Beschwerden über*
>
> *a) unzulässige Angebote nach § 4 des Jugendmedienschutz-Staatsvertrages oder*
>
> *b) entwicklungsbeeinträchtigende Angebote nach § 5 Absatz 1 und 2 des Jugendmedienschutz-Staatsvertrages, die der Diensteanbieter der Allgemeinheit bereitstellt, ohne seiner Verpflichtung aus § 5 Absatz 1 des Jugendmedienschutz-Staatsvertrages durch Maßnahmen nach § 5 Absatz 3 bis 5 des Jugendmedienschutz-Staatsvertrages nachzukommen*
>
> *übermitteln können;*
>
> *2. die Bereitstellung eines Melde- und Abhilfeverfahrens mit einer für Kinder und Jugendliche geeigneten Benutzerführung, im Rahmen dessen insbesondere minderjährige Nutzer und Nutzerinnen Beeinträchtigungen ihrer persönlichen Integrität durch nutzergenerierte Informationen dem Diensteanbieter melden können;*
>
> *3. die Bereitstellung eines Einstufungssystems für nutzergenerierte audiovisuelle Inhalte, mit dem Nutzerinnen und Nutzer im Zusammenhang mit der Generierung standardmäßig insbesondere dazu aufgefordert werden, die Eignung eines Inhalts entsprechend der Altersstufe „ab 18 Jahren" als nur für Erwachsene zu bewerten;*
>
> *4. die Bereitstellung technischer Mittel zur Altersverifikation für nutzergenerierte audiovisuelle Inhalte, die die Nutzerin oder der Nutzer im Zusammenhang mit der Generierung entsprechend der Altersstufe „ab 18 Jahren" als nur für Erwachsene geeignet bewertet hat;*

---

586 Vgl. unten, Abschnitt C. VII.

587 Vgl. BT-Drs. 19/24909, S. 27.

5. der leicht auffindbare Hinweis auf anbieterunabhängige Beratungsangebote, Hilfe- und Meldemöglichkeiten;

6. die Bereitstellung technischer Mittel zur Steuerung und Begleitung der Nutzung der Angebote durch personensorgeberechtigte Personen;

7. die Einrichtung von Voreinstellungen, die Nutzungsrisiken für Kinder und Jugendliche unter Berücksichtigung ihres Alters begrenzen, indem insbesondere ohne ausdrückliche anderslautende Einwilligung

a) Nutzerprofile weder durch Suchdienste aufgefunden werden können noch für nicht angemeldete Personen einsehbar sind,

b) Standort- und Kontaktdaten und die Kommunikation mit anderen Nutzerinnen und Nutzern nicht veröffentlicht werden,

c) die Kommunikation mit anderen Nutzerinnen und Nutzern auf einen von den Nutzerinnen und Nutzern vorab selbst gewählten Kreis eingeschränkt ist und

d) die Nutzung anonym oder unter Pseudonym erfolgt;[588]

8. die Verwendung von Bestimmungen in den Allgemeinen Geschäftsbedingungen, die die für die Nutzung wesentlichen Bestimmungen der Allgemeinen Geschäftsbedingungen in kindgerechter Weise darstellen."

Bei sämtlichen dieser Maßnahmen kann zum einen, sei es auf Initiative der in erster Linie adressierten Anbieter, sei es auf Initiative in die Vorsorgeregulierung eingebundener freiwilliger Selbstkontrollen, sei es auf Impuls der Bundeszentrale für Kinder- und Jugendmedienschutz, die für die Vorsorgemaßnahmen subsidiär Verantwortung trägt, (generative) KI zum Einsatz gelangen. Im Übrigen kann (generative) KI allerdings auch zusätzliche Herausforderungen für die Effektivität zumindest einzelner dieser Vorsorgemaßnahmen begründen. Dies gilt insbesondere für die in Nr. 7 Buchst. c) aufgezeigte Vorsorgemaßnahme, dass Voreinstellungen eingerichtet werden, die Nutzungsrisiken für Kinder und Jugendliche unter Berücksichtigung ihres Alters begrenzen, indem insbesondere ohne ausdrückliche anderslautende Einwilligung die Kommunikation mit anderen Nutzerinnen und Nutzern auf einen von den Nutzerinnen und Nutzern vorab selbst gewählten Kreis eingeschränkt ist. Hier bestehen Gefahren durch die Möglichkeit KI-gestützter Nachbildung von solchen Kontaktpersonen, die visuell und/oder auditiv kaum mehr vom Original unterscheidbar ist. Hier erscheint eine regulatorische Nachsteuerung zum Verbot und zur Sanktionierung solcher KI-gestützter Umgehungstatbestände zumindest sinnvoll, wenn nicht geboten.

V. Grenzen der Adaptionsfähigkeit des geltenden Jugendmedienschutzrechts

Zwar ist der JMStV einer dynamischen Auslegung zugänglich. Der Umstand, dass KI zum Zeitpunkt der Verabschiedung des JMStV vor zwei Jahrzehnten noch kein den

588 Vgl. zur Zwecksetzung dieser Regelungen BT-Drs. 19/24909, S. 66.

Staatsvertragsgebern bekanntes Phänomen war, steht einer Einordnung von KI unter die jugendmedienschutzrechtlich vom JMStV erfassten Phänomene nicht per se entgegen. Diese Entwicklungsoffenheit findet indessen – wie auch eine verfassungs- und unionsrechtskonforme Auslegung – ihre Grenze im Wortlaut des Staatsvertrages wie auch als in dem Gebot einer systematisch kohärenten Auslegung und Anwendung des Staatsvertragsrechts. Insofern gewinnt Bedeutung, dass der JMStV weiterhin auf eine Inhalte- und Inhalteverbreitungsregulierung, nicht auch auf eine Inhaltegenerierungsregulierung ausgerichtet ist.

VI. Minderjährige als besonders Geschützte in der DS-GVO – Grenzen für maschinelle Lernfähigkeit im Widerstreit zu effektivem Kinder- und Jugendmedienschutz?

Da Minderjährige bereits im Kindesalter in erheblichem Umfang im Internet im Allgemeinen und in sozialen Netzwerken im Besonderen als Rezipienten wie Produzenten von kommunikativem Content agieren, sie aber zugleich vielfach nicht die Konsequenzen und Risiken der Verarbeitung ihrer personenbezogenen Daten in diesen kommunikativen Räumen einzuschätzen wissen, ist ein besonderer Schutz ihres Grundrechts auf informationelle Selbstbestimmung von grundlegender Bedeutung für ihren Freiheits- und Entwicklungsschutz.[589]

Minderjährige sind als natürliche Personen nicht nur - unabhängig von ihrem Alter - Träger des der grundgesetzlichen Verfassungsordnung eigenen Grundrechts auf Schutz personenbezogener Daten.[590] Sie genießen zudem den besonderen Schutzanspruch aus Art. 24 Abs. 1 Satz 1 GRC:[591] Danach haben Kinder Anspruch auf den Schutz und die Fürsorge, die für ihr Wohlergehen notwendig sind.

Soll die Verarbeitung der personenbezogenen Daten auf Basis einer Einwilligung erfolgen, sind zudem die Vorgaben des Art. 8 DS-GVO einzuhalten, wonach diese Einsichts- bzw. Einwilligungsfähigkeit des Kindes ab dem 16. Lebensjahr fingiert wird[592]und in den

---

589 Vgl. den 153. Erwägungsgrund zur DS-GVO sowie *Heckmann/Paschke,* in: Ehmann, Eugen/Selmayr, Martin (Hrsg.), DS-GVO. Datenschutz-Grundverordnung, 2. Aufl. 2018, Art. 8 Rn. 15; *dies.*, Datenschutz, in: Stern/Sodan/Möstl, Das Staatsrecht der Bundesrepublik Deutschland im europäischen Staatenverbund, 2. Auflage 2022, § 103 Rn. 140.

590 Vgl. *Heckmann/Paschke,* Datenschutz, in: Stern/Sodan/Möstl, Das Staatsrecht der Bundesrepublik Deutschland im europäischen Staatenverbund, 2. Auflage 2022, § 103 Rn. 141; *Schulz,* in: Gola/Heckmann (Hrsg.), Datenschutz-Grundverordnung - VO (EU) 2016/679. Bundesdatenschutzgesetz, 3. Aufl. 2022, Art. 8 DS-GVO Rn. 2.

591 Vgl. *Buchner/Kühling,* in: *Kühling, Jürgen/Buchner, Benedikt* (Hrsg.), Datenschutz-Grundverordnung. BDSG. Kommentar, 3. Aufl. 2020, Art. 8 DS-GVO Rn. 10.

592 Vgl. *Heckmann/Paschke,* in: Ehmann/Selmayr, DS-GVO, 2. Aufl. 2018, Art. 8 Rn. 4; zur Einwilligung Minderjähriger im Zusammenhang mit sozialen Netzwerken vgl. auch *Nebel,* Persönlichkeitsschutz in Social Networks. Technische Unterstützung eines grundrechtskonformen Angebots von Social Networks, 2020, S. 224 ff.

vorherigen Lebensjahren die Träger der elterlichen Verantwortlichkeit einwilligen müssen.[593]

Auch im Rahmen der Datenverarbeitung aufgrund einer Interessenabwägung sind erhöhte Anforderungen an diese Abwägung im Lichte der Grundrechte Minderjähriger zu stellen. Danach ist z.B. eine Datenverarbeitung zu Tracking- oder Werbezwecken generell nicht zulässig.[594] Anders sieht es demgegenüber bei einer Datenverarbeitung zum Zwecke des Trainings von KI aus. Hier erscheint ein genereller Ausschluss im Interesse eines modernen verantwortungsbewussten, KI-Risiken wie –Chancen berücksichtigenden Ansatzes von Kinder- und Jugendmedienschutz wenig zielführend, da er technische Möglichkeiten des Schutzes nicht fördern, sondern diesbezügliche Innovation hemmen würde. Ein Totalverbot der Verarbeitung der Daten Minderjähriger erscheint deshalb weniger zielführend als eine Kanalisierung der Datenverarbeitung in Richtung auf die Förderung von Kinder- und Jugendmedienschutz by design.

VII. Anknüpfungspunkte eines KI-orientierten Kinder-und Jugendmedienschutzes in der AVMD-Richtlinie der EU

Art. 28b AVMD-Richtlinie, der mit der jüngsten Novelle der Richtlinie 2018 in den Korpus dieser *magna charta* des europäischen Medienrechts aufgenommen wurde, antizipiert in mehrfacher Weise den möglichen Beitrag von KI für einen effektiven Kinder- und Jugendmedienschutz. Er bestimmt in den Absätzen 1, 3 und 4:[595]

> *„(1) Unbeschadet der Artikel 12 bis 15 der Richtlinie 2000/31/EG sorgen die Mitgliedstaaten dafür, dass ihrer Rechtshoheit unterliegende Video-Sharing-Plattform-Anbieter angemessene Maßnahmen treffen, um*
>
> *a) Minderjährige gemäß Artikel 6a Absatz 1 vor Sendungen, nutzergenerierten Videos und audiovisueller kommerzieller Kommunikation zu schützen, die ihre körperliche, geistige oder sittliche Entwicklung beeinträchtigen können;*
>
> *b) die Allgemeinheit vor Sendungen, nutzergenerierten Videos und audiovisueller kommerzieller Kommunikation zu schützen, in denen zu Gewalt oder Hass gegen eine Gruppe von Personen oder gegen ein Mitglied einer Gruppe aus einem der in Artikel 21 der Charta genannten Gründe aufgestachelt wird;*
>
> *c) die Allgemeinheit vor Sendungen, nutzergenerierten Videos und audiovisueller kommerzieller Kommunikation mit Inhalten zu schützen, deren Verbreitung gemäß*

---

593 Vgl. *Heckmann/Paschke,* Datenschutz, in: Stern/Sodan/Möstl, Das Staatsrecht der Bundesrepublik Deutschland im europäischen Staatenverbund, 2. Auflage 2022, § 103 Rn. 142.

594 Vgl. dazu auch *Heckmann/Paschke,* Datenschutz, in: Stern/Sodan/Möstl, Das Staatsrecht der Bundesrepublik Deutschland im europäischen Staatenverbund, 2. Auflage 2022; § 103 Rn. 142; *Remmertz,* Aktuelle Entwicklungen im Social Media-Recht. Überblick der relevanten Themen aus Unternehmenssicht, MMR 2018, 507 (508).

595 Namentlich auf die Wiedergabe der auf kommerzielle Kommunikation bezogenen Bestimmungen wird im Folgenden verzichtet.

Unionsrecht eine Straftat darstellt, nämlich die öffentliche Aufforderung zur Begehung einer terroristischen Straftat im Sinne des Artikels 5 der Richtlinie (EU) 2017/541, Straftaten im Zusammenhang mit Kinderpornografie im Sinne des Artikels 5 Absatz 4 der Richtlinie 2011/93/EU des Europäischen Parlaments und des Rates und rassistische und fremdenfeindliche Straftaten im Sinne des Artikels 1 des Rahmenbeschlusses 2008/913/JI."

Solche angemessenen Maßnahmen können auch mittels (generativer) KI ins Werk gesetzt werden. Schon jetzt steht mit KIVI ein KI-Tool zur Verfügung, das zunehmend im Stande ist, Sendungen, nutzergenerierte Videos und audiovisuelle kommerzieller Kommunikation daraufhin zu untersuchen, ob deren Inhalte geeignet sind, die körperliche, geistige oder sittliche Entwicklung unter Berücksichtigung der Wertungen des § 4 JMStV zu beeinträchtigen.[596]

Art. 28b Abs. 3 UnterAbs. 1 der AVMD-Richtlinie in der aktuellen Fassung bestimmt, dass für Zwecke des § 28b Abs. 1 die angemessenen Maßnahmen

> *„in Anbetracht der Art der fraglichen Inhalte, des Schadens, den sie anrichten können, der Merkmale der zu schützenden Personenkategorie sowie der betroffenen Rechte und berechtigten Interessen, einschließlich derer der Video-Sharing-Plattform-Anbieter und der Nutzer, die die Inhalte erstellt oder hochgeladen haben, sowie des öffentlichen Interesses*"

bestimmt werden. Auch der Einsatz von generativer KI kann in diesem Kontext eine risiko(mit)bestimmende Kategorie sein.

Die Mitgliedstaaten müssen nach Art. 28b Abs. 3 UnterAbs. 2 Satz 1 der Richtlinie sicherstellen, dass alle ihrer Rechtshoheit unterworfenen Video-Sharing-Plattform-Anbieter solche Maßnahmen anwenden. Diese Maßnahmen müssen gemäß Satz 2 dieser Norm

> *„durchführbar und verhältnismäßig sein und der Größe des Video-Sharing-Plattform-Dienstes und der Art des angebotenen Dienstes Rechnung tragen*".

Je weiterentwickelter (generative) KI ist, um so stärker kann sie ggf. dazu beitragen, dass die Maßnahmen durchführbar sind, wobei die Möglichkeit zum Einsatz solcher KI unter finanziellem Blickwinkel wiederum von der Größe des betreffenden Video-Sharing-Plattform-Dienstes abhängen kann.

Solche Maßnahmen dürfen nach Art. 28b Abs. 3 UnterAbs. 2 Satz 3 der Richtlinie

---

[596] Vgl. zu Einsatzmöglichkeiten von KI im Interesse von Kinder- und Jugendmedienschutz z.B. *Steinebach*, Künstliche Intelligenz als Instrument des Kinder- und Jugendmedienschutzes, BzKJAKTUELL 4/2023, 17 (18 ff.); *Vogel/Steinebach*, Technik für den digitalen Jugendschutz: Automatische Erkennung von Sexting und Cybergrooming, 2021, S. 21 ff. Zum polizeilichen Einsatz von KI im Interesse des Jugendschutzes im Internet vgl. *Tabi* u.a., Contemporary Issues in Child Protection: Police Use of Artificial Intelligence for Online Child Protection in the UK, in: Montasari u.a. (eds.), Digital Transformation in Policing: The Promise, Perils and Solutions, 2023, S. 85 (97 ff.).

„weder zu Ex-ante-Kontrollmaßnahmen noch zur Filterung von Inhalten beim Hochladen, die nicht mit Artikel 15 der Richtlinie 2000/31/EG im Einklang stehen,"

führen. Eine Pflicht zu entsprechenden Ex-ante-Kontrollmaßnahmen ist auch dann untersagt, wenn die ex-ante-Kontrolle über den Einsatz von KI-Systemen erfolgen soll.

Zum Schutz Minderjähriger gemäß Art. 28b Abs. 1 Buchst. a unterliegen nach Art. 28b Abs. 3 UnterAbs. 2 Satz 4 die schädlichsten Inhalte den strengsten Maßnahmen der Zugangskontrolle. Für die Umsetzung dieses nach Schadensdimension differenzierenden Ansatzes der Kontrolle des Zugangs Minderjähriger kommt auch der Einsatz von KI sowohl bei der Einordnung eines Inhalts wie bei der Identifikation des Alters eines Minderjährigen in Betracht.

Solche Maßnahmen beinhalten gemäß Art. 28b Abs. 3 UnterAbs. 3 der novellierten AVMD-Richtlinie, soweit zweckmäßig:

„a) die Aufnahme der Anforderungen gemäß Absatz 1 in die Allgemeinen Geschäftsbedingungen der Video-Sharing- Plattform-Dienste und die Anwendung dieser Anforderungen".

Generative KI kann zu einer solchen Aufnahme ebenso genutzt werden wie KI die Anwendung dieser Anforderungen befördern kann.

„d) die Einrichtung und den Betrieb von transparenten und nutzerfreundlichen Mechanismen, mit denen Video-Sharing-Plattform-Nutzer dem betreffenden Video-Sharing-Plattform-Anbieter die in Absatz 1 genannten Inhalte, die auf seiner Plattform bereitgestellt werden, melden oder anzeigen können".

Auch bei solchen Melde- und Anzeigemechanismen kann generative KI unterstützend und fördernd wirken.

„e) die Einrichtung und den Betrieb von Systemen, mit denen Video-Sharing-Plattform-Anbieter den Video-Sharing-Plattform-Nutzern erklären, wie den Meldungen oder Anzeigen gemäß Buchstabe d Folge geleistet wurde".

Generative KI kann auch beim Betrieb solcher Erklärsysteme hilfreich sein.

„f) die Einrichtung und den Betrieb von Systemen zur Altersverifikation für Video-Sharing-Plattform-Nutzer in Bezug auf Inhalte, die die körperliche, geistige oder sittliche Entwicklung von Minderjährigen beeinträchtigen können".

Schon jetzt unterstützt KI die Arbeit von Altersverifikationssystemen.

„g) die Einrichtung und den Betrieb von leicht zu handhabenden Systemen, mit denen Video-Sharing-Plattform-Nutzer die in Absatz 1 genannten Inhalte bewerten können".

Auch bei solchen Bewertungssystemen kann generative KI unterstützend und fördernd wirken.

„h) die Bereitstellung von Systemen zur Kontrolle durch Eltern, die der Kontrolle der Endnutzer unterliegen, in Bezug auf Inhalte, die die körperliche, geistige oder sittliche Entwicklung von Minderjährigen beeinträchtigen können;

die Einrichtung und den Betrieb von transparenten, leicht zu handhabenden und wirksamen Verfahren für den Umgang mit und die Beilegung von Beschwerden des Nutzers gegenüber dem Video-Sharing-Plattform-Anbieter in Bezug auf die Umsetzung der in den Buchstaben d bis h genannten Maßnahmen;"

Auch solche Kontrollsysteme und Beschwerdeverfahren können unter Einsatz von (generativer) KI eingerichtet oder optimiert werden.

„j) das Angebot wirksamer Maßnahmen und Instrumente für Medienkompetenz und die Sensibilisierung der Nutzer für diese Maßnahmen und Instrumente."

Generative KI steht grundsätzlich auch als Tool zur Vermittlung von solcher Medienkompetenz zur Verfügung.

Personenbezogene Daten von Minderjährigen, die von Video-Sharing-Plattform-Anbietern gemäß Art. 28b Abs. 3 UnterAbs. 3 Buchstaben f und h erhoben oder anderweitig gewonnen werden, dürfen nach Art. 28b Abs. 3 UnterAbs. 4 der novellierten AVMD-Richtlinie nicht für kommerzielle Zwecke wie etwa Direktwerbung, Profiling und auf das Nutzungsverhalten abgestimmte Werbung verwendet werden.

Zur Umsetzung der in Art. 28b Abs. 1 und 3 genannten Maßnahmen unterstützen die Mitgliedstaaten die Nutzung der Koregulierung gemäß Art. 4a Abs. 1 der novellierten AVMD-Richtlinie. Dieses Bekenntnis zur koregulativen Steuerung neuer Herausforderungen für ein gemeinwohlorientiertes, einen effektiven Kinder- und Jugendmedienschutz förderndes Medien-Ökosystem kann Vorbildfunktion auch für eine KI-Regulierung im Interesse dieser Schutzgüter entfalten.

D. Anmerkungen zum Kinder- und Jugendmedienschutz in der KI-Verordnung der EU

I. Einleitung – KI-Regulierung und die Kompetenzordnung der EU

Zwar enthalten weder der EUV noch der AEUV in ihrer derzeitigen Fassung eine ausdrückliche Regelung in Bezug auf Künstliche Intelligenz – was insofern nicht überraschen kann, als KI erst zu einem Zeitpunkt breitere Aufmerksamkeit erfahren hat, als die jüngste größere Novelle der europäischen Verträge durch den Vertrag von Lissabon bereits ins Werk gesetzt war. Dies steht indessen einer Regelungskompetenz der EU für KI auch im Lichte des Prinzips der begrenzten Einzelermächtigung, wie es in Art. 5 Abs. 1 Satz 1 EUV verankert ist, nicht entgegen.

Der AI Act der EU ist zum einen auf die Binnenmarkt-Klausel des Art. 114 AEUV gestützt, der die Annahme von Maßnahmen für die Errichtung und das Funktionieren des Binnenmarkts vorsieht. Hintergrund ist, dass der AI Act ein Kernelement der EU-Strategie für den digitalen Binnenmarktbildet. Dies wurde bereits anlässlich der Veröffentlichung des Vorschlags der Kommission für die KI-Verordnung betont:

> *„Hauptziel dieses Vorschlags ist, durch die Festlegung harmonisierter Vorschriften, insbesondere in Bezug auf die Entwicklung, das Inverkehrbringen und den Einsatz von Produkten und Diensten, die KI-Techniken anwenden, oder von eigenständigen KI-Systemen, für ein reibungsloses Funktionieren des Binnenmarkts zu sorgen".*[597]

In dem AI Act werden die gemeinsamen Anforderungen an Konzeption und Entwicklung bestimmter KI-Systeme festgelegt, die zwingend eingehalten werden müssen, bevor diese Systeme in Verkehr gebracht werden dürfen, und die weiter durch harmonisierte technische Normen konkretisiert werden. Der AI Act befasst sich zudem auch mit der Situation nach dem Inverkehrbringen von KI-Systemen, indem eine abgestimmte Vorgehensweise für nachträgliche Kontrollen vorgesehen wird.

Da der AI Act auch konkrete Vorschriften zum Schutz von Privatpersonen im Hinblick auf die Verarbeitung personenbezogener Daten enthält, mit denen vor allem die Verwendung von KI-Systemen zur biometrischen Fernidentifizierung in Echtzeit in öffentlich zugänglichen Räumen für die Zwecke der Strafverfolgung eingeschränkt wird, wird die Verordnung in Bezug auf diese konkreten Vorschriften auch auf Art. 16 AEUV gestützt.[598]

Auch für eine solche binnenmarkt- und datenschutzgestützte KI-Regulierung der EU gelten allerdings die im EUV selbst verankerten Schranken für die Wahrnehmung dieser Kompetenztitel.[599] Es besteht mithin weder eine Bereichsausnahme in Bezug auf KI mit

---

[597] COM(2021) 206 final, S. 6.

[598] Vgl. COM(2021) 206 final, S. 7.

[599] Vgl. hierzu *Ukrow*, Primärrechtlicher Rahmen zur Kompetenzabgrenzung, in: *Cole/Ukrow/Etteldorf*, On the Allocation of Competences between the European Union and its Member States in the Media Sector, 2021, S. 447 (504 ff.).

Blick auf die EU-Kompetenztitel aus Art. 16 und 114 AEUV, noch erwächst aus diesen Kompetenztiteln eine abschließende und allumfassende Regelungszuständigkeit der EU im Hinblick auf die mit (generativer) KI verbundenen Chancen und Risiken. Vielmehr steht auch der Regelungsgegenstand „(generative) KI" einem parallelen Regulierungszugriff seitens der EU im Hinblick auf Marktregulierung (namentlich Binnenmarkt- und Wettbewerbsordnung) und seitens der Mitgliedstaaten offen – letzteres insbesondere, soweit es um nicht binnenmarktbezogene Zielrichtungen wie die Sicherung des demokratischen Diskurses sowie einen effektiven Kinder- und Jugendschutz geht.

Existierende mitgliedstaatliche Regelungen für den Kinder- und Jugendmedienschutz werden deshalb nicht per se durch den AI Act verdrängt – und zwar auch dann nicht, wenn sie im Zuge einer dynamischen, am Telos der jeweiligen Norm ausgerichteten Auslegung auch auf KI-Phänomene Anwendung finden. Ebenso wenig steht der AI Act aber ohne Weiteres auch dem Erlass neuer mitgliedstaatlicher Regelungen für den Kinder- und Jugendmedienschutz entgegen.

II. Mitgliedstaatliche Spielräume für kinder- und jugendschutzbezogene Schutzerwägungen bei deutscher KI-Regulierung im Lichte des Unionsrechts

1. Primärrechtliche Aspekte

Der Gesetzgeber der EU ist bei der Wahl seiner Mittel zur rechtsharmonisierenden Herstellung des Binnenmarktes, einschließlich des audiovisuellen Binnenmarktes, grundsätzlich frei, das heißt, es bleibt ihm überlassen, ob er sich hierzu zum Beispiel des Instruments einer Verordnung oder einer Richtlinie bedient.[600] Dies gilt auch in Bezug auf die Herstellung eines KI-Binnenmarktes einschließlich eines freien Verkehrs von Dienstleistungen im Kontext von generativer KI. Das Protokoll über die Anwendung der Grundsätze der Subsidiarität und der Verhältnismäßigkeit, das dem Vertrag von Amsterdam beigefügt war, enthielt zwar noch die ausdrückliche Verpflichtung zur Wahl der am wenigsten in nationales Recht eingreifenden Form („einfachste Form") einer Maßnahme. Diese ausdrückliche primärunionsrechtliche Präferenz für den Einsatz des Instruments der Richtlinie ist im Vertrag von Lissabon in der nunmehr geltenden Fassung des Protokolls Nr. 2[601] nicht mehr enthalten. In Bereichen wie z.B. auch der Schaffung eines digitalen Binnenmarkts im Allgemeinen und eines KI-bezogenen Binnenmarkts im Besonderen, bei denen die europäischen Verträge dem Unionsgesetzgeber eine Wahlfreiheit hinsichtlich des eingesetzten Rechtsakttypus i.S. des Art. 288 AEUV lassen, erscheint allerdings im Lichte der in Art. 5 EUV verankerten Strukturprinzipien für das Verhältnis der EU zu ihren Mitgliedstaaten, namentlich der

---

600 Vgl. z.B. *Nettesheim,* in: Grabitz/Hilf/Nettesheim (Hrsg.), Das Recht der Europäischen Union, 2023, Art. 288 AEUV Rn. 81.

601 ABl. EU 2008 Nr. C 115/206.

Grundsätze von Subsidiarität und Verhältnismäßigkeit, naheliegend, auch weiter von einem Grundsatz des vorrangigen Einsatzes der Richtlinien-Form auszugehen.[602]

Einem solchen Ansatz hat der Unionsgesetzgeber zwar im Bereich seiner unmittelbaren Regulierung von audiovisuellen Medien einschließlich der dortigen Rechtsangleichung in Bezug auf den Kinder- und Jugendmedienschutz in der Integrationsgemeinschaft seit Erlass der EWG-Fernsehrichtlinie 1989 bis zur letzten Novelle der AVMD-Richtlinie in 2018 Rechnung getragen. In den jüngeren Rechtsakten zur Herstellung eines digitalen Binnenmarktes, namentlich in dem Data Governance Act (DGA),[603] dem Digital Markets Act (DMA)[604] und dem Digital Services Act (DSA)[605] ist der Gesetzgeber der EU diesem mitgliedstaatliche Souveränität schonenden Ansatz indessen nicht mehr gefolgt. Auch bei jüngsten (auch) medienrelevanten Rechtsakten wie beim Data Act,[606] der Regelung von politischer Werbung[607] und dem European Media Freedom Act (EMFA)[608] hat sich die EU des eingriffsintensiveren Instruments der Verordnung bedient. Dem folgt sie nunmehr auch beim AI Act.

Dieser Rechtsakttypus erschwert auch eine angemessene Berücksichtigung der kulturpolitischen Querschnittsklausel in Art. 167 Abs. 4 AEUV mit ihrer auch die medienpolitische Souveränität der Mitgliedstaaten schonenden Wirkung.[609] Denn während die Verordnung als Rechtsakttypus nach Art. 288 Abs. 2 AEUV „allgemeine Geltung" hat, „in allen ihren Teilen verbindlich" ist und „unmittelbar" in jedem Mitgliedstaat gilt, ist die Richtlinie nach Absatz 3 dieser Norm „für jeden Mitgliedstaat, an den sie gerichtet wird, [lediglich, hervorhebende Ergänzung durch Verf.] hinsichtlich des zu erreichenden Ziels verbindlich, überlässt jedoch den innerstaatlichen Stellen die Wahl der Form und der Mittel". Schon aus dieser begrifflichen Erläuterung folgt, dass die Mitgliedstaaten auch im Blick auf je

---

602 Vgl. auch *Cole,* Die Neuregelung des Artikel 7b Richtlinie 2010/13/EU (AVMD-RL), 2019, S. 30; *Lopatka,* Die EU und die Mitgliedstaaten: Subsidiarität. Proportionalität, 2018, S. 23.

603 Verordnung (EU) 2022/868 des Europäischen Parlaments und des Rates vom 30. Mai 2022 über europäische Daten-Governance und zur Änderung der Verordnung (EU) 2018/1724, ABl. EU 2022 Nr. L 152/1.

604 Verordnung (EU) 2022/1925 des Europäischen Parlaments und des Rates vom 14. September 2022 über bestreitbare und faire Märkte im digitalen Sektor und zur Änderung der Richtlinien (EU) 2019/1937 und (EU) 2020/1828 (Gesetz über digitale Märkte), ABl. EU 2022 Nr. L 265/1.

605 Verordnung (EU) 2022/2065 des Europäischen Parlaments und des Rates vom 19. Oktober 2022 über einen Binnenmarkt für digitale Dienste und zur Änderung der Richtlinie 2000/31/EG (Gesetz über digitale Dienste), ABl. EU 2022 Nr. L 277/1.

606 Verordnung (EU) 2023/2854 des Europäischen Parlaments und des Rates vom 13. Dezember 2023 über harmonisierte Vorschriften für einen fairen Datenzugang und eine faire Datennutzung sowie zur Änderung der Verordnung (EU) 2017/2394 und der Richtlinie (EU) 2020/1828 (Datenverordnung), ABl. EU L 2023/2854 v. 22.12.2023.

607 Verordnung (EU) 2024/900 des Europäischen Parlaments und des Rates vom 13. März 2024 über die Transparenz und das Targeting politischer Werbung, ABl. EU L 2024/900 v. 20.3.2024.

608 Verordnung (EU) 2024/1083 des Europäischen Parlaments und des Rates vom 11. April 2024 zur Schaffung eines gemeinsamen Rahmens für Mediendienste im Binnenmarkt (Europäisches Medienfreiheitsgesetz) und zur Änderung der Richtlinie 2010/13/EU (Europäisches Medienfreiheitsgesetz), ABl. EU L 2024/1083 v. 17.4.2024

609 Vgl. hierzu *Ukrow/Ress,* in: Grabitz/Hilf/Nettesheim (Hrsg.), Das Recht der Europäischen Union, 2023, Art. 167 AEUV Rn. 148 ff.

unterschiedliche medienpolitische und -rechtliche Ordnungs- und Vielfaltskonzeptionen einschließlich traditioneller Divergenzen im Verständnis des durch Kinder- und Jugendmedienschutzbelange Gebotenen weder per se daran gehindert sind, abweichende redaktionelle Fassungen zu wählen noch insgesamt daran gehindert sind, im Umsetzungsakt über die Umsetzungserfordernisse hinausreichende Regelungen zu treffen.[610]

Allerdings steht auch der Rechtsakttypus Verordnung einem Bestehen von Spielräumen mitgliedstaatlicher Regulierung im Interesse eines höchstmöglichen Schutzniveaus beim Kinder- und Jugendmedienschutz nicht zwingend entgegen. Insoweit kommt es stets auf die Ausgestaltung der Vorgaben der EU-Verordnung im konkreten Einzelfall an.

Diese Betrachtung hat zwar im Ansatz jüngst auch die Europäische Kommission in ihrer ausführlichen Stellungnahme vom 1.7.2024 gemäß Art. 6 Abs. 2 der Richtlinie (EU) 2015/1535 vom 9. September 2015 im Notifizierungsverfahren 2024/188/DE zum Staatsvertrag über den Schutz der Menschenwürde und den Jugendmedienschutz in Rundfunk und Telemedien (Jugendmedienschutz-Staatsvertrag – JMStV) als geplantem Artikel 1 des Sechsten Medienänderungsstaatsvertrag eingenommen. Dort führte sie aus:[611]

> *„Die Kommission erinnert daran, dass das Gesetz über digitale Dienste als Verordnung keine zusätzlichen nationalen Anforderungen vorsieht, sofern nicht ausdrücklich etwas anderes vorgesehen ist.[612] Dies liegt daran, dass Verordnungen gemäß Artikel 288 des AEUV in der gesamten Union unmittelbar anwendbar sind. Anders als bei Richtlinien sind daher nationale Durchführungsmaßnahmen in Bezug auf Verordnungen nicht zulässig, es sei denn, die Verordnung selbst überlässt es den Mitgliedstaaten, die erforderlichen Rechts-, Verwaltungs- und Finanzmaßnahmen zu erlassen, um die wirksame Anwendung der Bestimmungen der betreffenden Verordnung zu gewährleisten.[613]*
>
> *Das Gesetz über digitale Dienste verpflichtet die Mitgliedstaaten weder dazu, noch gestattet es, zusätzliche nationale Anforderungen in Bezug auf den von ihm erfassten Gegenstand zu erlassen, sofern nicht ausdrücklich etwas anderes bestimmt ist.[614] Die Kommission weist darauf hin, dass der notifizierte Entwurf, soweit er dasselbe Ziel verfolgt wie das Gesetz über digitale Dienste bezüglich dem Schutz*

---

610 Vgl. auch *Cole,* Die Neuregelung des Artikel 7b Richtlinie 2010/13/EU (AVMD-RL), 2019, S. 30 f.

611 C(2024) 4659 final, S. 8.

612 Die Kommission verweist insoweit auf „(EuGH) Rechtssache 40/69, Bollmann, EU:C:1970:12, Rn. 4; Rechtssache 74/69, Krohn, EU:C:1970:58, Rn. 4 und 6; und verbundene Rechtssachen C-539/10 P und C-550/10 P, Stichting Al-Aqsa, EU:C:2012:711, Rn. 87 (zur Gefahr abweichender Definitionen nach EU-Recht und nationalem Recht)."

613 Die Kommission verweist insoweit auf „(EuGH) Rechtssache C-606/10, ANAFE, EU:C:2012:348, Rn. 72."

614 Die Kommission weist die deutschen Behörden insoweit „beispielsweise auf § 21 des notifizierten Entwurfs hin, der sich (aus Sicht der Kommission) mit den Artikeln 11 und 13 des Gesetzes über digitale Dienste überschneidet."

Minderjähriger vor Inhalten, die für ihre Entwicklung schädlich sind, in den harmonisierten Bereich des Gesetzes über digitale Dienste fällt."

Die Kommission geht mithin von einem Auslegungsansatz für Verordnungsrecht nach dem Motto „im Zweifel für ein Verständnis einer Verordnungsbestimmung als abschließende, mitgliedstaatliche Regulierung sperrende Regelung" aus, was indessen erkennbar mit der unterschiedlichen, namentlich auch gemeinwohlorientierten Zielrichtung, die eine mitgliedstaatliche Regelung jenseits der Binnenmarkt-Zielsetzung der EU haben kann, kollidiert.

Im Übrigen kann auch mit der gesundheitspolitischen Querschnittsklausel in Art. 168 Abs. 1 UnterAbs. 1 AEUV eine kinder- und jugendschutzbezogene Tendenz mit Blick auf die ungestörte Entwicklung der Persönlichkeit von Minderjährigen und damit die Vermeidung auch medieninduzierter Störungen dieser Entwicklungsperspektive einhergehen.

2. Spielräume im Lichte der AVMD-Richtlinie

a) Spielräume im nicht durch die AVMD-Richtlinie koordinierten Bereich

In den Bereichen, die von der AVMD-Richtlinie nicht koordiniert sind, verbleibt es in den Schranken, die durch die europäischen Verträge einerseits, drittes Sekundärrecht der EU andererseits geschaffen sind, bei einem umfassenden Gestaltungsspielraum der Mitgliedstaaten für originäre medienordnungsrechtliche, einschließlich kinder- und jugendschutzorientierte Regulierungsansätze aus Anlass der Umsetzung der novellierten AVMD-Richtlinie.[615]

Dies bedeutet allerdings nicht, dass der AVMD-Richtlinie auch keine mittelbare, die mitgliedstaatliche Souveränität in Bezug auf Regelungen im nicht-koordinierten Bereich einengende Relevanz zukommen kann. Diese unionsrechtliche Ausstrahlungswirkung der durch die AVMD-Richtlinie angesteuerten Rechtsharmonisierung auf mitgliedstaatliche Regulierungsmöglichkeiten im nicht-koordinierten Bereich ergeben sich insbesondere aus der Judikatur des EuGH zum Verhältnismäßigkeitsgebot bei Beschränkungen von Grundfreiheiten. Diese grundfreiheitsdogmatische Schranken-Schranke umfasst aus Sicht des EuGH auch ein Kohärenzgebot für die Zweckverwirklichung in Bezug auf Beschränkungen der Grundfreiheiten, insbesondere der Dienstleistungsfreiheit, bei mitgliedstaatlicher Gesetzgebung jenseits des koordinierten Bereichs.[616] Dabei kann der Prüfungsmaßstab dafür, ob Beschränkungen einer Grundfreiheit kohärent ausgestaltet sind, im Hinblick auf die gesetzgeberische Zwecksetzung wiederum durch einen Zweck der AVMD-Richtlinie wie des innerstaatlichen Gesetzgebungsaktes zu deren Umsetzung geprägt werden.

---

615 Vgl. auch *Cole,* Die Neuregelung des Artikel 7b Richtlinie 2010/13/EU (AVMD-RL), 2019, S. 34.

616 Vgl. beispielhaft für den Bereich der Glücksspielregulierung EuGH, Rs. C-3/17, *Sporting Odds Ltd*, ECLI:EU:C:2018:130, Rn. 24 ff.; Rs. C-46/08, *Carmen Media Group*, ECLI:EU:C:2010:505, Rn. 68 (st. Rspr.). Zu glücksspielrechtlichen Auswirkungen im nicht-koordinierten Bereich vgl. *Ukrow,* Online-Glücksspiel in der Regulierung – Kohärenz im Werden?, ZfWG 2019, 223 ff.

Jugendschutz ist insoweit ein der AVMD-Richtlinie wie dem JMStV als Umsetzungsakt vertrauter Schutzzweck. Auch Regulierung in zumindest bislang noch nicht durch die EU koordinierten Bereichen des Einsatzes von generativer KI seitens der Mitgliedstaaten darf deshalb dem Schutzzweck des Kinder- und Jugendmedienschutzes nicht widersprechen, soll die Einschränkung von Grundfreiheiten zum Zwecke des Kinder- und Jugendmedienschutzes nicht einem Restrisiko im Hinblick auf seine Unionsrechtskonformität ausgesetzt sein.

b) Spielräume im durch die AVMD-Richtlinie koordinierten Bereich

Schon aus Art. 4 Abs. 1 der Richtlinie über audiovisuelle Mediendienste folgt, dass diese Richtlinie den Mitgliedstaaten auch im durch die Richtlinie koordinierten Bereich bei ihrer Umsetzung Spielräume belässt:

> *„(1) Die Mitgliedstaaten können Mediendiensteanbieter, die ihrer Rechtshoheit unterworfen sind, verpflichten, ausführlicheren oder strengeren Bestimmungen in den von dieser Richtlinie koordinierten Bereichen nachzukommen, sofern diese Bestimmungen mit dem Unionsrecht im Einklang stehen."*

Das Unionsrecht, mit dem diese ergänzenden oder einschränkenden Vorgaben der Mitgliedstaaten vereinbart sein müssen, umfasst primäres Recht, namentlich die Vorgaben der Binnenmarkt-, Wettbewerbs- und Grundrechtsordnung von AEUV und Grundrechtecharta der EU wie auch sonstiges sekundäres Unionsrecht wie z.B. das Telekommunikationsrecht der EU, aber inzwischen auch die KI-Verordnung der EU.

Zwar nimmt Art. 4 AEUV nur Mediendiensteanbieter in den Blick. Hieraus folgt aber nicht, dass die Mitgliedstaaten in Bezug auf sonstige Medienakteure, ungeachtet ihrer Verpflichtungen aus der AVMD-Richtlinie, am Erlass anderer oder weitergehender Maßgaben gehindert wären. Insoweit gelten keine spezifischen Begrenzungen aus der AVMD-Richtlinie über deren Anwendungsbereich hinaus. Dies gilt nicht nur für diejenigen Akteure, die zwar in bestimmten Vorschriften der AVMD-Richtlinie in Bezug genommen werden, aber nicht im Fokus der Regulierung durch diese Richtlinie als Mediendiensteanbieter stehen.[617] Es gilt ebenso und erst recht für solche Akteure, die in der AVMD-Richtlinie überhaupt keiner Erwähnung finden wie Medienintermediäre i.S. des MStV und Entwickler von (generativer) KI. Aber auch solche Akteure bewegen sich selbstverständlich nicht *per se* außerhalb des Anwendungsbereichs von primärem und sekundärem Unionsrecht.

Bei der Umsetzung der AVMD-Richtlinie kann sich ein Mitgliedstaat auch die Instrumente der Selbst- und Koregulierung nutzen. Die Bedeutung dieser Instrumente wurde durch anlässlich der Reform der Richtlinie 2018 nochmals nachhaltig gestärkt. Art. 4a Abs. 1 der novellierten Richtlinie regelt insoweit:

> *„(1) Die Mitgliedstaaten unterstützen die Nutzung der Koregulierung und die Förderung der Selbstregulierung mithilfe von Verhaltenskodizes, die auf nationaler*

---

617 Vgl. *Cole,* Die Neuregelung des Artikel 7b Richtlinie 2010/13/EU (AVMD-RL), 2019, S. 34 f.

Ebene in den von dieser Richtlinie koordinierten Bereichen angenommen werden, soweit das nach ihrem jeweiligen Rechtssystem zulässig ist. Diese Kodizes müssen

a) derart gestaltet sein, dass sie von den Hauptbeteiligten in den betreffenden Mitgliedstaaten allgemein anerkannt werden,

b) ihre Ziele klar und unmissverständlich darlegen,

c) eine regelmäßige, transparente und unabhängige Überwachung und Bewertung ihrer Zielerfüllung vorsehen und

d) eine wirksame Durchsetzung einschließlich wirksamer und verhältnismäßiger Sanktionen vorsehen."

Nach Absatz 2 UnterAbs. 1 Satz 1 der Regelung können die Mitgliedstaaten und die Kommission die Selbstregulierung durch Verhaltenskodizes der EU fördern, die von Mediendiensteanbietern, Video-Sharing-Plattform-Anbietern oder Organisationen, die solche Anbieter vertreten, erforderlichenfalls in Zusammenarbeit mit anderen Sektoren wie Industrie-, Handels-, Berufs- und Verbraucherverbänden oder -organisationen aufgestellt werden. Solche Kodizes müssen in Anknüpfung an die aus Absatz 1 Satz 2 vertrauten Kriterien nach Art. 4a Abs. 2 UnterAbs. 1 Satz 2 der Richtlinie

„derart gestaltet sein, dass sie von den Hauptbeteiligten auf Unionsebene allgemein anerkannt werden und mit Absatz 1 Buchstaben b bis d in Einklang stehen."

In Zusammenarbeit mit den Mitgliedstaaten erleichtert die Kommission gemäß Art. 4a Abs. 2 UnterAbs. 2 der novellierten Richtlinie im Einklang mit den Grundsätzen der Subsidiarität und der Verhältnismäßigkeit gegebenenfalls die Erstellung von Verhaltenskodizes der Union.[618]

Es steht den Mitgliedstaaten nach Art. 4a Abs. 3 Satz 1 der novellierten AVMD-Richtlinie weiterhin frei,

„ihrer Rechtshoheit unterworfene Mediendiensteanbieter zu verpflichten, ausführlicheren oder strengeren Bestimmungen nachzukommen, die mit dieser Richtlinie und dem Unionsrecht in Einklang stehen, einschließlich wenn ihre unabhängigen nationalen Regulierungsbehörden oder -stellen zu dem Schluss gelangen, dass sich ein Verhaltenskodex oder Teile desselben als nicht wirksam genug erwiesen haben".[619]

---

618 Die Unterzeichner der Verhaltenskodizes der Union übermitteln gemäß Art. 4a Abs. 2 Unterabs. 3 der novellierten Richtlinie die Entwürfe dieser Kodizes sowie Änderungen der Kommission. Die Kommission konsultiert den Kontaktausschuss zu den Entwürfen dieser Kodizes oder Änderungen. Die Kommission macht die Verhaltenskodizes der Union dann öffentlich zugänglich und kann für sie in angemessener Weise Öffentlichkeitsarbeit betreiben.

619 Die Mitgliedstaaten melden gemäß Art. 4a Abs. 3 Satz 2 der novellierten AVMD-Richtlinie solche Vorschriften ohne unangemessene Verzögerung der Europäischen Kommission.

Auch diese Bestimmung[620] begrenzt den Kreis der von einer strengeren innerstaatlichen Umsetzungsbestimmung Betroffenen aus den vorgenannten teleologischen Gründen nicht auf Mediendiensteanbieter,[621] sondern eröffnet auch die Möglichkeit einer Einbindung von Medienintermediären und Entwicklern von (generativer) KI, sofern das selbstregulative, koregulative oder hoheitliche Regelungsregime seinerseits im Übrigen unionsrechtskonform ist.

3. Spielräume im Lichte der E-Commerce-Richtlinie

Auch die sog. e-Commerce-Richtlinie aus 2000[622] eröffnet in Art. 3 Abs. 4 mitgliedstaatliche regulatorische Gestaltungsspielräume im Interesse nicht zuletzt auch des Jugendschutzes: Nach dieser Regelung können die Mitgliedstaaten Maßnahmen ergreifen, die im Hinblick auf einen bestimmten Dienst der Informationsgesellschaft vom in Art. 3 Abs. 2 enthaltenen Verbot, den freien Verkehr von Diensten der Informationsgesellschaft aus einem anderen Mitgliedstaat aus Gründen einzuschränken, die in den durch diese Richtlinie koordinierten Bereich fallen, abweichen, wenn die folgenden Bedingungen erfüllt sind:

> *„a) Die Maßnahmen*
>
> *i) sind aus einem der folgenden Gründe erforderlich:*
>
> *- Schutz der öffentlichen Ordnung, insbesondere Verhütung, Ermittlung, Aufklärung und Verfolgung von Straftaten,* ***einschließlich des Jugendschutzes***[623] *und der Bekämpfung der Hetze aus Gründen der Rasse, des Geschlechts, des Glaubens oder der Nationalität, sowie von Verletzungen der Menschenwürde einzelner Personen,*
>
> *...*
>
> *ii) betreffen einen bestimmten Dienst der Informationsgesellschaft, der die unter Ziffer i) genannten Schutzziele beeinträchtigt oder eine ernsthafte und schwerwiegende Gefahr einer Beeinträchtigung dieser Ziele darstellt;*
>
> *iii) stehen in einem angemessenen Verhältnis zu diesen Schutzzielen."*

---

620 Vgl. zur Auslegung der Vorläuferregelung, des Art. 4 Abs. 1 der AVMD-Richtlinie in der Fassung aus 2010, vgl. EuGH, Urteil v. 3. Februar 2021, Rs. C-555/19, *Fussl Modestraße Mayr GmbH/ SevenOne Media GmbH u.a.*, ECLI:EU:C:2021:89, Rn. 40 ff. Hierzu z.B. *Ukrow,* Sicherung regionaler Vielfalt - Außer Mode?, 2021, S. 7 f. sowie im Vorfeld des Urteils *Cole,* Gestaltungsspielraum der EU-Mitgliedstaaten bei Einschränkungen der Dienstleistungsfreiheit, AfP 2022, 1 (2 ff.).

621 Vgl. *Cole,* Die Neuregelung des Artikel 7b Richtlinie 2010/13/EU (AVMD-RL), 2019, S. 36.

622 Richtlinie 2000/31/EG des Europäischen Parlaments und des Rates vom 8. Juni 2000 über bestimmte rechtliche Aspekte der Dienste der Informationsgesellschaft, insbesondere des elektronischen Geschäftsverkehrs, im Binnenmarkt ("Richtlinie über den elektronischen Geschäftsverkehr"), ABl. 2000 Nr. L 178/1.

623 Hervorhebung d. Verf.

Diesen Gestaltungsspielraum hat der EuGH in seinem jüngsten Urteil vom 9. November 2023[624] mit Bezug zum österreichischen Bundesgesetz über Maßnahmen zum Schutz der Nutzer auf Kommunikationsplattformen (Kommunikationsplattformen-Gesetz) aus 2021[625] im Ergebnis nicht abgesprochen, sondern präzisiert: Nach dieser Entscheidung darf ein Mitgliedstaat einem Anbieter einer Kommunikationsplattform, der in einem anderen Mitgliedstaat niedergelassen ist, keine generell-abstrakten Verpflichtungen auferlegen. Eine solche nationale Herangehensweise verstoße gegen das Unionsrecht, das den freien Verkehr von Diensten der Informationsgesellschaft durch den Grundsatz der Aufsicht im Herkunftsmitgliedstaat des betreffenden Dienstes gewährleistet.

Durch das Kommunikationsplattformen-Gesetz wurden inländische und ausländische Anbieter von Kommunikationsplattformen verpflichtet, Melde- und Überprüfungsverfahren für potenziell rechtswidrige Inhalte einzurichten. Google Ireland, Meta Platforms Ireland und TikTok, drei in Irland ansässige Plattformen, machten geltend, dass das österreichische Gesetz gegen die e-Commerce-Richtlinie verstoße.

Hierzu von einem österreichischen Gericht befragt, weist der EuGH in seinem o.g. Urteil auf das Ziel der Richtlinie hin: Schaffung eines rechtlichen Rahmens, um den freien Verkehr von Diensten der Informationsgesellschaft zwischen den Mitgliedstaaten sicherzustellen. Unter diesem Gesichtspunkt beseitigt die Richtlinie durch den Grundsatz der Aufsicht im Herkunftsmitgliedstaat die Hemmnisse, die die verschiedenen nationalen, auf diese Dienste anwendbaren Regelungen darstellen. Zwar können andere Mitgliedstaaten als der Herkunftsmitgliedstaat des betreffenden Dienstes unter den in Art. 3 Abs. 4 der Richtlinie aufgeführten, eng gefassten Bedingungen und in bestimmten Fällen tatsächlich Maßnahmen ergreifen, um u.a. die öffentliche Ordnung einschließlich des Jugendschutzes zu gewährleisten. Jedoch dürfen andere Mitgliedstaaten als der Herkunftsmitgliedstaat des betreffenden Dienstes nach der Entscheidung keine „generell-abstrakten Maßnahmen" ergreifen, die unterschiedslos für alle Anbieter einer Kategorie von Diensten der Informationsgesellschaft gelten, d.h. ohne Unterschied zwischen in diesem Mitgliedstaat ansässigen Diensteanbietern und solchen, die in anderen Mitgliedstaaten niedergelassen sind. Hätten die Mitgliedstaaten die Möglichkeit, solche generell-abstrakten Verpflichtungen zu erlassen, würde dies nämlich aus Sicht des EuGH den Grundsatz der Aufsicht im Herkunftsmitgliedstaat des betreffenden Dienstes, auf dem die Richtlinie beruht, in Frage stellen.

Auch diese Entscheidung steht mithin nicht per se mitgliedstaatlichen Spielräumen bei der Regulierung von KI auch im Nachgang zum Erlass einer KI-Verordnung im Wege – zumindest dann nicht, wenn dieser Spielraum nicht dergestalt genutzt wird, dass das Prinzip der Herkunftslandkontrolle generell in Frage gestellt wird.

---

624 EuGH, Urteil v. 9. November 2023, Rs. C-376/22, *Google Ireland Limited u.a./ Kommunikationsbehörde Austria (KommAustria)*, ECLI:EU:C:2023:835, Rn. 25 ff.

625 BGBl. I Nr. 151/2020.

4. Spielräume im Lichte des Digital Services Act

Dem nationalen Gesetzgeber steht auch nach dem Inkrafttreten des Digital Services Act (DSA) nicht zuletzt, aber nicht nur bei der Ausgestaltung der Verantwortlichkeit der zivilrechtlichen Haftung von Inhalteanbietern ein eigener Spielraum zur Verfügung, da die Regelungen des DSA keine eigene Regelungen verbietende Sperrwirkung entfalten. So verbleibt es z.B. auch nach der Änderung der e-Commerce-Richtlinie durch den DSA dabei, dass die grundsätzliche Regelung der zivilrechtlichen Haftung von Diensteanbietern nicht harmonisiert wird, sondern sich nach mitgliedstaatlichem Recht richtet und lediglich die Grenzen der Haftbarkeit, die sog. Haftungsprivilegierung für bestimmte Intermediäre, durch das EU-Recht vorgegeben werden.[626] Haftungsregelungen im Kontext mit Entwicklung und Einsatz von KI-Systemen sind mit dem DSA namentlich insoweit nicht verbunden, als es um die Verantwortlichkeit von Entwicklern von (auch generativer) KI geht.

Sperrwirkungen für ergänzendes oder strengeres mitgliedstaatliches Recht sind im Rahmen des DSA zurückhaltend formuliert, wie sich aus der Zusammenschau von Erwägungsgründen und den Vorschriften des DSA ergibt.

Die zurückhaltende Formulierung wird z.B. in dem die Haftungsprivilegierungsvorschriften näher erläuternden 25. Erwägungsgrund deutlich, der vorsieht, dass die im DSA

> *„festgelegten Haftungsausschlüsse [...] die Möglichkeit von Verfügungen unterschiedlicher Art gegen Anbieter von Vermittlungsdiensten unberührt lassen [sollen], selbst wenn diese die im Rahmen dieser Ausschlüsse festgelegten Bedingungen erfüllen. Solche Verfügungen könnten insbesondere in im Einklang mit dem Unionsrecht erlassenen gerichtlichen oder behördlichen Anordnungen bestehen, die die Abstellung oder Verhinderung einer Zuwiderhandlung verlangen, einschließlich der Entfernung rechtswidriger Inhalte, die in solchen Anordnungen spezifiziert werden, oder der Sperrung des Zugangs zu ihnen."*

Die Verordnung anerkennt Anordnungen, die aufgrund nationalen Rechts ergehen und stellt lediglich die Anforderung, dass diese „im Einklang mit dem Unionsrecht" sein müssen. Dies kann schon nach dem Wortlaut des Erwägungsgrundes nicht dahin verstanden werden, dass diese Anordnungen in Unionsrechtwurzeln müssen, zumal sonst die Formulierung „aufgrund" von Unionsrecht gewählt worden wäre.

Auch weitere Erwägungsgründe bestätigen die fortdauernde Relevanz auch mitgliedstaatlichen Rechts bei der Bewertung des Verhaltens von durch den DSA erfassten Diensteanbietern. So betont der 27. Erwägungsgrund des DSA, dass Nutzer eines Vermittlungsdienstes

> *„für die von ihnen bereitgestellten und möglicherweise über Vermittlungsdienste öffentlich verbreiteten rechtswidrigen Inhalte haften [sollen], sofern die geltenden*

[626] Vgl. hierzu und zum Folgenden *Cole/Ukrow,* Der EU Digital Services Act und verbleibende nationale (Gesetzgebungs-) Spielräume, 2023, S. 1, 14 ff.

Vorschriften des Unionsrechts ***und des nationalen Rechts*** *(Hervorhebung d. Verf.) zur Festlegung solcher Haftung dies vorsehen."*

Auch hier geht der Normgeber davon aus, dass neben den Regeln des DSA die nationalen Regelungen entscheidend sind, um die Haftung für illegale Inhalte zu bewerten. Eindeutig wird die fehlende Ausschließlichkeit des DSA zudem in dem 31. Erwägungsgrund des DSA betont, der dazu dient, Art. 9 des DSA zu erläutern:

> *„Daher sollten in dieser Verordnung* ***nur bestimmte spezifische Mindestbedingungen*** *harmonisiert werden, die solche Anordnungen erfüllen sollten, damit die Anbieter von Vermittlungsdiensten verpflichtet werden, die einschlägigen Behörden über die Ausführung dieser Anordnungen zu informieren. Daher bietet diese Verordnung* ***weder die Rechtsgrundlage für den Erlass solcher Anordnungen noch regelt sie deren räumlichen Bereich oder grenzüberschreitende Durchsetzung.*** *(Hervorhebung d. Verf.)"*

Diese Offenheit des DSA für fortdauernde regulatorische Gestaltung auch durch die Mitgliedstaaten im Rahmen der Spielräume, die das Unionsrecht im Übrigen ihnen belässt, wird vom 32. Erwägungsgrund des DSA noch einmal in einer auch für eine mitgliedstaatliche Regulierung von (generativer) KI bedeutsamen Weise weiter ergänzt und konkretisiert:

> *„Das geltende Unionsrecht oder das nationale Recht, auf dessen Grundlage diese Anordnungen erlassen werden, kann zusätzliche Bedingungen umfassen und sollte auch die Grundlage für die Vollstreckung der jeweiligen Anordnungen bilden. Im Falle der Nichtbefolgung solcher Anordnungen sollte der die Anordnung erlassende Mitgliedstaat diese* ***im Einklang mit seinem nationalen Recht*** *durchsetzen können. Die geltenden nationalen Rechtsvorschriften sollten mit dem Unionsrecht, einschließlich [...], im Einklang stehen. (Hervorhebung d. Verf.)"*

Daraus ergibt sich, dass erst durch die staatlichen Regelungen, die *neben* dem DSA bestehen können und bleiben, eine Rechtsdurchsetzung im Sinne des DSA erfolgen kann. Der DSA beschränkt sich in Bezug auf die Anordnungen lediglich darauf, dass „bestimmte spezifische Mindestbedingungen harmonisiert werden", so dass auch hier weite Spielräume für mitgliedstaatliche Regelungen bestehen.[627]

Für alle drei Kategorien von Diensten, für die die Haftungsprivilegierung der Anbieter greift, sieht der DSA ausdrücklich vor, dass die Möglichkeit der Mitgliedstaaten fortbesteht, Anordnungen zu treffen, die von der jeweiligen Haftungsbeschränkung unberührt bleiben. Wortgleich heißt es in Art. 4 Abs. 3 DSA (bezüglich Durchleitungs-), Art. 5 Abs. 2 DSA (bezüglich Caching-) und Art. 6 Abs. 4 (bezüglich Hosting-Anbietern) DSA dazu:

> *„Dieser Artikel lässt die Möglichkeit unberührt, dass eine Justiz- oder Verwaltungsbehörde* ***nach dem Rechtssystem eines Mitgliedstaats*** *(Hervorhebung d. Verf.) vom Diensteanbieter verlangt, eine Zuwiderhandlung abzustellen oder zu verhindern".*

---

[627] Vgl. ibidem, S. 16.

Auch insoweit unterstreicht der Normgeber, dass neben dem DSA auch nationale Instrumente zur Durchsetzung des Normzwecks – dem Abstellen oder Verhindern eines Verstoßes – bestehen.

In der eigenen Regelung ist der nationale Gesetzgeber jedoch durch die Vorgaben des DSA gebunden. Dementsprechend darf er keine Regelungen erlassen, die nach Wortlaut, Systematik oder Telos den grundsätzlichen Wertungen oder gar ausdrücklichen rechtlichen Vorgaben des DSA widersprechen.[628]

5. Die KI-Verordnung der EU und mitgliedstaatliche Spielräume

Auch die KI-Verordnung der EU geht vom Ansatz einer Mindestharmonisierung und damit verbunden mitgliedstaatlichen Spielräumen (auch) für eine ausführlichere und ergänzende Regelung zu Zwecken eines effektiven Kinder- und Jugend(medien)schutzes zumindest mit Blick auf sog. Hochrisiko-KI-Systeme aus.

Dies hatten bereits die von Seiten der drei Rechtsetzungsorgane der EU insoweit vorgesehenen Bestimmungen verdeutlicht.

Schon die Begründung des Vorschlags zeigt den Ansatz der Mindestharmonisierung auf:

„Mit Blick auf diese Ziele enthält dieser Vorschlag einen ausgewogenen horizontalen Regulierungsansatz für KI, der die Verhältnismäßigkeit wahrt und ***auf die Mindestanforderungen beschränkt*** *(Hervorhebung d. Verf.) ist, die zur Bewältigung der in Verbindung mit KI auftretenden Risiken und Probleme notwendig ist, ohne die technologische Entwicklung übermäßig einzuschränken oder zu behindern oder anderweitig die Kosten für das Inverkehrbringen von KI-Lösungen unverhältnismäßig in die Höhe zu treiben."*

Dieser Ansatz wurde sodann in den Vorschlägen für den operativen Teil der Verordnung aufgegriffen:

---

628 Vgl. ibidem, S. 16.

Europäische Kommission	Rat der EU	Europäisches Parlament
„Kapitel 2 **Anforderungen an Hochrisiko-KI-Systeme**	**„Kapitel 2** **Anforderungen an Hochrisiko-KI-Systeme**	**„Kapitel 2** **Anforderungen an Hochrisiko-KI-Systeme**
Artikel 11 **Technische Dokumentation** (1) Die technische Dokumentation eines Hochrisiko-KI-Systems wird erstellt, bevor dieses System in Verkehr gebracht oder in Betrieb genommen wird, und ist stets auf dem neuesten Stand zu halten. Die technische Dokumentation wird so erstellt, dass aus ihr der Nachweis hervorgeht, wie das Hochrisiko-KI-System die Anforderungen dieses Kapitels erfüllt, und dass den zuständigen nationalen Behörden und den notifizierten Stellen alle Informationen zur Verfügung stehen, die erforderlich sind, um zu beurteilen, ob das KI-System diese Anforderungen erfüllt. Sie enthält **zumindest** *(Hervorhebung d. Verf.)* die in Anhang IV genannten Angaben."	**Artikel 11** **Technische Dokumentation** (1) Die technische Dokumentation eines Hochrisiko-KI-Systems wird erstellt, bevor dieses System in Verkehr gebracht oder in Betrieb genommen wird, und ist stets auf dem neuesten Stand zu halten. Die technische Dokumentation wird so erstellt, dass aus ihr der Nachweis hervorgeht, wie das Hochrisiko-KI-System die Anforderungen dieses Kapitels erfüllt, und dass den zuständigen nationalen Behörden und den notifizierten Stellen alle Informationen in klarer und verständlicher Form zur Verfügung stehen, die erforderlich sind, um zu beurteilen, ob das KI-System diese Anforderungen erfüllt. Sie enthält **zumindest** *(Hervorhebung d. Verf.)* die in Anhang IV genannten Angaben oder – im Falle von KMU und Start-up-Unternehmen – alle gleichwertigen Unterlagen, die denselben Zwecken dienen, sofern die zuständige Behörde dies nicht als unangemessen erachtet."	**Artikel 11** **Technische Dokumentation** (1) Die technische Dokumentation wird so erstellt, dass aus ihr der Nachweis hervorgeht, wie das Hochrisiko-KI-System die Anforderungen dieses Kapitels erfüllt, und dass den nationalen Aufsichtsbehörden und den notifizierten Stellen die Informationen zur Verfügung stehen, die erforderlich sind, um zu beurteilen, ob das KI-System diese Anforderungen erfüllt. Sie enthält ***zumindest*** *(Hervorhebung d. Verf.)* die in Anhang IV genannten Angaben oder im Falle von KMU und Start-ups gleichwertige Unterlagen, die dieselben Ziele verfolgen, vorbehaltlich der Genehmigung durch die zuständige nationale Behörde.

„Artikel 17 **Qualitätsmanagement-system** (1) Anbieter von Hochrisiko-KI-Systemen richten ein Qualitätsmanagementsystem ein, das die Einhaltung dieser Verordnung gewährleistet. Dieses System wird systematisch und ordnungsgemäß in Form schriftlicher Regeln, Verfahren und Anweisungen dokumentiert und umfasst **mindestens** *(Hervorhebung d. Verf.)* folgende Aspekte: …"	*unverändert*	**„Artikel 17** **Qualitätsmanagement-system** (1) Anbieter von Hochrisiko-KI-Systemen verfügen über ein Qualitätsmanagementsystem, das die Einhaltung dieser Verordnung gewährleistet. Es wird systematisch und ordnungsgemäß in Form schriftlicher Regeln, Verfahren oder Anweisungen dokumentiert und kann in ein bestehendes Qualitätsmanagementsystem gemäß den sektoralen Rechtsakten der Union integriert werden. Es umfasst ***mindestens*** *(Hervorhebung d. Verf.)* folgende Aspekte: …"

		Artikel 29a **Folgenabschätzung im Hinblick auf die Grundrechte für Hochrisiko-KI-Systeme** Vor der Inbetriebnahme eines Hochrisiko-KI-Systems im Sinne von Artikel 6 Absatz 2, mit Ausnahme von KI-Systemen, die für den Einsatz im Bereich 2 des Anhangs III bestimmt sind, führen die Betreiber eine Bewertung der Auswirkungen des Systems in dem konkreten Kontext seiner Anwendung durch. Diese Bewertung muss **mindestens**__*(Hervorhebung d. Verf.)* Folgendes umfassen: a) eine klare Darstellung des beabsichtigten Verwendungszwecks des Systems; b) eine klare Darstellung des geplanten geografischen und zeitlichen Anwendungsbereichs des Systems; c) die Kategorisierung der natürlichen Personen und Gruppen, die von der Verwendung des Systems betroffen sein könnten; d) die Prüfung und Bestätigung, dass die Verwendung des Systems dem Unionsrecht und den nationalen Rechtsvorschriften sowie den Grundrechten entspricht; e) die vernünftigerweise vorhersehbaren Auswirkungen der Inbetriebnahme des Hochrisiko-KI-

		Systems auf die Grundrechte; ***f) spezifische Schadensrisiken, die sich auf marginalisierte Personen oder schutzbedürftige Gruppen*** *(Hervorhebung d. Verf. – hierzu zählen auch Minderjährige)* ***auswirken könnte;*** g) die vernünftigerweise vorhersehbaren negativen Auswirkungen der Nutzung des Systems auf die Umwelt; h) einen ausführlichen Plan, wie das erkannte Schadensrisiko sowie die negativen Auswirkungen auf die Grundrechte gemindert werden sollen. j) das Governance-System, das der Betreiber einsetzen wird, einschließlich menschlicher Überwachung, Bearbeitung von Beschwerden und Rechtsbehelfen."
„ANHANG IV **TECHNISCHE DOKUMENTATION GEMÄß ARTIKEL 11 ABSATZ 1** Die in Artikel 11 Absatz 1 genannte technische Dokumentation muss **mindestens** *(Hervorhebung d. Verf.)* die folgenden Informationen enthalten, soweit sie für das betreffende KI-System von Belang sind: ..."	*unverändert*	*Unverändert*

Diesem Ansatz folgt nunmehr auch die im Ergebnis des Trilogverfahrens verabschiedete KI-Verordnung. Art. 1 Abs. 2 der Verordnung regelt als „Gegenstand" dieses AI Act:

„(2) In dieser Verordnung wird Folgendes festgelegt:

a) harmonisierte Vorschriften für das Inverkehrbringen, die Inbetriebnahme und die Verwendung von KI-Systemen in der Union;

b) Verbote bestimmter Praktiken im KI-Bereich;

c) besondere Anforderungen an Hochrisiko-KI-Systeme und Pflichten für Akteure in Bezug auf solche Systeme;

d) harmonisierte Transparenzvorschriften für bestimmte KI-Systeme;

e) harmonisierte Vorschriften für das Inverkehrbringen von KI-Modellen mit allgemeinem Verwendungszweck;

f) Vorschriften für die Marktbeobachtung sowie die Governance und Durchsetzung der Marktüberwachung;

g) Maßnahmen zur Innovationsförderung mit besonderem Augenmerk auf KMU, einschließlich Start-up-Unternehmen."

Der Verzicht auf das Wort „insbesondere" in der Einleitung der Auflistung der Festlegungen verdeutlicht, dass es sich bei dem Katalog der in Art. 1 Abs. 2 genannten Regelungsgegenstände um einen abschließenden Katalog handelt, jenseits dessen es mangels Harmonisierung seitens der EU grundsätzlich bei der Regelungszuständigkeit der Mitgliedstaaten für KI-bezogene Fragestellungen verbleibt.

Die KI-Verordnung regelt mithin nicht, wie ihr Titel nahelegen könnte, sämtliche Aspekte künstlicher Intelligenz. So bleiben die Einsatzbedingungen eines KI-Systems grundsätzlich materiell Sache des jeweiligen anwendungs-, bereichs- oder fallspezifischen (Schutz-)Rechtes[629] - einschließlich der der Digital- und Datenwirtschaftsregulierung der EU.[630] Die durch die KI-Verordnung unregulierten Teilbereiche sind auch nicht per se einer Regulierung der EU vorbehalten – der Grundsatz der begrenzten Einzelermächtigung der EU mit dem Prinzip fortdauernder mitgliedstaatlicher Regulierungssouveränität kennt keine KI-bezogene Ausnahme.

Zu den danach grundsätzlich im Regelungsregime der Mitgliedstaaten verbleibenden KI-bezogenen Aspekten zählen deshalb nicht zuletzt auch Aspekte eines effektiven Kinder- und Jugendmedienschutzes im Kontext der Entwicklung und Anwendung von KI und KI-Systemen. Denn eine Art. 28 DSA vergleichbare Regelung, die den Schutz der Minderjähriger ausdrücklich zum Gegenstand hat, fehlt in der KI-Verordnung gänzlich – ohne dass Art. 28 DSA seinerseits im Übrigen als abschließende, mitgliedstaatliche Regelung generell sperrende Regulierung verstanden werden muss.[631]

---

629 Vgl. *Möller-Klapperich*, NJ 2024, 337 (338) unter Bezugnahme auf *Krönke*, NVwZ 2024, 529 (530).

630 Vgl. Möller-Klapperich, NJ 2024, 337 (338) unter Bezugnahme auf *Honer/Schöbel*, JuS 2024, 648 (649 f.).

631 In diese Richtung weist allerdings die ausführliche Stellungnahme der EU-Kommission im Notifizierungsverfahren zum JMStV als Art. 1 des geplanten Sechsten Medienänderungsstaatsvertrages.

An dieser Offenheit der KI-Verordnung für ergänzende kinder- und jugendmedienschützerische Rechtsetzung der Mitgliedstaaten ändert auch der Umstand nichts, dass die KI-Verordnung nicht - in Anlehnung an Art. 4 Abs. 1 und Art. 4a Abs. 3 der novellierten AVMD-Richtlinie – eine Regelung aufnimmt, die die Befugnis der Mitgliedstaaten (nicht zuletzt auch) zu kinder- und jugendschützerisch motivierter Inländerdiskriminierung klarstellt und die im Lichte bisheriger sekundärrechtsrechtlicher Regulierung wie folgt hätte formuliert werden können:

> *„Die Mitgliedstaaten können Anbieter von KI-Systemen, die ihrer Rechtshoheit unterworfen sind, verpflichten, ausführlicheren oder strengeren Bestimmungen in den von dieser Verordnung koordinierten Bereichen nachzukommen, sofern diese Bestimmungen mit dem Unionsrecht im Einklang stehen.*
>
> *Es steht den Mitgliedstaaten frei, ihrer Rechtshoheit unterworfene Anbieter von KI-Systemen zu verpflichten, ausführlicheren oder strengeren Bestimmungen nachzukommen, die mit dieser Verordnung und dem Unionsrecht in Einklang stehen, einschließlich wenn ihre unabhängigen nationalen Regulierungsbehörden oder -stellen zu dem Schluss gelangen, dass sich ein Verhaltenskodex oder Teile desselben als nicht wirksam genug erwiesen haben. Die Mitgliedsstaaten melden solche Vorschriften ohne unangemessene Verzögerung der Kommission.*"

Ein solcher Ansatz ist zwar nicht zwingend auf Richtlinienrecht der EU begrenzt, sondern kann auch bei Verordnungen der EU zur Anwendung gelangen. Es bedarf einer solchen ausdrücklichen Regelung der mitgliedstaatlichen Befugnis zur Inländerdiskriminierung als Öffnung für ergänzendes oder verschärfendes Kinder- und Jugendmedienschutzrecht der Mitgliedstaaten aber zumindest dort nicht, wo es – wie bei der KI-Verordnung der EU – schon im Ausgangspunkt an einer harmonisierenden sekundärrechtlichen Regulierung der EU für dieses Rechtsgebiet fehlt.

III. Kinder- und Jugendschutz im Blick auf die Differenzierung der KI-Regulierung

1. Einführung

a) Allgemeines

Die Verordnung über künstliche Intelligenz der EU stellt den ersten internationalen Rechtsakt dar, der eine rechtverbindliche, unmittelbar Rechte und Pflichten begründende Regulierung von KI zum Gegenstand hat[632] – ein Rechtsetzungsakt, dem für diesen Themenkreis vergleichbare Vorbildrolle zukommen könnte wie der DS-GVO für den Bereich des Datenschutzes. Allerdings finden nicht nur auf Ebene der EU verstärkt Bemühungen um eine KI-Regulierung statt; sie lassen sich vielmehr auch in Mitgliedstaaten der EU wie auch in Drittstaaten sowie auf Ebene des Europarates beobachten. Im Jahr der Verabschiedung

---

632 Vgl. *Gössl/Yakar*, Geschlechterneutrale KI. Eine Handreichung, 2023, S. 48 ff.

der OECD-Empfehlung zu KI 2019, an die auch die während der japanischen Präsidentschaft 2019 entwickelten KI-Prinzipien der G20 anknüpften,[633] hatten nur wenige Staaten nationale KI-Strategien. Heute haben sich neben den Mitgliedstaaten der OECD auch arabische, afrikanische und südamerikanische Staaten zu Maßnahmen verpflichtet, die die KI-Prinzipien fördern.[634] Der Europarat seinerseits hat inzwischen durch sein Ministerkomitee ein Rahmenübereinkommen zu KI verabschiedet.[635]

In verschiedenen Bereichen der Gesetzgebung gibt es bereits Bestimmungen zur Regelung von KI-Systemen. In den letzten Jahren hat eine zunehmende Zahl von Staaten allerdings auch damit begonnen, KI-Grundsätze in verbindlichen, KI-spezifischen Rechts- und Verwaltungsvorschriften zu kodifizieren bzw. Vorschläge für solche Kodifikationen in den parlamentarischen Prozess einzubringen. Hierzu zählen z.B.

- in den USA die Verordnung von Präsident Biden vom 30. Oktober 2023 über die sichere und vertrauenswürdige Entwicklung und Nutzung von künstlicher Intelligenz,[636]
- in Spanien der Königliche Erlass 729/2023 vom 22. August 2023, der die Satzung der spanischen Agentur für die Überwachung künstlicher Intelligenz genehmigt,[637]
- in Brasilien der im dortigen Senat eingebrachte, allerdings fortdauernd (Stand: 26. Juli 2024) im parlamentarischen Prozess stehende[638] Gesetzentwurf zum Einsatz künstlicher Intelligenz,[639]
- in Kanada der im parlamentarischen Verfahren befindliche Digital Charter Implementation Act,[640]
- im Vereinigten Königreich die im britischen Unterhaus eingebrachte Data Protection and Digital Information Bill,[641] die allerdings der Diskontinuität nach der Auflösung des Unterhauses am 24. Mai 2024 unterfiel.[642]

---

633 Abrufbar unter https://wp.oecd.ai/app/uploads/2021/06/G20-AI-Principles.pdf, S. 11 ff.

634 Vgl. *OECD*, The State of Implementation of the OECD AI Principles Four Years On, 2023, S. 8

635 Vgl. oben, Abschnitt A. III. 5.

636 *White House*, Executive Order on the Safe, Secure, and Trustworthy Development and Use of Artificial Intelligence (October 30, 2023).

637 BOE Nr. 210, 2. September 2023, S. 122289. Hierzu *Ukrow*, Spanien: Einrichtung einer Behörde zur Überwachung von KI, MMR-Aktuell 2023, 01121.

638 https://beincrypto.com/latam-crypto-news-july-13/.

639 *Senado do Brazil*, Projeto de lei No 2338 de 2023.Dispõe sobre o uso da Inteligência Artificial 2023.

640 *Canadian Parliament*, An Act to enact the Consumer Privacy Protection Act, the Personal Information and Data Protection Tribunal Act and the Artificial Intelligence and Data Act and to make consequential and related amendments to other Acts, 2022. Zum Stand des parlamentarischen Verfahrens vgl. https://www.parl.ca/legisinfo/en/bill/44-1/c-27.

641 *UK Parliament*, Data Protection and Digital Information Bill, 2023.

642 Vgl. https://www.techuk.org/resource/data-protection-and-digital-information-bill-falls-ahead-of-the-uk-general-election.html.

Mit dem AI Act sollen nach dem Begründungstext der Europäischen Kommission zu ihrem diesbezüglichen Vorschlag vier Ziele angestrebt werden:[643]

> *„- Es muss gewährleistet sein, dass die auf dem Unionsmarkt in Verkehr gebrachten und verwendeten KI-Systeme sicher sind und die bestehenden Grundrechte und die Werte der Union wahren.*
>
> *- Zur Förderung von Investitionen in KI und innovativen KI muss Rechtssicherheit gewährleistet sein.*
>
> *- Governance und die wirksame Durchsetzung des geltenden Rechts zur Wahrung der Grundrechte sowie die Sicherheitsanforderungen an KI-Systeme müssen gestärkt werden.*
>
> *- Die Entwicklung eines Binnenmarkts für rechtskonforme, sichere und vertrauenswürdige KI-Anwendungen muss erleichtert werden und es gilt, eine Marktfragmentierung zu verhindern."*

Zumindest der Bezug des erst- wie des drittgenannten Ziels zu einem zeitgerechten Kinder- und Jugendmedienschutz, wie es durch Grundrechte und -werte der EU vorgegeben ist, ist evident.

b) Insbesondere: Der risikobasierte Ansatz der KI-Verordnung

Der AI Act baut konzeptionell auf einem risikobasierten Ansatz auf.[644] Der 26. Erwägungsgrund der KI-Verordnung charakterisiert diesen Ansatz als Ausdruck des Verhältnismäßigkeitsgrundsatzes:

> *„Um ein verhältnismäßiges und wirksames verbindliches Regelwerk für KI-Systeme einzuführen, sollte ein klar definierter risikobasierter Ansatz verfolgt werden. Bei diesem Ansatz sollten Art und Inhalt solcher Vorschriften auf die Intensität und den Umfang der Risiken zugeschnitten werden, die von KI-Systemen ausgehen können."*

Dabei wird zwischen vier Risikostufen unterschieden:

- einem inakzeptablen Risiko mit der Folge des absoluten Verbots betreffender Praktiken (Art. 5) – ein solches inakzeptables Risiko kann, wie nachfolgend645 dargestellt wird, auch im Kontext von Kinder- und Jugendmedienschutz bestehen;
- einem hohen Risiko (Art. 6 ff.)

Als Hochrisiko-KI-Systeme gelten nach Art. 6 Abs. 1 und 2 i.V.m. Anhang III der KI-Verordnung namentlich folgende KI-Technologien bzw. KI-Technologien, die in folgenden Bereichen eingesetzt werden:

---

643 COM(2021) 206 final, S. 3.

644 Vgl. hierzu auch *Möller-Klapperich*, NJ 2024, 337 (338); *Roth-Isigkeit*, MMR 2024, 621 (6222 f.).

645 Vgl. Abschnitt D.III.2.

- biometrische Fernidentifizierungssysteme, KI-Systeme, die bestimmungsgemäß für die biometrische Kategorisierung nach sensiblen oder geschützten Attributen oder Merkmalen auf der Grundlage von Rückschlüssen auf diese Attribute oder Merkmale verwendet werden sollen sowie KI-Systeme, die bestimmungsgemäß zur Emotionserkennung verwendet werden sollen;
- KI-Systeme, die bestimmungsgemäß als Sicherheitsbauteile im Rahmen der Verwaltung und des Betriebs kritischer digitaler Infrastruktur, des Straßenverkehrs oder der Wasser-, Gas-, Wärme- oder Stromversorgung verwendet werden sollen;
- KI-Systeme, die bestimmungsgemäß (a) zur Feststellung des Zugangs oder der Zulassung oder zur Zuweisung natürlicher Personen zu Einrichtungen aller Ebenen der allgemeinen und beruflichen Bildung verwendet werden sollen, (b) für die Bewertung von Lernergebnissen verwendet werden sollen, (c) zum Zweck der Bewertung des angemessenen Bildungsniveaus, das eine Person im Rahmen von oder innerhalb von Einrichtungen aller Ebenen der allgemeinen und beruflichen Bildung erhalten wird oder zu denen sie Zugang erhalten wird, verwendet werden sollen oder (d) zur Überwachung und Erkennung von verbotenem Verhalten von Schülern bei Prüfungen im Rahmen von oder innerhalb von Einrichtungen aller Ebenen der allgemeinen und beruflichen Bildung verwendet werden sollen;
- Sicherheitsbausteine von Produkten (z. B. KI-Anwendung bei Medizinprodukten);
- Beschäftigung, Management von Arbeitnehmern und Zugang zur Selbstständigkeit (namentlich KI-Systeme, die bestimmungsgemäß (a) für die Einstellung oder Auswahl natürlicher Personen im Rahmen von Bewerbungsverfahren verwendet werden sollen oder (b) für Entscheidungen, die die Bedingungen von Arbeitsverhältnissen, Beförderungen und Kündigungen von Arbeitsvertragsverhältnissen beeinflussen, für die Zuweisung von Aufgaben aufgrund des individuellen Verhaltens oder persönlicher Merkmale oder Eigenschaften oder für die Beobachtung und Bewertung der Leistung und des Verhaltens von Personen in solchen Beschäftigungsverhältnissen verwendet werden sollen);
- Zugänglichkeit und Inanspruchnahme grundlegender privater und grundlegender öffentlicher Dienste und Leistungen (z. B. Gesundheitsdienste, Kreditwürdigkeitsprüfung und Bonitätsbewertung, Risikobewertung und Preisbildung im Fall von Lebens- und Krankenversicherungen);
- Strafverfolgung (z. B. zur (a) Bewertung des Risikos einer natürlichen Person, zum Opfer von Straftaten zu werden, (b) Unterstützung von Strafverfolgungsbehörden als Lügendetektoren, (c) Bewertung der Verlässlichkeit von Beweismitteln, (d) Bewertung des Risikos, dass eine natürliche Person eine Straftat begeht. oder (e) zur Erstellung von Profilen natürlicher Personen im Zuge der Aufdeckung, Ermittlung oder Verfolgung von Straftaten);
- Migrations-, Asyl- und Grenzkontrollmanagement (z. B. automatisierte Prüfung von Visumanträgen);

- Rechtspflege und demokratische Prozesse (z. B. KI-Lösungen um bei der Ermittlung und Auslegung von Sachverhalten und Rechtsvorschriften und bei der Anwendung des Rechts auf konkrete Sachverhalte zu unterstützen).

Hochrisiko-KI-Systeme unterliegen strengen Verpflichtungen, bevor sie in Verkehr gebracht werden können, namentlich:

- einem Risikomanagement-System (Art. 9);
- Daten-Governance, um eine hohe Qualität der Datensätze, die das System speisen, zu sichern und um das Risiko verzerrender, grundrechtsverletzender und diskriminierender Ergebnisse zu mindern (Art. 10);
- technischen Dokumentations-, Aufzeichnungs-, Transparenz- und Informationspflichten (Art. 11 ff.);
- dem Gebot wirksamer menschlicher Aufsichtsmaßnahmen zur Minimierung des Risikos (Art. 14) sowie
- in Bezug auf ein angemessenes Maß an Genauigkeit, Robustheit und Cybersicherheit (Art. 15).

Alle biometrischen Fernidentifizierungssysteme gelten als hochriskant und unterliegen strengen Anforderungen. Die Verwendung biometrischer Fernidentifizierung in öffentlich zugänglichen Räumen zu Strafverfolgungszwecken ist grundsätzlich verboten.

Enge Ausnahmen sind streng definiert und geregelt, z. B. wenn dies erforderlich ist, um nach einem vermissten Kind zu suchen, eine bestimmte und unmittelbar bevorstehende terroristische Bedrohung zu verhindern oder einen Täter oder Verdächtigen einer schweren Straftat aufzudecken, ausfindig zu machen, zu identifizieren oder strafrechtlich zu verfolgen.

Diese Nutzungen unterliegen der Genehmigung durch ein Gericht oder eine andere unabhängige Stelle und angemessenen Beschränkungen in Bezug auf Zeit, geografische Reichweite und die durchsuchten Datenbanken.

- einem begrenzten Risiko

Solche begrenzten Risiken beziehen sich nach dem 26. Erwägungsgrund der KI-Verordnung auf die Risiken, die mit mangelnder Transparenz bei der KI-Nutzung verbunden sind. Mit Art. 50 der KI-Verordnung werden spezifische Transparenzpflichten eingeführt, um sicherzustellen, dass Menschen bei Bedarf informiert werden, wodurch das Vertrauen gefördert wird. So soll nach Absatz 1Satz 1 dieser Regelung anbieterseitig grundsätzlich[646] sichergestellt werden, dass KI-Systeme (wie z.B. Chatbots), die für die direkte Interaktion

---

646 Diese Pflicht gilt nach Satz 1 der Regelung nicht, wenn diese Interaktion mit einem KI-System aus Sicht einer angemessen informierten, aufmerksamen und verständigen natürlichen Person aufgrund der Umstände und des Kontexts der Nutzung offensichtlich ist. Nach Satz 2 dieser Regelung gilt die Pflicht zudem nicht für gesetzlich zur Aufdeckung, Verhütung, Ermittlung oder Verfolgung von Straftaten zugelassene KI-Systeme, wenn geeignete Schutzvorkehrungen für die Rechte und Freiheiten Dritter bestehen, es sei denn, diese Systeme stehen der Öffentlichkeit zur Anzeige einer Straftat zur Verfügung.

mit natürlichen Personen bestimmt sind, so konzipiert und entwickelt werden, dass die betreffenden natürlichen Personen informiert werden, dass sie mit einem KI-System interagieren. Damit können diese Personen eine informierte Entscheidung darüber treffen, diese Form der Interaktion fortzuführen oder abzubrechen.

Die Betreiber eines Emotionserkennungssystems oder eines Systems zur biometrischen Kategorisierung sind nach Art. 50 Abs. 3 Satz 1 der KI-Verordnung grundsätzlich[647] verpflichtet, die davon betroffenen natürlichen Personen über den Betrieb des Systems zu informieren.[648]

Weitere, auch in besonderer Weise für einen effektiven Kinder- und Jugendmedienschutz bedeutsame transparenzbezogene Verpflichtungen werden im weiteren Verlauf dieser Studie[649] behandelt.

- einem minimalen oder nicht vorhandenen Risiko.

KI-Systeme mit einem solchen vernachlässigbaren Risiko-Niveau können unter Einhaltung des allgemein geltenden Rechts entwickelt und verwendet werden, d. h. ohne Beachtung zusätzlicher rechtlich bindender Vorgaben aus dem AI Act. Dazu zählen z.B. Anwendungen wie KI-fähige Videospiele oder Spamfilter. Die überwiegende Mehrheit der derzeit in der EU eingesetzten KI-Systeme fällt in diese Kategorie. In dieser Kategorie kommt Verhaltenskodizes nach Art. 95 der KI-Verordnung als Akten der Selbstregulierung besondere Bedeutung zu.

c) Inkrafttreten

Die KI-Verordnung ist nach ihrem Art. 113 Satz 1 am zwanzigsten Tag nach ihrer Veröffentlichung im Amtsblatt, die am 12, Juli 2024 erfolgte, mithin am 1. August 2024 in Kraft getreten. Sie gilt nach Satz 2 dieser Regelung grundsätzlich ab dem 2. August 2026 – allerdings mit folgenden in Satz 3 der Regelung aufgenommenen Differenzierungen:[650]

a) Die Kapitel I und II gelten ab dem 2. Februar 2025; mithin sind ab diesem Zeitpunkt die verbotenen KI-Systeme abzuschalten;

b) Kapitel III Abschnitt 4, Kapitel V, Kapitel VII und Kapitel XII sowie Artikel 78 gelten ab dem 2. August 2025, mit Ausnahme des Artikels 101; mithin werden ab diesem Zeitpunkt u.a. die Verpflichtungen in Bezug auf KI mit allgemeinem Verwendungszweck anwendbar;

---

647 Diese Pflicht gilt nach Satz 2 der Regelung nicht für gesetzlich zur Aufdeckung, Verhütung oder Ermittlung von Straftaten zugelassene KI-Systeme, die zur biometrischen Kategorisierung und Emotionserkennung im Einklang mit dem Unionsrecht verwendet werden, sofern geeignete Schutzvorkehrungen für die Rechte und Freiheiten Dritter bestehen.

648 Die genannten Betreiber verarbeiten in diesem Fall personenbezogene Daten nach dieser Bestimmung gemäß der Datenschutz-Grundverordnung der EU (Verordnung (EU) 2016/679), der Verordnung (EU) 2018/1725 und der Richtlinie (EU) 2016/680.

649 Vgl. Abschnitt D. III. 6.

650 Der Begriff der „gestuften Umsetzungsfrist" (so *Möller-Klapperich*, NJ 2024, 337 (339)) ist im Hinblick auf das fehlende Umsetzungserfordernis bei einer Verordnung der EU missglückt.

c) Artikel 6 Absatz 1 und die entsprechenden Pflichten gemäß dieser Verordnung gelten ab dem 2. August 2027.

d) Sanktionen

Die KI-Verordnung ist mit nicht unerheblichen Sanktionsmöglichkeiten „scharf gestellt". Hält ein Unternehmen ihre Vorgaben nicht ein, drohen ihm zukünftig bei Missachtung des Verbots der in Art. 5 der Verordnung genannten KI-Praktiken gemäß deren Art. 99 Abs. 3 Geldbußen von bis zu 35 Mio. Euro oder 7 % des gesamten weltweiten Jahresumsatzes des vorangegangenen Geschäftsjahres, je nachdem, welcher Betrag höher ist. Im Falle sonstiger Verstöße kommt nach Art. 99 Abs. 4 eine Geldbuße von bis zu 15 Mio. Euro oder 3 % des gesamten weltweiten Jahresumsatzes des vorangegangenen Geschäftsjahres, je nachdem, welcher Betrag höher ist, in Betracht. Solche Geldbußen können nach Art. 101 Abs. 1 der KI-Verordnung gegen Anbieter von KI-Modellen mit allgemeinem Verwendungszweck in gleicher Höhe verhängt werden. Werden unternehmensseitig notifizierten Stellen oder zuständigen nationalen Behörden auf deren Auskunftsersuchen hin falsche, unvollständige oder irreführende Informationen bereitgestellt, so werden nach Art. 99 Abs. 5 der KI-Verordnung Geldbußen von bis zu 7,5 Mio. EUR oder von bis zu 1 % des gesamten weltweiten Jahresumsatzes des vorangegangenen Geschäftsjahres verhängt, je nachdem, welcher Betrag höher ist.

2. Verbotene Praktiken nach Kapitel II - Art. 5 der KI-Verordnung – eine Auswahl mit besonderem Bezug zum Kinder- und Jugendmedienschutz

a) Einleitung

Abgesehen von den zahlreichen nutzbringenden Verwendungsmöglichkeiten von KI kann diese Technologie auch missbraucht werden und neue und wirkungsvolle Instrumente für manipulative, ausbeuterische und soziale Kontrollpraktiken bieten. Solche Praktiken sind besonders schädlich und missbräuchlich und sollten deshalb nach dem 28. Erwägungsgrund der KI-Verordnung verboten werden, weil sie im Widerspruch zu den Werten der Union stehen, nämlich der Achtung der Menschenwürde, Freiheit, Gleichheit, Demokratie und Rechtsstaatlichkeit sowie der in der Charta verankerten Grundrechte, einschließlich des Rechts auf Nichtdiskriminierung, Datenschutz und Privatsphäre sowie, was im vorliegenden Kontext besonders bedeutsam ist

„der Rechte des Kindes".

KI-gestützte manipulative Techniken können, worauf der 29. Erwägungsgrund der KI-Verordnung hinweist, dazu verwendet werden, Personen zu unerwünschten Verhaltensweisen zu bewegen oder sie zu täuschen, indem sie in einer Weise zu Entscheidungen angeregt werden, die ihre Autonomie, Entscheidungsfindung und freie Auswahl untergräbt und beeinträchtigt. Das Inverkehrbringen, die Inbetriebnahme oder die Verwendung bestimmter KI-Systeme, die das Ziel oder die Auswirkung haben, menschliches Verhalten maßgeblich nachteilig zu beeinflussen, und große Schäden, insbesondere erhebliche nachteilige Auswirkungen auf die physische und psychische Gesundheit oder auf die finanziellen Interessen verursachen dürften, ist besonders gefährlich und sollte dementsprechend nach dem 29. Erwägungsgrund der KI-Verordnung verboten werden.[651]

b) Techniken der unterschwelligen Beeinflussung, absichtlich manipulative oder täuschende Techniken

Entsprechend dem 28. und 29. Erwägungsgrund der KI-Verordnung ist nach Art. 5 Abs. 1 Buchst. a) dieser Verordnung

> *„das Inverkehrbringen, die Inbetriebnahme oder die Verwendung eines KI-Systems, das Techniken der unterschwelligen Beeinflussung außerhalb des Bewusstseins einer Person oder absichtlich manipulative oder täuschende Techniken mit dem Ziel oder der Wirkung einsetzt, das Verhalten einer Person oder einer Gruppe von Personen wesentlich zu verändern, indem ihre Fähigkeit, eine fundierte Entscheidung zu treffen, deutlich beeinträchtigt wird, wodurch sie veranlasst wird, eine Entscheidung zu treffen, die sie andernfalls nicht getroffen hätte, und zwar in einer Weise, die dieser Person, einer anderen Person oder einer Gruppe von Personen erheblichen Schaden zufügt oder mit hinreichender Wahrscheinlichkeit zufügen wird"*.

Dies könnte nach dem 29. Erwägungsgrund der KI-Verordnung z.B. durch Gehirn-Computer-Schnittstellen oder virtuelle Realität erfolgen, da diese ein höheres Maß an Kontrolle darüber ermöglichen, welche Reize den Personen, insofern diese das Verhalten der Personen in erheblichem Maße schädlich beeinflussen können, angeboten werden.

Das Verbot des Inverkehrbringens, der Inbetriebnahme oder der Verwendung eines KI-Systems, das absichtlich manipulative oder täuschende Techniken einsetzt, ist auch im Kontext des Medienökosystems bedeutsam; das Verbot der Täuschung Minderjähriger, namentlich wenn es an deren Unerfahrenheit oder Leichtfertigkeit anknüpft, ist ein dem deutschen Jugendmedienschutzrecht im Bereich der Werbung aus § 6 Abs. 2 Nr. 1, Abs. 4 JMStV vertrauter regulatorischer Ansatz.

Mit dem Verbot des Einsatzes von Techniken der unterschwelligen Beeinflussung knüpft die Bestimmung an aus dem Medienwerberecht vertraute Vorbilder an: Nach Art. 9 Abs. 1 Buchst. b) der AVMD-Richtlinie i.d.F. der Änderungsrichtlinie aus 2018 müssen die Mitgliedstaaten dafür sorgen, dass in der audiovisuellen kommerziellen Kommunikation, die von den ihrer Rechtshoheit unterworfenen Mediendiensteanbietern bereitgestellt wird, keine Techniken der unterschwelligen Beeinflussung eingesetzt werden. Diese europarechtliche

---

[651] Solche KI-Systeme setzen nach diesem Erwägungsgrund auf eine unterschwellige Beeinflussung, beispielweise durch Reize in Form von Ton-, Bild- oder Videoinhalten, die für Menschen nicht erkennbar sind, da diese Reize außerhalb ihres Wahrnehmungsbereichs liegen, oder auf andere Arten manipulativer oder täuschender Beeinflussung, die ihre Autonomie, Entscheidungsfindung oder freie Auswahl in einer Weise untergraben und beeinträchtigen, die sich ihrer bewussten Wahrnehmung entzieht oder deren Einfluss — selbst wenn sie sich seiner bewusst sind — sie nicht kontrollieren oder widerstehen können.

Vorgabe ist in Deutschland in Art. 8 Abs. 3 Satz 2 MStV für den Bereich des Rundfunks sowie in § 22 Abs. 1 Satz 2 MStV für den Bereich der Telemedien umgesetzt.[652]

Nicht erforderlich dafür, dass das Verbot greift, ist es nach dem Wortlaut der Norm wie auch nach dem insoweit interpretationsrelevanten 29. Erwägungsgrund, dass der Anbieter oder der Betreiber die Absicht haben, erheblichen Schaden zuzufügen, wenn dieser Schaden aufgrund von manipulativen oder ausbeuterischen KI-gestützten Praktiken entsteht.[653] Zwar sollten übliche und rechtmäßige Geschäftspraktiken, z.B. im Bereich der Werbung, die im Einklang mit den geltenden Rechtsvorschriften stehen, als solche gemäß dem 29. Erwägungsgrund der KI-Verordnung nicht als schädliche manipulative KI-gestützten Praktiken gelten. Auch bei werblichen Aktivitäten ist allerdings wiederum die besondere Schutzbedürftigkeit Minderjähriger zu beachten, wie sie auch in den Ge- und Verboten des § 6 JMStV vorausgesetzt wird.

c) Ausnutzen der altersbedingten Vulnerabilität oder Schutzbedürftigkeit

Ferner können KI-Systeme nach dem 29. Erwägungsgrund auch anderweitig

> *„die Vulnerabilität einer Person oder bestimmter Gruppen von Personen aufgrund ihres Alters"*

oder einer Behinderung i.S. der Richtlinie (EU) 2019/882 des Europäischen Parlaments und des Rates[654] oder aufgrund einer bestimmten sozialen oder wirtschaftlichen Situation ausnutzen, durch die diese Personen gegenüber einer Ausnutzung anfälliger werden dürften. Wegen ihres Alters vulnerable Personen i.S. dieses interpretationsleitenden Erwägungsgrundes sind nicht zuletzt auch Kinder und Jugendliche.

Dies verdeutlicht im Blick auf die Genese der Norm auch der 16. Erwägungsgrund des Kommissionsvorschlags, der zu dem vulnerabilitätsbezogenen Verbotstatbestand erläuternd ausgeführt hatte:

> *„Das Inverkehrbringen, die Inbetriebnahme oder die Verwendung bestimmter KI-Systeme, die dazu bestimmt sind, menschliches Verhalten nachteilig zu beeinflussen, und die zu physischen oder psychischen Schäden führen dürften, sollte verboten werden. Solche KI-Systeme setzen auf eine vom Einzelnen nicht zu erkennende*

---

652 Die besondere Regelung für rundfunk- und für fernsehähnliche Telemedien im Ordnungswidrigkeitenrecht (§ 115 Abs. 1 Satz 2 Nr. 11 MStV) erscheint vor dem Hintergrund der bereits nach § 115 Abs. 1 Satz 1 Nr. 3 sowie § 115 Abs. 1 Satz 2 Nr. 4 MStV bestehenden ordnungswidrigkeitenrechtlichen Regelungen redaktionell verzichtbar.

653 Dass es danach nicht entscheidend auf den Nachweis der Absicht der Beeinflussung ankommt verkennen *Chibangza/Steege*, NJW 2024, 1769 (1771); *Möller-Klapperich*, NJ 2024, 337 (340).

654 Richtlinie (EU) 2019/882 des Europäischen Parlaments und des Rates vom 17. April 2019 über die Barrierefreiheitsanforderungen für Produkte und Dienstleistungen (ABl. L 151 vom 7.6.2019, S. 70). Zur Umsetzung dieser Richtlinie durch die §§ 99a bis 99e MStV vgl. die Kommentierung dieser Bestimmungen durch *Ukrow*, in: Cole/Oster/Wagner (Hrsg.), Heidelberger Kommentar zum Medienstaatsvertrag, Jugendmedienschutz-Staatsvertrag (HK-MStV), 2024.

unterschwellige Beeinflussung[655] *oder sollen die* ***Schutzbedürftigkeit von Kindern***[656] *und anderen aufgrund ihres Alters oder ihrer körperlichen oder geistigen Behinderung beeinträchtigten Personen ausnutzen. Dies geschieht mit der Absicht, das Verhalten einer Person wesentlich zu beeinflussen, und zwar in einer Weise, die dieser oder einer anderen Person Schaden zufügt oder zufügen kann. Diese Absicht kann nicht vermutet werden, wenn die nachteilige Beeinflussung des menschlichen Verhaltens auf Faktoren zurückzuführen ist, die nicht Teil des KI-Systems sind und außerhalb der Kontrolle des Anbieters oder Nutzers liegen."*

Verboten ist dementsprechend nach Art. 5 Abs. 1 Buchst. b) der KI-Verordnung

> *„das Inverkehrbringen, die Inbetriebnahme oder die Verwendung eines KI-Systems, das eine Vulnerabilität oder Schutzbedürftigkeit einer natürlichen Person oder einer bestimmten Gruppe von Personen aufgrund ihres Alters, einer Behinderung oder einer bestimmten sozialen oder wirtschaftlichen Situation mit dem Ziel oder der Wirkung ausnutzt, das Verhalten dieser Person oder einer dieser Gruppe angehörenden Person in einer Weise wesentlich zu verändern, die dieser Person oder einer anderen Person erheblichen Schaden zufügt oder mit hinreichender Wahrscheinlichkeit zufügen wird".*

Mit dem in Art. 5 Abs. 1 Buchst. b) u.a. vorgesehenen Verbot des Inverkehrbringens, der Inbetriebnahme oder der Verwendung eines KI-Systems, das eine Schwäche oder Schutzbedürftigkeit einer bestimmten Gruppe von Personen aufgrund ihres Alters ausnutzt, um das Verhalten einer dieser Gruppe angehörenden Person in einer Weise wesentlich zu verändern, die dieser Person oder einer anderen Person einen erheblichen Schaden zufügt oder mit hinreichender Wahrscheinlichkeit zufügen wird, wobei dieser Schaden physischer oder psychischer Natur sein kann, weist die Regelung einen Anknüpfungspunkt für einen Verbotstatbestand auf, der an die Minderjährigkeit von Menschen anknüpfen kann. Der aktuelle oder potentielle psychische Schaden, den der Tatbestand neben einem aktuellen oder potentiellen physischen Schaden in den Blick nimmt, kann auch eine Jugendgefährdung i.S. des § 4 JMStV oder eine Entwicklungsbeeinträchtigung i.S. des § 5 JMStV sein. Ob dies auch für den – im Gesetzgebungsverfahren erstmalig seitens des Europäischen Parlaments geforderten – „erheblichen Schaden" gilt, ist zwar nicht zweifelsfrei. Zumindest bei einer völkerrechtskonformen Auslegung dieses Kriteriums im Lichte der UN-Kinderrechtskonvention liegt ein solches Verständnis indessen nahe.

Auch eine Einschränkung des Verbots ist im Lichte des o.g. 16. Erwägungsgrundes des Kommissionsvorschlags fortdauernd bedeutsam:

> *„Forschung zu legitimen Zwecken im Zusammenhang mit solchen KI-Systemen sollte durch das Verbot nicht unterdrückt werden, wenn diese Forschung nicht auf eine Verwendung des KI-Systems in Beziehungen zwischen Mensch und Maschine*

---

655 An diese Passage des Erwägungsgrundes knüpft das in Art. 5 Abs. 1 Buchst. a) des Kommissionsvorschlags enthaltene Verbot an.

656 Hervorhebung d. Verf.

hinausläuft, durch die natürliche Personen geschädigt werden, und wenn diese Forschung im Einklang mit anerkannten ethischen Standards für die wissenschaftliche Forschung durchgeführt wird."

Daran knüpft nunmehr der 25. Erwägungsgrund der KI-Verordnung an:

„Diese Verordnung sollte die Innovation fördern, die Freiheit der Wissenschaft achten und Forschungs- und Entwicklungstätigkeiten nicht untergraben. Daher müssen KI-Systeme und -Modelle, die eigens für den alleinigen Zweck der wissenschaftlichen Forschung und Entwicklung entwickelt und in Betrieb genommen werden, vom Anwendungsbereich der Verordnung ausgenommen werden. Ferner muss sichergestellt werden, dass sich die Verordnung nicht anderweitig auf Forschungs- und Entwicklungstätigkeiten zu KI-Systemen und -Modellen auswirkt, bevor diese in Verkehr gebracht oder in Betrieb genommen werden. Hinsichtlich produktorientierter Forschungs-, Test- und Entwicklungstätigkeiten in Bezug auf KI-Systeme oder -Modelle sollten die Bestimmungen dieser Verordnung auch nicht vor der Inbetriebnahme oder dem Inverkehrbringen dieser Systeme und Modelle gelten. ... In jedem Fall sollten jegliche Forschungs- und Entwicklungstätigkeiten gemäß anerkannten ethischen und professionellen Grundsätzen für die wissenschaftliche Forschung und unter Wahrung des geltenden Unionsrechts ausgeführt werden."

Dem entsprechend sieht Art. 2 Abs. 6 der KI-Verordnung vor, dass diese Verordnung

„nicht für KI-Systeme oder KI-Modelle, einschließlich ihrer Ausgabe, (gilt,) die eigens für den alleinigen Zweck der wissenschaftlichen Forschung und Entwicklung entwickelt und in Betrieb genommen werden."

Mithin ist auch der Einsatz eines KI-Systems zu wissenschaftlichen Zwecken im Interesse eines auf die Bedingungen des KI-Zeitalters optimierten Kinder- und Jugendmedienschutzes zumindest unter dem Blickwinkel des AI Act rechtskonform.

d) Inakzeptable soziale Bewertungspraktiken

KI-Systeme, die eine soziale Bewertung natürlicher Personen durch öffentliche oder private Akteure bereitstellen, können nach dem 31. Erwägungsgrund der KI-Verordnung zu diskriminierenden Ergebnissen und zur Ausgrenzung bestimmter Gruppen führen.

„Sie können die Menschenwürde und das Recht auf Nichtdiskriminierung sowie die Werte der Gleichheit und Gerechtigkeit verletzen."

Solche KI-Systeme bewerten oder klassifizieren natürliche Personen oder Gruppen natürlicher Personen in einem bestimmten Zeitraum auf der Grundlage zahlreicher Datenpunkte in Bezug auf ihr soziales Verhalten in verschiedenen Zusammenhängen oder aufgrund bekannter, vermuteter oder vorhergesagter persönlicher Eigenschaften oder Persönlichkeitsmerkmale. Die aus solchen KI-Systemen erzielte soziale Bewertung kann zu einer Schlechterstellung oder Benachteiligung bestimmter natürlicher Personen oder ganzer Gruppen natürlicher Personen in sozialen Kontexten, die in keinem Zusammenhang mit den Umständen stehen, unter denen die Daten ursprünglich erzeugt oder erhoben wurden, oder zu einer Schlechterstellung führen, die im Hinblick auf die Tragweite ihres sozialen Verhaltens unverhältnismäßig oder ungerechtfertigt ist. KI-Systeme, die solche inakzeptablen Bewertungspraktiken mit sich bringen und zu einer solchen Schlechterstellung oder Benachteiligung führen, sollten daher nach dem 31. Erwägungsgrund verboten werden.[657]

Verboten ist dementsprechend nach Art. 5 Abs. 1 Buchst. c) der KI-Verordnung

> *„das Inverkehrbringen, die Inbetriebnahme oder die Verwendung von KI-Systemen zur Bewertung oder Einstufung von natürlichen Personen oder Gruppen von Personen über einen bestimmten Zeitraum auf der Grundlage ihres sozialen Verhaltens oder bekannter, abgeleiteter oder vorhergesagter persönlicher Eigenschaften oder Persönlichkeitsmerkmale, wobei die soziale Bewertung zu einem oder beiden der folgenden Ergebnisse führt:*
>
> *i) Schlechterstellung oder Benachteiligung bestimmter natürlicher Personen oder Gruppen von Personen in sozialen Zusammenhängen, die in keinem Zusammenhang zu den Umständen stehen, unter denen die Daten ursprünglich erzeugt oder erhoben wurden;*
>
> *ii) Schlechterstellung oder Benachteiligung bestimmter natürlicher Personen oder Gruppen von Personen in einer Weise, die im Hinblick auf ihr soziales Verhalten oder dessen Tragweite ungerechtfertigt oder unverhältnismäßig ist".*

Solche inakzeptablen sozialen Bewertungspraktiken können nicht zuletzt auch im Kontext der Entwicklungsbiographie Minderjähriger eine Rolle spielen, bei denen das Austesten und gelegentlich auch Überschreiten von normativen Grenzen in Pubertät und Adoleszenz ein vielfach zu beobachtendes Phänomen sind, das deren weitere berufliche oder gesellschaftliche Perspektive nicht ohne Weiteres vorprägen sollte. Solche Grenzüberschreitungen müssen sich im Übrigen nicht nur Raum realer zwischenmenschlicher Kontakte ereignen, sondern werden im Hinblick auf den durchschnittlichen Tagesablauf Minderjähriger vielfach auch im digitalen Raum stattfinden.

Mit dem in Art. 5 Abs. 1 Buchst. c) vorgesehenen Verbot des Inverkehrbringens, der Inbetriebnahme oder der Verwendung eines KI-Systems zur Bewertung oder Klassifizierung der Vertrauenswürdigkeit natürlicher Personen über einen bestimmten Zeitraum auf der Grundlage ihres sozialen Verhaltens oder bekannter oder vorhergesagter persönlicher Eigenschaften oder Persönlichkeitsmerkmale wird vor diesem Hintergrund auch der persönlichen Entwicklungsfähigkeit Minderjähriger Rechnung getragen. Das Recht auf Vergessen, wie es in der DS-GVO verankert ist,[658] findet hier eine KI-systembezogene Ergänzung; es erscheint namentlich ungerechtfertigt wie unverhältnismäßig, Personen mit Blick auf ihr Verhalten als Minderjährige zu benachteiligen.

---

[657] Dieses Verbot soll nach dem 31. Erwägungsgrund nicht die rechtmäßigen Praktiken zur Bewertung natürlicher Personen berühren, die im Einklang mit dem Unionsrecht und dem nationalen Recht zu einem bestimmten Zweck durchgeführt werden.

[658] Vgl. hierzu Abschnitt B. VIII. 2.

e) Emotionserkennung in Bildungseinrichtungen

Im Hinblick auf die wissenschaftliche Grundlage von KI-Systemen, die darauf abzielen, Emotionen zu erkennen oder abzuleiten, bestehen nach dem 44. Erwägungsgrund der KI-Verordnung ernsthafte Bedenken, insbesondere da sich Gefühlsausdrücke je nach Kultur oder Situation und selbst bei ein und derselben Person erheblich unterscheiden. Zu den größten Schwachstellen solcher Systeme gehört, dass sie beschränkt zuverlässig, nicht eindeutig und nur begrenzt verallgemeinerbar sind. Daher können KI-Systeme, die Emotionen oder Absichten natürlicher Personen auf der Grundlage ihrer biometrischen Daten erkennen oder ableiten, diskriminierende Ergebnisse hervorbringen und in die Rechte und Freiheiten der betroffenen Personen eingreifen.

Dementsprechend ist nach Art. 5 Abs. 1 Buchst. f) der KI-Verordnung grundsätzlich[659]

> *„das Inverkehrbringen, die Inbetriebnahme für diesen spezifischen Zweck oder die Verwendung von KI-Systemen zur Ableitung von Emotionen einer natürlichen Person am Arbeitsplatz und in Bildungseinrichtungen".*

Angesichts des Machtungleichgewichts, das nicht nur im Arbeits-, sondern auch im Bildungsbereich in Verbindung mit dem intrusiven Charakter dieser Systeme besteht, können diese nach dem 44. Erwägungsgrund der KI-Verordnung zu einer Schlechterstellung oder Benachteiligung nicht zuletzt auch minderjähriger Besucher von Bildungseinrichtungen wie Schulen, aber auch außerschulischen Bildungseinrichtungen führen. Auch letztere sind von dem Verbot erfasst – auch dann, wenn sie z.B. die Medienkompetenz Minderjähriger fördern sollen und wollen.

f) Zur Zulässigkeit der Verwendung biometrischer Echtzeit-Fernidentifizierungssysteme für Zwecke des Kinder- und Jugendmedienschutzes im Lichte des Art. 5 Abs. 1 Buchst. h) der Verordnung

Nach Art. 5 Abs. 1 Buchst. h) der KI-Verordnung ist zwar die Verwendung biometrischer Echtzeit-Fernidentifizierungssysteme untersagt – allerdings nur in öffentlich zugänglichen Räumen und auch dort wiederum nur zu Strafverfolgungszwecken und dies wiederum nur mit Ausnahmen:

> *„wenn und insoweit dies im Hinblick auf eines der folgenden Ziele unbedingt erforderlich ist:*
>
> *i) gezielte Suche nach bestimmten Opfern von Entführung, Menschenhandel oder sexueller Ausbeutung sowie die Suche nach vermissten Personen;*[660]
>
> *ii) Abwenden einer konkreten, erheblichen und unmittelbaren Gefahr für das Leben oder die körperliche Unversehrtheit natürlicher Personen oder einer tatsächlichen*

---

659 Dieses Verbot besteht nicht, wenn die Verwendung des KI-Systems aus medizinischen Gründen oder Sicherheitsgründen eingeführt oder auf den Markt gebracht werden soll.

660 Bei vermissten Personen kann es sich nicht zuletzt auch um Kinder handeln. Diese waren im vorliegenden Kontext im Vorschlag der Kommission insoweit noch ausdrücklich und exklusiv erwähnt worden.

und bestehenden oder tatsächlichen und vorhersehbaren Gefahr eines Terroranschlags;

iii) Aufspüren oder Identifizieren einer Person, die der Begehung einer Straftat verdächtigt wird, zum Zwecke der Durchführung von strafrechtlichen Ermittlungen oder von Strafverfahren oder der Vollstreckung einer Strafe für die in Anhang II aufgeführten Straftaten, die in dem betreffenden Mitgliedstaat nach dessen Recht mit einer Freiheitsstrafe oder einer freiheitsentziehenden Maßregel der Sicherung im Höchstmaß von mindestens vier Jahren bedroht ist."

Ein „biometrisches Fernidentifizierungssystem" ist dabei nach der Begriffsbestimmung in Art. 3 Nr. 41 der KI-Verordnung

> *„ein KI-System, das dem Zweck dient, natürliche Personen ohne ihre aktive Einbeziehung und in der Regel aus der Ferne durch Abgleich der biometrischen Daten einer Person mit den in einer Referenzdatenbank gespeicherten biometrischen Daten zu identifizieren",*

wobei es sich bei einem „biometrischen Echtzeit-Fernidentifizierungssystem" nach der Definition in Art. 3 Nr. 42 der KI-Verordnung um

> *„ein biometrisches Fernidentifizierungssystem (handelt), bei dem die Erfassung biometrischer Daten, der Abgleich und die Identifizierung ohne erhebliche Verzögerung erfolgen, und das zur Vermeidung einer Umgehung der Vorschriften nicht nur die sofortige Identifizierung, sondern auch eine Identifizierung mit begrenzten kurzen Verzögerungen umfasst".*

Der in der KI-Verordnung verwendete Begriff „biometrisches Fernidentifizierungssystem" ist nach dem 17. Erwägungsgrund der Verordnung funktional zu verstehen; für die Begriffsbestimmung ist nicht bedeutsam, welche Technologie, Verfahren oder Arten biometrischer Daten verwendet werden. Nach dem Erwägungsgrund umfasst der Begriff

> *„keine KI-Systeme, die bestimmungsgemäß für die biometrische Verifizierung, wozu die Authentifizierung gehört, verwendet werden sollen, deren einziger Zweck darin besteht, zu bestätigen, dass eine bestimmte natürliche Person die Person ist, für die sie sich ausgibt, sowie zur Bestätigung der Identität einer natürlichen Person zu dem alleinigen Zweck Zugang zu einem Dienst zu erhalten ... ."*

Diese Ausnahme wird damit begründet, dass diese Systeme im Vergleich zu biometrischen Fernidentifizierungssystemen, die zur Verarbeitung biometrischer Daten einer großen Anzahl von Personen ohne ihre aktive Einbeziehung verwendet werden können, geringfügige Auswirkungen auf die Grundrechte natürlicher Personen haben dürften.

Bei „Echtzeit-Systemen" erfolgen die Erfassung der biometrischen Daten, der Abgleich und die Identifizierung nach dem 17. Erwägungsgrund der KI-Verordnung zeitgleich, nahezu zeitgleich oder auf jeden Fall ohne erhebliche Verzögerung. „Echtzeit-Systeme" umfassen die Verwendung von „Live-Material" oder „Near-live-Material" wie etwa Videoaufnahmen, die von einer Kamera oder einem anderen Gerät mit ähnlicher Funktion erzeugt werden. Bei Systemen zur nachträglichen Identifizierung hingegen wurden die biometrischen Daten schon zuvor erfasst und der Abgleich und die Identifizierung erfolgen erst mit erheblicher Verzögerung. Dabei handelt es sich um Material wie etwa Bild- oder Videoaufnahmen, die von Video-Überwachungssystemen oder privaten Geräten vor der Anwendung des Systems auf die betroffenen natürlichen Personen erzeugt wurden.

Ein strafverfolgungsbezogener Zweck i.S. des Art. 5 Abs. 1 Buchst. h) der KI-Verordnung besteht beim Einsatz Echtzeit-Fernidentifizierungssysteme zum Zwecke des Kinder- und Jugendmedienschutzes gerade nicht. Solche biometrisch fundierte Altersverifikationen hat die KJM jüngst im Zusammenhang mit den drei AVS-Konzepten

- „facial age estimation" der KYC AVC UK Ltd. (Modul)
- „Age Verification" der Ondato (Modul)
- „Yoti" der Yoti Ltd. (Modul)

positiv beurteilt.[661] Das in Art. 5 Abs. 1 Buchst. h) der KI-Verordnung enthaltene Verbot beeinträchtigt damit einen zeitgemäßen, auch KI-Einsatz integrierenden technischen Kinder- und Jugendmedienschutz nicht. Die in Art. 5 Abs. 1 Buchst. h) vorgesehenen Ausnahmen vom Verbot haben im Übrigen auch eine kinderschützerische Tendenz.

3. „Hochrisiko-KI-Systeme" (Kapitel III der KI-Verordnung)

Für ein sog. Hochrisiko-KI-System sieht die KI-Verordnung zwar kein umfassendes Verbot, wohl aber einen umfangreichen Katalog regulatorischer Anforderungen für Anbieter, Importeure und Nutzer eines solchen Systems vor. Damit soll namentlich Bedrohungen für die Gesundheit, die Sicherheit oder die Ausübung von Grundrechten angemessen begegnet werden.[662] Bei der Einstufung des Risikos sollen insoweit nicht nur die Funktion des KI-Systems, sondern auch dessen Zweck und die Umstände seiner Anwendung Beachtung finden.

Nach Art. 6 der Verordnung wird ein KI-System auf zwei Wegen als Hochrisikosystem eingestuft:

- Erstens werden KI-Systeme als Hochrisikosysteme eingestuft, wenn sie als Sicherheitskomponente eines Produktes eingesetzt werden, welches nach EU-Vorschriften durch Dritte kontrolliert werden muss, bevor es in Verkehr gebracht werden darf, oder wenn das System selbst ein solches Produkt ist. Diese Variante ist im Blick auf den Kinder- und Jugendmedienschutz im audiovisuellen Bereich erkennbar ohne Relevanz.
- Zweitens werden auch KI-Systeme von dem Begriff erfasst, die in dem (entwicklungsoffenen) Anhang III der Verordnung benannt sind. Die EU-Kommission ist befugt, den

---

661 Vgl. *KJM*, KJM bewertet Altersverifikationssysteme mit biometrischer Alterskontrolle positiv. Verifizierung ohne Ausweispapiere, mittels künstlicher Intelligenz, 2022.

662 Vgl. zur Regulierung von Hochrisiko-KI-Systemen durch die KI-Verordnung *Binder/Egli*, MMR 2024, 626 (626 ff.).

Anhang per delegiertem Rechtsakt zu modifizieren oder zu erweitern – immer vorausgesetzt, ein KI-System erfüllt die allgemeinen Kriterien an ein Hochrisiko-System, d.h. birgt ein erhebliches Risiko der Beeinträchtigung in Bezug auf die Gesundheit, die Sicherheit oder die Ausübung von Grundrechten.

Zu den Grundrechten, die danach für die Einordnung eines KI-Systems als hochriskant bedeutsam sind, wenn das System mit erheblichen Risiken für das betreffende Grundrecht verbunden ist, zählen auch die Grundrechte, die Minderjährigen eingeräumt sind, einschließlich der Grundrechte, auf die sich staatliche oder unionale Schutzpflichten beziehen.[663] Beachtung verdient in diesem Kontext namentlich Art. 24 Abs. 1 der Grundrechtecharta der EU:

> *„Kinder haben Anspruch auf den Schutz und die Fürsorge, die für ihr Wohlergehen notwendig sind. Sie können ihre Meinung frei äußern. Ihre Meinung wird in den Angelegenheiten, die sie betreffen, in einer ihrem Alter und ihrem Reifegrad entsprechenden Weise berücksichtigt.*"

Sämtliche dieser Grundrechte können durch KI-Systeme, namentlich auch Systeme generativer KI, beeinträchtigt werden. Denn zum Wohlergehen eines Kindes, auf den der Schutz i.S. des Art. 24 Abs. 1 Satz 1 der EU-Grundrechtecharta ausgerichtet sein soll, zählt auch das seelische Wohlergehen i.S. einer von schädlichen Einflüssen, auch von schädlichen medialen Einflüssen möglichst freien Entwicklungsmöglichkeit Minderjähriger. Und die Freiheit der Meinungsäußerung für Minderjährige i.S. des Art. 24 Abs. 1 Satz 2 der EU-Grundrechtecharta kann auch durch generative KI beeinträchtigt werden, die z.B. einen diesbezüglichen *chilling effect* erzeugt – z.B. im Wege des Cybermobbing.

4. Insbesondere: Anhang III der KI-Verordnung

Anhang III bezeichnet eigenständige KI-Systeme, bei denen sich ein Risiko bereits gezeigt hat oder zumindest absehbar ist. Hier zeigt sich der mehrdimensionale Risiko-Ansatz der KI-Verordnung: Zum einen wird das Risiko anhand der Funktionsweise der KI bestimmt. So gelten etwa KI-Systeme, die Personen anhand von biometrischen Daten identifizieren, als Hochrisikosysteme. Zum anderen kann auch der Sektor, in dem ein System eingesetzt wird, eine Bewertung als Hochrisikosystem auslösen. Dies betrifft KI-Systeme, die bei kritischer Infrastruktur (Gas, Wasser, Strom, etc.) eingesetzt werden, sowie bei Bildung, Beschäftigung, Zugang zu grundlegenden Diensten und Leistungen, Strafverfolgung, Migration, Asyl und in der Rechtspflege. Dabei ist es der Kommission vorbehalten, weitere KI-Systeme zu dieser Liste hinzuzufügen, sofern sie unter die bereits bestehenden Bereiche fallen und ein vergleichbares Risiko darstellen. Einen vollkommen neuen Bereich von Hochrisikosystemen kann die Kommission damit nicht schaffen.

Als Hochrisiko-KI-Systeme gemäß Art. 6 Abs. 2 der KI-Verordnung gelten aktuell nach deren Anhang III u.a. die in folgenden Bereichen aufgeführten KI-Systeme:

---

663 Vgl. hierzu oben, Abschnitt B. VI. 6.

„1. Biometrie, soweit ihr Einsatz nach einschlägigem Unionsrecht oder nationalem Recht zugelassen ist:

a) biometrische Fernidentifizierungssysteme.

Dazu gehören nicht KI-Systeme, die bestimmungsgemäß für die biometrische Verifizierung, deren einziger Zweck darin besteht, zu bestätigen, dass eine bestimmte natürliche Person die Person ist, für die sie sich ausgibt, verwendet werden sollen;

b) KI-Systeme, die bestimmungsgemäß für die biometrische Kategorisierung nach sensiblen oder geschützten Attributen oder Merkmalen auf der Grundlage von Rückschlüssen auf diese Attribute oder Merkmale verwendet werden sollen;

c) KI-Systeme, die bestimmungsgemäß zur Emotionserkennung verwendet werden sollen.

2. Kritische Infrastruktur: KI-Systeme, die bestimmungsgemäß als Sicherheitsbauteile im Rahmen der Verwaltung und des Betriebs kritischer digitaler Infrastruktur, des Straßenverkehrs oder der Wasser-, Gas-, Wärme- oder Stromversorgung verwendet werden sollen

3. Allgemeine und berufliche Bildung

a) KI-Systeme, die bestimmungsgemäß zur Feststellung des Zugangs oder der Zulassung oder zur Zuweisung natürlicher Personen zu Einrichtungen aller Ebenen der allgemeinen und beruflichen Bildung verwendet werden sollen;

b) KI-Systeme, die bestimmungsgemäß für die Bewertung von Lernergebnissen verwendet werden sollen, einschließlich des Falles, dass diese Ergebnisse dazu dienen, den Lernprozess natürlicher Personen in Einrichtungen oder Programmen aller Ebenen der allgemeinen und beruflichen Bildung zu steuern;

c) KI-Systeme, die bestimmungsgemäß zum Zweck der Bewertung des angemessenen Bildungsniveaus, das eine Person im Rahmen von oder innerhalb von Einrichtungen aller Ebenen der allgemeinen und beruflichen Bildung erhalten wird oder zu denen sie Zugang erhalten wird, verwendet werden sollen;

d) KI-Systeme, die bestimmungsgemäß zur Überwachung und Erkennung von verbotenem Verhalten von Schülern bei Prüfungen im Rahmen von oder innerhalb von Einrichtungen aller Ebenen der allgemeinen und beruflichen Bildung verwendet werden sollen.

...

5. Zugänglichkeit und Inanspruchnahme grundlegender privater und grundlegender öffentlicher Dienste und Leistungen:

a) KI-Systeme, die bestimmungsgemäß von Behörden oder im Namen von Behörden verwendet werden sollen, um zu beurteilen, ob natürliche Personen Anspruch auf grundlegende öffentliche Unterstützungsleistungen und -dienste, einschließlich

Gesundheitsdiensten, haben und ob solche Leistungen und Dienste zu gewähren, einzuschränken, zu widerrufen oder zurückzufordern sind;

...

6. Strafverfolgung, soweit ihr Einsatz nach einschlägigem Unionsrecht oder nationalem Recht zugelassen ist:

a) KI-Systeme, die bestimmungsgemäß von Strafverfolgungsbehörden oder in deren Namen oder von Organen, Einrichtungen und sonstigen Stellen der Union zur Unterstützung von Strafverfolgungsbehörden oder in deren Namen zur Bewertung des Risikos einer natürlichen Person, zum Opfer von Straftaten zu werden, verwendet werden sollen;

...

d) KI-Systeme, die bestimmungsgemäß von Strafverfolgungsbehörden oder in deren Namen oder von Organen, Einrichtungen und sonstigen Stellen der Union zur Unterstützung von Strafverfolgungsbehörden zur Bewertung des Risikos, dass eine natürliche Person eine Straftat begeht oder erneut begeht, nicht nur auf der Grundlage der Erstellung von Profilen natürlicher Personen gemäß Artikel 3 Absatz 4 der Richtlinie (EU) 2016/680 oder zur Bewertung persönlicher Merkmale und Eigenschaften oder vergangenen kriminellen Verhaltens von natürlichen Personen oder Gruppen verwendet werden sollen;

e) KI-Systeme, die bestimmungsgemäß von Strafverfolgungsbehörden oder in deren Namen oder von Organen, Einrichtungen und sonstigen Stellen der Union zur Unterstützung von Strafverfolgungsbehörden zur Erstellung von Profilen natürlicher Personen gemäß Artikel 3 Absatz 4 der Richtlinie (EU) 2016/680 im Zuge der Aufdeckung, Ermittlung oder Verfolgung von Straftaten verwendet werden sollen.

...

8. Rechtspflege und demokratische Prozesse

a) KI-Systeme, die bestimmungsgemäß von einer oder im Namen einer Justizbehörde verwendet werden sollen, um eine Justizbehörde bei der Ermittlung und Auslegung von Sachverhalten und Rechtsvorschriften und bei der Anwendung des Rechts auf konkrete Sachverhalte zu unterstützen, oder die auf ähnliche Weise für die alternative Streitbeilegung genutzt werden sollen;

b) KI-Systeme, die bestimmungsgemäß verwendet werden sollen, um das Ergebnis einer Wahl oder eines Referendums oder das Wahlverhalten natürlicher Personen bei der Ausübung ihres Wahlrechts bei einer Wahl oder einem Referendum zu beeinflussen. Dazu gehören nicht KI-Systeme, deren Ausgaben natürliche Personen nicht direkt ausgesetzt sind, wie Instrumente zur Organisation, Optimierung oder Strukturierung politischer Kampagnen in administrativer oder logistischer Hinsicht."

Der Einsatz von KI-Systemen im Rahmen von biometrischen Fernidentifizierungssystemen, die bei AV-Systemen des Kinder- und Jugendmedienschutzes genutzt werden, ist mithin von der Regulierung von Hochrisiko-KI-System nach Ziffer 1 des Anhangs III nicht erfasst, da er Verifizierungszwecken i.S. der Ausnahme zu dieser Vorschrift dient.

Nicht erfasst ist ferner z.B. sowohl eine Regulierung des Einsatzes von generativer KI zu Zwecken der Generierung, Aggregation, Präsentation und Auswahl von Medieninhalten als auch eine medienaufsichtsrechtliche Bewertung des Einsatzes von sog. deep fakes – was allerdings mangels abschließendem Charakter der EU-Regulierung einer ergänzenden und erweiternden mitgliedstaatlichen Regulierung solcher Aspekte und Phänomene nicht entgegensteht.

Auch auf die Beurteilung von Medien als kritische Infrastruktur kommt es im Blick auf die Einbindung von KI in die Generierung, Aggregation, Präsentation oder Auswahl von Medieninhalten nach Ziffer 2 des Anhangs III nicht an, da keiner der bisherigen diesbezüglichen Anknüpfungspunkte den Hochrisiko-Charakter von kritischer Infrastruktur an eine dieser medienbezogenen Verhaltensweisen anknüpft.

In Bezug auf Ziffer 3 des Anhangs III verdient der 56. Erwägungsgrund der KI-Verordnung interpretative Beachtung. Dieser betont zunächst, dass der Einsatz von KI-Systemen in der Bildung wichtig ist,

> *„um eine hochwertige digitale allgemeine und berufliche Bildung zu fördern und es allen Lernenden und Lehrkräften zu ermöglichen, die erforderlichen digitalen Fähigkeiten und Kompetenzen, einschließlich Medienkompetenz und kritischem Denken, zu erwerben und auszutauschen, damit sie sich aktiv an Wirtschaft, Gesellschaft und demokratischen Prozessen beteiligen können".*

Dies spricht dafür, dass von den Einrichtungen und Programmen „aller Ebenen der allgemeinen und beruflichen Bildung" i.S. der Ziffer 3 nicht zuletzt auch solche Einrichtungen und Programme erfasst sind, die Medienkompetenz vermitteln, wobei der Begriff der Einrichtungen und Programme weit zu verstehen ist. Dieser Begriff ist entwicklungsoffen zu verstehen und bezieht sich nicht allein auf klassische Schulen bzw. Berufsschulen, sondern erfasst auch Bildungsangebote im außerschulischen Bereich, denen im digitalen Wandel ohnedies eine wachsende Bedeutung zukommt.

Wenn in Ziffer 5 Buchst. a) des Anhangs III im Kontext der Zugänglichkeit und Inanspruchnahme grundlegender privater und grundlegender öffentlicher Dienste und Leistungen auch KI-Systeme adressiert werden, die bestimmungsgemäß von Behörden oder im Namen von Behörden verwendet werden sollen, um zu beurteilen, ob natürliche Personen Anspruch auf grundlegende öffentliche Unterstützungsleistungen und -dienste haben, so sind hiervon auch öffentliche Unterstützungsleistungen und -dienste im Bereich Internet erfasst. Nur ein solches Verständnis trägt angemessen der umfassenden infrastrukturellen Bedeutung des Internets unter den Bedingungen einer digitalen Wirtschafts- und Gesellschaftsordnung des 21. Jahrhunderts Rechnung. Diese Bedeutung prägt auch die Herausforderungen, denen sich ein zeitgemäßer Kinder- und Jugendmedienschutz in seiner teilhaberechtlichen Dimension stellen muss.

Ziffer 6 des Anhangs III ist in seiner auch kinder- und jugendmedienschützerischen Relevanz nicht zuletzt im Kontext der Strafverfolgung von Kinder- und Jugendpornographie nicht zu unterschätzen.

Wenn in Ziffer 8 des Anhangs III im Übrigen auch demokratische Prozesse Erwähnung finden, so bedeutet dies zwar nicht, dass der EU damit originäre Regelungskompetenzen für den Einsatz von KI in diesen Prozessen jenseits derjenigen Ebenen demokratischer Prozesse eröffnet sind, für die die EU selbst bereits über Regelungskompetenzen allgemeiner Art verfügt, was bei der Unions- und der kommunalen Ebene im Ansatz der Fall ist. Ziffer 8 verdeutlicht indessen die Relevanz des Einsatzes von KI im Hinblick auf einen freien demokratischen Prozess und damit verbunden die von der EU zu respektierende Befugnis der Mitgliedstaaten zur Regulierung demokratiebezogener Aspekte des Einsatzes von KI einschließlich (a) der Regulierung demokratischer Gestaltungs- und Teilhabemöglichkeit Minderjähriger sowie (b) regulatorischer Abwehr von inneren und äußeren Bedrohungen für die freiheitliche Demokratie, die von auch an Kinder und Jugendliche adressierten Angeboten mit aggressiv-kämpferischer anti-demokratischer Tendenz und/oder nachhaltig desinformierender Tendenz ausgehen.

5. Regulatorische Anforderungen an Hochrisikosysteme

a) Risikomanagement-System

Sobald ein KI-System als Hochrisikosystem eingestuft ist, muss es nach dem AI Act eine Reihe von Anforderungen erfüllen:

Nach Art. 9 Abs. 1 der KI-Verordnung muss ein „Risikomanagement-System eingerichtet, angewandt, dokumentiert und aufrechterhalten" werden. Dieses Risikomanagementsystem versteht sich nach Absatz 2 Satz 1 der Regelung als

> *„ein kontinuierlicher iterativer Prozess, der während des gesamten Lebenszyklus eines Hochrisiko-KI-Systems geplant und durchgeführt wird"*

und eine regelmäßige systematische Überprüfung und Aktualisierung erfordert. Es umfasst nach Art. 9 Abs. 2 Satz 2 der KI-Verordnung u.a. folgende Schritte:

> *„a) die Ermittlung und Analyse der bekannten und vernünftigerweise vorhersehbaren Risiken, die vom Hochrisiko-KI-System für die Gesundheit, Sicherheit oder Grundrechte ausgehen können, wenn es entsprechend seiner Zweckbestimmung verwendet wird;*
>
> *b) die Abschätzung und Bewertung der Risiken, die entstehen können, wenn das Hochrisiko-KI-System entsprechend seiner Zweckbestimmung oder im Rahmen einer vernünftigerweise vorhersehbaren Fehlanwendung verwendet wird;*
>
> *c) die Bewertung anderer möglicherweise auftretender Risiken auf der Grundlage der Auswertung der Daten aus dem in Artikel 72 genannten System zur Beobachtung nach dem Inverkehrbringen;*

d) die Ergreifung geeigneter und gezielter Risikomanagementmaßnahmen zur Bewältigung der gemäß Buchstabe a ermittelten Risiken."

Damit dürfte, in Umsetzung der politischen Verständigung im Trilog-Verfahren,

„eine obligatorische Folgenabschätzung für die Grundrechte einzuführen",[664]

bei Hochrisiko-KI-Systemen auch eine Folgenabschätzung in Bezug auf solche Grundrechte, namentlich auch Art. 24 GRC,[665] zu erwarten sein, die den Schutz von Kindern und Jugendlichen im Blick haben.

Bei den in Art. 9 Abs. 2 Buchst. d) genannten Risikomanagementmaßnahmen werden nach Absatz 4 die Auswirkungen und möglichen Wechselwirkungen, die sich aus der kombinierten Anwendung der Anforderungen an Hochrisiko-KI-Systeme ergeben, gebührend berücksichtigt, um die Risiken wirksamer zu minimieren und gleichzeitig ein angemessenes Gleichgewicht bei der Durchführung der Maßnahmen zur Erfüllung dieser Anforderungen sicherzustellen.

Die in Absatz 2 Buchstabe d genannten Risikomanagementmaßnahmen werden nach Art. 9 Abs. 5 der KI-Verordnung so gestaltet, dass jedes mit einer bestimmten Gefahr verbundene relevante Restrisiko sowie das Gesamtrestrisiko der Hochrisiko-KI-Systeme als vertretbar beurteilt wird.

Hochrisiko-KI-Systeme müssen nach Art. 9 Abs. 6 getestet werden, um die am besten geeigneten gezielten Risikomanagementmaßnahmen zu ermitteln. Durch das Testen wird sichergestellt, dass Hochrisiko-KI-Systeme stets im Einklang mit ihrer Zweckbestimmung funktionieren und die Anforderungen dieses Abschnitts erfüllen. Die Testverfahren können nach Art. 9 Abs. 7 einen Test unter Realbedingungen gemäß Art. 60 der KI-Verordnung umfassen.

Bei der Umsetzung des in Art. 9 Abs. 1 bis 7 vorgesehenen Risikomanagementsystems kommt nach der KI-Verordnung dem Schutz Minderjähriger besondere Bedeutung zu: Die Anbieter müssen gemäß Art. 9 Abs. 9 der KI-Verordnung berücksichtigen, „ob angesichts seiner Zweckbestimmung das Hochrisiko-KI-System wahrscheinlich nachteilige Auswirkungen auf Personen unter 18 Jahren oder gegebenenfalls andere schutzbedürftige Gruppen haben wird".

b) Daten und Daten-Governance

Hohe Anforderungen werden in dem „Daten und Daten-Governance" gewidmeten Art. 10 der KI-Verordnung an die Datenqualität gestellt: Hochrisiko-KI-Systeme, in denen Techniken eingesetzt werden, bei denen KI-Modelle mit Daten trainiert werden, müssen nach

---

665 Vgl. hierzu Abschnitt B. VI. 5. c) (3).

Absatz 1 dieser Regelung mit Trainings-,[666] Validierungs-[667] und Testdatensätzen[668] entwickelt werden, die den in den Absätzen 2 bis 5 genannten Qualitätskriterien entsprechen, wenn solche Datensätze verwendet werden.

Für Trainings-, Validierungs- und Testdatensätze gelten nach Art. 10 Abs. 2 Satz 1 der KI-Verordnung Daten-Governance- und Datenverwaltungsverfahren, die für die Zweckbestimmung des Hochrisiko-KI-Systems geeignet sind. Diese Verfahren betreffen nach Satz 2 der Regelung u.a. insbesondere

> *„...*
>
> *f) eine Untersuchung im Hinblick auf mögliche Verzerrungen (Bias), die ... sich negativ auf die Grundrechte auswirken oder zu einer nach den Rechtsvorschriften der Union verbotenen Diskriminierung führen könnten, insbesondere wenn die Datenausgaben die Eingaben für künftige Operationen beeinflussen,*
>
> *g) geeignete Maßnahmen zur Erkennung, Verhinderung und Abschwächung möglicher gemäß Buchstabe f ermittelter Verzerrungen,*
>
> *h) die Ermittlung relevanter Datenlücken oder Mängel, die der Einhaltung dieser Verordnung entgegenstehen, und wie diese Lücken und Mängel behoben werden können".*

Solche Verzerrungen können auch eine den effektiven Kinder- und Jugendmedienschutz beeinträchtigende altersbezogene Diskriminierung zum Gegenstand haben.

Die Trainings-, Validierungs- und Testdatensätze müssen nach Art. 10 Abs. 3 Satz 1 der KI-Verordnung „im Hinblick auf die Zweckbestimmung relevant, hinreichend repräsentativ und so weit wie möglich fehlerfrei und vollständig sein".

Ungeachtet der im Rechtsetzungsverfahren erfolgten Relativierung – der Vorschlag der Kommission hatte noch auf die Zusätze „hinreichend" und „so weit wie möglich" verzichtet - begegnet das datenbezogene Anforderungsprofil des Art. 10 Abs. 3 der Verordnung auch weiterhin angemessen der Gefahr von Diskriminierung durch KI-Systeme. Diese Gefahr ist auch für das Verständnis des „hinreichend"-Kriteriums bedeutsam. Denn ein laxes Verständnis der vier Kriterien, dass die aufgezeigte Gefahr nicht einzuhegen im Stande wäre, widerspräche dem Telos der Norm. Nicht repräsentative Datensätze können zu einer

---

666 „Trainingsdaten" sind nach der Begriffsbestimmung in Art. 3 Nr. 29 der KI-Verordnung Daten, die zum Trainieren eines KI-Systems verwendet werden, wobei dessen lernbare Parameter angepasst werden.

667 „Validierungsdaten" sind nach der Begriffsbestimmung in Art. 3 Nr. 30 der KI-Verordnung Daten, die zur Evaluation des trainierten KI-Systems und zur Einstellung seiner nicht erlernbaren Parameter und seines Lernprozesses verwendet werden, um unter anderem eine Unter- oder Überanpassung zu vermeiden. Ein „Validierungsdatensatz" ist nach der Begriffsbestimmung in Art. 3 Nr. 31 der KI-Verordnung ein separater Datensatz oder ein Teil des Trainingsdatensatzes mit fester oder variabler Aufteilung.

668 „Testdaten" sind nach der Begriffsbestimmung in Art. 3 Nr. 32 der KI-Verordnung Daten, die für eine unabhängige Bewertung des KI-Systems verwendet werden, um die erwartete Leistung dieses Systems vor dessen Inverkehrbringen oder Inbetriebnahme zu bestätigen.

unbewussten oder gar gezielten Verzerrung von Ergebnissen ("Bias") führen, die ohne genaue Dokumentation der genutzten Daten schwer zu erkennen ist.

Um solche Bias zu erkennen und zu vermeiden, gewährt die Verordnung nach ihrem 70. Erwägungsgrund den Anbietern von KI-Systemen eine Ausnahme von einem grundsätzlichen Tabubereich der DS-GVO:

> *„Um das Recht anderer auf Schutz vor Diskriminierung, die sich aus Verzerrungen in KI-Systemen ergeben könnte, zu wahren, sollten die Anbieter ausnahmsweise und in dem unbedingt erforderlichen Ausmaß, um die Erkennung und Korrektur von Verzerrungen im Zusammenhang mit Hochrisiko-KI-Systemen sicherzustellen, vorbehaltlich angemessener Vorkehrungen für den Schutz der Grundrechte und Grundfreiheiten natürlicher Personen und nach Anwendung aller in dieser Verordnung festgelegten geltenden Bedingungen zusätzlich zu den in den Verordnungen (EU) 2016/679 und (EU) 2018/1725 sowie der Richtlinie (EU) 2016/680 festgelegten Bedingungen besondere Kategorien personenbezogener Daten als Angelegenheit von erheblichem öffentlichen Interesse im Sinne des Artikels 9 Absatz 2 Buchstabe g der Verordnung (EU) 2016/679 und des Artikels 10 Absatz 2 Buchstabe g der Verordnung (EU) 2018/1725 verarbeiten können."*

Aufbauend hierauf regelt Art. 10 Abs. 5 Satz 1 der KI-Verordnung, dass Anbieter von Hochrisiko-KI-Systemen, soweit dies für die Erkennung und Korrektur von Verzerrungen im Zusammenhang mit Hochrisiko-KI-Systemen im Einklang mit Art. 10 Abs. 2 Buchst. f und g unbedingt erforderlich ist, ausnahmsweise besondere Kategorien personenbezogener Daten verarbeiten dürfen, wobei sie angemessene Vorkehrungen für den Schutz der Grundrechte und Grundfreiheiten natürlicher Personen treffen müssen. Zusätzlich zu den Bestimmungen der Verordnungen (EU) 2016/679 und (EU) 2018/1725 und der Richtlinie (EU) 2016/680 müssen nach Art. 10 Abs. 5 Satz 2 der KI-Verordnung alle folgenden Bedingungen erfüllt sein, damit eine solche Verarbeitung stattfinden kann:

> *„a) Die Erkennung und Korrektur von Verzerrungen kann durch die Verarbeitung anderer Daten, einschließlich synthetischer oder anonymisierter Daten, nicht effektiv durchgeführt werden;*
>
> *b) die besonderen Kategorien personenbezogener Daten unterliegen technischen Beschränkungen einer Weiterverwendung der personenbezogenen Daten und modernsten Sicherheits- und Datenschutzmaßnahmen, einschließlich Pseudonymisierung;*
>
> *c) die besonderen Kategorien personenbezogener Daten unterliegen Maßnahmen, mit denen sichergestellt wird, dass die verarbeiteten personenbezogenen Daten gesichert, geschützt und Gegenstand angemessener Sicherheitsvorkehrungen sind, wozu auch strenge Kontrollen des Zugriffs und seine Dokumentation gehören, um Missbrauch zu verhindern und sicherzustellen, dass nur befugte Personen Zugang zu diesen personenbezogenen Daten mit angemessenen Vertraulichkeitspflichten haben;*

d) die besonderen Kategorien personenbezogener Daten werden nicht an Dritte übermittelt oder übertragen, noch haben diese Dritten anderweitigen Zugang zu diesen Daten;

e) die besonderen Kategorien personenbezogener Daten werden gelöscht, sobald die Verzerrung korrigiert wurde oder das Ende der Speicherfrist für die personenbezogenen Daten erreicht ist, je nachdem, was zuerst eintritt;

f) die Aufzeichnungen über Verarbeitungstätigkeiten gemäß den Verordnungen (EU) 2016/679 und (EU) 2018/1725 und der Richtlinie (EU) 2016/680 enthalten die Gründe, warum die Verarbeitung besonderer Kategorien personenbezogener Daten für die Erkennung und Korrektur von Verzerrungen unbedingt erforderlich war und warum dieses Ziel mit der Verarbeitung anderer Daten nicht erreicht werden konnte."

Über diese Sicherheitsvorkehrungen bleibt nicht zuletzt auch im Umgang mit Daten Minderjähriger ein dem Schutzniveau der DS-GVO vergleichbares Schutzniveau gewahrt.

c) Technische Dokumentation

Der AI Act enthält in Art. 11 zudem Vorgaben zur technischen Dokumentation eines Hochrisiko-KI-Systems; diese muss erstellt werden, bevor dieses System in Verkehr gebracht oder in Betrieb genommen wird, und ist stets auf dem neuesten Stand zu halten. Die technische Dokumentation muss so erstellt werden müssen, dass aus ihr der Nachweis hervorgeht, wie das Hochrisiko-KI-System die auf solche Systeme bezogenen Anforderungen erfüllt, und dass den zuständigen nationalen Aufsichtsinstanzen alle Informationen zur Verfügung stehen, die erforderlich sind, um zu beurteilen, ob das KI-System diese Anforderungen erfüllt. Die technische Dokumentation muss dabei grundsätzlich zumindest die in Anhang IV der Verordnung genannten Angaben enthalten. Zu diesen Angaben zählen u.a.

„1. Allgemeine Beschreibung des KI-Systems …

2. Detaillierte Beschreibung der Bestandteile des KI-Systems und seines Entwicklungsprozesses, …

3. Detaillierte Informationen über die Überwachung, Funktionsweise und Kontrolle des KI-Systems, insbesondere in Bezug auf Folgendes: die Fähigkeiten und Leistungsgrenzen des Systems, einschließlich der Genauigkeitsgrade bei bestimmten Personen oder Personengruppen, auf die es bestimmungsgemäß angewandt werden soll, sowie des in Bezug auf seine Zweckbestimmung insgesamt erwarteten Maßes an Genauigkeit; angesichts der Zweckbestimmung des KI-Systems vorhersehbare unbeabsichtigte Ergebnisse und Quellen von Risiken[669] *für die Gesundheit und Sicherheit, die Grundrechte und eine etwaige Diskriminierung; die nach Artikel 14 erforderlichen Maßnahmen der menschlichen Aufsicht, einschließlich der technischen Maßnahmen, die getroffen wurden, um den Betreibern die Interpretation der*

---

669 Hier und im Folgenden nicht-kursive Hervorhebung d. Verf.

Ausgaben von KI-Systemen zu erleichtern; gegebenenfalls Spezifikationen zu Eingabedaten;

...

5. Detaillierte Beschreibung des Risikomanagementsystems gemäß Artikel 9;

6. Beschreibung einschlägiger Änderungen, die der Anbieter während des Lebenszyklus an dem System vorgenommen hat;

... "

d) Aufzeichnungspflichten

Die Technik der Hochrisiko-KI-Systeme muss nach Art. 12 der KI-Verordnung die automatische Aufzeichnung von Ereignissen („Protokollierung") während des Lebenszyklus des Systems ermöglichen.

e) Transparenz und Bereitstellung von Informationen für die Betreiber

Hochrisiko-KI-Systeme müssen nach Art. 13 Abs. 1 der KI-Verordnung so konzipiert und entwickelt werden, dass ihr Betrieb

„hinreichend transparent"

ist, damit die Betreiber die Ausgaben dieses Systems

„angemessen interpretieren und verwenden"

können. Hochrisiko-KI-Systeme müssen nach Absatz 2 dieser Regelung zudem mit „Betriebsanleitungen" in einem geeigneten digitalen Format bereitgestellt oder auf andere Weise mit Betriebsanleitungen versehen werden,

„die präzise, vollständige, korrekte und eindeutige Informationen in einer für die Betreiber relevanten, barrierefrei zugänglichen und verständlichen Form enthalten".[670]

---

670 Diese Informationen umfassen nach Absatz 3 dieser Regelung a) den Namen und die Kontaktangaben des Anbieters sowie ggf. seines Bevollmächtigten; b) die Merkmale, Fähigkeiten und Leistungsgrenzen des Hochrisiko-KI-Systems, einschließlich i) seiner Zweckbestimmung, ii) des Maßes an Genauigkeit, Robustheit und Cybersicherheit gemäß Art. 15, für das das Hochrisiko-KI-System getestet und validiert wurde und das zu erwarten ist, sowie alle bekannten und vorhersehbaren Umstände, die sich auf das erwartete Maß an Genauigkeit, Robustheit und Cybersicherheit auswirken können, iii) aller bekannten oder vorhersehbaren Umstände bezüglich der Verwendung des Hochrisiko-KI-Systems im Einklang mit seiner Zweckbestimmung oder einer vernünftigerweise vorhersehbaren Fehlanwendung, die zu den in Artikel 9 Absatz 2 genannten Risiken für die Gesundheit und Sicherheit oder die Grundrechte führen können, iv) ggf. der technischen Fähigkeiten und Merkmale des Hochrisiko-KI-Systems, um Informationen bereitzustellen, die zur Erläuterung seiner Ausgaben relevant sind, v) ggf. seiner Leistung bezüglich der Personen oder Personengruppen, auf die das System bestimmungsgemäß angewandt werden soll, vi) ggf. der Spezifikationen für die Eingabedaten oder sonstiger relevanter Informationen über die verwendeten Trainings-, Validierungs- und Testdatensätze unter Berücksichtigung der Zweckbestimmung des Hochrisiko-KI-Systems, vii) ggf. Informationen, die es den Betreibern ermöglichen, die Ausgabe des Hochrisiko-KI-Systems zu interpretieren und es angemessen zu nutzen; c) etwaige Änderungen des Hochrisiko-KI-Systems und seiner Leistung, die der Anbieter zum Zeitpunkt der ersten

Diese Informationen können nicht zuletzt auch Anknüpfungspunkte für auf KI-bezogene Maßnahmen der Vermittlung von Informations-, Medien- und Digitalkompetenz sein.

f) Menschliche Aufsicht

Zudem müssen Hochrisiko-KI-Systeme nach Art. 14 Abs. 1 der KI-Verordnung durch den Anbieter so konzipiert und entwickelt werden, dass sie während der Dauer ihrer Verwendung — auch mit geeigneten Instrumenten einer Mensch-Maschine-Schnittstelle — von natürlichen Personen wirksam beaufsichtigt werden können.[671]

Die menschliche Aufsicht dient nach Absatz 2 dieser Regelung

> *„der Verhinderung oder Minimierung der Risiken für die Gesundheit, die Sicherheit oder die Grundrechte, die entstehen können, wenn ein Hochrisiko-KI-System im Einklang mit seiner Zweckbestimmung oder unter im Rahmen einer vernünftigerweise vorhersehbaren Fehlanwendung verwendet wird, insbesondere wenn solche Risiken trotz der Einhaltung anderer Anforderungen dieses Abschnitts fortbestehen".*

Art. 14 Abs. 4 Buchst. a) der KI-Verordnung gibt vor, dass dem Betreiber das KI-System derart zur Verfügung zu stellen ist, dass die Aufsichtspersonen angemessen und verhältnismäßig in der Lage sind, die einschlägigen Fähigkeiten und Grenzen des Hochrisiko-KI-Systems angemessen zu verstehen und zu überwachen – auch im Hinblick darauf, Anomalien, Dysfunktionen oder unerwartete Leistungen zu erkennen. Ein Nachvollziehen von konkreten Einzelfallentscheidungen der KI wird in Art. 14 Abs. 4 Buchst. a) und c) der Verordnung nicht gefordert. Den rechtlichen Anforderungen an das nach Art. 14 der Verordnung gebotene Verständnis sind zudem technische Grenzen gesetzt. Die Erklärbarkeit eines KI-Systems ist grundlegend von dem gewählten Algorithmus abhängig. Dem menschlichen Verständnis von KI-Systemen sind dabei zwar Grenzen gesetzt. Sofern selbst für Sachverständige unverständliche KI-Systeme genutzt werden, ist ein Mangel an Erklärbarkeit nicht hinnehmbar, soll die Zielsetzung der KI-Verordnung insoweit nicht unterlaufen werden.[672]

Bei Systemen zur biometrischen Identifikation, wie sie auch die KJM als zur Wahrung von Altersvorgaben geeignet eingestuft hat, ist zudem nach Art. 14 Abs. 5 der Verordnung ein „Vier-Augen-Prinzip" vorgeschrieben: Bei entsprechenden Hochrisiko-KI-Systemen müssen die Vorkehrungen so gestaltet sein, dass

---

Konformitätsbewertung vorab bestimmt hat; d) die in Art. 14 genannten Maßnahmen zur Gewährleistung der menschlichen Aufsicht, einschließlich der technischen Maßnahmen, die getroffen wurden, um den Betreibern die Interpretation der Ausgaben von Hochrisiko-KI-Systemen zu erleichtern; e) die erforderlichen Rechen- und Hardware-Ressourcen, die erwartete Lebensdauer des Hochrisiko-KI-Systems und alle erforderlichen Wartungs- und Pflegemaßnahmen zur Gewährleistung des ordnungsgemäßen Funktionierens dieses KI-Systems, auch in Bezug auf Software-Updates; f) ggf. eine Beschreibung der in das Hochrisiko-KI-System integrierten Mechanismen, die es den Betreibern ermöglicht, die Protokolle im Einklang mit Art. 12 ordnungsgemäß zu erfassen, zu speichern und auszuwerten.

671 Vgl. hierzu *Dienes*, MMR 2024, 456 (457 ff.).

672 A.A. insoweit Dienes, MMR 2024, 456 (461).

„der Betreiber keine Maßnahmen oder Entscheidungen allein aufgrund des vom System hervorgebrachten Identifizierungsergebnisses trifft, solange diese Identifizierung nicht von mindestens zwei natürlichen Personen, die die notwendige Kompetenz, Ausbildung und Befugnis besitzen, getrennt überprüft und bestätigt wurde".

Gerade auch im Bereich des Jugendmedienschutzes machen solche Anforderungen den technologischen Effizienzgewinn für eine effektive, personalressourcenschonende Aufsicht zum Teil wieder zunichte und dürften dazu führen, dass KI-Unterstützung unter ihren Möglichkeiten bleibt. Diskutabel erscheint insoweit, möglichen Fehlern der KI durch Beschwerdesysteme oder ähnliche, dem KI-Einsatz nachgelagerte Instrumente zu begegnen.[673]

g) Konformitätsprüfung

Den Anbietern von Hochrisiko-KI-Systemen obliegen im Übrigen die in Art. 16 der KI-Verordnung katalogartig zusammengefassten Pflichten. Hierzu zählt nicht nur, dass sie nach Art. 16 Buchst. a) der KI-Verordnung in umfassender Weise sicherstellen müssen, dass ein von ihnen oder in ihrem Auftrag entwickeltes KI-System den Anforderungen der Art. 8 bis 15 der KI-Verordnung gerecht wird. Auch zur Effektuierung dieser Pflichten sind sie gemäß Art. 16 Buchst. f der KI-Verordnung gehalten, die in Art. 43 dieser Verordnung geregelten Konformitätsbewertungsverfahren durchzuführen, in deren Rahmen die Einhaltung der gesetzlichen Anforderungen überprüft wird. Um möglichst auszuschließen, dass KI-spezifische Risiken sich überhaupt realisieren können, müssen diese Verfahren bereits vollständig durchgeführt worden sein, noch bevor ein Hochrisiko-KI-System in Verkehr gebracht oder in Betrieb genommen wird.[674]

Mit dem erfolgreichen Abschluss eines internen oder externen Konformitätsbewertungsverfahrens sind KI-Anbieter berechtigt (und verpflichtet), gem. Art. 48 KI-VO eine physische oder digitale CE-Kennzeichnung anzubringen und hierdurch die praktische Binnenmarktfähigkeit ihres KI-Systems herzustellen. Darüber hinaus ist (vor allem im Interesse der Aufsichtsbehörden) eine EU-Konformitätserklärung mit dem in Art. 47 KI-VO iVm Anhang V geregelten Inhalt auszustellen und für mindestens zehn Jahre vorzuhalten. Nach Durchlaufen eines externen Verfahrens wird von der notifizierten Stelle zudem eine EU-Konformitätsbescheinigung gem. Art. 44 KI-VO aufgestellt. Aus Perspektive der Anbieter stellen diese Zertifizierungselemente gemeinsam das wichtigste Instrument dar, um für sie nachteilige behördlichen Maßnahmen zu verhindern und ihr KI-System am Markt zu etablieren. Der Gesetzgeber erhofft sich zudem vor allem von den CE-Kennzeichnungen positive Effekte für den KI-Standort Europa, sofern diese sich unter anderem über den „brussels effect" als internationales KI-Gütesiegel etablieren können.8 Aus Perspektive des Rechtsverkehrs und gegebenenfalls betroffener Grundrechtsträger ist die ordnungsgemäße Durchführung eines Konformitätsbewertungsverfahrens wiederum entscheidend für die

---

673 Vgl. hierzu auch *Zimprich*, Die EU-KI-Verordnung – Teil 3: Das Hochrisikosystem, 15.11.2021.

674 Vgl. zum Ganzen Art. 43 ff. der KI-Verordnung sowie hierzu *Gerdemann*, NJW 2024, 22209 (2210 ff.); *ders.*, MMR 2024, 614 (617 f.),

Verhinderung bzw. Minimierung KI-spezifischer Risiken und Schäden. Im Anschluss an die Konformitätsbewertung können diese Schutzziele im Wesentlichen nur noch durch behördliche ex-post-Kontrollen verwirklicht werden,9 die als zumeist anlassabhängige Einzelfallkontrolle angesichts der technischen Komplexität und Vielgestaltigkeit von KI-Systemen und der insofern zwangsläufig erheblichen Informationsasymmetrien für sich genommen keinen umfassenden Schutz gewährleisten können.

h) EU-Datenbank für die in Anhang III aufgeführten Hochrisiko-KI-Systeme

Hochrisiko-KI-Systeme, die von Behörden oder im behördlichen Auftrag eingesetzt werden, müssen nach Maßgabe des Art. 49 der KI-Verordnung, der seinerseits im Lichte des 131. Erwägungsgrundes dieser Verordnung auszulegen ist, in der nach Maßgabe des Art. 71 der Verordnung errichteten und geführten öffentlichen EU-Datenbank registriert werden, sofern sie nicht zu Zwecken der Strafverfolgung und im Bereich der Migration verwendet werden. Letztere müssen in einem nicht öffentlichen Teil der Datenbank registriert werden, auf den nur die zuständigen Aufsichtsbehörden zugreifen können. Insbesondere: Risiken in Verbindung mit KI-Modellen mit allgemeinem Verwendungszweck

In der KI-Verordnung werden auch KI-Modelle mit allgemeinem Verwendungszweck (GPAI-Modelle) besonders adressiert. Dabei können einzelne Modelle in eine große Zahl von KI-Systemen integriert werden.

Ein „KI-Modell mit allgemeinem Verwendungszweck" ist nach Art. 3 Nr. 63 der KI-Verordnung ein KI-Modell - einschließlich der Fälle, in denen ein solches KI-Modell mit einer großen Datenmenge unter umfassender Selbstüberwachung trainiert wird -, das eine erhebliche allgemeine Verwendbarkeit aufweist und in der Lage ist, unabhängig von der Art und Weise seines Inverkehrbringens ein breites Spektrum unterschiedlicher Aufgaben kompetent zu erfüllen, und das in eine Vielzahl nachgelagerter Systeme oder Anwendungen integriert werden kann, ausgenommen KI-Modelle, die vor ihrem Inverkehrbringen für Forschungs- und Entwicklungstätigkeiten oder die Konzipierung von Prototypen eingesetzt werden. Zu solchen KI-Modellen mit allgemeinem Verwendungszweck zählen auch große generative KI-Modelle, die für vielfältige Aufgaben eingesetzt werden können.

Der AI Act sieht in seinen Art. 51 ff. eine abgestufte Risikoklassifizierung für KI-Modelle mit allgemeinem Verwendungszweck vor. Diese Differenzierung ähnelt dem risikobasierten Ansatz für KI-Systeme und unterscheidet zwischen normalen „GPAI-Modellen", „offen und frei lizenzierten GPAI-Modellen" und „GPAI-Modellen mit systemischen Risiken".

Generell müssen Anbieter von GPAI-Modellen nach Art. 53 Abs. 1 Buchst. a) der KI-Verordnung eine detaillierte technische Dokumentation des Modells erstellen und dem Büro für künstliche Intelligenz der EU und den zuständigen mitgliedstaatlichen Behörden auf Anfrage zur Verfügung stellen. Das sind zum Beispiel die für das Training und Testverfahren verwendeten Daten, die genutzten Rechenressourcen und der bekannte oder geschätzte Energieverbrauch. Es ist allerdings auch wichtig, dass ein Anbieter, der auf einem KI-Modell mit allgemeinem Verwendungszweck aufbauen möchte, über alle Informationen verfügt, die er benötigt, um sicherzustellen, dass sein System sicher ist und der KI-Verordnung entspricht. Deshalb sind die Anbieter von GPAI-Modellen nach Art. 53 Abs. 1 Buchst. b) des AI Act der EU verpflichtet, anderen KI-Anbietern, die das GPAI-Modell integrieren, zu ermöglichen, dessen Fähigkeiten und Grenzen gut zu verstehen und eine hinreichend detaillierte Zusammenfassung über die für das Training verwendeten Inhalte erstellen und veröffentlichen.

In der KI-Verordnung werden auch systemische Risiken behandelt, die sich aus KI-Modellen mit allgemeinem Verwendungszweck ergeben können. Die Europäische Kommission hat nach Maßgabe des Art. 52 der KI-Verordnung die Aufgabe zu beurteilen, ob ein GPAI-Modell systemische Risiken birgt. Dies ist nach Art. 51 Abs. 1 der Verordnung der Fall, wenn ein Modell eine bestimmte technische Schwelle an Rechenoperationen erreicht oder vorhersehbare negative Folgen hat. Ein GPAI-Modell birgt z.B. auch dann ein systemisches Risiko, wenn es schädliche Verzerrungen (bias) hervorbringt, die in zahlreichen Anwendungen zum Tragen kommen.

Derzeit wird in Art. 51 Abs. 2 der KI-Verordnung davon ausgegangen, dass KI-Modelle mit allgemeinem Verwendungszweck, die mit einer Gesamtrechenleistung von mehr als 10^{25} FLOPs[675] trainiert wurden, systemische Risiken bergen, weil solche mit größerer Rechenleistung trainierte Modelle tendenziell auch leistungsfähiger sind. Das Büro für künstliche Intelligenz, das gemäß Art. 64 der KI-Verordnung bei der Kommission angesiedelt ist, kann in Ausformung von delegierten Rechtsakten, die die Kommission gemäß Art. 51 Abs. 3 i.V.m. Art. 97 der KI-Verordnung erlassen hat, diesen Schwellenwert an den technischen Fortschritt anpassen und in bestimmten Fällen auch andere Modelle anhand weiterer Kriterien (z. B. Anzahl der Nutzer oder Grad der Autonomie des Modells) als Modelle mit systemischen Risiken benennen.

Anbieter von Modellen mit systemischen Risiken sind nach Art. 55 der KI-Verordnung verpflichtet, die Risiken zu bewerten und zu mindern, schwerwiegende Vorfälle zu melden, Tests und Modellbewertungen nach dem neuesten Stand der Technik durchzuführen, die Cybersicherheit zu gewährleisten und Angaben zum Energieverbrauch ihrer Modelle zu machen. Dazu sollen sie mit dem Europäischen Amt für künstliche Intelligenz zusammenzuarbeiten, um gemeinsam mit anderen Experten Verhaltenskodizes aufzustellen, die das zentrale Instrument zur Festlegung detaillierter Regeln sein werden.

6. Transparenzpflichten nach Art. 50 der KI-Verordnung mit einem besonderen Medienbezug

Anbieter von KI-Systemen, einschließlich KI-Systemen mit allgemeinem Verwendungszweck, die synthetische Audio-, Bild-, Video- oder Textinhalte erzeugen, müssen nach Art. 50 Abs. 2 Satz 1 der KI-Verordnung sicherstellen, dass die Ausgaben des KI-Systems in

675 Dieser Schwellenwert erfasst die derzeit fortschrittlichsten GPAI-Modelle, nämlich GPT-4 von OpenAI und wahrscheinlich auch Gemini von Google DeepMind. Die Fähigkeiten der Modelle oberhalb dieses Schwellenwerts werden noch nicht ausreichend verstanden. Da sie systemische Risiken mit sich bringen könnten, erscheint es angemessen, ihre Anbieter den zusätzlichen Verpflichtungen zu unterwerfen.

einem maschinenlesbaren Format gekennzeichnet und als künstlich erzeugt oder manipuliert erkennbar sind. Die Anbieter sorgen dafür, dass - soweit technisch möglich - ihre technischen Lösungen wirksam, interoperabel, belastbar und zuverlässig sind und berücksichtigen dabei die Besonderheiten und Beschränkungen der verschiedenen Arten von Inhalten, die Umsetzungskosten und den allgemein anerkannten Stand der Technik, wie er in den einschlägigen technischen Normen zum Ausdruck kommen kann.[676]

Betreiber eines KI-Systems, das Bild-, Ton- oder Videoinhalte erzeugt oder manipuliert, die ein Deepfake sind, müssen nach Art. 50 Abs. 4 UnterAbs. 1 Satz 1 der KI-Verordnung offenlegen, dass die Inhalte künstlich erzeugt oder manipuliert wurden.[677] Unter „Deepfake" ist dabei nach der Legaldefinition des Art. 3 Nr. 60 der KI-Verordnung

> *„(ein) durch KI erzeugten oder manipulierte(r) Bild-, Ton- oder Videoinhalt (zu verstehen), der wirklichen Personen, Gegenständen, Orten, Einrichtungen oder Ereignissen ähnelt und einer Person fälschlicherweise als echt oder wahrheitsgemäß erscheinen würde".*

Ist der Inhalt Teil eines offensichtlich künstlerischen, kreativen, satirischen, fiktionalen oder analogen Werks oder Programms, so beschränken sich die genannten Transparenzpflichten nach Satz 3 dieser Regelung darauf, das Vorhandensein solcher erzeugten oder manipulierten Inhalte in geeigneter Weise offenzulegen, die die Darstellung oder den Genuss des Werks nicht beeinträchtigt.

Betreiber eines KI-Systems, das Text erzeugt oder manipuliert, der veröffentlicht wird, um die Öffentlichkeit über Angelegenheiten von öffentlichem Interesse zu informieren, müssen nach Art. 50 Abs. 4 UnterAbs. 2 Satz 1 der KI-Verordnung offenlegen, dass der Text künstlich erzeugt oder manipuliert wurde. Diese Pflicht gilt nach Satz 2 dieser Regelung u.a. nicht, wenn die durch KI erzeugten Inhalte einem Verfahren der menschlichen Überprüfung oder redaktionellen Kontrolle unterzogen wurden und wenn eine natürliche oder juristische Person die redaktionelle Verantwortung für die Veröffentlichung der Inhalte trägt.

Die vorgenannten Informationen werden den betreffenden natürlichen Personen nach Art. 50 Abs. 5 der KI-Verordnung spätestens zum Zeitpunkt der ersten Interaktion oder Aussetzung in klarer und eindeutiger Weise bereitgestellt. Die Informationen müssen den geltenden Barrierefreiheitsanforderungen entsprechen.[678]

---

[676] Diese Pflicht gilt nach Art. 50 Abs. 2 Satz 2 der KI-Verordnung nicht, soweit die KI-Systeme eine unterstützende Funktion für die Standardbearbeitung ausführen oder die vom Betreiber bereitgestellten Eingabedaten oder deren Semantik nicht wesentlich verändern oder wenn sie zur Aufdeckung, Verhütung, Ermittlung oder Verfolgung von Straftaten gesetzlich zugelassen sind.

[677] Diese Pflicht gilt gemäß Art. 50 Abs. 4 Satz 2 der KI-Verordnung nicht, wenn die Verwendung zur Aufdeckung, Verhütung, Ermittlung oder Verfolgung von Straftaten gesetzlich zugelassen ist.

[678] Art. 50 Abs. 1 bis 4 lässt nach Art. 50 Abs. 6 der KI-Verordnung die in Kapitel III dieser Verordnung festgelegten Anforderungen und Pflichten unberührt und berührt nicht andere Transparenzpflichten, die im Unionsrecht oder dem nationalen Recht für Betreiber von KI-Systemen festgelegt sind.

IV. (Weitere) ausdrückliche Bezugnahmen auf Minderjährige in der KI-Verordnung

Jenseits ausdrücklicher kinderbezogenen Regelungen im operativen Teil der KI-Verordnung findet der Kinder- und Jugendschutz allerdings auch im Lichte der Erwägungsgründe der Verordnung zu grundlegenden Verhaltenspflichten nach dieser Verordnung Beachtung:

Der 28. Erwägungsgrund der KI-Verordnung enthält eine Klarstellung, die in allgemeiner Weise auf die Bedeutung der Rechte des Kindes bei der KI-Regulierung zur Risikominimierung verweist:

> *„Abgesehen von den zahlreichen nutzbringenden Verwendungsmöglichkeiten von KI kann diese Technologie auch missbraucht werden und neue und wirkungsvolle Instrumente für manipulative, ausbeuterische und soziale Kontrollpraktiken bieten. Solche Praktiken sind besonders schädlich und sollten verboten werden, weil sie im Widerspruch zu den Werten der Union stehen, nämlich der Achtung der Menschenwürde, Freiheit, Gleichheit, Demokratie und Rechtsstaatlichkeit sowie der in der Charta verankerten Grundrechte, einschließlich des Rechts auf Nichtdiskriminierung, Datenschutz und Privatsphäre sowie der Rechte des Kindes."*

Die Ausführungen im 48. Erwägungsgrund sind von grundlegender, den Einsatz nicht nur von Hochrisiko-KI-Systemen als Komponenten von Produkten wie von Dienstleistungen betreffender Bedeutung:

> *„Das Ausmaß der negativen Auswirkungen des KI-Systems auf die durch die Charta geschützten Grundrechte ist bei der Einstufung eines KI-Systems als hochriskant von besonderer Bedeutung. Zu diesen Rechten gehören die Würde des Menschen, die Achtung des Privat- und Familienlebens, der Schutz personenbezogener Daten, die Freiheit der Meinungsäußerung und die Informationsfreiheit, die Versammlungs- und Vereinigungsfreiheit, das Recht auf Nichtdiskriminierung, das Recht auf Bildung, der Verbraucherschutz, die Arbeitnehmerrechte, die Rechte von Menschen mit Behinderungen, die Gleichstellung der Geschlechter, Rechte des geistigen Eigentums, das Recht auf einen wirksamen Rechtsbehelf und ein faires Gerichtsverfahren, das Verteidigungsrecht, die Unschuldsvermutung sowie das Recht auf eine gute Verwaltung. Es muss betont werden, dass Kinder – zusätzlich zu diesen Rechten – über spezifische Rechte verfügen, wie sie in Artikel 24 der EU-Charta und im Übereinkommen der Vereinten Nationen über die Rechte des Kindes (UNCRC) - im Hinblick auf das digitale Umfeld weiter ausgeführt in der Allgemeinen Bemerkung Nr. 25 des UNCRC - verankert sind; in beiden wird die Berücksichtigung der Schutzbedürftigkeit der Kinder gefordert und ihr Anspruch auf den Schutz und die Fürsorge festgelegt, die für ihr Wohlergehen notwendig sind."*

Die Bedeutung der Rechte des Kindes wird zudem aus kinderrechtlicher Perspektive im neunten Erwägungsgrund der KI-Verordnung betont:

> *„Ferner sollten die in dieser Verordnung festgelegten Pflichten der verschiedenen Akteure, die an der KI-Wertschöpfungskette beteiligt sind, unbeschadet der*

nationalen Rechtsvorschriften unter Einhaltung des Unionsrechts angewandt werden, wodurch die Verwendung bestimmter KI-Systeme begrenzt wird, wenn diese Rechtsvorschriften nicht in den Anwendungsbereich dieser Verordnung fallen oder mit ihnen andere legitime Ziele des öffentlichen Interesses verfolgt werden als in dieser Verordnung. So sollten etwa ... die Rechtsvorschriften zum Schutz Minderjähriger, nämlich Personen unter 18 Jahren, unter Berücksichtigung der Allgemeinen Bemerkung Nr. 25 (2021) der Vereinten Nationen über die Rechte der Kinder von dieser Verordnung unberührt bleiben, sofern sie nicht spezifisch KI-Systeme betreffen und mit ihnen andere legitime Ziele des öffentlichen Interesses verfolgt werden."

Eine Gesamtschau dieser Erwägungsgründe unterstreicht das Gebot einer kinderrechtsfreundlichen Auslegung der Bestimmungen der KI-Verordnung im Ergebnis völkerrechtlicher Verpflichtungen der EU und ihrer Mitgliedstaaten.

V. Ein Trilog verpasster Chancen für den Jugendmedienschutz?

1. Selbst- und Ko-Regulierung

Deutschland, Frankreich und Italien hatten wenige Wochen vor der politischen Verständigung im Trilog-Verfahren vom 8. Dezember 2023 vorgeschlagen, sog. Grundmodelle (*Foundation Models*)[679] aus dem KI-Gesetz herauszunehmen und stattdessen auf eine verbindliche Selbstverpflichtung zu setzen. Verstöße dagegen sollten allerdings nicht geahndet werden.

Diesem Ansatz wird in der KI-Verordnung wie dargelegt nicht gefolgt.

Insgesamt erweist sich der AI Act auch im Nachgang zur politischen Verständigung vom 8. Dezember 2023 als in Bezug auf bisherige *good governance*-Überlegungen zur Stärkung von Selbst- und Ko-Regulierung sehr zurückhaltend. Zwar hätte eine rein private Durchsetzung der erheblichen Bedeutung und der Komplexität von KI-Systemen und auch der zu Konzentrationen und Netzwerkeffekten neigenden Marktstruktur im Bereich neuer digitaler Wertschöpfungsmöglichkeiten kaum gerecht werden können.[680] Über die in Art. 95 vorgesehenen Vorgaben zu Verhaltenskodizes[681] hinaus hätte in den AI Act der EU in Anlehnung an Art. 4a Absatz 1 und 2 der novellierten AVMD-Richtlinie eine Regelung aufgenommen

---

[679] Ein Grundmodell ist ein maschinelles Lernmodell, das auf einer breiten Datenbasis derart (in der Regel mit Selbstüberwachung im großen Maßstab) trainiert wird, dass es auf eine Vielzahl von nachgelagerten Aufgaben wie z.B. das Herstellen von Texten, das Beantworten von Fragen, das Schreiben von Codes und das Lösen von Logik-Aufgaben adaptiert werden kann. Vgl. https://crfm.stanford.edu. Zu solchen großen KI-Basismodellen zählen z.B. KI-Modelle wie GPT-4 von OpenAI, Gemini von Google oder Llama 2 von Meta.

[680] Vgl. auch *Möller-Klapperich*, NJ 2024, 337 (338).

[681] Vgl. hierzu Abschnitt D. IV. 3.

werden können, die ein generelles Bekenntnis zu Ko- und Selbstregulierung enthält. Eine solche Regelung hätte z.B. wie folgt formuliert werden können:

„Artikel X.1

(1) Die Mitgliedstaaten unterstützen die Nutzung der Koregulierung und die Förderung der Selbstregulierung mithilfe von Verhaltenskodizes, die auf nationaler Ebene in den von dieser Verordnung koordinierten Bereichen angenommen werden, soweit das nach ihrem jeweiligen Rechtssystem zulässig ist. Diese Kodizes müssen

a) derart gestaltet sein, dass sie von den Hauptbeteiligten in den betreffenden Mitgliedstaaten allgemein anerkannt werden,

b) ihre Ziele klar und unmissverständlich darlegen,

c) eine regelmäßige, transparente und unabhängige Überwachung und Bewertung ihrer Zielerfüllung vorsehen und

d) eine wirksame Durchsetzung einschließlich wirksamer und verhältnismäßiger Sanktionen vorsehen.

(2) Die Mitgliedstaaten und die Kommission können die Selbstregulierung durch Verhaltenskodizes der Union fördern, die von Anbietern von KI-Systemen oder Organisationen, die solche Anbieter vertreten, erforderlichenfalls in Zusammenarbeit mit anderen Sektoren wie Industrie-, Handels-, Berufs- und Verbraucherverbänden oder -organisationen aufgestellt werden. Solche Kodizes müssen derart gestaltet sein, dass sie von den Hauptbeteiligten auf Unionsebene allgemein anerkannt werden und mit Absatz 1 Buchstaben b bis d in Einklang stehen. Die nationalen Verhaltenskodizes bleiben von den Verhaltenskodizes der Union unberührt.

In Zusammenarbeit mit den Mitgliedstaaten erleichtert die Kommission im Einklang mit den Grundsätzen der Subsidiarität und der Verhältnismäßigkeit gegebenenfalls die Erstellung von Verhaltenskodizes der Union.

Die Unterzeichner der Verhaltenskodizes der Union übermitteln die Entwürfe dieser Kodizes sowie Änderungen daran der Kommission. Die Kommission konsultiert den Kontaktausschuss zu den Entwürfen dieser Kodizes oder Änderungen daran.

Die Kommission macht die Verhaltenskodizes der Union öffentlich zugänglich und kann für sie in angemessener Weise Öffentlichkeitsarbeit betreiben."

Eine weitere Maßnahme (auch) der (kinder- und jugendmedienschutzrechtlichen) Selbstregulierung von KI-Systemen hätten Zertifizierungen sein können, wie sie insbesondere im Datenschutzrecht gesetzlich vorgesehen sind. Im Unterschied zur KI-Verordnung, nach der Anwender zu einer Form der Konformitätsbewertung verpflichtet sind,[682] sieht das Datenschutzrecht in Art. 42 DS-GVO ein freiwilliges Zertifizierungsverfahren vor. Gegenstand dieses Verfahrens ist eine umfassende datenschutzrechtliche Prüfung der

---

682 Vgl. hierzu oben Abschnitt B. III. 3.

Verarbeitungsvorgänge.[683] Diese Eingriffsintensität erscheint aus Sicht des betreffenden Unternehmens akzeptabel, weil einer erteilten Zertifizierung eine Nachweis- und Garantiefunktion in Bezug auf die Einhaltung bestimmter gesetzlicher Anforderungen im Fall einer behördlichen Kontrolle zukommt.[684]

Allerdings ist der Ansatz einer modernen *good governance* unter Einbindung von Instrumenten der Selbst- und Ko-Regulierung auch ohne ein solches ausdrückliches Bekenntnis KI-offen. Primäres Unionsrecht steht einer solchen aus dem Medienrecht der EU inzwischen vertrauten Regulierungsmethode auch für den Bereich der KI-Regulierung nicht entgegen, sondern legt diese grundrechteorientiert nahe.

Auch Qualitätsmanagementsysteme können im Übrigen die Beachtung von kinder- und jugendmedienschutzrechtlichen Anforderungen oder Dokumentations- und Transparenzpflichten einschließlich Vorgaben von technischem Kinder- und Jugendmedienschutz mit Blick auf KI-bezogene Risiken sicherstellen. Im Rahmen eines solchen Systems können verpflichtend schriftliche Regeln, Verfahren und Anweisungen in Bezug auf unterschiedliche Aspekte des Systems aufgestellt und ihre Einhaltung dokumentiert werden. Das versetzt zudem die Anwender solcher Systeme in die Lage, Abweichungen von Prozessen und Anforderungen schnell zu erkennen und Gegenmaßnahmen zu ergreifen.[685]

2. Ausdrückliche Einbeziehung des Schutzgutes

Zwar zählt der Kinder- und Jugendmedienschutz zu den Schutzgütern des öffentlichen Interesses, die auch in Bezug auf eine Regulierung von KI-Beschränkungen der grenzüberschreitenden Dienstleistungsfreiheit rechtfertigen. Dies gilt sowohl für den Fall mitgliedstaatlicher Beschränkungen dieser Grundfreiheit als auch für den Fall unionssekundärrechtlicher Rechtsangleichung und -harmonisierung, wie sie mittels des AI Act der EU ins Werk gesetzt werden soll.

Der besonderen Bedeutung dieses Schutzgutes im Kontext jedweder EU-Regulierung hätte es allerdings deutlich wahrnehmbarer Rechnung getragen, wenn der Schutz Minderjähriger ausdrückliche Aufnahme in den Korpus des AI Act gefunden hätte. Diesem Ansatz folgt der EU-Gesetzgeber z.B. sowohl in der AVMD-Richtlinie seit ihren Ursprüngen in der EWG-Fernsehrichtlinie auch jüngst in dem Digital Services Act.

Im 71. Erwägungsgrund des DSA führt die Verordnung hierzu u.a. aus:

> *„Der Schutz von Minderjährigen ist ein wichtiges politisches Ziel der Union. Eine Online-Plattform kann als für Minderjährige zugänglich angesehen werden, wenn ihre allgemeinen Geschäftsbedingungen es Minderjährigen gestatten, den Dienst*

---

683 Vgl. hierzu *Cole/Etteldorf*, Future Regulation of Cross-Border Audiovisual Content Dissemination, 2023, S. 240 ff.

684 Vgl. *Müllmann/Spiecker gen. Döhmann*, Extra DSGVO nulla salus? DVBl 2022, 208 (211); *Spiecker gen. Döhmann/Towfigh*, Automatisch benachteiligt, 2023, S. 99.

685 Vgl. *Spiecker gen. Döhmann/Towfigh*, Automatisch benachteiligt, 2023, S. 99.

zu nutzen, wenn ihr Dienst sich an Minderjährige richtet oder überwiegend von Minderjährigen genutzt wird oder wenn dem Anbieter in anderer Weise bekannt ist, dass einige seiner Nutzer minderjährig sind, etwa weil er bereits personenbezogene Daten von Nutzern verarbeitet, aus denen das Alter der Nutzer zu anderen Zwecken hervorgeht. Anbieter von Online-Plattformen, die von Minderjährigen genutzt werden, sollten geeignete und verhältnismäßige Maßnahmen zum Schutz von Minderjährigen treffen, etwa indem sie, soweit dies angezeigt ist, ihre Online-Schnittstellen oder Teile davon standardmäßig mit dem höchsten Maß an Privatsphäre und Sicherheit für Minderjährige gestalten oder indem sie Standards für den Schutz von Minderjährigen anwenden oder sich an Verhaltenskodizes zum Schutz von Minderjährigen beteiligen. Sie sollten bewährte Verfahren und die verfügbare Anleitung – etwa jene in der Mitteilung der Kommission mit dem Titel „Eine digitale Dekade für Kinder und Jugendliche: die neue europäische Strategie für ein besseres Internet für Kinder (BIK+)" – berücksichtigen. Anbieter von Online-Plattformen sollten keine Werbung auf der Grundlage von Profiling unter Verwendung personenbezogener Daten des betreffenden Nutzers anzeigen, wenn sie hinreichende Gewissheit haben, dass der betreffende Nutzer minderjährig ist."

Dieser regulatorische Ansatz einer ausdrücklichen Fixierung von Schutzpflichten zu Gunsten von Minderjährigen hätte *mutatis mutandis* auch für die KI-Regulierung der EU fruchtbar gemacht werden können, da das auf Minderjährige bezogene Gefährdungspotential bei KI-Anwendungen hinter dem bei Vermittlungsdiensten i.S. des DSA nicht zurückstehen dürfte. In Anlehnung an Art. 28 des DSA[686] hätte in die KI-Verordnung z.B. folgende Regelung aufgenommen werden können:

„Schutz Minderjähriger

(1) Anbieter von KI-Systemen, die für Minderjährige zugänglich sind, müssen geeignete und verhältnismäßige Maßnahmen ergreifen, um für ein hohes Maß an Privatsphäre, Sicherheit und Schutz von Minderjährigen innerhalb ihres Dienstes zu sorgen.

(2) Anbieter von KI-Systemen, dürfen auf ihrer Schnittstelle keine Werbung auf der Grundlage von Profiling gemäß Artikel 4 Absatz 4 der Verordnung (EU) 2016/679 unter

---

686 Die zentrale Zwecksetzung der Anforderungen und Pflichten im DSA ist die Kenntnisnahme und der Umgang mit illegalen Inhalten. Dabei wurden im Verlauf des Rechtsetzungsprozesses an verschiedenen Stellen Regelungen geschaffen, die spezifisch die (Schutz-) Interessen Minderjähriger einbeziehen. So sieht Art. 14 Abs. 3 DSA für alle Vermittlungsdienste, die sich speziell an Kinder richten oder vorwiegend von diesen genutzt werden, eine Pflicht zum Vorhalten kindgerechter bzw. verständlicher AGBs und Community-Standards vor. Für Very Large Online Platforms (VLOP's) sehen Art. 34, 35 DSA systemische Risikobewertungs- und Risikominderungspflichten vor. Auch bei diesen umfassenden risikobasierten Analysen und der Implementation von Gegenmaßnahmen werden Kinderschutzinteressen und Kinderrechte ausdrücklich adressiert. Die aus Sicht des Kinder- und Jugendmedienschutzes zentrale Norm stellt allerdings Art. 28 DSA dar. Vgl. *Stapf/Dreyer/Schelenz/Andresen/Heesen,* Die Stärkung von Kinderrechten durch den Digital Services Act (DSA), 2023, S. 3. Zu Telos, Systematik und Einzelheiten des Art. 28 DSA vgl. z.B. *Grisse*, in: Hofmann/Raue (Hrsg.), Digital Services Act, 2023, Art. 28 Rn. 1 ff., 6 ff.

Verwendung personenbezogener Daten des Nutzers darstellen, wenn sie hinreichende Gewissheit haben, dass der betreffende Nutzer minderjährig ist.

(3) Zur Einhaltung der in diesem Artikel festgelegten Verpflichtungen sind Anbieter von KI-Systemen berechtigt, zusätzliche personenbezogene Daten zu verarbeiten, um sicherzustellen und zu fördern, dass die berechtigten Interessen Minderjähriger Beachtung finden.

(4) Die Kommission kann nach Anhörung des Europäischen Ausschusses für Künstliche Intelligenz Leitlinien herausgeben, um die Anbieter von KI-Systemen bei der Anwendung von Absatz 1 zu unterstützen."

3. By-design-Ansätze des Schutzes

Schließlich ist der Trilog auch nicht in ein Ergebnis gemündet, in dem - in Anlehnung an das in Art. 25 der DS-GVO verankerte Konzept des Datenschutzes *by design* – auch ein Jugendmedienschutz *by design* als Modul in die KI-Regulierung der EU aufgenommen wird.

E. Überlegungen zu einer (Fort-) Entwicklung der KI-Regulierung im Interesse von Kinder- und Jugendmedienschutz im Recht der Länder

I. Einleitung

Auch bei einer kinder- und jugendschutzbezogenen Ausrichtung von Regelwerken und Aufsichtsmechanismen für KI gilt es, Regulierung in einer vernünftigen Balance zwischen der Generierung von Chancen und der Minimierung von Risiken zu halten. Ein Regulierungsregime der Länder oder in der EU, bei dem die Weichen so gestellt würden, dass das ökonomische Potential von KI ausschließlich in Drittstaaten gehoben werden könnte, wäre zwar theoretisch geeignet, dem Leitbild der Ausgestaltung einer KI-Risiko-Gesellschaft zu genügen, die sich bemüht, Risiken für das Gemeinwohl konsequent einzudämmen. Eine solche regulatorische Abschottungsstrategie lässt sich indessen unter den Bedingungen der Globalisierung nicht nur praktisch kaum durchsetzen, sondern würde mit unions- und verfassungsrechtlichen Grundlagen einer transnationalen Offenheit des Integrationsprozesses und des damit verbundenen Verzichts auf eine „Festung Europa" in einem juristisch bedenklichen Widerspruch stehen und erschiene im Blick auf die Grundrechte- und Grundwerteordnung im europäischen Verfassungsverbund als unverhältnismäßig. Zudem drohte eine solche Strategie auch mit dem Entwicklungsrecht von Kindern und Jugendlichen, das auch eine ökonomische Ausprägung aufweist, zu kollidieren.

Eine inhaltliche und ökonomische Souveränität für Deutschland und für Europa erscheint durch die Kappung transatlantischer Bindungen und Verbindungen oder durch eine sukzessive vollständige Entkopplung von Handelsbeziehungen mit asiatischen Wirtschaftsmächten, namentlich auch der Volksrepublik China, nicht erreichbar. Dies gilt auch mit Blick auf KI in ihrer kinder- und jugendschützerischen Dimension. Auch hier geht es zumindest rechtspolitisch, wenn nicht mit Blick auf außenhandelsrechtliche Vorgaben des EU- wie des Welthandelsrechts auch aus rechtlichen Leitprinzipien heraus um De-Risking, nicht De-Coupling. Auch hier geht es um ein Design von KI-Entwicklung und -Anwendung, die der kinder- und jugendmedienschutzbezogenen Grundwerte-Ordnung des GG und der europäischen Verträge Rechnung trägt – nicht zuletzt auch im Umgang mit dem Problem von Trainingsdaten, die u.U. Minderjährige diskriminieren oder in ihrer Entwicklungsperspektive hemmen. Daher sprechen gerade in Bezug auf Minderjährige nicht nur politische, sondern auch rechtliche Parameter für eine Drei-Säulen-Strategie von (1.) Diskriminierungsfreiheit, ggf. auch im Wege positiver Diskriminierung, (2.) Transparenz und (3.) KI-Kompetenz, die alters- wie risikogerecht zu entwickeln und anzubieten ist.[687]

---

[687] Hierzu im Ansatz auch *Sandra Wachter*, Professorin für Technologie und Regulierung am Oxford Internet Institute der University of Oxford anläßlich der Anhörung im Digitalausschuss des Deutschen Bundestages am 25.05.2023; vgl. hierzu https://taz.de/Regeln-fuer-Kuenstliche-Intelligenz/!5933634.

II. KI-Regulierung im Staatsvertragsrecht der Länder de conventione ferenda

1. Einleitung – KI als ausschließliche Domäne einer Gesetzgebung des Bundes?

Künstliche Intelligenz findet in den der Gesetzgebung gewidmeten Art. 70 ff. des Grundgesetzes ebenso wenig eine Erwähnung wie Kinder- und Jugend(medien)schutz. Dies bedeutet, dass für beide Themen-Komplexe nach der Grundregel des Art. 70 Abs. 1 GG den Ländern grundsätzlich die Gesetzgebungskompetenz zusteht. Eine Regelung von KI ist dem Bund zwar nicht versperrt, soweit sich diese Regelung auf dem Bund nach den Art. 72 bis 74 GG eine ausschließliche oder konkurrierende Gesetzgebungskompetenztitel stützt – wie z.B. im Bereich ausschließlicher Gesetzgebung das Urheberrecht nach Art. 73 Abs. 1 Nr. 9 GG und im Bereich konkurrierender Gesetzgebung das bürgerliche Recht sowie das Strafrecht nach Art. 74 Abs. 1 Nr. 1 GG, das Recht der Wirtschaft nach Art. 74 Abs. 1 Nr. 11 GG, das Arbeitsrecht nach Art. 74 Abs. 1 Nr. 12 GG sowie die Verhütung des Missbrauchs wirtschaftlicher Machtstellung nach Art. 74 Abs. 1 Nr. 16 GG. Es ist indessen nicht ersichtlich, dass über solche Kompetenztitel des Bundes ein umfassendes gesetzgeberisches Risikomanagement in Bezug auf die Entwicklung und den Einsatz von (generativer) KI ins Werk gesetzt werden kann.

Dies gilt namentlich auch mit Blick auf von KI ausgehende Gefährdungen eines wirksamen Kinder- und Jugendmedienschutzes. Die Gesetzgebungszuständigkeit für das Rundfunkwesen im verfassungsrechtlichen Sinne, d.h. zumindest für Rundfunk sowie rundfunkähnliche Telemedien liegt gemäß Art. 30, 70 GG bei den Ländern.[688] Die damit dynamisch zu verstehende Regelungskompetenz der Länder in Bezug auf das Rundfunkwesen erfasst kraft Sachzusammenhangs auch Regelungen zum Jugendschutz in diesem dynamisch zu verstehenden Rundfunk-System. Über den Umweg des konkurrierenden Gesetzgebungskompetenztitel „öffentliche Fürsorge" in Art. 74 Abs. 1 Nr. 7 GG dürfen nicht bundesseitig Teilmaterien des Rundfunks i.S. des vorgenannten verfassungsrechtlichen Rundfunkbegriffs geregelt werden.[689] Dies gilt auch im Blick auf die Regelung von KI-bezogenen Facetten eines Kinder- und Jugendschutzes in elektronischen Medien.

2. Durch generative KI erzeugter Content – kein Freibrief im Hinblick auf den Jugendmedienschutz

Auch der Einsatz von KI im audiovisuellen Medienbereich ist durch die Rundfunkfreiheit des Art. 5 Abs. 1 Satz 2 GG erfasst. Diese Norm schützt die institutionelle Eigenständigkeit

---

688 Vgl. *BVerfGE* 12, 205 (229 ff.), 73, 118 (154) (st. Rspr.).

689 Vgl. z.B. *Dörr/Cole,* Jugendschutz in den elektronischen Medien, 2001, S. 21 f.; *Langenfeld,* Die Neuordnung des Jugendschutzes, MMR 2003, 303 (306); *Stettner,* Der neue Jugendmedienschutz-Staatsvertrag – eine Problemsicht, ZUM 2003, 425 (427 f.).

der Presse und des Rundfunks, jeweils zu verstehen in einem weiten verfassungsrechtlichen Sinne, von der Beschaffung der Information bis zur Verbreitung der Nachrichten und Meinungen. Die Gewährleistungsbereiche der Presse- und Rundfunkfreiheit schließen diejenigen Voraussetzungen und Hilfstätigkeiten mit ein, ohne welche die Medien ihre Funktion nicht in angemessener Weise erfüllen können. Dies gilt für sämtliche Formen journalistischer Betätigung, auch solche Formen unter Einsatz von (generativer) KI.

Auch wenn unter den Schutzbereich der Medienfreiheiten verfassungs- wie europa- und völkerrechtlich nur die tatsächliche Ausübung dieser Grundrechte durch Menschen bzw. von Menschen getragene juristische Personen, nicht deren virtuelle Ausübung durch KI fällt, KI mithin selbst (zumindest derzeit noch) nicht Grundrechtsträger ist, bedeutet dies allerdings nicht, dass ein KI-gestütztes audiovisuelles Angebot von den inhaltebezogenen Pflichten befreit wäre, die durch den JMStV zum Schutz von Kindern und Jugendlichen begründet werden. Dies folgt schon daraus, dass diese Pflichten, namentlich der §§ 4 bis 6 JMStV, an ein Angebot, nicht an einen Anbieter andocken. Ebenso wenig wie es eine per-se-Zulassungsfreiheit wegen der KI-Prägung eines Rundfunkprogramms gibt, gibt es eine Entbindung von jugendmedienschutzbezogenen Pflichten wegen der KI-Prägung eines Angebots.

3. Völkerrechtsfreundliche Fortentwicklung der Zweckbestimmung des JMStV

Zweck des JMStV ist nach dessen § 1 bislang

> *„der einheitliche Schutz der Kinder und Jugendlichen vor Angeboten in elektronischen Informations- und Kommunikationsmedien, die deren Entwicklung oder Erziehung beeinträchtigen oder gefährden, sowie der Schutz vor solchen Angeboten in elektronischen Informations- und Kommunikationsmedien, die die Menschenwürde oder sonstige durch das Strafgesetzbuch geschützte Rechtsgüter verletzen."*

Damit nimmt der JMStV in seiner Zwecksetzung bereits bislang mit dem StGB Bezug auf eine dritte schutzorientierte Rechtsquelle.[690]

Im aktuellen „Diskussionsentwurf der Rundfunkkommission der Länder für einen Sechsten Medienänderungsstaatsvertrag (6. MÄStV) mit Stand vom November 2023"[691] ist nunmehr vorgesehen, § 1 JMStV wie folgt zu fassen:

> *„Zweck des Staatsvertrages ist der einheitliche Schutz der Kinder und Jugendlichen vor Angeboten in elektronischen Informations- und Kommunikationsmedien, die deren Entwicklung oder Erziehung beeinträchtigen oder gefährden oder Risiken für*

690 Vgl. hierzu z.B. *Schwartmann/Hentsch*, in: Bornemann/Erdemir (Hrs.), Jugendmedienschutzstaatsvertrag, 2. Aufl. 2021, § 1 Rn. 19 ff.

691 Abrufbar unter https://rundfunkkommission.rlp.de/fileadmin/rundfunkkommission/Dokumente/6._MAEStV_Synopsen/2023-11-09_6._MAEStV-E_November_2023_Anhoerung.pdf

deren persönliche Integrität aufweisen oder die Menschenwürde oder sonstige durch das Strafgesetzbuch geschützte Rechtsgüter verletzen."[692]

Mit der Ergänzung der Schutzziele um die „persönliche Integrität" soll eine Angleichung an die Regelung des JuSchG (dort § 10 a Nr. 3, § 10 b Abs. 3) und eine Öffnung des JMStV für sog. Interaktionsrisiken erfolgen.[693]

Es ist zu erwägen, bei der Zweckbestimmung des § 1 JMStV auch eine Bezugnahme auf die UN-Kinderrechtskonvention aufzunehmen. Dies würde der Völkerrechtsfreundlichkeit der gesamten deutschen Rechtsordnung Rechnung tragen und die Bedeutung auch des Jugendmedienschutzrechts für die Beachtung und Umsetzung der Vorgaben der UN-KRK unterstreichen, könnte zugleich aber auch Impulse des deutschen Jugendmedienschutzrechts für die Anwendung der UN-KRK in Drittstaaten zusätzlich befördern und die Impulskraft von Weiterentwicklungen des deutschen Jugendmedienschutzrechts für internationale Debatten zur Stärkung des Kinder- und Jugendschutzes weiter stärken.

4. KI-bezogene Erweiterung des Geltungsbereichs des JMStV

Nach § 2 Abs. 1 Satz 1 JMStV gilt dieser Staatsvertrag für Rundfunk und Telemedien im Sinne des Medienstaatsvertrages. In dem o.g. Diskussionsentwurf ist vorgesehen, den Geltungsbereich auf

„Betriebssysteme nach § 3 Satz 1 Nr. 6"

des JMStV in der vorgesehenen Neufassung auszudehnen, d.h. auf

„eine softwarebasierte Anwendung, die die Grundfunktionen der Hardware oder Software eines Endgeräts steuert und die Ausführung von softwarebasierten Anwendungen, die dem Zugang zu Angeboten nach Nr. 1[694] *dienen, ermöglicht".*

Es ist aus den o.g. Gründen der voraussichtlich weiter wachsenden Bedeutung von KI-Systemen wie von Medienintermediären und Anbietern von Benutzeroberflächen für einen effektiven Kinder- und Jugendmedienschutz zu erwägen, bei der Regelung des Geltungsbereichs in § 2 JMStV zukünftig auch eine Bezugnahme auf KI-Systeme aufzunehmen und im Übrigen auch Medienintermediäre und Anbieter von Benutzeroberflächen zu adressieren.

5. Kohärente und effiziente Jugendmedienschutz-Regulierung im Zuge des Entstehens neuer Risikodimensionen

Mit den jüngsten Novellen des JMStV und des JuSchG, aber auch der AVMD-Richtlinie und mit der Verabschiedung des DSA haben die unterschiedlichen Gesetzgeber im Mehr-Ebenen-System des Kinder- und Jugendmedienschutzes eine Reihe neuer Vorgaben

---

692 Nicht kursive Hervorhebung d. Verf.

693 Vgl. Diskussionsentwurf, S. 2.

694 Dies sind zum einen Sendungen, zum anderen Inhalte von Telemedien.

eingeführt, die sich von klassischen Regelungsansätzen in diesem Rechtsbereich grundlegend unterscheiden. Dazu zählen insbesondere (1.) die in Art. 28b der AVMD-Richtlinie und in deren Umsetzung in § 5a JMStV und zuletzt § 24a JuSchG verankerten Verpflichtungen von bestimmten Online-Anbietern, infrastrukturelle Vorsorgemaßnahmen in ihren Angeboten vorzusehen sowie (2.) die in Art. 28, 34, 35 DSA adressierte Berücksichtigung medienexterner oder systemischer Risiken bei der Angebotsbewertung. Schon mit diesen Vorgaben erfolgt eine regulatorische Antwort auf neue Risikodimensionen: Interaktions- und Kommunikationsrisiken stellten und stellen vor neue, aus dem Umgang mit dem inhaltlichen Risikopotential von audiovisuellen Angeboten nicht vertraute regulatorische Herausforderungen.[695] Auch diesen Herausforderungen zeitnah zu begegnen ist nicht nur eine konsequente Beachtung verfassungs-, unions- und völkerrechtlicher medienbezogener Schutzpflichten gegenüber Minderjährigen. Die Anreicherung der regulatorisch erfassten Risikodimensionen sichert zugleich auch vor der grundrechtsdogmatischen Gefährdung ab, dass die Kinder- und Jugendmedienschutzordnung perspektivisch als inkohärent und die ergriffenen Maßnahmen damit als unverhältnismäßig eingestuft werden könnten.

Diese Abwehr einer potentiellen Unverhältnismäßigkeit als gesetzgeberische Zielsetzung legt eine regelmäßige Evaluierung nahe, ob das Regulierungsregime hinreichend auf neue Gefahrenlagen ausgerichtet ist – Gefährdungen, zu denen neben Inhalts- und Interaktionsrisiken im Zuge des Durchbruchs generativer KI zunehmend auch IT-gestützte Risiken zählen können. Dass zur Abwehr strukturell neuer Risiken auch eine Fortschreibung bestehender sowie die Entwicklung neuer Steuerungsinstrumente der positiven Medienordnung zählen können, ist evident. Allerdings wird sich eine solche Neuausrichtung gesetzlicher Steuerungsinstrumente nicht allein auf die Einführung eines ergänzten hoheitlichen Regelwerkes begrenzen können. Sie ist vielmehr auch der gesetzgeberische Impuls für eine ganze Reihe von Veränderungen in der Governance-Struktur des bestehenden Kinder- und Jugendmedienschutzes.[696] Bestandteil einer Weiterentwicklung und Neuausrichtung dieser Governance-Struktur ist auch deren KI-Rezeption – wobei KI sowohl in ihrer den Kinder- und Jugendmedienschutz herausfordernden als auch in ihrer diesen Schutz fördernden Dimension einbezogen werden sollte.

6. Jugendschutzbeauftragte bei KI-Generatoren

In Anlehnung an § 7 JMStV könnte in den Jugendmedienschutz-Staatsvertrag zur Bewältigung der mit dem Einsatz von KI verbundenen Risiken folgende Regelung aufgenommen werden:

„§ 7a

Jugendschutzbeauftragte bei Anbietern von KI-Systemen

695 Vgl. *Dreyer/Andresen/Wysocki,* The best is yet to come? JMS-Report 6/2022, 2 (2).

696 Vgl. *Dreyer/Andresen/Wysocki,* The best is yet to come? JMS-Report 6/2022, 2 (2).

(1) Wer in Deutschland ein KI-System in Verkehr bringt oder in Betrieb nimmt, hat unabhängig davon, ob er in Deutschland oder in einem Drittland niedergelassen ist, einen Jugendschutzbeauftragten zu bestellen. Gleiches gilt für einen Anbieter eines KI-Systems, der in einem Drittland niedergelassen oder ansässig ist, wenn das vom System hervorgebrachte Ergebnis in Deutschland verwendet wird. § 7 Absatz 1 Sätze 3 und 4 gilt entsprechend.

(2) Anbieter, bei dem es sich um ein Kleinst- oder Kleinunternehmen im Sinne der Empfehlung 2003/361/EG der Kommission handelt, können auf die Bestellung verzichten, wenn sie sich einer Einrichtung der Freiwilligen Selbstkontrolle anschließen und diese zur Wahrnehmung der Aufgaben des Jugendschutzbeauftragten verpflichten sowie entsprechend Absatz 3 beteiligen und informieren.

(3) Der Jugendschutzbeauftragte ist Ansprechpartner für die Nutzer und berät den Anbieter in Fragen des Jugendschutzes. Er ist vom Anbieter bei Fragen der Entwicklung des KI-Systems und bei allen Entscheidungen zur Wahrung des Jugendschutzes angemessen und rechtzeitig zu beteiligen und über das jeweilige KI-System vollständig zu informieren. Er kann dem Anbieter eine Beschränkung oder Änderung eines KI-Systems vorschlagen.

(4) § 7 Absatz 1 Satz 3 und 4 und Absätze 4 und 5 gilt entsprechend."

Dieser KI-Jugendschutzbeauftragte sollte bei der Entwicklung, dem Training sowie der Anwendung von KI-Anwendungen einbezogen werden, an der Entwicklung eines auf den Kinder- und Jugendschutz bezogenen Monitoring-Programm beteiligt werden und im Übrigen das gleiche Maß an Unabhängigkeit genießen, wie es auch aus der Rechtsstellung von Datenschutz- und Gleichstellungsbeauftragten vertraut ist.[697]

Inwieweit ein solcher KI-Jugendschutzbeauftragter darüber hinausgehend auch die Funktion eines KI-Ethikbeauftragten wahrnimmt (rsp. ob es parallel zu einem KI-Jugendschutzbeauftragten auch einen KI-Ethikbeauftragten geben sollte) und damit der Forderung, etwa der UNESCO entsprechend,[698] auch eine ethische Grundierung von Entwicklung und Anwendung von KI organisatorisch abgesichert werden sollte, ist hier nicht weiter zu vertiefen, da es vorliegend um die spezifisch kinder- und jugendschützerische Dimension von KI geht.[699] Diese Schutzdimension steht einer Zusammenfassung der Aufgaben in einer Person bzw. Institution in den Unternehmen zumindest nicht per se nicht entgegen – namentlich da die ethische Ausrichtung der gebotenen Unabhängigkeit dieses Beauftragten kaum entgegenstehen dürfte.

---

697 Vgl. *Gössl*, Schluss – Empfehlungen zur Vermeidung von Diskriminierungen beim KI-Einsatz, 2023, S. 139 (140).

698 Vgl. hierzu oben, Abschnitt A. III. 4.

699 Zu einer Ethik der KI vgl. auch *Deutscher Ethikrat*, Mensch und Maschine – Herausforderungen durch Künstliche Intelligenz, Berlin 2023 (speziell zu öffentlicher Kommunikation und Meinungsbildung ibidem, S. 251 ff,); *Gabriel*, Was ist und was soll eine Ethik der K.I.?, in: Zimmer (Hrsg.), Regulierung für Algorithmen und Künstliche Intelligenz, 2021, S. 25 (25 ff.).

7. Verfahrens- und organisationsrechtliche Aspekte

In Bezug auf eine effektive Bewältigung der mit dem Einsatz von (generativer) KI verbundenen Risiken liegt es nahe, der grundrechtlichen Schutzpflicht zu Gunsten Minderjähriger nicht nur materiell-rechtlich durch eine Erweiterung erfasster Risikodimensionen und organisatorisch durch die Schaffung eines KI-Jugendschutzbeauftragten bei Entwicklern und Anwendern von KI, sondern auch durch verfahrensrechtliche Vorkehrungen Rechnung zu tragen. Hierzu könnten

(a) an den medienanstaltsinternen Schnittstellen zwischen ZAK, KJM und KEK in Bezug auf die Regulierung von KI,

(b) an den Schnittstellen zwischen KJM und Bundeszentrale für Kinder- und Jugendmedienschutz (BzKJ) beim kinder- und jugendschutzaktivierenden Einsatz und der jugendschutzsichernden Kontrolle von KI und

(c) an den Schnittstellen zwischen Datenschutz-, Glücksspiel- und Medienregulierung von KI im Interesse von Kinder- und Jugendmedienschutz

bestehende Netzwerke behördlicher Kooperation ergänzt und bei Bedarf neue organisatorische Netzwerke geschaffen werden.

8. Exkurs: Die Vorschläge für eine KI-Haftungs-Richtlinie der EU und ihre Jugendschutzrelevanz

Fragen der zivilrechtlichen Haftung für eine Verletzung von Vorgaben des JMStV haben bislang kaum Aufmerksamkeit erfahren. Gänzlich ausgeschlossen erscheinen solche deliktischen Ansprüche indessen nicht. Denn nicht zuletzt auch die Vorgaben der §§ 4 bis 6 JMStV können als Schutzgesetze i.S. des § 823 Abs. 2 BGB eingestuft werden. Hierfür spricht bereits die schutzorientierte Zweckrichtung dieses Staatsvertrages nach § 1 JMStV:

„Zweck des Staatsvertrages ist der einheitliche Schutz der Kinder und Jugendlichen vor Angeboten in elektronischen Informations- und Kommunikationsmedien, die deren Entwicklung oder Erziehung beeinträchtigen oder gefährden, sowie der Schutz vor solchen Angeboten in elektronischen Informations- und Kommunikationsmedien, die die Menschenwürde oder sonstige durch das Strafgesetzbuch geschützte Rechtsgüter verletzen."

Dass auch das Zivilrecht zur Durchsetzung von ordnungsrechtlichen Vorgaben eingesetzt werden kann, hat im Übrigen jüngst durch erfolgreiche Klagen auf Erstattung von Spieleinsätzen bei illegalem Glücksspiel besondere Aufmerksamkeit erfahren.[700]

Mit der seitens der Europäischen Kommission vorgeschlagenen Richtlinie zur Anpassung der Vorschriften über außervertragliche zivilrechtliche Haftung an künstliche Intelligenz,

---

[700] Vgl. z.B. OLG Frankfurt, Beschluss v. 8.4.2022, 23 U 55/21, BeckRS 2022, 12872 [Rz. 44-47]; OLG Hamm, Beschluss v. 12.11.2021, 12 W 13/21, BeckRS 2021, 37639 [Rz. 14-16]); LG Landshut, Urteil vom 08.10.2021 – 75 O 1849/20. juris; BeckRS 2021, 30708.

der sog. KI-Haftungs-Richtlinie der EU,[701] für die es im Unterschied zur KI-Verordnung nicht gelang, das Rechtsetzungsverfahren vor dem Ablauf der Legislaturperiode des Europäischen Parlaments abzuschließen, soll der EU-Rahmen für die zivilrechtliche Haftung ergänzt und modernisiert werden, indem erstmals spezifische Vorschriften für Schäden eingeführt werden, die durch KI-Systeme verursacht werden.

Mit den neuen Vorschriften, die in Art. 2 die relevanten Begriffsbestimmungen des AI Act durch entsprechende Verweisung unverändert übernehmen sollen, soll sichergestellt werden, dass Opfer von durch KI-Technologie verursachten Schäden in gleicher Weise entschädigt werden, als wenn dies unter anderen Umständen geschehen wäre. Hierzu sollen zwei wesentliche Instrumente eingeführt werden: die sogenannte Kausalitätsvermutung, die die Opfer von der Pflicht entbindet, ausführlich zu erläutern, wie der Schaden durch ein bestimmtes Verschulden oder Versäumnis verursacht wurde, und der Zugang zu Beweismitteln im Besitz von Unternehmen oder Anbietern, wenn es um Hochrisiko-KI geht.

Die derzeitigen mitgliedstaatlichen Haftungsvorschriften sind nicht für Schadenersatzansprüche infolge von durch KI-gestützte Produkte und Dienstleistungen verursachten Schäden ausgelegt. Bei verschuldensabhängigen Haftungsansprüchen muss das Opfer den Klagegegner ermitteln und das Verschulden, den Schaden und den Kausalzusammenhang zwischen beiden im Einzelnen darlegen und beweisen. Dies stellt insbesondere bei Beteiligung von KI-Systemen an diesem Kausalzusammenhang den Beweispflichtigen vor erhebliche Probleme. Denn diese Systeme sind vielfach komplex, intransparent und nicht zuletzt bei generativer KI autonom, so dass es für Opfer übermäßig schwierig, wenn nicht unmöglich ist, dieser Darlegungs- und Beweislast zu genügen. Mit der KI-Haftungs-Richtlinie soll sichergestellt werden, dass alle Opfer eine faire Chance auf Entschädigung haben, wenn sie durch das Verschulden oder eine Unterlassung eines Anbieters, Entwicklers oder Nutzers von KI geschädigt werden. Die neuen Regelungen sollen für nationale Haftungsansprüche gelten, die auf Verschulden oder Unterlassungen einer Person (Anbieter, Entwickler, Nutzer) beruhen und beziehen sich auf Entschädigung für alle Arten von Schäden, die unter das nationale Recht fallen (Leben, Gesundheit, Eigentum, Privatsphäre usw.) und für alle Arten von Opfern (Einzelpersonen, Unternehmen, Organisationen usw.).[702] Ein solcher Schaden kann mithin auch immaterieller Natur sein und sich auf die seelische Gesundheit beziehen und ein geschädigtes Opfer kann auch ein Minderjähriger sein, dessen Recht auf nicht durch Inhalte- oder Interaktionsrisiken geschädigte Entwicklung zu einer gemeinschaftsfähigen Persönlichkeit vorsätzlich oder fahrlässig verletzt wurde.

Mit den neuen Vorschriften sollen zwei Hauptgarantien eingeführt werden: Erstens soll die neue Richtlinie über KI-Haftung nach ihrem Art. 3 Opfern helfen, Zugang zu einschlägigen Beweismitteln zu erhalten, wenn Schäden verursacht werden. Die Opfer können bei Gericht beantragen, die Offenlegung von Informationen über Hochrisiko-KI-Systeme anzuordnen. Damit können die Opfer die Person identifizieren, die haftbar gemacht werden

701 Proposal for a Directive on adapting non contractual civil liability rules to artificial intelligence, (AI Liability Directive), COM/2022/496 final.

702 Vgl. *Europäische Kommission*, Fragen und Antworten: Richtlinie über KI-Haftung, 28. September 2022.

könnte, und herausfinden, was zu dem Schaden geführt hat. Andererseits unterliegt die Offenlegung geeigneten Garantien zum Schutz sensibler Informationen wie Geschäftsgeheimnissen. Zweitens soll die neue Richtlinie über KI-Haftung über ihren vorgesehenen Art. 4 die Beweislast der Opfer erleichtern, indem die „Kausalitätsvermutung" eingeführt wird: Wenn Opfer nachweisen können, dass jemand für die Nichteinhaltung einer bestimmten für den Schaden relevanten Verpflichtung verantwortlich war und dass ein ursächlicher Zusammenhang mit der KI-Leistung nach vernünftigem Ermessen wahrscheinlich ist, kann das Gericht davon ausgehen, dass diese Nichteinhaltung den Schaden verursacht hat. Andererseits kann die haftbare Person diese Vermutung widerlegen (z. B. durch den Nachweis, dass der Schaden eine andere Ursache hatte).

Der Vorschlag über die KI-Haftung gilt für Schäden, die durch alle Arten von KI-Systemen verursacht werden: sowohl durch Hochrisiko-KI-Systeme als auch durch KI-Systeme ohne hohes Risiko.[703]

III. Institutionelle und prozedurale Aspekte eines KI-bezogenen Kinder- und Jugendmedienschutzes – Zu einer zukünftigen Rolle der KJM im Bereich der KI-Regulierung

1. Untersuchungsrechte nach Art. 77 der KI-Verordnung

Art. 77 der KI-Verordnung, der die „Befugnisse der für den Schutz der Grundrechte zuständigen Behörden" zum Gegenstand hat, sieht in seinem Absatz 1 Satz 1 vor, dass nationale Behörden oder öffentliche Stellen, die die Einhaltung des Unionsrechts zum Schutz der Grundrechte in Bezug auf die Verwendung der in Anhang III aufgeführten Hochrisiko-KI-Systeme beaufsichtigen oder durchsetzen, dazu befugt sind, sämtliche auf der Grundlage dieser Verordnung in zugänglicher Sprache und Format erstellte oder geführte Dokumentation anzufordern und einzusehen, sofern der Zugang zu dieser Dokumentation für die wirksame Ausübung ihrer Aufträge im Rahmen ihrer Befugnisse innerhalb der Grenzen ihrer Hoheitsgewalt notwendig ist. Die jeweilige Behörde oder öffentliche Stelle hat die Marktüberwachungsbehörde des betreffenden Mitgliedstaats gemäß Absatz 1 Satz 2 der Regelung hierüber zu informieren. Zugleich kann sie nach Art. 77 Abs. 3, wenn die vom betroffenen Akteur erhaltene Dokumentation nicht ausreicht, um feststellen zu können, ob ein Verstoß gegen das Unionsrecht zum Schutz der Grundrechte vorliegt, bei der Marktüberwachungsbehörde mit einem begründeten Antrag die Durchführung technischer Tests von Hochrisiko-KI-Systemen verlangen.

Auch die KJM kommt als eine solche Behörde bzw. öffentliche Stelle in Betracht, die nach Art. 77 Abs. 2 Satz 1 der KI-Verordnung bis zum 2. November 2024 seitens der Bundesrepublik Deutschland benannt wird.

---

703 Vgl. *Europäische Kommission*, Fragen und Antworten: Richtlinie über KI-Haftung, 28. September 2022.

Das Recht auf Zugang zu aufgrund der KI-VO erstellter Dokumentation ist allerdings nach dem Wortlaut an bestehende Befugnisse der betreffenden Einrichtung gekoppelt. Unterlagen könnten mithin im Falle ihrer Benennung von der KJM gemäß Art. 77 Abs. 1 Satz 1 der KI-VO nur insofern angefordert und eingesehen werden, als der Zugang zu diesen für die Ausübung ihres kinder- und jugendmedienschützerischen Auftrags im Rahmen ihrer Befugnisse nach dem JMStV notwendig ist. Insoweit ist auch abzuwarten, welche Novellierung der JMStV im Hinblick auf Risiken erfährt, die mit dem Einsatz und der Entwicklung von KI, namentlich auch generativer KI, verbunden sein können.

Die mit Art. 77 der KI-Verordnung einhergehenden Rechte wären bereits für sich genommen ein zielführendes Instrument im Bestreben, die KJM in die Lage zu versetzen, die Rechtsdurchsetzung bei Verletzungen von Vorgaben des JMStV für die Sicherstellung einer gemeinschaftsverträglichen Entwicklungsperspektive jedes Kindes und jedes Jugendlichen zu verbessern.[704]

2. Zur möglichen Einordnung der KJM als Marktüberwachungsbehörde i.S. der KI-Verordnung

Die KJM könnte aber auch als Marktüberwachungsbehörde i.S. des AI Act der EU eingerichtet und ernannt werden. Im Hinblick auf die erhebliche Bedeutung der durch Marktüberwachungsbehörden zu regulierenden Sachverhalte für den Kinder- und Jugendmedienschutz sollte in Deutschland auch die KJM als solche Behörde tätig werden können und dementsprechend der Kommission als solche Behörde mitgeteilt werden.[705]

Eine solche Benennung liegt zum einen aufgabenbezogen auch im Blick auf das Vorbild des § 12 Abs. 2 Satz 2 DDG[706] in organisationsrechtlicher Ergänzung des DAS, im Übrigen aber nicht zuletzt auch wegen der im Vergleich zu klassischen staatlichen Behörden deutlich höheren Staatsferne der KJM zum organisationsrechtlichen Ausgleich von jeweils grundrechtlich fundierten Schutzinteressen nahe. Diese Staatsferne resultiert namentlich auch aus der föderalen Brechung in der Zusammensetzung der KJM.

Jeder Mitgliedstaat muss nach Art. 70 Abs. 1 Satz 1 für die Zwecke dieser Verordnung „mindestens eine" solche zuständige nationale Behörde einrichten oder benennen. Die Benennung der KJM als „Behörde" i.S. der KI-Verordnung, bei der es sich nicht zwingend um eine „Behörde" i.S. des mitgliedstaatlichen Rechts handeln muss, wäre mithin nicht mit einer exklusiven Einordnung als Marktüberwachungsbehörde verbunden. Auch die organisatorischen Vorgaben des § 104 Abs. 10 MStV und des § 14 Abs. 4 und 7 JMStV für die KJM würden bereits aktuell dafür sorgen, dass diese ihre Befugnisse unabhängig, unparteiisch und unvoreingenommen i.S. des Art. 70 Abs. 1 Satz 2 der KI-Verordnung ausübt,

---

704 Vgl. hierzu in Bezug auf Fragestellungen der Diskriminierung *Spiecker gen. Döhmann/Towfigh*, Automatisch benachteiligt, 2023, S. 94.

705 Zu Regelungsoptionen für die KI-Aufsicht im föderalen Staat vgl. *Martini/Botta*, MMR 2024, 630 (631 ff.).

706 Digitale-Dienste-Gesetz (DDG) vom 6. Mai 2024, BGBl. 2024 I Nr. 149.

um die Objektivität ihrer Tätigkeiten und Aufgaben zu gewährleisten und die Anwendung und Durchführung dieser Verordnung sicherzustellen. Die Einrichtung und Benennung der KJM auch als Marktüberwachungsbehörde i.S. des Art. 70 der KI-Verordnung würde ihr eine – verglichen mit den Untersuchungsrechten aus Art. 77 der KI-Verordnung – nochmals stärkere Stellung mit deutlich weitreichenderen Untersuchungsrechten und weiteren Abhilfemaßnahmen verschaffen.

Hat die Marktüberwachungsbehörde eines Mitgliedstaats hinreichend Grund zu der Annahme, dass ein KI-System ein Risiko nach Art. 79 Abs. 1 der KI-Verordnung[707] birgt, so prüft sie nach Art. 79 Abs. 2 UnterAbs. 1 Satz 1 der KI-Verordnung das betreffende KI-System im Hinblick auf die Erfüllung aller im AI Act festgelegten Anforderungen und Pflichten. Besondere Aufmerksamkeit gilt dabei nach Satz 2 dieser Regelung KI-Systemen, die für schutzbedürftige Gruppen wie z.B. Minderjährige ein Risiko bergen.

Stellt eine Marktüberwachungsbehörde im Verlauf dieser Prüfung fest, dass das KI-System die in dieser Verordnung festgelegten Anforderungen und Pflichten nicht erfüllt, fordert sie nach Art. 79 Abs. 2 UnterAbs. 2 der KI-Verordnung den jeweiligen Akteur unverzüglich auf, alle Korrekturmaßnahmen zu ergreifen, die geeignet sind, die Konformität des KI-Systems herzustellen, das KI-System vom Markt zu nehmen oder es innerhalb einer Frist, die die Marktüberwachungsbehörde vorgeben kann, in jedem Fall innerhalb von weniger als 15 Arbeitstagen, oder gemäß den einschlägigen Harmonisierungsrechtsvorschriften der Union zurückzurufen.

Ergreift der Akteur in Bezug auf sein KI-System innerhalb dieser Frist keine geeigneten Korrekturmaßnahmen, trifft die Marktüberwachungsbehörde nach Art. 79 Abs. 5 Satz 1 der KI-Verordnung alle geeigneten vorläufigen Maßnahmen, um die Bereitstellung oder Inbetriebnahme des KI-Systems auf ihrem nationalen Markt zu verbieten oder einzuschränken, das Produkt oder das eigenständige KI-System von diesem Markt zu nehmen oder es zurückzurufen.

Erhebt weder eine Marktüberwachungsbehörde eines Mitgliedstaats noch die Kommission innerhalb von drei Monaten nach Eingang der in Art. 79 Abs. 5 Satz 2 vorgesehenen Notifizierung Einwände gegen eine von einer Marktüberwachungsbehörde eines anderen Mitgliedstaats erlassene vorläufige Maßnahme, so gilt diese Maßnahme gemäß Art. 79 Abs. 8 Satz 1 der KI-Verordnung als gerechtfertigt.

Hat eine Marktüberwachungsbehörde hinreichend Grund zu der Annahme, dass ein vom Anbieter als nicht hochriskant gemäß Art. 6 Abs. 3 der KI-Verordnung eingestuftes KI-System tatsächlich hochriskant ist, so prüft die Marktüberwachungsbehörde gemäß Art. 80 Abs. 1 der KI-Verordnung das betreffende KI-System im Hinblick auf seine Einstufung als Hochrisiko-KI-System. Stellt die Marktüberwachungsbehörde im Verlauf dieser Prüfung fest, dass das betreffende KI-System hochriskant ist, fordert sie nach Absatz 2 dieser

---

707 Als KI-Systeme, die ein Risiko bergen, gelten nach dieser Bestimmung „Produkte, mit denen ein Risiko verbunden ist" i.S. des Art. 3 Nr. 19 der Verordnung (EU) 2019/1020, sofern sie Risiken u.a. für die Grundrechte von Personen, einschließlich minderjähriger Personen, bergen.

Regelung den jeweiligen Anbieter unverzüglich auf, alle erforderlichen Maßnahmen zu ergreifen, um die Konformität des KI-Systems mit den in dem AI Act festgelegten Anforderungen und Pflichten herzustellen, sowie innerhalb einer Frist, die die Marktüberwachungsbehörde vorgeben kann, geeignete Korrekturmaßnahmen zu ergreifen. Ergreift der Anbieter des betreffenden KI-Systems innerhalb dieser Frist keine angemessenen Korrekturmaßnahmen, so findet nach Art. 80 Abs. 6 der KI-Verordnung dessen Art. 79 Abs. 5 bis 9 Anwendung.

Unbeschadet der Befugnisse der Marktüberwachungsbehörden gemäß Art. 14 der Verordnung (EU) 2019/1020 können die Marktüberwachungsbehörden nach Art. 74 Abs. 5 der KI-Verordnung für die Zwecke der Sicherstellung der wirksamen Durchsetzung der KI-Verordnung die in Art. 14 Abs. 4 Buchst. d) und j) der Verordnung (EU) 2019/1020 genannten Befugnisse gegebenenfalls aus der Ferne ausüben.

Marktüberwachungsbehörden sollen seitens der Anbieter ferner gemäß Art. 74 Abs. 12 der KI-Verordnung - sofern dies relevant ist und beschränkt auf das zur Wahrnehmung der Aufgaben dieser Behörden erforderliche Maß - uneingeschränkten Zugang zur Dokumentation sowie zu den von den Anbietern für die Entwicklung von Hochrisiko-KI-Systemen verwendeten Trainings-, Validierungs- und Testdatensätzen erhalten – gegebenenfalls und unter Einhaltung von Sicherheitsvorkehrungen auch über Anwendungsprogrammierschnittstellen (API) oder andere einschlägige technische Mittel und Instrumente, die den Fernzugriff ermöglichen.

Zudem erhalten Marktüberwachungsbehörden gemäß Art. 74 Abs. 13 der KI-Verordnung auf begründete Anfrage Zugang zum Quellcode des Hochrisiko-KI-Systems, wenn dieser Zugang zur Bewertung der Konformität eines Hochrisiko-KI-Systems mit den in Kapitel III Abschnitt 2 festgelegten Anforderungen notwendig ist und die Test- oder Prüfverfahren und Überprüfungen aufgrund der vom Anbieter bereitgestellten Daten und Dokumentation ausgeschöpft wurden oder sich als unzureichend erwiesen haben.

Die Untersuchungs- und insbesondere Abhilfebefugnisse von Marktüberwachungsbehörden sind damit deutlich weiterreichend als diejenigen von Behörden und öffentlichen Stellen nach Art. 77 der KI-Verordnung.[708] Die Einordnung (auch) der KJM als Marktüberwachungsbehörde könnte z,B. durch einen „KI"-Staatsvertrag der Länder, ggf. unter Beteiligung des Bundes, erfolgen.[709]

---

708 Vgl. hierzu mit Blick auf die Antidiskriminierungsstelle des Bundes *Spiecker gen. Döhmann/Towfigh*, Automatisch benachteiligt, 2023, S. 95.

709 Vgl. zu diesem Ansatz *Kilian*, ZRP 2024, 130 (130).

IV. KI-Regulierung als Anknüpfungspunkt für Adaptionen von Regelwerken der KJM

1. Kriterien-Papier

Die „Kriterien für die Aufsicht im Rundfunk und in den Telemedien" der Kommission für Jugendmedienschutz (KJM)[710] geben bei der Aufsichtsarbeit der KJM nach dem JMStV Hilfestellung. Sie befassen sich mit den Wirkungsrisiken, die zu einer „Entwicklungsbeeinträchtigung" oder „Jugendgefährdung"[711] führen können, sowie mit den medienrechtlichen Unzulässigkeitstatbeständen. Sie gehen ferner auf die notwendigerweise zu treffenden Abwägungen zwischen dem grundrechtlich verankerten Kinder- und Jugendschutz sowie dem Grundsatz der Achtung der Menschenwürde auf der einen und den ebenfalls grundrechtlich geschützten Freiheiten der Anbieter und der Rezipienten auf der anderen Seite ein. Sie dienen somit als Werkzeug, Sachverhalte im Hinblick auf ihre mögliche Wirkung auf Kinder und Jugendliche zu analysieren und zu klassifizieren. Die Kriterien tragen damit dazu bei, die Beurteilungsmaßstäbe der KJM nachvollziehbar und transparent zu machen und die Grundlagen ihrer Entscheidungen offenzulegen.[712]

In dem Kriterien-Papier selbst wird das Wandlungsbedürfnis der Kriterien in der Zeit betont.

> *„Sie spiegeln die gegenwärtigen Problemlagen und Diskussionen über Medieninhalte wider, wobei Ergebnisse der Medienwirkungsforschung sowie medienrechtliche Positionen berücksichtigt werden. ... Aufgrund des ständigen Wandels der schnelllebigen Medien können die Kriterien ... grundsätzlich kein vollständiges Problemszenario enthalten. Auch unterliegen Normen und Werte einem ständigen Wandel, ebenso wie sich Programme, Angebote und Nutzungsmöglichkeiten verändern. Daher sind die Kriterien ein Arbeitsinstrumentarium, das in der praktischen Arbeit fortwährend überprüft und regelmäßig angepasst wird".* [713]

Eine solche Anpassung ist in der Vergangenheit z.B. erfolgt, um – schon im Vorfeld einer Novelle des JMStV zur Einbindung von Interaktionsrisiken in abzuwehrende Risiken für Minderjährige – bei der Bewertung von Inhalterisiken auch die Interaktivität des Angebots als Risikofaktor in der Aufsichtstätigkeit der KJM zu berücksichtigen.[714]

---

710 Aktuell in der Fassung vom November 2023. Abrufbar unter https://www.kjm-kriterien.de/fileadmin/Daten-KjM/KJM_kriterien_20240322.pdf.

711 Der Begriff der „Entwicklungsgefährdung" wurde inzwischen in Nachvollzug der staatsvertraglichen Terminologie aufgegeben.

712 Vgl. KJM-Kriterien für die Aufsicht im Rundfunk und in den Telemedien, S. 4.

713 Ibidem, S. 4.

714 Ibidem, insbesondere S. 11 f.

Es liegt nahe, in einer Fortentwicklung des Kriterien-Papiers nach der vorgesehenen Novelle des JMStV durch einen Sechsten Medienänderungsstaatsvertrag[715] neben Inhalte- und Interaktionsrisiken auch IT-bezogene Risiken, wie sie sich aus der Anwendung von KI ergeben können, für einen effektiven Kinder- und Jugendmedienschutz zu berücksichtigen.

2. Verfahrens-Handbuch

Das sog. Verfahrens-Handbuch der KJM stellt eine Sammlung von Fragen und Antworten der Mitarbeiterinnen und Mitarbeiter der Landesmedienanstalten dar, die im Zusammenhang mit der Bearbeitung der Prüfverfahren der KJM seit dem Jahr 2003 aufgetreten sind. Das Handbuch wird den Mitarbeiterinnen und Mitarbeitern der Landesmedienanstalten, die für die Vorbereitung und Umsetzung von KJM-Entscheidungen zuständig sind, zur internen Verwendung zur Verfügung gestellt und wird laufend von der AG „Verfahren" aktualisiert.[716]

Es liegt nahe, mit Blick auf die Einbindung von KI in die Aufsichtstätigkeit der Landesmedienanstalten in das Handbuch auch die Erfahrungswerte und Probleme mit KI-Tools als Aufsichtsinstrument und hierauf bezogene Fragen und Antworten einfließen zu lassen.

Ob es mit Blick auf die Förderung von Transparenz in Bezug auf die Wahrung der rechtlichen Vorgaben für den Einsatz von KI sinnvoll ist, das Verfahrens-Handbuch weiterhin umfassend nur zur internen Verwendung bereitzuhalten, erscheint fraglich. Auch diese Frage könnte Gegenstand eines KI-Kodex der Landesmedienanstalten als Element einer AI-Compliance-Ordnung der Medienaufsicht sein.

---

715 Abrufbar (Stand: November 2023) unter https://rundfunkkommission.rlp.de/fileadmin/rundfunkkommission/Dokumente/6._MAEStV_Synopsen/2023-11-09_6._MAEStV-E_November_2023_Anhoerung.pdf

Ein neuer § 5 Abs. 2 JMStV sieht in der Entwurfsfassung der Novelle vor, dass „Risiken, die sich aus der Nutzung des Angebots ergeben und geeignet sind, die persönliche Integrität von Kindern und Jugendlichen zu beeinträchtigen, ... durch optische und technisch auslesbare Kennzeichen kenntlich gemacht werden (sollen)". Diskussionsentwurf zur Novellierung des Jugendmedienschutz- Staatsvertrages (JMStV) - Stand: April 2022 (abrufbar unter https://rundfunkkommission.rlp.de/fileadmin/rundfunkkommission/Dokumente/Medienstaatsvertrag/Jugendschutz/Onlinebeteiligung_2022/04-22_JMStV-E_Anhoerung.pdf).

716 Vgl. *BLM*, Jugendschutzbericht 2020, 2021, S. 34.

F. Ausblick

Ein wirksamer Kinder- und Jugendmedienschutz kann in digitalen Kontexten einschließlich der Herausforderungen durch KI nur gewährleistet werden, wenn man die Gefährdungslage für die Entwicklung Minderjähriger erkennt und richtig einordnet. Dafür bedarf es genauerer Kenntnisse von den Auswirkungen des Einsatzes digitaler Technologien auf die verschiedenen Dimensionen des verfassungs-, europa- und völkerrechtlich gebotenen Schutzes. Dabei ist auch zu beachten, dass ein KI-Einsatz sowohl Eingriffs- als auch Schutzwirkung haben kann und sich die Eingriffstiefe zuweilen aus Fernfolgen ergibt, die im Zeitpunkt der in Rede stehenden Anwendung und Entwicklung eines KI-Systems noch nicht bekannt sind oder ignoriert werden. Schließlich ist zu berücksichtigen, dass ein wirksamer Schutz oft nicht durch normative Versprechen, sondern eher durch technische Maßnahmen wie Kinder- und Jugendmedienschutz *by design* erzielt werden kann.[717]

Die Anwendung der KI-Verordnung wird die mitgliedstaatlichen und europäischen Aufsichtsbehörden und Gerichte vor schwierigen Auslegungsfragen stellen. Dabei wird es wichtig sein, dass die administrativen und judikativen Regulierer stets die Macht- und Informationsasymmetrien zwischen Bürgern, nicht zuletzt auch minderjährigen Bürgern und KI-Akteuren im Blick behalten, wenn es um Fragen der grundrechtlich fundierten Schutzbedürftigkeit und Schutzpflichten bei der Interpretation konkreter Rechtsnormen der KI-Verordnung wie um die Auslegung dritter rechtlicher Vorgaben mit KI-Kontext und -Relevanz geht.[718]

Die aufgezeigte Komplexität von „KI-Eingriffen" fordert die Rechtswissenschaft auch interdisziplinär heraus.[719] Es geht über die Erwägungen praktischer Konkordanz kollidierender Grundrechte hinaus um die Steuerungswirkungen von Technologien in digitalen, vernetzten und automatisierten Umgebungen, die ein „law in action" nicht ignorieren sollte, ebenso wie um die Interaktion zwischen Ordnungsrecht und soft law, zwischen repressiver rechtlicher Reaktion auf Fehlentwicklungen und präventiver sozial-, geistes- und erziehungswissenschaftlicher Sensibilisierung für KI-bezogene Chancen und Risiken. So komplex diese Wirkmechanismen sind, so wenig finden sich einfache Lösungen für die inhärenten Interessenkonflikte. Letztlich müssen regulatorische Vorgaben, technische Schutzvorkehrungen und medien-, digital- und KI-kompetenzbezogene Begleitmaßnahmen wie die Befähigung Betroffener zu einem sachgerechten Umgang mit maschinellem Lernen in ein interdisziplinär abgestimmtes, grundrechtebezogen kohärentes und grundwertebezogen konsistentes Konzept digitalisierungsbezogener Chancenmaximierung und Risikominimierung einbezogen werden. Dies gilt auch und besonders für die Erfüllung staatlicher

---

717 Vgl. auch *Heckmann/Paschke*, Digitalisierung und Grundrechte, in: Stern/Sodan/Möstl, Das Staatsrecht der Bundesrepublik Deutschland im europäischen Staatenverbund, 2. Auflage 2022, § 121 Rn. 65.

718 Vgl. hierzu auch *Nemitz*, MMR 2024, 603 (604).

719 Vgl. hierzu im Ansatz auch *Nemitz*, MMR 2024, 603 (604).

Schutzpflichten bei mittelbaren Grundrechtseingriffen durch Einsatz und Entwicklung von (generativer) KI.[720]

Da zum einen umfangreiche Datensätze unter Einbeziehung von Daten Minderjähriger das Risiko einer Altersdiskriminierung minimieren, andererseits aber das Datenschutzrecht davon ausgeht, dass so wenig Daten wie möglich gesammelt werden sollten und nicht zuletzt auch Daten Minderjähriger datenschutzrechtlich einen besonderen Schutz genießen, ist beim Sammeln von personenbezogenen Daten von Kindern und Jugendlichen besonders darauf zu achten, dass die minderjährigen Personen, die ihre Daten geben, aber auch deren Personensorgeberechtigte über die Verwendung dieser Daten als Trainingsdaten und den dahinterstehenden Zweck der Minimierung von Risiken von Altersdiskriminierung und der Förderung einer dem Leitbild des JMStV folgenden Sicherung von Kinder- und Jugendmedienschutz bei Einsatz generativer KI aufgeklärt werden.[721]

Bei der Entwicklung von KI-Systemen oder ihrem Training und ihrer Überprüfung sollten Gruppen eingesetzt werden, die interdisziplinär zusammengesetzt sind und in denen auch Personen eingebunden sind, die beruflich und/oder ehrenamtlich auf die Wahrung von Kinder- und Jugendschutz ausgerichtet sind. Unternehmen im Bereich der Entwicklung von KI sollten darauf achten, auch gegenüber ihren Beschäftigten klar ihre (Selbst-) Verpflichtung auf kinder- und jugendschutzaffine, auf Altersdiskriminierung verzichtende Algorithmen zu kommunizieren.[722]

Unternehmen im Bereich der Anwendung und Entwicklung generativer KI sollte mit Forschenden im Bereich KI, nicht zuletzt in rechts-, sozial- und informationswissenschaftlichen Disziplinen, und weiteren Stakeholdern zusammenarbeiten, um allgemeine Standards und Vorgehensweisen zu entwickeln, wie zukünftig Altersdiskriminierungen zu Lasten Minderjähriger ebenso wie Verletzungen von Schutzgütern des JMStV und des JuSchG aufgefunden und verhindert bzw. eingedämmt werden können.[723]

Die Forschung, aber auch Einrichtungen der Selbstkontrolle im Bereich KI, könnten nach dem Vorbild anderer Stellen in Deutschland daran mitwirken, vertrauenswürdige Zertifizierungsstellen für eine kinder- und jugendmedienschutzaffine generative KI zu entwickeln oder entsprechendes Personal aus- oder fortzubilden.[724]

Wenn nicht erforderlich, so doch empfehlenswert erscheint auch eine Intensivierung des internationalen Austausches bei der Entwicklung von KI-Systemen, ihrem Training und

---

720 Vgl. *Heckmann/Paschke*, Digitalisierung und Grundrechte, in: Stern/Sodan/Möstl, Das Staatsrecht der Bundesrepublik Deutschland im europäischen Staatenverbund, 2. Auflage 2022, § 121 Rn. 66.

721 Vgl. im Ansatz auch *Gössl*, Schluss – Empfehlungen zur Vermeidung von Diskriminierungen beim KI-Einsatz, 2023, S. 139 (141).

722 Vgl. im Ansatz auch *Gössl*, Schluss – Empfehlungen zur Vermeidung von Diskriminierungen beim KI-Einsatz, 2023, S. 139 (141).

723 Vgl. im Ansatz auch *Gössl*, Schluss – Empfehlungen zur Vermeidung von Diskriminierungen beim KI-Einsatz, 2023, S. 139 (141 f.).

724 Vgl. im Ansatz auch *Gössl*, Schluss – Empfehlungen zur Vermeidung von Diskriminierungen beim KI-Einsatz, 2023, S. 139 (142).

ihrer Überprüfung. Über einen solchen Austausch ließe sich sowohl ein regulatorisches als auch ein ethisches Fundament einer kinder- und jugendmedienschutzverträglichen Entwicklung von KI und eines entsprechenden KI-Einsatzes befördern. Denn Ethik wie Nomos für KI-Anwendungen bedürfen eines multiperspektivischen, kulturelle Vielfalt wahrenden und diversitätsbewussten Aushandlungsprozesses.[725]

Schließlich erscheint eine stärkere Synchronisierung der Regelungen zum digitalen Binnenmarkt unter besonderer Beachtung der Schutzinteressen Minderjähriger sinnvoll und geboten. Dieses Bemühen um mehr Kohärenz, das auch aus grundrechtlicher Perspektive, wenn nicht zwingend, so doch zumindest zweckmäßig erscheint, könnte ein Schwerpunkt einer „Digitalen Agenda 2.0" der nach den Wahlen zum Europäischen Parlament im Juni 2024 gebildeten neuen Europäischen Kommission werden.

Die „politischen Leitlinien für die nächste Europäische Kommission 2024-2029", die *Ursula von der Leyen* im Vorfeld ihrer Wiederwahl zur Präsidentin der Europäischen Kommission am 18. Juli 2024 vorstellte, weisen in ihrem Abschnitt „Unsere Demokratie schützen"[726] in eine entsprechende Richtung. Vor dem Hintergrund der Angriffe auf die demokratischen Systeme und Institutionen in der EU, die mit digitalen Instrumenten und sozialen Medien einfacher durchgeführt werden können, geht es aus Sicht der Kommissionspräsidentin darum, mehr zu tun, um unsere Demokratie zu schützen.

> *„Ziel ist eine bessere Lageerfassung, indem Desinformation und Informations- manipulation aufgedeckt, analysiert und proaktiv bekämpft werden.*
>
> *Wir werden den Fokus auf die Resilienz und Krisenfestigkeit der Gesellschaft legen, indem wir die digitale und die Medienkompetenz verbessern und die Prävention durch Prebunking stärken. ...*
>
> *Außerdem werden wir die Durchsetzung weiter verstärken, um sicherzustellen, dass manipulierte oder irreführende Informationen im Einklang mit dem Gesetz über digitale Dienste aufgedeckt, gekennzeichnet und gegebenenfalls entfernt werden. ...*
>
> *Wir werden dafür sorgen, dass die Transparenzanforderungen des KI-Rechtsakts umgesetzt werden und dass wir unsere Herangehensweise an KI-erzeugte Inhalte stärken."*

Ein solcher Schutz der Demokratie, bei dem das fortwährende Engagement für die Wahrung und Förderung des Rechts auf freie Meinungsäußerung stets respektiert werden soll, trägt auch der demokratiebezogenes Perspektive eines effektiven Kinder- und Jugendmedienschutzes im Zeitalter von KI in besonderer Weise Rechnung.

---

725 Vgl. auch *Röben,* Ethische Abwägungen, M – Menschen machen Medien 3.2023, 14.

726 https://commission.europa.eu/document/download/e6cd4328-673c-4e7a-8683-f63ffb2cf648_de?filename=Political%20Guidelines%202024-2029_DE.pdf. S. 32.

Literaturverzeichnis

Abrassart, Christophe, u.a., Montreal Declaration for a Responsible Development of Artificial Intelligence, 2018 (abrufbar unter https://dcfa4bd-f73a-4de5-94d8-c010ee777609.filesusr.com/ugd/ebc3a3_506ea08298cd4f8196635545a16b071d.pdf)

Alpaydin, Ethem, Machine learning, 3. Aufl. Berlin/Boston 2022

Altman, Sam/Brockman, Greg/Sutskever, Ilya, Governance of superintelligence, 22. Mai 2023 (abrufbar unter https://openai.com/blog/governance-of-superintelligence).

Antidiskriminierungsstelle des Bundes, Zu jung? Zu alt? Altersdiskriminierung als Herausforderung, Berlin 2012

Barton, Dirk-Michael, Multimedia-Strafrecht. Ein Handbuch für die Praxis, Neuwied 1999

Baudenbacher, Carl, Verfahren als Alternative zur Verrechtlichung im Wirtschaftsrecht?, ZRP 1986, 301

Bauer, Hartmut, Informelles Verwaltungshandeln im öffentlichen Wirtschaftsrecht, Verwaltungsarchiv 1987, 241

Bauer, Friedrich L./Goos, Gerhard, Informatik. Eine einführende Übersicht. Zweiter Teil, 2. Aufl., Berlin u.a. 1974;

Bayerische Landeszentrale für neue Medien (BLM), Jugendschutzbericht 2020 für den Medienrat der Bayerischen Landeszentrale für neue Medien (BLM), München 2021

Beck, Ulrich, Risikogesellschaft. Auf dem Weg in eine andere Moderne, Frankfurt am Main 1986

Becker, Carina, Das Recht auf Vergessenwerden, Tübingen 2019

Beisel, Daniel, Die Kunstfreiheitsgarantie des Grundgesetzes und ihre strafrechtlichen Grenzen, Heidelberg 1997

Berger, Christian, Jugendschutz im Internet: „Geschlossene Benutzergruppen" nach § 4 Abs. 2 Satz 2 JMStV – Am Beispiel personalausweiskennziffergestützter Altersverifikationssysteme, MMR 2003, 773

Berger, Ariane, Natürliche Personen. in: Stern/Sodan/Möstl, Das Staatsrecht der Bundesrepublik Deutschland im europäischen Staatenverbund, 2. Auflage München 2022, Bd. III – Allgemeine Lehren der Grundrechte, § 72

Bergman, A. Stevie/Abercrombie, Gavin/Spruit, Shannon/Hovy, Dirk/Dinan, Emily/Boureau, Y-Lan/Rieser, Verena, Guiding the release of safer E2E conversational AI through value sensitive design. Association for Computational Linguistics, City, 2022

Binder, Nadja/Egli, Catherine, Umgang mit Hochrisiko-KI-Systemen in der KI-VO. Strenge Anforderungen der Art. 8–15 KI-VO, MMR 2024, 626

Bitkom e.V. - Bundesverband Informationswirtschaft, Telekommunikation und neue Medien e.V, Digitale Souveränität: Anforderungen an Technologie- und Kompetenzfelder mit Schlüsselfunktion, Berlin 2019 (abrufbar unter https://www.bitkom.org/sites/default/files/2020-01/200116_stellungnahme_digitale-souveranitat.pdf)

The Bletchley Declaration by Countries Attending the AI Safety Summit, 1-2 November 2023 (abrufbar unter https://www.gov.uk/government/publications/ai-safety-summit-2023-the-bletchley-declaration/the-bletchley-declaration-by-countries-attending-the-ai-safety-summit-1-2-november-2023)

Böhm, Monika, Dynamische Grundrechtsdogmatik von Ehe und Familie?, VVDStRL 73 (2014), 211

Borges, Georg, Rechtliche Rahmenbedingungen für autonome Systeme, NJW 2018, 977

Bornemann, Roland, Der „Verbreitensbegriff" bei Pornografie in audiovisuellen Mediendiensten. Straferweiternd im Internet und strafverkürzend im Rundfunk?, MMR 2012, 157

Bornemann, Roland/Erdemir, Murad (Hrsg.), Jugendmedienschutz-Staatsvertrag. Kommentar, 2. Aufl. Baden-Baden 2021

Bosch, Dorit, Die „Regulierte Selbstregulierung" im Jugendmedienschutz-Staatsvertrag, Frankfurt a.M. 2007

Britz, Gabriele, Diskriminierungsschutz und Privatautonomie, VVDStRL 64 (2005), 355

Britz, Gabriele, Klimaschutz in der Rechtsprechung des Bundesverfassungsgerichts, NVwZ 2022, 825

Britz, Guido, Neue Grundrechte? Anmerkungen zu „Jeder Mensch" von Ferdinand von Schirach, juris. Die Monatszeitschrift (jM) 6/2021, 257

Bryde, Brun-Otto, Verfassungsentwicklung. Stabilität und Dynamik im Verfassungsrecht der Bundesrepublik Deutschland, Baden-Baden 1982

Bull, Hans Peter, Digitale Grundrechte für Europa, Recht und Politik 53 (2017), 9

Bundesprüfstelle für jugendgefährdende Medien, Gefährdungsatlas. Digitales Aufwachsen. Vom Kind aus denken. Zukunftssicher handeln, Bonn 2019 (abrufbar unter https://www.bzkj.de/resource/blob/176416/2c81e8af0ea7cff94d1b688f360ba1d2/gefaehrdungsatlas-data.pdf).

Bundeszentrale für Kinder- und Jugendmedienschutz, Gefährdungsatlas. Digitales Aufwachsen. Vom Kind aus denken. Zukunftssicher handeln, 2. Aufl. Bonn 2022 (abrufbar unter https://www.bzkj.de/resource/blob/197826/5e88ec66e545bcb196b7bf81fc6dd9e3/2-auflage-gefaehrdungsatlas-data.pdf)

Burgi, Martin, Klimaverwaltungsrecht angesichts von BVerfG-Klimabeschluss und European Green Deal, NVwZ 2021, 1401

Busch, Christoph, Regulierung digitaler Plattformen als Infrastrukturen der Daseinsvorsorge, WISO-Diskurs 04/2021

Busche, Daniel, Einführung in die Rechtsfragen der künstlichen Intelligenz, JA 2023, 441

Byrne, Jasmina/Day, Emma/Raftree, Linda, The Case for Better Governance of Children's Data: A Manifesto, 2021 (abrufbar unter https://www.unicef.org/globalinsight/ media/1741/file/UNICEF%20Global%20Insight%20Data%20Governance%20Manifesto.pdf)

Cafaggi, Fabrizio/Renda, Andrea, Public and Private Regulation: mapping the labyrinth, 2012

Calliess, Christian, Inhalt, Dogmatik und Grenzen der Selbstregulierung im Medienrecht, AfP 2002, 465

Calliess, Christian, Rechtsstaat und Vorsorgestaat, Jahrbuch für Recht und Ethik / Annual Review of Law and Ethics 21 (2013), S. 3 ff.

Calliess, Christian/Ruffert, Matthias (Hrsg.), EUV/AEUV. Das Verfassungsrecht der Europäischen Union mit Europäischer Grundrechtecharta. Kommentar, 6. Aufl. München 2022

Cambridge Consultants, Use of AI in Online Content Moderation, 2019

Canadian Parliament, An Act to enact the Consumer Privacy Protection Act, the Personal Information and Data Protection Tribunal Act and the Artificial Intelligence and Data Act and to make consequential and related amendments to other Acts, 2022 (abrufbar über https://www.parl.ca/legisinfo/en/bill/44-1/c-27)

Charisi, Vicky/Chaudron, Stéphane/Di Gioia, R., Vuorikari, Rosanna/Escobar Planas, Marina/Sanchez, Ignacio/Gomez, Emilia, Artificial Intelligence and the Rights of the Child: Towards an Integrated Agenda for Research and Policy, Luxembourg 2022 (abrufbar über https://op.europa.eu/en/publication-detail/-/publication/b7d0196a-eb8c-11ec-a534-01aa75ed71a1/language-en)

Chiara, Pier Giorgio, Italy · Italian DPA v. OpenAI's ChatGPT: The Reasons Behind the Investigation and the Temporary Limitation to Processing, EDPL 9 (2023), 68

Chibangza, Kuuya/Steege, Hans, Die KI-Verordnung – Überblick über den neuen Rechtsrahmen, NJW 2024, 1769

Cole, Mark D., AI Regulation and Governance on a Global Scale: An Overview of International, Regional and National Instruments, AI Review 2024, 126 (abrufbar unter https://aire.lexxion.eu/data/article/19406/pdf/aire_2024_01-017.pdf)

Cole, Mark D., Das Zusammenwirken von Selbstkontrolle und hoheitlicher Kontrolle im Jugendmedienschutz, RdJB 2006, 299

Cole, Mark D., Der Dualismus von Selbstkontrolle und Aufsicht im Jugendmedienschutz - Zum Verhältnis von FSF und KJM im System der "regulierten Selbstregulierung" - Eine

Untersuchung aus Anlass des Konflikts um Schönheitsoperationen im Fernsehprogramm, ZUM 2005, 462

Cole, Mark D., Die Neuregelung des Artikel 7b Richtlinie 2010/13/EU (AVMD-RL). Spielraum und zu beachtende Vorgaben bei der mitgliedstaatlichen Umsetzung der Änderungsrichtlinie (EU) 2018/1808, Saarbrücken 2019, S. 34 f. (abrufbar unter https://emr-sb.de/wp-content/uploads/2019/12/emr-gutachten_neuregelung-des-artikel-7b-avmd_11.2019.pdf)

Cole, Mark D., Einleitung, in: Cappello, Maja (ed.), Selbst- und Ko-Regulierung in der neuen AVMD-Richtlinie, IRIS Spezial 2019-2, 3

Cole, Mark D., Gestaltungsspielraum der EU-Mitgliedstaaten bei Einschränkungen der Dienstleistungsfreiheit — Beispiel der Beschränkung regionaler Werbung im Fernsehen durch den Medienstaatsvertrag mit dem Ziel der Förderung der Medienvielfalt, AfP 2022, 1

Cole, Mark D./Etteldorf, Christina, Future Regulation of Cross-Border Audiovisual Content Dissemination. A Critical Analysis of the Current Regulatory Framework for Law Enforcement under the EU Audiovisual Media Services Directive and the Proposal for a European Media Freedom Act, Baden-Baden 2023

Cole, Mark D./Ukrow, Jörg, Der EU Digital Services Act und verbleibende nationale (Gesetzgebungs-) Spielräume, Saarbrücken 2023, S. 1, 14 ff. (abrufbar unter https://freiheitsrechte.org/uploads/documents/Demokratie/Marie-Munk-Initiative/DSA_Gutachten_Cole_Ukrow.pdf)

Conraths, Timo, Künstliche Intelligenz in der Medienproduktion. Datenschutz-, urheber- und vertragsrechtliche Fragen aus Sicht eines Medienunternehmens, MMR 2021, 457

Cornils, Matthias, „Einiges geht bedenklich weit", ZRP 2020, 60

Cremer, Hans-Joachim, Funktionen der Grundrechte, in: Grabenwarter, Christoph (Hrsg.), Europäischer Grundrechteschutz, Zugleich Band 2 der Enzyklopädie Europarecht, 2. Aufl. Baden-Baden 2022, § 3

Cremer, Hendrik/Bär, Dominik, Kinderrechte ins Grundgesetz. Kinder als Träger von Menschenrechten stärken, Berlin 2016

Datenethikkommission der Bundesregierung, Gutachten der Datenethikkommission der Bundesregierung, Berlin 2019 (abrufbar unter https://www.bmi.bund.de/SharedDocs/downloads/DE/publikationen/themen/it-digitalpolitik/gutachten-datenethikkommission.pdf?__blob=publicationFile&v=6).

Davies, Christopher Michael, Die „dienende" Rundfunkfreiheit im Zeitalter der sozialen Vernetzung. Zum Erfordernis einer Neuordnung der Rundfunkverfassung am Beispiel der Sozialen Medien, Tübingen 2019

Degenhart, Christoph, Verfassungsfragen des Jugendschutzes beim Film, Leipzig 2008 (abrufbar unter http://www.spio-fsk.de/media_content/1000.pdf)

de la Durantaye, Katharina, „Garbage in, garbage out" – Die Regulierung generativer KI durch Urheberrecht, ZUM 2023, 645

Dettling, Heinz-Uwe/Krüger, Stefan, Erste Schritte im Recht der Künstlichen Intelligenz, MMR 2019, 211

Deutscher Ethikrat, Mensch und Maschine – Herausforderungen durch Künstliche Intelligenz, Berlin 2023 (abrufbar unter https://www.ethikrat.org/fileadmin/Publikationen/Stellungnahmen/deutsch/stellungnahme-mensch-und-maschine.pdf)

Di Fabio, Udo, Selbstverpflichtungen der Wirtschaft – Grenzgänger zwischen Freiheit und Zwang, JZ 1997, 969

Di Fabio, Udo, Verwaltung und Verwaltungsrecht zwischen gesellschaftlicher Selbstregulierung und staatlicher Steuerung, VVDStRL 56 (1997), 235

Di Fabio, Udo, Verfassungsrechtliche Vorgaben für die Neuordnung der Notfallrettung. Rechtsgutachten erstellt im Auftrag der Björn Steiger Stiftung, Bonn 2024 (abrufbar über https://nextcloud.steiger-stiftung.de/index.php/s/8EdeYJ4dRA7jwpy)

Diederichsen, Bodil, Upload-Filter und Löschsysteme in sozialen Netzwerken, in: Chibanguza, Kuuya/Kuß, Christian/Steege, Hans (Hrsg.), Künstliche Intelligenz, Baden-Baden 2022, § 11 Teil C

Dienes, Jennifer, Anforderungen an die menschliche Aufsicht über Künstliche Intelligenz. Verständnis als Kernelement des Art. 14 KI-VO, MMR 2024, 456

Diesterhöft, Martin, Das Recht auf medialen Neubeginn. Die »Unfähigkeit des Internets zu vergessen« als Herausforderung für das allgemeine Persönlichkeitsrecht, Berlin 2014

Ditzen, Christa, Das Menschwerdungsgrundrecht des Kindes, NJW 1989, 2519

Döring, Martin/Günther, Thomas, Jugendmedienschutz: Alterskontrollierte geschlossene Benutzergruppen im Internet gem. § 4 Abs. 2 Satz 2 JMStV, MMR 2004, 231

Dörr, Dieter/Schwartmann, Rolf/Mühlenbeck, Robin L., Medienrecht. Presse, Rundfunk, Digitale Medien, 7. Aufl. Heidelberg 2023

Dörr, Dieter/Cole, Mark D., Jugendschutz in den elektronischen Medien - Bestandsaufnahme und Reformabsichten. Eine Untersuchung der verfassungsrechtlichen Vorgaben unter besonderer Berücksichtigung der Situation im Rundfunk, München 2001

Dörr, Oliver/Grote, Rainer/Marauhn, Thilo (Hrsg.), EMRK/GG. Konkordanzkommentar zum europäischen und deutschen Grundrechtsschutz, 3. Aufl. Tübingen 2022

Dötsch, Tina, Außervertragliche Haftung für Künstliche Intelligenz am Beispiel von autonomen Systemen, Wiesbaden 2023

Dreier, Horst (Hrsg.), Grundgesetz. Kommentar, 3. Aufl. Tübingen 2013

Dreyer, Stephan, Anwendungsbereich und (neue) Schutzziele, in: Erdemir, Murad (Hrsg.), Das neue Jugendschutzgesetz, Baden-Baden 2021, S. 41 ff.

Dreyer, Stephan/Andresen, Sünje/Wysocki, Neda, The best is yet to come? Folgen der sich wandelnden Regulierungsansätze im Jugendmedienschutz, JMS-Report 6/2022, 2

Eberle, Carl-Eugen, Medien, in: Mellinghoff, Rudolf u.a. (Hrsg.), Leitgedanken des Rechts. Festschrift für Paul Kirchhof, Heidelberg 2013, § 68

Ebers, Martin/Hoch, Veronica/Rosenkranz, Frank/Ruschemeier, Hannah/Steinrötter, Björn, Der Entwurf für eine EU-KI-Verordnung: Richtige Richtung mit Optimierungsbedarf, RDi 2021, 528

Ebert, Andreas/Spiecker gen. Döhmann, Indra, Die EU als Trendsetter weltweiter KI-Regulierung: Der Kommissionsentwurf für eine KI-Verordnung der EU, NVWZ 2021, 1188

Eckertz, Nina/Eide, Øyvind, Don't fear Black-Clouds – Mechanismen künstlicher Intelligenz, in: Hobe, Stephan u.a. (Hrsg.), Die Macht der Algorithmen, Baden-Baden 2023, S. 9

Ehlers, Dirk, Grundrechtsbindung und Grundrechtsschutz von Unternehmen im deutschen und europäischen Recht, DVBl. 2019, 397

Ehmann, Eugen/Selmayr, Martin (Hrsg.), DS-GVO. Datenschutz-Grundverordnung, 2. Aufl. München 2018

Eidgenössisches Departement des Innern EDI. Bundesamt für Statistik BFS. Geschäftsstelle Kompetenznetzwerk für künstliche Intelligenz (CNAI), Terminologie, Neuchâtel 2021

Eidgenössisches Departement für Wirtschaft, Bildung und Forschung WBF/Staatssekretariat für Bildung, Forschung und Innovation SBFI, Herausforderungen der künstlichen Intelligenz, Bericht der interdepartementalen Arbeitsgruppe «Künstliche Intelligenz» an den Bundesrat, Bern 2019,

Ekardt, Felix/Heß, Franziska, Bundesverfassungsgericht, neues EU-Klimaschutzrecht und das Klima-Ziel des Paris-Abkommens, NVwZ 2021, 1421

Emmerich, David, Die Auswirkungen künstlicher Intelligenz auf die erfinderische Tätigkeit und das Erfinderprinzip, Münster 2021

Engel, Andreas, Erfinderische Tätigkeit und Künstliche Intelligenz, GRUR 2022, 864

Engels, Stefan, Kinder- und Jugendschutz in der Verfassung. Verankerung, Funktion und Verhältnis zum Elternrecht, AöR 122 (1997), 212

Erdemir, Murad, Jugendschutzprogramme und geschlossene Benutzergruppen – Zu den Anforderungen an die Verbreitung entwicklungsbeeinträchtigender und jugendgefährdender Inhalte im Internet, Computer und Recht (CR) 2005, 275

Erdemir, Murad, Jugendschutz, in: Spindler, Gerald/Wiebe, Andreas (Hrsg.), Internet-Auktionen und Elektronische Marktplätze, 2. Aufl. Köln 2005, Kap. 14

Erdemir, Murad, Urteilsanmerkung (zu OLG Düsseldorf, Urt. v. 17.2.2004 – III-5 Ss 143/03 – Zugänglichmachen pornografischer Inhalte im Internet), MMR 2004, 410

Europäische Kommission, Grünbuch über die Vorbereitung auf die vollständige Konvergenz der audiovisuellen Welt: Wachstum, Schöpfung und Werte, COM(2013) 231 final vom 24.04.2013

Europäische Kommission, Mitteilung der Kommission an das Europäische Parlament, den Rat, den Europäischen Wirtschafts-und Sozialausschuss und den Ausschuss der Regionen „Förderung eines europäischen Konzepts für künstliche Intelligenz" (COM/2021/205 final vom 21.4.2021)

Europäische Kommission, Fragen und Antworten: Richtlinie über KI-Haftung, 28. September 2022 (abrufbar unter https://ec.europa.eu/commission/presscorner/detail/de/qanda_22_5793).

Faber, Tim, Jugendschutz im Internet. Klassische und neue staatliche Regulierungsansätze zum Jugendmedienschutz im Internet, Berlin 2005

Facciorusso, Dominique/Woldemichael, Deborah, Künstliche „Intelligenz" – Einführung in eine Schlüsseltechnologie, BzKJAKTUELL 4/2023, 4

Fehling/Leymann, Der neue Strukturwandel der Öffentlichkeit: Wie lassen sich die sozialen Medien regulieren?, AfP 2020, 110

Fink, Udo, Programmfreiheit und Menschenwürde, AfP 2001, 189

Finke, Jasper, Krisen. Ein Erklärungsversuch dynamischer Rechtsentwicklungen in Krisenzeiten, Tübingen 2020

Frank, Sabine, Selbstkontrolle im Internet, in: KJM (Hrsg.), Positionen zum Jugendmedienschutz in Deutschland. Eine Textsammlung, KJM-Schriftenreihe Bd. 1, Berlin 2009, S. 71 ff.

Franzen, Martin/Gallner, Inken/Oetker, Hartmut (Hrsg.), Kommentar zum europäischen Arbeitsrecht, 4. Aufl. München 2022

Franzius, Claudio, Das Internet und die Grundrechte, JZ 2016, 650

Franzius, Claudio, Regieren durch „besseren" Instrumenteneinsatz. Zur Idee der Koregulierung im Regierungsweißbuch der Kommission, in: Bruha, Thomas/Nowak, Carsten (Hrsg.), Die Europäische Union nach Nizza: Wie Europa regiert werden soll, Baden-Baden 2003, S. 155

Franzius, Claudio, Regulierte Selbstregulierung als Koordinationsstrategie, in: Darnucelleta Gardella, Maria Mercé u.a. (Hrsg.), Strategien des Rechts im Angesicht von Ungewissheit und Globalisierung, Baden-Baden 2015, S. 248

Freedom House, Freedom on the Net 2023. The Repressive Power of Artificial Intelligence, Washington D.C. 2023 (abrufbar unter https://freedomhouse.org/sites/default/files/2023-10/Freedom-on-the-net-2023-Digital-Booklet.pdf)

Frey, Dieter/Rudolph, Matthias, Der Jugendmedienschutz-Staatsvertrag im Lichte des Gemeinschaftsrechts. Europarechtliche Vorgaben für die Novellierung des JMStV im Bereich der Telemedien, ZUM 2008, 564

FSM, Jugendmedienschutzindex: Der Umgang mit onlinebezogenen Risiken, Berlin 2017

Funiok, Rüdiger u.a. (Hrsg.), Medienethik – die Frage der Verantwortung, Bonn 1999

G7, G7 Leaders' Statement on the Hiroshima AI Process, October 30, 2023 (abrufbar unter https://www.mofa.go.jp/files/100573466.pdf)

G7, Hiroshima Process International Guiding Principles for Organizations Developing Advanced AI system, October 30, 2023 (abrufbar unter https://www.mofa.go.jp/files/100573471.pdf)

G7, Hiroshima Process International Code of Conduct for Organizations Developing Advanced AI Systems, October 30, 2023 (abrufbar unter https://www.mofa.go.jp/files/100573473.pdf)

Gabriel, Markus, Was ist und was soll eine Ethik der K.I.?, in: Zimmer, Daniel (Hrsg.), Regulierung für Algorithmen und Künstliche Intelligenz, Baden-Baden 2021, S. 25

Gärditz, Klaus Ferdinand, Der digitalisierte Raum des Netzes als emergente Ordnung und die repräsentativ-demokratische Herrschaftsform, Der Staat 54 (2015), 113

Gebel, Christa/Wütscher, Swenja, Social Media und die Förderung von Werte- und Medienkompetenz Jugendlicher, München 2015

Geis, Max-Emanuel, Josefine Mutzenbacher und die Kontrolle der Verwaltung, NVwZ 1992, 25

Geminn, Christian Ludwig, Deus ex machina? Grundrechte und Digitalisierung, Tübingen 2023

Geminn, Christian, Die Regulierung Künstlicher Intelligenz. Anmerkungen zum Entwurf eines Artificial Intelligence Act, ZD 2021, 354

Gerards, Janneke/Xenidis, Raphaele, Algorithmic discrimination in Europe: Challenges and opportunities for gender equality and non-discrimination law, Luxemburg 2021 (abrufbar unter https://www.pure.ed.ac.uk/ws/portalfiles/portal/235501180/EELN_report_algorithmic_discrimination.en.pdf)

Gerdemann, Simon, Harmonisierte Normen und ihre Bedeutung für die Zukunft der KI. Auswirkungen und praktische Anwendung, MMR 2024, 614

Gerdemann, Simon, Konformitätsbewertung als Kernpflicht der KI-Verordnung, NJW 2024, 2209

Germann, Michael, Dynamische Grundrechtsdogmatik von Ehe und Familie?, VVDStRL 73 (2014), 257

Gersdorf, Hubertus/Paal, Boris (Hrsg.), BeckOK InfoMedienR, 38. Ed., 1. 2. 2023

Ghielmini, Sabrina/Kaufmann, Christine/Post, Charlotte/Büchler, Tina/Wehrli, Mara/Amacker, Michèle, Grund- und Menschenrechte in einer digitalen Welt, Bern 2021

Gola, Peter/Heckmann, Dirk (Hrsg.), Datenschutz-Grundverordnung - VO (EU) 2016/679. Bundesdatenschutzgesetz, 3. Aufl. München 2022

Gössl, Susanne Lilian, KI-Systeme und Diskriminierung – Eine Einführung, in: dies. (Hrsg.), Diskriminierungsfreie KI, Trier 2023, S. 3

Gössl, Susanne Lilian, Schluss – Empfehlungen zur Vermeidung von Diskriminierungen beim KI-Einsatz, in: dies. (Hrsg.), Diskriminierungsfreie KI, Trier 2023, S. 139

Gössl, Susanne Lilian/Yakar, Selen, Geschlechterneutrale KI. Eine Handreichung, Kiel 2023 (abrufbar unter: https://www.schleswig-holstein.de/DE/fachinhalte/G/gleichstellung/Downloads/handreichung_geschlechterneutrale_ki_lang.pdf?__blob=publicationFile&v=1)

Grabenwarter, Christoph/Pabel, Katharina, Europäische Menschenrechtskonvention. Ein Studienbuch, 7. Aufl. München 2021

Grabitz, Eberhard/Hilf, Meinhard/Nettesheim, Martin (Hrsg.), Das Recht der Europäischen Union, 2023

Graetz, Axel, Künstliche Intelligenz im Urheberrecht, Wiesbaden 2021

Graf von Westphalen, Friedrich, Digitale Charta – Erweiterung der europäischen Grundrechte für das digitale Zeitalter, BB 2018, 899

Graf von Westphalen, Friedrich, Das erschöpfte liberale Recht. Unentgeltliche Nutzung von Daten – Manipulation vs. Fiktion der Vertragsfreiheit, Zeitschrift für Internationales Wirtschaftsrecht (IWRZ) 2019, 61

Groß, Thomas, Selbstregulierung im medienrechtlichen Jugendschutz am Beispiel der Freiwilligen Selbstkontrolle Fernsehen, NVwZ 2004, 1393

Groß, Thomas, Die Ableitung von Klimaschutzmaßnahmen aus grundrechtlichen Schutzpflichten, NVwZ 2020, 337

Grünwald, Andreas/Nüssing, Christoph, Konvergenter Jugendschutz für konvergente Medienendienste. Erlaubt das geltende Recht moderne Jugendschutzkonzepte?, MMR 2018, 654

Gusy, Christoph, Anmerkung (zu BVerwG, Urteil vom 26.11.1992 - 7 C 22/92), JZ 1993, 796

Haase, Jennifer, Generative KI und Kreativität: „Es geht nicht darum, Menschen zu ersetzen", 17.08.2023 (abrufbar unter https://www.weizenbaum-institut.de/news/ki-kreativitaet-jennifer-haase/)

Häberle, Peter, Verfassung als öffentlicher Prozeß. Materialien zu einer Verfassungstheorie der offenen Gesellschaft, 3. Aufl. Berlin 1998

Habermas, Jürgen, Faktizität und Geltung. Beiträge zur Diskurstheorie des Rechts und des demokratischen Rechtsstaats, Frankfurt am Main 1998

Hacker, Philipp, Die Regulierung von ChatGPT et al. – ein europäisches Trauerspiel GRUR 2023, 289

Hacker, Philipp/Engel, Andreas/Maurer, Marco, Regulating ChatGPT and other Large Generative AI Models, Working Paper (12.Mai 2023 – abrufbar unter https://arxiv.org/pdf/2302.02337.pdf).

Hadopi, L'intelligence artificielle: les premières applications dans le secteur culturel et les enjeux, Paris 2019

Hadopi, Le recours à l'intelligence artificielle pour la protection du droit d'auteur, Paris 2021

Hamilton, Daniel S./Kirchhof, Gregor/Rödder, Andreas (Hrsg.), Zeitenwende? Zur Selbstbehauptung der Europäischen Union in einer neuen Welt, Tübingen 2022

Hansen, Markus/Pfitzmann, Andreas, Techniken der Online-Durchsuchung. Gebrauch, Missbrauch, Empfehlungen, in: Roggan, Fredrik (Hrsg.), Online-Durchsuchungen - Rechtliche und tatsächliche Konsequenzen des BVerfG-Urteils vom 27. Februar 2008, Berlin 2008, S. 131

Härtel, Ines, Digitalisierung im Lichte des Verfassungsrechts – Algorithmen, Predictive Policing, autonomes Fahren, LKV 2019, 49

Härtel, Ines, Das europäische Datenschutzgrundrecht in der digitalen „Infosphäre", in Nowak, Carsten/Thiele, Carmen (Hrsg.), Effektivität des Grundrechtsschutzes in der Europäischen Union – Beiträge zum 10. Jahrestag der rechtsverbindlichen EU-Grundrechtecharta, Baden-Baden 2021, 103

Härtel, Ines, Digitalisierung im Lichte des Verfassungsrechts – Algorithmen, Predictive Policing, autonomes Fahren, Landes- und Kommunalverwaltung (LKV) 2019, 49

Hartstein, Reinhard/Ring, Wolf-Dieter/Kreile, Johannes/Dörr, Dieter/Stettner, Rupert/Cole, Mark D./Wagner, Eva Ellen (Hrsg.), Heidelberger Kommentar zum Medienstaatsvertrag – Jugendmedienschutz-Staatsvertrag, Heidelberg 2023

Hauser, Markus, Das IT-Grundrecht. Schnittfelder und Auswirkungen, Berlin 2015

Heckmann, Dirk, Staatliche Schutz- und Förderpflichten zur Gewährleistung von IT-Sicherheit – Erste Folgerungen aus dem Urteil des Bundesverfassungsgerichts zur „Online-Durchsuchung", in: Rüßmann, Helmut (Hrsg.), Festschrift für Gerhard Käfer, Saarbrücken 2009, S. 129

Heckmann, Dirk, Persönlichkeitsschutz im Internet, NJW 2012, 2631

Heckmann, Dirk/Paschke, Anne (Hrsg.), juris PraxisKommentar Internetrecht - Das Recht der Digitalisierung, 7. Aufl. Saarbrücken 2021

Heckmann, Dirk/Paschke, Anne, Datenschutz, in: Stern, Klaus/Sodan, Helge/Möstl, Markus (Hrsg.), Das Staatsrecht der Bundesrepublik Deutschland im europäischen Staatenverbund, Band IV - Die einzelnen Grundrechte, 2. Auflage München 2022, § 103

Heckmann, Dirk/Paschke, Anne, Digitalisierung und Grundrechte, in: Stern, Klaus/Sodan, Helge/Möstl, Markus (Hrsg.), Das Staatsrecht der Bundesrepublik Deutschland im europäischen Staatenverbund, Band IV - Die einzelnen Grundrechte, 2. Auflage München 2022, § 121

Hepp, Christine, Kindergrundrechte. Der verfassungsrechtliche Status des Kindes in der Rechtsprechung des Bundesverfassungsgerichts, Baden-Baden 2021

Herdegen, Matthias, Heile Welt in der Zeitenwende. Idealismus und Realismus in Recht und Politik, München 2023

Heussen, Benno, Grenzen eines grenzenlosen Grundrechtsschutzes, ZRP 2021, 128

Hillgruber, Christian, Verfassungsrecht zwischen normativem Anspruch und politischer Wirklichkeit, VVDStRL 67 (2008), 7

Höch, Dominik/Kahl, Jonas, Anforderungen an eine Kennzeichnungspflicht für KI-Inhalte, K&R 2023, 396

Hoffmann, Christian/Luch, Anika D./Schulz, Sönke E./Borchers, Kim Corinna, Die digitale Dimension der Grundrechte. Das Grundgesetz im digitalen Zeitalter, Baden-Baden 2015

Hoffmann, Christian/Schulz, Sönke E./Borchers, Kim Corinna, Grundrechtliche Wirkungsdimensionen im digitalen Raum. Bedrohungslagen im Internet und staatliche Reaktionsmöglichkeiten, MMR 2014, 89

Hoffmann-Riem, Wolfgang, Digitale Disruption und Transformation, in: Eifert, Martin (Hrsg.), Digitale Disruption und Recht, Baden-Baden 2020, S. 143

Hoffmann-Riem, Wolfgang, Multimedia-Politik vor neuen Herausforderungen, RuF 1995, 125

Hoffmann-Riem, Wolfgang, Selbstbindungen der Verwaltung, VVDStRL 40 (1982), 187

Hoffmann-Riem, Wolfgang, Selbstregelung, Selbstregulierung und regulierte Selbstregulierung im digitalen Kontext, in: Fehling, Michael/Schliesky, Utz (Hrsg.), Neue Macht- und Verantwortungsstrukturen in der digitalen Welt, Baden-Baden 2016, S. 27 ff.

Hoffmann-Riem, Wolfgang/Engels, Stefan, Fernsehwerbung für Kinder. Im Spannungsfeld von Rundfunkfreiheit und Kinder- und Jugendschutz, Recht der Jugend und des Bildungswesens (RdJB) 1996, 48

Hoffmann-Riem, Wolfgang/Schulz, Wolfgang/Held, Thorsten, Konvergenz und Regulierung. Optionen für rechtliche Regelungen und Aufsichtsstrukturen im Bereich Information, Kommunikation und Medien, Baden-Baden 2000

Hofmann, Franz/Raue, Benjamin (Hrsg.), Digital Services Act. Gesetz über digitale Dienste, Baden-Baden 2023

Holoubek, Michael/Lienbacher, Georg (Hrsg.), GRC. Kommentar - Charta der Grundrechte der Europäischen Union, 2. Aufl. Wien 2019

Holznagel, Bernd, Konvergenz der Medien 2013 – Verpasste Chance oder gangbarer Weg aus dem Globalisierungsdilemma?, MMR 2014, 18

Holznagel, Bernd/Jungfleisch, Christiane, Co-Regulierung als hybrides System im Mediennutzerschutz, in: Grob, Heinz Lothar/vom Brocke, Jan (Hrsg.), Internetökonomie. Ein interdisziplinärer Beitrag zur Erklärung und Gestaltung hybrider Systeme, München 2006, S. 203

Holznagel, Bernd/Kussel, Stephanie, Jugendmedienschutz und Selbstregulierung im Internet, Recht der Jugend und des Bildungswesens (RdJB) 2002, 295

Hönig d'Orville, Melanie, Die Perspektive der Länder: AVMD-Richtlinie, der 22. Rundfunkänderungsstaatsvertrag und der »Medienstaatsvertrag« – Angemessene Instrumente für die Regulierungsherausforderungen?, ZUM 2019, 104

Honer, Mathias/Schöbel, Philipp, Das Gesetz über Künstliche Intelligenz im System der europäischen Digitalregulierung – Ein Überblick, JuS 2024, 648

Hornung, Gerrit, Ein neues Grundrecht. Der verfassungsrechtliche Schutz der „Vertraulichkeit und Integrität informationstechnischer Systeme", Computer und Recht (CR) 2008, 299

Hu, Krystal, ChatGPT sets record for fastest-growing user base (2023); abrufbar unter https://www.reuters.com/technology/chatgpt-sets-record-fastest-growing-user-base-analyst-note-2023-02-01/.

Hulin, Adeline, Statutory media self-regulation: beneficial or detrimental for media freedom? European University Institute, San Domenico di Fiesole 2014

Ingold, Albert, Der Entwurf für eine »Charta der Digitalen Grundrechte der Europäischen Union«: Vorhaben, Vorstellungen, Vorbehalte, Zeitschrift für Gesetzgebung (ZG) 2018, 193

Isensee, Josef, Das Grundrecht auf Sicherheit. Zu den Schutzpflichten des freiheitlichen Verfassungsstaates, Berlin/New York 1983

Isensee, Josef, Das Grundrecht als Abwehrrecht und als staatliche Schutzpflicht, in: ders./Kirchhof, Paul (Hrsg.), Handbuch des Staatsrechts der Bundesrepublik Deutschland, Bd. IX. - Allgemeine Grundrechtslehren, 3. Aufl. Heidelberg 2011, § 191

Isensee, Josef/Axer, Peter, Jugendschutz im Fernsehen. Verfassungsrechtliche Vorgaben für staatsvertragliche Beschränkungen der Ausstrahlung indexbetroffener Sendungen, München 1998

Jakl, Bernhard, Das Recht der Künstlichen Intelligenz. Möglichkeiten und Grenzen zivilrechtlicher Regulierung, MMR 2019, 711

Janda, Constanze/Wagner, Mathieu, Diskriminierung von und wegen Kindern. Eine rechtliche Betrachtung des jungen Alters, Baden-Baden 2022

Japanese Government, Social Principles of Human-Centric AI (2019) (abrufbar unter https://www.cas.go.jp/jp/seisaku/jinkouchinou/pdf/humancentricai.pdf)

Jarass, Hans D., Charta der Grundrechte der EU, 4. Aufl. München 2021

Jarass, Hans D./Pieroth, Bodo (Hrsg.), Grundgesetz für die Bundesrepublik Deutschland. GG. Kommentar, 17. Auf. München 2022

Jeand'Heur, Bernd, Verfassungsrechtliche Schutzgebote zum Wohl des Kindes und staatliche Interventionspflichten aus der Garantienorm des Art. 6 Abs. 2 Satz 2 GG, Berlin 1993

Jestaedt, Matthias, Grundrechtsentfaltung im Gesetz. Studien zur Interdependenz von Grundrechtsdogmatik und Rechtsgewinnungstheorie, Tübingen 1999

Johannisbauer, Christoph, ChatGPT im Rechtsbereich – erste Erfahrungen und rechtliche Herausforderungen bei der Verwendung künstlich generierter Texte, MMR-Aktuell 2023, 455537

Jørgensen, What Platforms Mean When They Talk About Human Rights, Policy and Internet, 9:3 (2017), S. 280

jugendschutz.net, Perspektiven des technischen Jugendschutzes. Aktuelle Herausforderungen und zukunftsfähige Konzepte, Mainz 2016 (abrufbar unter https://www.kjm-online.de/fileadmin/user_upload/KJM/Publikationen/Studien_Gutachten/Perspektiven-technischer-Jugendschutz.pdf)

Käde, Lisa/von Maltzan, Stephanie, Transparency by design durch erklärbare oder selbsterklärende KI, DSRITB 2019, 339

Kalbhenn, Jan Christopher, Designvorgaben für Chatbots, Deepfakes und Emotionserkennungssysteme, ZUM 65 (2021), 663

Kalbhenn, Jan Christopher/Hemmert-Halswick, Maximilian, EU-weite Vorgaben für die Content-Moderation in sozialen Netzwerken. Kommentar zu dem Entwurf der Europäischen Kommission zu einem Digital Services Act, ZUM 2021, 184

Karpenstein, Ulrich/Mayer, Franz C. (Hrsg.), Konvention zum Schutz der Menschenrechte und Grundfreiheiten: EMRK, 3. Aufl. München 2022

Kerber, Wolfgang/Schwalbe, Ulrich, Ökonomische Grundlagen des Wettbewerbsrechts, in Säcker, Franz Jürgen u.a. (Hrsg.), Münchner Kommentar zum Wettbewerbsrecht, Band 1- Europäisches Wettbewerbsrecht, 3. Aufl. München 2020, 1. Teil – Grundlagen, S. 21

Kienle, Andrea/Kunau, Gabriele, Informatik und Gesellschaft. Eine sozio-technische Perspektive, München 2014

Kilian, Robert, Nationale Spielräume bei der Umsetzung des Europäischen AI Acts, ZRP 2024, 130

Kirchhof, Gregor/Magen, Stefan/Schneider, Karsten (Hrsg.), Was weiß Dogmatik? Was leistet und wie steuert die Dogmatik des Öffentlichen Rechts?, Tübingen 2012

Klass, Nadine, Das Recht auf Vergessen(-werden) und die Zeitlichkeit der Freiheit, ZUM 2020, 265

Kommission für Jugendmedienschutz (KJM), Kriterien für die Aufsicht im Rundfunk und in den Telemedien, Berlin 2020 (abrufbar unter https://www.kjm-kriterien.de/fileadmin/Daten-KjM/2022_02_Kriterien_KJM.pdf)

Kommission für Jugendmedienschutz (KJM), KJM bewertet Altersverifikationssysteme mit biometrischer Alterskontrolle positiv. Verifizierung ohne Ausweispapiere, mittels künstlicher Intelligenz, Pressemitteilung 11/2022 vom 24.05.2022 (abrufbar unter https://www.kjm-online.de/service/pressemitteilungen/meldung?tx_news_pi1%5Bnews%5D=5035&cHash=d8a1a1aa098cb7a2ba2ba7e145e85116)

Krappmann, Lothar/Lüscher, Kurt, Kinderrechte im Generationenverbund. Plädoyer für eine aktuelle Lektüre der Kinderrechtskonvention, RdJB 2009, 326

Kreissig, Leibniz – Interdisziplinarität und wissenschaftliche Neugier, https://kreissig.net/schwerpunkte/kunst-ki-vr-va-robotik/leibniz-interdisziplinaritaet-und-wissenschaftliche-neugier

Krönke, Christoph, Das europäische KI-Gesetz: Eine Verordnung mit Licht und Schatten, NVwZ 2024, 529

Krüper, Julian, Roboter auf der Agora. Verfassungsfragen von Social Bots im digitalen Diskursraum der Moderne, in: Unger, Sebastian/von Ungern-Sternberg, Antje (Hrsg.), Demokratie und künstliche Intelligenz, Tübingen 2019, S. 67

Kühling, Jürgen, Die Verantwortung der Medienintermediäre für den Schutz öffentlicher Kommunikationsräume – Algorithmen als Treiber von Hate speech, Fake News und Filter bubbles?, in: Zimmer, Daniel (Hrsg.), Regulierung für Algorithmen und Künstliche Intelligenz, Baden-Baden 2021, S. 89

Kühling, Jürgen, Gemeinwohlorientierte Regulierung der Medienintermediäre. Verantwortungszuweisung durch Recht, MMR 2022, 1016

Kühling, Jürgen/Buchner, Benedikt (Hrsg.), Datenschutz-Grundverordnung. BDSG. Kommentar, 3. Aufl. München 2020

Kühne, Steffen, Medieninhalte mit KI erzeugen, 27.4.2023 (abrufbar unter https://www.blm.de/files/pdf2/2023-04-26-medieninhalte-mit-ki-erzeugen-blm.pdf)

Kullas, Matthias/Harta, Lukas, Europäisches Gesetz über Künstliche Intelligenz, cepAnalyse 27/2021, S. 2.

Kumkar, Lea Katharina/Rapp, Julian P., Deepfakes - Eine Herausforderung für die Rechtsordnung, Zeitschrift für Digitalisierung und Recht (ZfDR) 2022, 199

Kurzweil, Ray, The Law of Accelerating Returns, 7. März 2001 (abrufbar unter https://www.kurzweilai.net/the-law-of-accelerating-returns)

Laidlaw, Emily B., Regulating Speech in Cyberspace, Cambridge 2015

Langenfeld, Christine, Die Neuordnung des Jugendschutzes im Internet, MMR 2003, 303

Latzer, Michael/Just, Natascha/Saurwein, Florian/Slominski, Peter, Selbst- und Ko-Regulierung im Mediamatiksektor. Alternative Regulierungsformen zwischen Staat und Markt, Wiesbaden 2002

Lauscher, Anne/Legner, Sarah, Künstliche Intelligenz und Diskriminierung, ZfDR 2022, 367

Lawrence, Christian, Grundrechtsschutz, technischer Wandel und Generationenverantwortung. Verfassungsrechtliche Determinanten des „Restrisikos" der Atomkraft, Berlin 1989

Lenzen, Manuela, Der elektronische Spiegel. Menschliches Denken und künstliche Intelligenz, München 2023

Leuschner, Sebastian, Sicherheit als Grundsatz. Eine grundrechtsdogmatische Rekonstruktion im Unionsrecht am Beispiel der Cybersicherheit, Tübingen 2018

Liesching, Marc, Hinreichender Jugendschutz durch bloße Personalausweisnummer-Kontrolle?, MMR 2/2004, VII

Liesching, Marc, Demokratiefähigkeit als Entwicklungs- und Erziehungsziel im Jugendschutzrecht, BzKJAKTUELL 2/2023, 18 (abrufbar unter https://www.bzkj.de/resource/blob/225150/3dcfe6de7521b91fd5782921f103d708/20232-demokratiefaehigkeit-als-entwicklungs-und-erziehungsziel-data.pdf)

Liesem, Kerstin, Neulandvermessung – Die Regulierung von Medienintermediären im neuen Medienstaatsvertrag, ZUM 2020, 377

Lim, Weng Marc/Gunasekara, Asanka/Pallant,Jessica Leigh/Pallant, Jason Ian/Pechenkina, Ekaterina, Generative AI and the future of education: Ragnarök or reformation? A paradoxical perspective from management educators, The International Journal of Management Education 21 (2023) 100790 (abrufbar unter https://www.sciencedirect.com/science/article/pii/S1472811723000289)

Linke, David, "Künstliche Intelligenz" und Urheberrecht - Quo vadis?, Baden-Baden 2021

Löber, Lena Isabell/Roßnagel, Alexander, Kennzeichnung von Social Bots. Transparenzpflichten zum Schutz integrer Kommunikation, MMR 2019, 493

Löffler, Martin, Das Standesrecht der Massenmedien in weltweiter Sicht, AfP 1971, 16

Lopatka, Reinhold, Die EU und die Mitgliedstaaten: Subsidiarität. Proportionalität. Weniger, aber effizienteres Handeln, Wien 2018 (abrufbar unter https://www.aies.at/download/2018/AIES-Studie-2018-07.pdf).

Lorse, Jürgen, Entscheidungsfindung durch künstliche Intelligenz. Zukunft der öffentlichen Verwaltung?, NVwZ 2021, 1657

Lossau, Norbert, Wie Künstliche Intelligenz die Medien verändert, in: Arnold, Norbert/Wangermann, Tobias (Hrsg.), Digitalisierung und Künstliche Intelligenz: Orientierungspunkte, Berlin 2018, S. 66

Luch, Anika D./Schulz, Sönke E., Die digitale Dimension der Grundrechte - Die Bedeutung der speziellen Grundrechte im Internet, MMR 2013, 88

Luch, Anika D., Das neue „IT-Grundrecht". Grundbedingung einer „Online-Handlungsfreiheit", MMR 2011, 75

Lüdemann, Jörn, Echokammern und Filterblasen versus Meinungsvielfalt – Algorithmen als Gefahr für die Demokratie?, in: Zimmer, Daniel (Hrsg.), Regulierung für Algorithmen und Künstliche Intelligenz, Baden-Baden 2021, S. 69

Lutz, Peter, Änderung der Rechtsprechung zum Gesetz über die Verbreitung jugendgefährdender Schriften, NJW 1988, 3194

Maamar, Niklas, Urheberrechtliche Fragen beim Einsatz von generativen KI-Systemen, ZUM 2023, 481

Madary, Michael/Metzinger, Thomas K., Real Virtuality: A Code of Ethical Conduct. Recommendations for Good Scientific Practice and the Consumers of VR-Technology, Front. Robot. AI 3:3. doi: 10.3389/frobt.2016.00003

Magaziner, Ira C., Über die Rolle des Staates in der Internet-Politik, in: Machill, Marcel (Hrsg.), Verantwortung im Internet – Selbstregulierung und Jugendschutz, Gütersloh 2000, S. 65

Magen, Stefan, Kontexte der Demokratie: Parteien - Medien – Sozialstrukturen, VVDStRL 77 (2018), 67

Martini, Mario, Algorithmen als Herausforderung für die Rechtsordnung, JZ 2017, 1017

Martini, Mario, Blackbox Algorithmus - Grundfragen einer Regulierung Künstlicher Intelligenz, Heidelberg 2019

Martini, Mario/Botta, Jonas, KI-Aufsicht im föderalen Staat. Ein KI-System, eine Behörde?, MMR 2024, 630

Mayer-Schönberger, Viktor, Delete. Die Tugend des Vergessens in digitalen Zeiten, 3. Aufl. Berlin 2015

Meirowitz, Karel, Gewaltdarstellungen auf Videokassetten. Grundrechtliche Freiheiten und gesetzliche Einschränkungen zum Jugend- und Erwachsenenschutz. Eine verfassungsrechtliche Untersuchung, Berlin 1993

Mellage, Henning, § 5 JMStV, in: Hartstein, Reinhard/Ring, Wolf-Dieter/Kreile, Johannes/Dörr, Dieter/Stettner, Rupert/Cole, Mark D./Wagner, Eva Ellen (Hrsg.), Heidelberger Kommentar zum Medienstaatsvertrag – Jugendmedienschutz-Staatsvertrag, Heidelberg 2023

Mengden, Martin, Zugangsfreiheit und Aufmerksamkeitsregulierung. Zur Reichweite des Gebots der Gewährleistung freier Meinungsbildung am Beispiel algorithmengestützter Zugangsdienste im Internet, Tübingen 2018

Meyer, Sebastian/Stakowski, Malte, Muss Google Suchergebnisse redaktionell sortieren?, K&R 2019, 677

Mirsky, Y./Demontis, A./Kotak, J./Shankar, R./Gelei, D./Yang, L./ Zhang, X./Pintor, M./Lee, W./Elovici, Y., The Threat of Offensive AI to Organizations, Computers & Security 124 (2023)

Möller-Klapperich, Julia, ChatGPT und Co. – aus der Perspektive der Rechtswissenschaft, NJ 2023, 144

Möller-Klapperich, Julia, Die neue KI-Verordnung der EU, NJ 2024, 337

Monnett, Dagmar u.a., On Defining Artificial Intelligence, Journal of Artificial General Intelligence 11:2 (2020), 1 ff.

Monninger, Maria/Voß,Thomas, Desorientierung durch Desinformation. Zur Wirkung von Fake News und Verschwörungsmythen auf Kinder und Jugendliche, in: die medienanstalten – ALM GbR (Hrtsg.), Fakt oder Fake? Jugendschutz, Medienkompetenz und Desinformation. Maßnahmen, Projekte und Forderungen aus Sicht der Landesmedienanstalten, Berlin 2022, S. 66

Monopolkommission, Sondergutachten 68 (2015) Wettbewerbspolitik: Herausforderung digitale Märkte

Müller, Angela, Der Artificial Intelligence Act der EU, EuZ 2022, A 1

Müller, Friedrich, Normstruktur und Normaktivität, Berlin 1966

Müllmann, Dirk/Spiecker gen. Döhmann, Indra, Extra DSGVO nulla salus? Zur Zulässigkeit nicht akkreditierter Datenschutzsiegel nach Artt. 42 f. DSGVO, DVBl 2022, 208

Munaretto, Lino, Der Vorbehalt des Möglichen, Tübingen 2022

Mund, Dorothea, Das Recht auf menschliche Entscheidung - zu den verfassungsrechtlichen Vorgaben der technischen Erzeugung von Verwaltungsentscheidungen, Tübingen 2022

Nebel, Maxi, Persönlichkeitsschutz in Social Networks. Technische Unterstützung eines grundrechtskonformen Angebots von Social Networks, Wiesbaden 2020

Nemitz, Paul, Künstliche Intelligenz und Demokratie. Die KI-VO – ein Akt demokratisch legitimierter digitaler Souveränität der EU, MMR 2024, 603

Neuner, Jörg, Diskriminierungsschutz durch Privatrecht, JZ 2003, 57

Nowotny, Helga, Die KI sei mit Euch. Macht, Illusion und Kontrolle algorithmischer Vorhersage, Berlin 2023

OECD, Recommendation of the Council on Artificial Intelligence, 2019 (abrufbar unter https://legalinstruments.oecd.org/en/instruments/OECD-LEGAL-0449)

OECD, The State of Implementation of the OECD AI Principles Four Years On, 2023 (abrufbar unter https://www.oecd-ilibrary.org/docserver/835641c9-en.pdf?expires=1699518352&id=id&accname=guest&checksum=8C51ADAAA688056454E4B1FD9B1065F3)

Ory, Stephan, Das Äußerungsrecht auf dem Zeitstrahl, AfP 2020, 119

Ory, Stephan/Sorge, Christoph, Schöpfung durch Künstliche Intelligenz?, NJW 2019, 710

Otte, Ralf, Intelligenz und Bewusstsein. Oder: Ist KI wirklich KI?, APuZ 42/2023, 9

Paal, Boris P., Medienvielfalt und Wettbewerbsrecht, Tübingen 2010

Paal, Boris P., Vielfaltssicherung bei Intermediären. Fragen der Regulierung von sozialen Netzwerken, Suchmaschinen, Instant-Messengern und Videoportalen, MMR 2018, 567

Pechstein, Matthias/Nowak, Carsten/Häde, Ulrich (Hrsg.), Frankfurter Kommentar - EUV/GRC/AEUV, Tübingen 2017

Papier, Hans-Jürgen, Rechtsstaatlichkeit und Grundrechtsschutz in der digitalen Gesellschaft, NJW 2017, 3025

Paschke, Anne, Digitale Gerichtsöffentlichkeit. Informationstechnische Maßnahmen, rechtliche Grenzen und gesellschaftliche Aspekte der Öffentlichkeitsgewähr in der Justiz, Berlin 2018

Paschke, Marian, Medienrecht, 3. Aufl. Berlin/Heidelberg 2009

Pechstein, Matthias/Nowak, Carsten/Häde, Ulrich (Hrsg.), Frankfurter Kommentar zum EUV, GRC und AEUV, Tübingen 2017

Peuker, Enrico, Verfassungswandel durch Digitalisierung. Digitale Souveränität als verfassungsrechtliches Leitbild, Tübingen 2020

Pfeil, Werner, Der Mensch steht höher als Technik und Maschine. Benötigen wir ein Grundrecht zum Schutz vor Künstlicher Intelligenz?, in: Zeitschrift zum Innovations- und Technikrecht (InTeR) 2020, 82

Pichai, Sundar, An important next step on our AI journey, 6. Februar 2023 (abrufbar unter https://blog.google/technology/ai/bard-google-ai-search-updates)

Poltermann, Andreas, The Public and Private Spheres in Times of the Social Media, 2014 (https://rs.boell.org/en/2014/05/14/public-and-private-spheres-times-social-media).

Pooth, Stefan, Jugendschutz im Internet - staatliche Regulierung und private Selbstkontrolle -, Hamburg 2005

Pöschl, Magdalena, Die Gewährleistung von Jugendschutz durch das Rundfunkrecht - Möglichkeiten und Grenzen, in: Berka, Walter/Grabenwarter, Christoph/Holoubek, Michael (Hrsg), Medienfreiheit versus Inhaltsregulierung, Wien 2006, S. 111

Possing, Caroline/Heyen, Angelika, Alternative Medien und Influencer als Multiplikatoren von Hass, Desinformation und Verschwörungstheorien. Schwerpunktanalyse Jugendmedienschutz der Medienanstalten 2020, in: die medienanstalten – ALM GbR (Hrtsg.), Fakt oder Fake? Jugendschutz, Medienkompetenz und Desinformation. Maßnahmen, Projekte und Forderungen aus Sicht der Landesmedienanstalten, Berlin 2022, S. 54

Preuß, Ulrich K., Risikovorsorge als Staatsaufgabe. Die epistemologischen Voraussetzungen von Sicherheit, in: Grimm, Dieter, Staatsaufgaben, Baden-Baden 1994, S. 523

Price, Monroe E./Verhulst, Stefaan G., Selbstregulierung und Verhaltenskodizes als Grundlage von Internet-Politik, in: Waltermann, Jens/Machill, Marcel (Hrsg.), Verantwortung im Internet. Selbstregulierung und Jugendschutz, Gütersloh 2000, S. 141

Reckwitz, Andreas, Die Gesellschaft der Singularitäten. Zum Strukturwandel der Moderne, Berlin 2017

Remmertz, Frank R., Aktuelle Entwicklungen im Social Media-Recht. Überblick der relevanten Themen aus Unternehmenssicht, MMR 2018, 507

Ress, Georg, Menschenrechtliche Kontrolle der Kommunikation – speziell des Internets, ÖZöR 2021, 915

Ress, Georg, Künstliche Intelligenz (KI) als Herausforderung für das Europarecht und Völkerrecht, Berliner Online-Beiträge zum Europarecht, Nr. 148, 22.05.2023 (abrufbar unter https://www.jura.fu-berlin.de/forschung/europarecht/bob/berliner_online_beitraege/Paper148-Ress/BOB148_Maschinenbewusstsein-und-Voelkerrecht.pdf).

Ring, Wolf-Dieter, Jugendschutz im Spannungsfeld zwischen Selbstregulierung der Medien und staatlicher Medienkontrolle, AfP 2004, 9

Ritter, Ernst-Hasso, Der kooperative Staat. Bemerkungen zum Verhältnis von Staat und Wirtschaft, AöR 104 (1979), 389

Ritter, Ernst-Hasso, Staatliche Steuerung bei vermindertem Rationalitätsanspruch?, Jahrbuch zur Staats- und Verwaltungswissenschaft 1 (1987), 321

Röben, Bärbel, Ethische Abwägungen, M – Menschen machen Medien 3.2023, 14

Roos, Philipp, Regulierung von Social Bots, in: Chibanguza, Kuuya/Kuß, Christian/Steege, Hans (Hrsg.), Künstliche Intelligenz, Baden-Baden 2022, § 11 Teil D

Rossen, Helge, Selbststeuerung im Rundfunk - Modell »FSK« für kommerzielles Fernsehen?, ZUM 1994, 224

Rossen-Stadtfeld, Helge, Die Konzeption Regulierter Selbstregulation und ihre Ausprägung im Jugendmedienschutz, AfP 2004, 1

Roßnagel, Alexander, Radioaktiver Zerfall der Grundrechte? Zur Verfassungsverträglichkeit der Kernenergie, München 1984

Roßnagel, Alexander, Neue Technologien – Alte Verfassung?, in: von Vietinghoff, Eckhart/May, Hans (Hrsg.), Zeitenwende – Wendezeiten, Hannover 1998, S. 35

Roßnagel, Alexander, Konzepte der Selbstregulierung, in: ders. (Hrsg.), Handbuch Datenschutzrecht, München 2003, Kap. 3.6

Roßnagel, Alexander (Hrsg.), Recht der Multi-Media-Dienste. Kommentar zum IuKDG und zum MDStV, Stand: München 2003

Roßnagel, Alexander (Hrsg.), Beck'scher Kommentar zum Recht der Telemediendienste, München 2013

Rothermund, Klaus/Temming, Felipe, Diskriminierung aufgrund des Alters, Berlin 2010

Roth-Isigkeit, David, Der risikobasierte Ansatz als Paradigma des Digitalverwaltungsrechts. Die KI-VO im Kontext europäischer Risikoregulierung, MMR 2024, 621

Sachs, Michael (Hrsg.), Grundgesetz. Kommentar, 9. Aufl. München 2021

Sacksofsky, Ute, Unmittelbare und mittelbare Diskriminierung, in: Mangold, Anna Katharina/Payandeh, Mehrdad (Hrsg.), Handbuch Antidiskriminierungsrecht, Tübingen 2022, § 14, S. 593

Sahoo, Saumyaranjan/Kumar, Satish/Abedin, Mohammad Zoybul/Wenig Marc, Deep learning applications in manufacturing operations: A review of trends and ways forward, Journal of Enterprise Information Management, 36 (1) (2023), S. 221 ff.

Satariano, Adam/Mozur, Paul, The People Onscreen Are Fake. The Disinformation Is Real, International New York Times, 9 Feb. 2023, p. NA

Schaefer, Jan Philipp, Die Umgestaltung des Verwaltungsrechts. Kontroversen reformorientierter Verwaltungsrechtswissenschaft, Tübingen 2016

Scheurer, Martin, Spielerisch selbstbestimmt. Rechtskonforme Einwilligungserklärungen in Zeiten ubiquitärer Digitalisierung, Berlin 2019

Schmahl, Stefanie, Kinderrechtskonvention mit Zusatzprotokollen. Handkommentar, 2. Aufl., Baden-Baden 2017

Schmidt-Aßmann, Eberhard, Regulierte Selbstregulierung als Element verwaltungsrechtlicher Systembildung, Die Verwaltung, Beiheft 4 (2001), 253

Schmidt-Preuß, Matthias, Verwaltung und Verwaltungsrecht zwischen gesellschaftlicher Selbstregulierung und staatlicher Steuerung, VVDStRL 56 (1997) 160

Schoch, Friedrich/Schneider, Jens Peter (Hrsg.), Verwaltungsrecht - VwVfG, München 2022

Schraut, Bernhard, Jugendschutz und Medien. Zur Verfassungsmäßigkeit des Jugendschutzes im Rundfunk und bei den übrigen audiovisuellen Medien, Baden-Baden 1993

Schröder, Meinhard, Neue Grundrechte für ein digitales Zeitalter?, JZ 2019, 953

Schüle, Christian, Digitalisierung und Gesellschaft, 21.09.2021 (abrufbar unter https://www.deutschlandfunkkultur.de/digitalisierung-und-gesellschaft-dauertransformation-fuehrt-100.html).

Schulz, Wolfgang, Jugendschutz bei Tele- und Mediendiensten, MMR 1998, 182

Schulz, Wolfgang, Regulierte Selbstregulierung im Telekommunikationsrecht. Die informationale Beteiligung Dritter bei der Regelsetzung des Regulierers in Deutschland und den Vereinigten Staaten, Die Verwaltung, Beiheft 4/2001, S. 101

Schulz, Wolfgang, Demokratie und Selbstregulation. Geschichte, Möglichkeit und Grenzen, tv diskurs 19/2002, 42

Schulz, Wolfgang/Held, Thorsten, Regulierte Selbstregulierung als Form modernen Regierens, Hamburg 2002

Schulz, Wolfgang/Korte, Benjamin, Jugendschutz bei non-fiktionalen Fernsehformaten, ZUM 2002, 719

Schuppert, Gunnar Folke, Das Konzept der regulierten Selbstregulierung als Bestandteil einer als Regelungswissenschaft verstandenen Rechtswissenschaft, Die Verwaltung, Beiheft 4, 2001, 201

Schwartmann, Rolf/Hermann, Maximilian/Mühlenbeck, Robin L., Eine Medienordnung für Intermediäre. Das Zwei-Säulen-Modell zur Sicherung der Vielfalt im Netz, MMR 2019, 498

Schweiger, Wolfgang, Der (des)informierte Bürger im Netz. Wie soziale Medien die Meinungsbildung verändern, Wiesbaden 2017

Senado do Brazil, Projeto de lei No 2338 de 2023. Dispõe sobre o uso da Inteligência Artificial, 2023 (abrufbar unter https://legis.senado.leg.br/sdleg-getter/documento?dm=9347593&ts=1698248944489&disposition=inline&_gl=1*p41p47*_ga*MTQxMzQxNzA2MC4xNjk5NTE5NTgy*_ga_CW3ZH25XMK*MTY5OTUxOTU4Mi4xLjAuMTY5OTUxOTU4Mi4wLjAuMA..)

Siara, Carsten, Der Medienstaatsvertrag und die „neuen" Medien. Rundfunk und rundfunkähnliche Telemedien im Internet, MMR 2020, 370

Spiecker gen. Döhmann, Indra/Towfigh, Emanuel V., Automatisch benachteiligt. Das Allgemeine Gleichbehandlungsgesetz und der Schutz vor Diskriminierung durch algorithmische Entscheidungssysteme, Berlin 2023 (abrufbar unter https://www.antidiskriminierungsstelle.de/SharedDocs/downloads/DE/publikationen/Rechtsgutachten/schutz_vor_diskriminierung_durch_KI.pdf?__blob=publicationFile&v=4)

Spießhofer, Birgit, Wirtschaft und Menschenrechte – rechtliche Aspekte der Corporate Social Responsibility, NJW 2014, 2473

Spindler, Gerald/Hupka, Jan, Bindungswirkung von Standards im Kapitalmarktrecht, in: Möllers, Thomas M.J. (Hrsg.), Geltung und Faktizität von Standards, Baden-Baden 2009, S. 117

Spindler, Gerald/Thorun, Christian, Die Rolle der Ko-Regulierung in der Informationsgesellschaft. Handlungsempfehlung für eine digitale Ordnungspolitik, MMR-Beilage 6/2016, 1

Spoerr, Wolfgang/Sellmann, Christian, Informations- und Kommunikationsfreiheiten im Internet, K&R 2004, 367

Stahl, Bernd Carsten, Grauzonen zwischen Null und Eins. KI und Ethik, APuZ 42/2023, 17

Stapf, Ingrid/Dreyer, Stephan/Schelenz, Laura/Andresen, Sünje/Heesen, Jessica, Die Stärkung von Kinderrechten durch den Digital Services Act (DSA). Wege zu Best-Practice-Ansätzen, Tübingen u.a. 2023 (abrufbar unter https://leibniz-hbi.de/uploads/media/default/cms/media/7t9f7w9_SIKID_2023_DSA_Kinderrechte.pdf)

State Council of the People's Republic of China, Next Generation Artificial Intelligence Development Plan (2017) (abrufbar unter http://fi.china-embassy.gov.cn/eng/kxjs/201710/P020210628714286134479.pdf)

Staudenmayer, Dirk, Haftung für Künstliche Intelligenz, NJW 2023, 894

Steege, Hans, Algorithmenbasierte Diskriminierung durch Einsatz von Künstlicher Intelligenz, MMR 2019, 715

Steege, Hans, Haftung für Künstliche Intelligenz im Straßenverkehr, SVR 2023, 9

Stefan, Veronica, Artificial Intelligence and its Impact on Young People / L'intelligence artificielle et son impact sur les jeunes, Strasbourg 2020

Steiger, Heinhard, Verfassungsgarantie und sozialer Wandel - Das Beispiel von Ehe und Familie, VVDStRL 45 (1987), 55

Steinebach, Martin, Künstliche Intelligenz als Instrument des Kinder- und Jugendmedienschutzes, BzKJAKTUELL 4/2023, 17

Stern, Klaus/Sachs, Michael (Hrsg.), Europäische Grundrechtecharta – GRCh. Kommentar. München 2016

Stettner, Rupert, Der neue Jugendmedienschutz-Staatsvertrag – eine Problemsicht, ZUM 2003, 425

Stolleis, Michael, Geschichte des öffentlichen Rechts in Deutschland, Band 4 - Staats- und Verwaltungsrechtswissenschaft in West und Ost 1945–1990, München 2012

Stürmer, Verena, Regulierte Selbstregulierung im europäischen Datenschutzrecht, Tübingen 2022

Szczekalla, Peter, Die sogenannten grundrechtlichen Schutzpflichten im deutschen und europäischen Recht. Inhalt und Reichweite einer „gemeineuropäischen Grundrechtsfunktion", Berlin 2002

Tabi, Christantus/Hewage, Chaminda/Bakhsh, Sheikh/Ukwandu, Elochukwu, Contemporary Issues in Child Protection: Police Use of Artificial Intelligence for Online Child Protection in the UK, in: Montasari, Reza/Carpenter, Victoria/Masys, Anthony J. (eds.), Digital Transformation in Policing: The Promise, Perils and Solutions, Cham 2023, S. 85

Talidou, Zoi, Regulierte Selbstregulierung im Bereich des Datenschutzes, Frankfurt am Main 2005

Tegeler, Julia/Märtin, René, Leitlinien für die Wertebildung von Kindern und Jugendlichen, Gütersloh 2017

Thaenert, Wolfgang, Global Networks. Anmerkungen aus der Sicht der Regulierungspraxis für die Landesmedienanstalten, AfP 2002, 136

Thoma, Anselm Christian, Regulierte Selbstregulierung im Ordnungsverwaltungsrecht, Berlin 2008

Tietje, Christian/Lehmann, Matthias, The Role and Prospects of International Law in Financial Regulation and Supervision, Journal of International Economic Law 13 (2010), 663

Trute, Hans-Heinrich, Öffentlich-rechtliche Rahmenbedingungen einer Informationsordnung, VVDStRL 57 (1998), 216

Tuchtfeld, Marktplätze, soziale Netzwerke und die BVerfG-Entscheidung zum "III. Weg", 26.05.2019 (https://verfassungsblog.de/marktplaetze-soziale-netzwerke-und-die-bverfg-entscheidung-zum-iii-weg/)

UK Parliament, Data Protection and Digital Information Bill, 2023 (abrufbar unter https://publications.parliament.uk/pa/bills/cbill/58-04/0001/230001.pdf)

Ukrow, Jörg, Selbstkontrollen im Medienbereich und Europäisches Gemeinschaftsrecht. Eine europarechtliche Untersuchung, in: ders. (Hrsg.), Die Selbstkontrolle im Medienbereich in Europa, München/Berlin 2000, S. 1

Ukrow, Jörg, Jugendschutzrecht, München 2004

Ukrow, Jörg, Algorithmen, APIs und Aufsicht. Überlegungen zur organisations- und verfahrensrechtlichen Effektuierung einer positiven Ordnung der Vielfaltssicherung im digitalen Raum, Saarbrücken 2019 (abrufbar unter https://emr-sb.de/wp-content/uploads/2019/05/Impulse-aus-dem-EMR_MedienStV-Verfahren_1905-01.pdf).

Ukrow, Jörg, Der Rechtsrahmen für Selbst- und Ko-Regulierung im internationalen und europäischen Recht, in: Cappello, Maja (Hrsg.), Selbst- und Ko-Regulierung in der neuen AVMD-Richtlinie, IRIS Spezial 2019-2, S. 7

Ukrow, Jörg, Online-Glücksspiel in der Regulierung – Kohärenz im Werden?, ZfWG 2019, 223

Ukrow, Jörg, Anmerkung (zu EuGH, Urteil vom 24.9.2019 – C-136/17), ZD 2020, 42

Ukrow, Jörg, Sicherung regionaler Vielfalt - Außer Mode? Anmerkungen aus Anlass des Urteils des Europäischen Gerichtshofs vom 3. Februar 2021, Rs. C-555/19, Fussl Modestraße Mayr GmbH ./. SevenOne Media GmbH, ProSiebenSat.1 TV Deutschland GmbH, ProSiebenSat.1 Media SE, Saarbrücken 2021 (abrufbar unter https://emr-sb.de/wp-content/uploads/2021/02/EMR_Aktuelles-Stichwort-zum-EuGH-Urteil-in-Sachen-Fussl-Modestrasse-Mayr.pdf)

Ukrow, Jörg, Wehrhafte Demokratie 4.0 – Grundwerte, Grundrechte und Social Media-Exzesse, ZEuS 2021, 65

Ukrow, Jörg, Durchsetzung von Medienrecht vor neuen Herausforderungen, Saarbrücken 2022 (abrufbar unter https://emr-sb.de/wp-content/uploads/2022/03/Durchsetzung-von-Medienrecht-vor-neuen-Herausforderungen.pdf).

Ukrow, Jörg, Künstliche Intelligenz (KI) als Herausforderung für die positive Medienordnung, Püttlingen 2022

Ukrow, Jörg, Offensichtliche schwere Jugendgefährdung bei Angriffen auf Grundwerte und Grundrechte. Medienrecht als Modul wehrhafter Demokratie, in: die medienanstalten – ALM GbR (Hrsg.), Fakt oder Fake? Jugendschutz, Medienkompetenz und Desinformation. Maßnahmen, Projekte und Forderungen aus Sicht der Landesmedienanstalten, Berlin 2022, S. 74

Ukrow, Jörg, § 4 JMStV, in: Hartstein/Ring/Kreile/Dörr/Stettner/Cole/Wagner (Hrsg.), Heidelberger Kommentar zum Medienstaatsvertrag – Jugendmedienschutz-Staatsvertrag, Heidelberg 2023

Ukrow, Jörg, Spanien: Einrichtung einer Behörde zur Überwachung von KI, MMR-Aktuell 2023, 01121

Ukrow, Jörg/Cole, Mark D./Etteldorf, Christina, Stand und Entwicklung des internationalen Kinder- und Jugendmedienschutzes, Püttlingen 2023

Ukrow, Jörg/Etteldorf, Christina, „Fake News" als Rechtsproblem, Saarbrücken 2018

Ukrow, Jörg/Ress, Georg, in: Grabitz, Eberhard/Hilf, Meinhard/Nettesheim, Martin (Hrsg.), Das Recht der Europäischen Union, 2023, Art. 167 AEUV

Unabhängige hochrangige Expertengruppe für künstliche Intelligenz, Ethik-Leitlinien für eine vertrauenswürdige KI, 2019 (abrufbar über digital-strategy.ec.europa.eu/en/library/ethics-guidelines-trustworthy-ai).

UNESCO, Recommendation on the Ethics of Artificial Intelligence, Adopted on 23 November 2021 (abrufbar unter https://unesdoc.unesco.org/ark:/48223/pf0000381137)

UNICEF/Ministry for Foreign Affairs of Finland, Policy guidance on AI for children 2.0, 2021, (abrufbar unter https://www.unicef.org/globalinsight/media/2356/file/UNICEF-Global-Insight-policy-guidance-AI-children-2.0-2021.pdf).

Veith, Charlotte, Künstliche Intelligenz, Haftung und Kartellrecht. Zivilrechtliche Verantwortlichkeit beim Einsatz von Künstlicher Intelligenz und Implikationen für das Kartellrecht, Baden-Baden 2021

Vlachopoulos, Spyridon, Kunstfreiheit und Jugendschutz, Berlin 1996

Vogel, Inna/Steinebach, Martin, Technik für den digitalen Jugendschutz: Automatische Erkennung von Sexting und Cybergrooming, Darmstadt 2021 (abrufbar unter https://www.sit.fraunhofer.de/fileadmin/dokumente/studien_und_technical_reports/FraunhoferSIT-StudieJugendschutz.pdf)

Vogel, Paul, Künstliche Intelligenz und Datenschutz. Vereinbarkeit intransparenter Systeme mit geltendem Datenschutzrecht und potentielle Regulierungsansätze, Baden-Baden 2022

Volkmann, Uwe, Das Verfassungsrecht zwischen normativem Anspruch und politischer Wirklichkeit, VVDStRL 67 (2008), 57

von Arnim, Hans Herbert, Steuerung durch Recht, in: ders./Klages, Helmut (Hrsg.), Probleme der staatlichen Steuerung und Fehlsteuerung in der Bundesrepublik Deutschland, Berlin 1986, S. 51

von Danwitz, Thomas, Zukunft des Grundgesetzes, JöR (67) 2019, 249

von Lewinski, Kai, Immersiver Journalismus – Virtual Reality als Herausforderung für das Medienrecht, 9.4.2018(CR-online.de Blog) (abrufbar unter https://www.cr-online.de/blog/2018/04/09/immersiver-journalismus-virtual-reality-als-herausforderung-fuer-das-medienrecht/)

von Münch, Ingo/Kunig, Philip/Kämmerer/Jörn Axel/Kotzur, Markus (Hrsg.), Grundgesetz Kommentar Band 1: Präambel bis Art. 69, 7. Aufl. München 2021

von Ungern-Sternberg, Antje, Demokratische Meinungsbildung und künstliche Intelligenz, in: Unger, Sebastian/von Ungern-Sternberg, Antje (Hrsg.), Demokratie und künstliche Intelligenz, Tübingen 2019, S. 3

Voßkuhle, Andreas, Gesetzgeberische Regelungsstrategien der Verantwortungsteilung zwischen öffentlichem und privatem Sektor, in: Schuppert, Gunnar Folke u.a. (Hrsg.), Jenseits von Privatisierung und "schlankem" Staat, Baden-Baden 1999, S. 47

Waechter, Kay, Verwaltungsrecht im Gewährleistungsstaat, Tübingen 2008

Wagner, Eva Ellen, Regulierte Selbstregulierung" als Steuerungsmodell im Jugendmedienschutz-Staatsvertrag, RdJB 2017, 251

Wahl, Rainer, Entwicklungspfade im Recht, JZ 2013, 369

Walden, Daniel, Corporate Social Responsibility: Rechte, Pflichten und Haftung von Vorstand und Aufsichtsrat, NZG 2020, 50

Wandtke, Artur-Axel/Bullinger Winfried (Hrsg.), Urheberrecht, 6. Aufl. 2022

Wapler, Friederike, Kinderrechte und Kindeswohl. Eine Untersuchung zum Status des Kindes im Öffentlichen Recht, Tübingen 2015

Wapler, Friederike, Umsetzung und Anwendung der Kinderrechtskonvention in Deutschland. Eine Untersuchung am Beispiel des Kindeswohlprinzips (Art. 3 Abs. 2 KRK) und der Beteiligungsrechte (Art. 12 KRK), RdJB 2019, 252

Weerts, Hilde/Xenidis, Raphaële/Tarissan, Fabien/Palmer Olsen, Henrik/Pechenizkiy, Mykola, Algorithmic Unfairness through the Lens of EU Non-Discrimination Law: Or Why the Law is not a Decision Tree, 2023 ACM Conference on Fairness, Accountability, and Transparency (FAccT '23), 805 (abrufbar unter https://browse.arxiv.org/pdf/2305.13938.pdf)

Weingärtner, Dieter, Globale Netze und lokale Werte, AfP 2002, 134

Weismantel, Jan, Das „Recht auf Vergessenwerden" im Internet nach dem „Google-Urteil" des EuGH. Begleitung eines offenen Prozesses, Berlin 2017

Werner, Wibke, Schutz durch das Grundgesetz im Zeitalter der Digitalisierung, NJOZ 2019, 1041

Wessel, Ramses A./Wouters, Jan, The Phenomenon of Multilevel Regulation: Interactions between Global, EU, and National Regulatory Spheres, International Organizations Law Review 2 (2007), 257

White House, Blueprint for an AI Bill of Rights. Making Automated Systems Work for the American People (Ocotober 2022) (abrufbar unter https://www.whitehouse.gov/wp-content/uploads/2022/10/Blueprint-for-an-AI-Bill-of-Rights.pdf)

White House, Executive Order on the Safe, Secure, and Trustworthy Development and Use of Artificial Intelligence (October 30, 2023) (abrufbar unter https://www.whitehouse.gov/briefing-room/presidential-actions/2023/10/30/executive-order-on-the-safe-secure-and-trustworthy-development-and-use-of-artificial-intelligence/)

Wildhaber, Luzius u.a., Internationalrechtliche Probleme multinationaler Korporationen. Tagung der Deutschen Gesellschaft für Völkerrecht vom 30.3. bis 2.4.1977, Heidelberg 1978

Wilmer, Thomas, Rechtsfragen bei ChatGPT & Co. Einsatz und Nutzung nach aktuellem und künftigem Recht, K&R 2023, 233

Wischmeyer, Thomas, Informationssicherheit, Tübingen 2023

Witt, Inken, Regulierte Selbstregulierung am Beispiel des Jugendmedienschutz-Staatsvertrages, Baden-Baden 2008

Woerlein, Andreas H., ChatGPT – „Fortschritt" durch Künstliche Intelligenz auf Kosten des Datenschutz- und Urheberrechts, ZD-Aktuell 2023, 01205.

Wolff, Heinrich Amadeus/Brink, Stefan (Hrsg.), Beck'scher Online-Kommentar Datenschutzrecht, 7. Ed. München 2013

Xenidis, Raphaële/Senden, Linda, EU non-discrimination law in the era of artificial intelligence: Mapping the challenges of algorithmic discrimination, in: Bernitz, Ulf u.a. (Hrsg.), General Principles of EU law and the EU Digital Order, Kluwer 2020, S. 151

Yakar, Selen, Diskriminierungsverbote im deutschen und europäischen Recht und die zukünftige KI-VO, in: Gössl, Susanne Lilian (Hrsg.), Diskriminierungsfreie KI, Trier 2023, S. 53

Zech, Herbert, Haftung für Trainingsdaten Künstlicher Intelligenz, NJW 2022, 502

Ziesecke, Dennis, Gefahren der VR - Kann die virtuelle Realität dem Menschen schaden?, 27.05.2016 (https://www.gamestar.de/artikel/gefahren-der-vr-kann-die-virtuelle-realitaet-dem-menschen-schaden,3273170.html).

Zimprich, Stephan, Die EU-KI-Verordnung – Teil 3: Das Hochrisikosystem, 15.11.2021 (abrufbar unter https://www.fieldfisher.com/de-de/insights/die-eu-ki-verordnung-teil-3)

Zippelius, Reinhold, Verfassungsgarantie und sozialer Wandel – Das Beispiel von Ehe und Familie, DÖV 1986, 805

Zuboff, Shoshana, Das Zeitalter des Überwachungskapitalismus, Frankfurt a.M. 2018

Zuiderveen Borgesius, F. J., Strengthening legal protection against discrimination by algorithms and artificial intelligence. The International Journal of Human Rights, 24, 10 (2020), 1572 ff.

Zydorek, Christoph, Algorithmisierung des Medienmanagements revisited, in: ders. (Hrsg.), KI in der digitalisierten Medienwirtschaft. Fallbeispiele und Anwendungen von Algorithmen, Wiesbaden 2022, S. 1

Bisher in der Reihe EMR/Script erschienen

Ory/Ukrow/Zur/Schweda/Matzneller

Rechtsfragen des digitalen terrestrischen Hörfunks

(2015)

Cole/Hermanns/Jütte/Lemieux/Schmitz/Matzneller

Fotografien in der Großregion

(2016)

Ukrow/Iacino

Comparative Study on Investigative Journalism

(2016)

Ukrow/Cole/Hans/Knapp,

(Neue) Geschäftsmodelle der Mediaagenturen

(2017)

Ukrow/Etteldorf

"Fake News" als Rechtsproblem

(2018)

Ukrow

Künstliche Intelligenz als Herausforderung für die positive Medienordnung

(2022)

Ukrow/Cole/Etteldorf

Stand und Entwicklung des internationalen Kinder- und Jugendmedienschutzes

(2023)

Das Institut für Europäisches Medienrecht (EMR)

Das EMR wurde 1990 als gemeinnütziger Verein gegründet. Der Sitz des EMR befindet sich in Saarbrücken. Über sein umfassendes Netzwerk steht das Institut in ständiger Verbindung mit Korrespondenten in verschiedenen europäischen Staaten, was das EMR zu rechtsvergleichenden Gutachten besonders befähigt.

Das EMR:

- untersucht praxisorientiert aktuelle Fragen des europäischen und nationalen Medienrechts samt verwandter Rechtsgebiete;
- veröffentlicht medienrechtliche Informationen und einschlägige Forschungsergebnisse;
- erstellt im Auftrag gutachterliche Rechtsauskünfte an Regierungsstellen, öffentlich-rechtliche und private Veranstalter, Medienaufsichtsbehörden sowie an Unternehmen, Verbände und Fachleute in den verschiedenen Bereichen der Kommunikationsbranche;
- konzipiert und organisiert medienrechtliche Tagungen und Konferenzen;
- bietet eine unabhängige Plattform für einen Austausch über medienrechtlich relevante Aspekte.

Die Organisationsstruktur des EMR umfasst folgende Einrichtungen und Organe:

Das Direktorium führt die laufenden Geschäfte des Instituts. Mitglieder des Direktoriums sind RA Prof. Dr. Stephan Ory (Direktor), Prof. Dr. Mark D. Cole (Wissenschaftlicher Direktor) und Dr. Jörg Ukrow, LL.M.Eur. (Geschäftsführendes Vorstandsmitglied).

Der Vorstand ist eines von zwei Organen des EMR und beruft das Direktorium. Er besteht aus Medienpraktikern, wobei seine plurale Zusammensetzung den neutralen, Mediensektoren übergreifenden Ansatz des Instituts unterstreicht. Die Mitglieder des Vorstands sind: Prof. Dr. Stephan Ory (Vorsitzender, RA), Reinhold Kopp (1. stellv. Vorsitzender, RA und Partner bei HEUSSEN), Dr. Jörg Ukrow, LL.M.Eur. (2. stellv. Vorsitzender, stv. Direktor der Medienanstalt Rheinland-Pfalz und Geschäftsführer der Trägergesellschaft von jugendschutz.net), Ross Biggam (Vice-President Government Affairs EMEA bei Discovery Communications), Sandra Probst (Justitiariat, ZDF), Michael Ellwanger (Leiter Referat Medienpolitik, Medienrecht und Rundfunkwesen, Staatsministerium Baden-Württemberg), Sabine Frank (Head of Governmental Affaires and Public Policy Google DACH), David Henrich (Rundfunkreferent Staatskanzlei Saarland), Dr. Alexander Kleist (Head of Instagram & Threads, Public Policy, Europe), Dr. Daniel Knapp (Partner bei Ecuiti und Twins Digital, Chefökonom IAB Europe), Bernd Radeck (Justitiar des Saarländischer Rundfunk a.D.), Felix Seidel (Justitiar Axel Springer SE), Kristin Benedikt (Richterin am Verwaltungsgericht Regensburg) und Prof. Dr. Christopher Wolf (Rektor der Fachhochschule für Verwaltung des Saarlandes).

Zur Unterstützung der Forschungstätigkeit des EMR ist ein Forschungsbeirat eingerichtet. Dieser setzt sich aus namhaften Persönlichkeiten zusammen, die ihren beruflichen Schwerpunkt in der Medienwissenschaft, den Aufsichtsinstanzen für Rundfunk und Telemedien sowie der Medienpolitik und Medienwirtschaft haben. Die Mitglieder des Forschungsbeirats sind: Uwe Conradt (Oberbürgermeister der Landeshauptstadt Saarbrücken, ehem. Direktor der LMS), Prof. Dr. Martin Dumermuth (Lehrbeauftragter für das Recht der elektronischen Medien, Universität Bern), Prof. Dr. Thomas Giegerich (Lehrstuhl für Europarecht, Völkerrecht und Öffentliches Recht, Direktor des Europainstituts, Universität des Saarlandes), Prof. Dr. Karl-Eberhard Hain (Lehrstuhl für Öffentliches Recht und Medienrecht, Direktor des Instituts für Medien- und Kommunikationsrecht, Universität zu Köln), Prof. Dr. Maximilian Herberger (Lehrstuhl für Bürgerliches Recht, Rechtstheorie und Rechtsinformatik, Direktor des Instituts für Rechtsinformatik, Universität des Saarlandes), Prof. Dr. Michael Holoubek (Lehrstuhl für Österreichisches und Europäisches Öffentliches Recht, Wirtschaftsuniversität Wien, Vorsitzender des Fachbeirats der RTR-GmbH, Wien), Prof. Dr. Bernd Holznagel (Lehrstuhl für Staats- und Verwaltungsrecht, Direktor des Instituts für Informations-, Telekommunikations- und Medienrecht (ITM), öffentlich-rechtliche Abteilung, Westfälische Wilhelms-Universität Münster), Prof. Thomas Kleist (Intendant des Saarländischen Rundfunks a.D.), Valdo Lehari jr. (Verleger und Geschäftsführer Reutlinger General-Anzeiger, Vizepräsident des BDZV), Boris Lochthofen (Direktor MDR Landesfunkhaus Thüringen), Mag. Dr. Josef Lusser (Stellvertretender Leiter der Abteilung für Recht und internationale Beziehungen des ORF), Dr. Holger Paesler (Geschäftsführer VSZV und APR), Alexander Scheuer (Leiter Medienpolitik und Medienregulierung im Zentralbereich Politische Interessenvertretung und Regulierung der Deutschen Telekom AG), Dr. Annette Schumacher (Geschäftsführerin BLM), Prof. Dr. Christoph Sorge (Professur für Rechtsinformatik, Universität des Saarlandes), Peter Weber (Justitiar des ZDF, Vizepräsident des Vorstandes von ARTE GEIE) und Wolfgang Martin Wohnhas (Referatsleiter bei der Beauftragten für Kultur und Medien im Bundeskanzleramt).

Institut für Europäisches Medienrecht (EMR) e.V.
Franz-Mai-Straße 6, 66121 Saarbrücken
Tel.: +49 / (0) 681 906 766 76
Fax.: +49 / (0) 681 968 638 90
E-Mail: emr@emr-sb.de
Internet: www.emr-sb.de